新时代中国式现代化基层党建实践丛书

美好家园如何缔造

新时代社区党建典型案例

主　编 ◎ 岳　奎
副主编 ◎ 江文路　潘　博

华中科技大学出版社
http://press.hust.edu.cn
中国·武汉

图书在版编目(CIP)数据

美好家园如何缔造：新时代社区党建典型案例/岳奎主编. —武汉：华中科技大学出版社，2023.8
（新时代中国式现代化基层党建实践丛书）
ISBN 978-7-5680-9877-9

Ⅰ.①美… Ⅱ.①岳… Ⅲ.①中国共产党-社区-党的建设-案例 Ⅳ.①D267.7

中国国家版本馆 CIP 数据核字（2023）第 164349 号

美好家园如何缔造——新时代社区党建典型案例　　　　　　　　　岳　奎　主编
Meihao Jiayuan Ruhe Dizao——Xinshidai Shequ Dangjian Dianxing Anli

策划编辑：周晓方　杨　玲	
责任编辑：王晓东	
封面设计：廖亚萍	
责任监印：周治超	
出版发行：华中科技大学出版社（中国·武汉）	电话：（027）81321913
武汉市东湖新技术开发区华工科技园	邮编：430223
录　　排：华中科技大学惠友文印中心	
印　　刷：武汉科源印刷设计有限公司	
开　　本：787mm×1092mm　1/16	
印　　张：27.25　插页：1	
字　　数：573千字	
版　　次：2023年8月第1版第1次印刷	
定　　价：89.00元	

本书若有印装质量问题，请向出版社营销中心调换
全国免费服务热线：400-6679-118　竭诚为您服务
版权所有　侵权必究

内容简介

　　社区治理是社区内部各治理主体为应对社区内的公共问题，共同完成和实现社区社会事务管理和公共服务的过程。党的十八大以来，我国基层政权建设和城乡社区治理取得历史性成就，基层民主进一步发展，群众幸福感、获得感、安全感不断提升，夯实了党的执政根基，彰显了制度优势和治理效能。社区党组织在社区治理中的领导地位全面加强，党委领导、党政统筹、简约高效的管理体制不断成型。全国各地探索以党建引领社区治理现代化的实践硕果累累，相应的制度体系不断成熟定型。《美好家园如何缔造——新时代社区党建典型案例》一书充分反映了湖北、江苏、四川等近百个社区通过高质量党建推进社区治理现代化的重点工作内容，展示了广大社区干部群众的良好精神风貌，同时也萃取了具有时代性、创新性和易推广的城乡社区党建品牌，凝练和提升了社区党建工作的亮点、特色、成果、经验和规律，对实现党领导下的政府治理和社会调节、居民自治良性互动，全面提升城乡社区治理法治化、科学化、精细化水平和组织化程度，促进城乡社区治理体系和治理能力现代化具有重要案例价值，可供社区治理相关领域研究者和社区党务工作者等参考。

前　言

　　城乡社区是社会的基本单元,是人民群众安居乐业的幸福家园,是创新社会治理的基础平台,是巩固党的执政基础的重要基石。社区治理是国家治理的基本单元和关键环节,事关党和国家大政方针的贯彻落实,事关人民群众的切身利益。党的二十大报告提出,要健全基层党组织领导的基层群众自治机制,加强基层组织建设,完善基层直接民主制度体系和工作体系,增强城乡社区群众自我管理、自我服务、自我教育、自我监督的实效。在增强党组织政治功能和组织功能这一部分,党中央旗帜鲜明地提出,要坚持大抓基层的鲜明导向,抓党建促乡村振兴,加强城市社区党建工作,推进以党建引领基层治理,持续整顿软弱涣散基层党组织,把基层党组织建设成为有效实现党的领导的坚强战斗堡垒。党的二十大报告是对基层社区党建引领治理创新实践的科学总结,更是对推进社会治理体系和治理能力现代化提出的新的更高要求。

　　基层党组织是党在城乡基层全部工作和战斗力的基础,是贯彻落实党中央决策部署的"最后一公里"。在新发展阶段,加强和改进基层党组织建设工作,对于坚持和加强党的全面领导,夯实党在基层的执政基础,推进基层治理体系和治理能力现代化,都具有重要意义。进入新世纪以来,社区党建在组织建设层面得到了重视,党的组织在社区层面实现全覆盖,为了缔造群众的美好家园,全国各地区都在探索以社区党建引领社区治理创新的方法和路径,涌现出不少以党建引领社区治理的值得借鉴的经验和做法。比如,北京在全市选择100个小区开展党建引领社区治理试点工作,坚持党建引领,在社区成立党组织、派党建指导员,着力实现"应建尽建""应派尽派"。上海注重健全党建引领协同共治机制,强化党组织对业委会的指导,着力提升物业服务能级。推进强基工程,加快实施重点区域治理攻坚。推进动员工程,构建完善平急高效衔接机制。进一步健全完善党建引领基层治理工作体制机制,发挥各级党组织主心骨作用,破解好"平急转换衔接"等基层工作难题,实现"平时服务、急时应急",实现基层常态治理能力和应急管理能力双提升。推进赋能工程,加强基层治理能力建设,等等。湖北省在全国发展格局中处于举足轻重的战略要地,近年来高度重视基层党建工作,坚持民有所呼、我必有应,不断创新党建引领社区治理载体机制,提升社区治理效能,在党建引领社区治理现代化方面走在全国前列。

　　为全面贯彻落实新时代党的建设工作总要求,充分发挥党的建设在社区治理中的核心引领作用,总结发现一批新时代社区党建优秀创新案例,凝练新时代社区党建先进经验,本书编写组结合实地调查与地方支持,依托"党建优秀创新案例(2022)"大赛征集了来自不同省份数十个县(区)近百个基层社区的各类党建创新案例。为了让每一个案例都能说明"党建引领社区治理"方略的生动实践,本着"确认一个,收录一个;成熟一个,编选一个"的主旨,形成了《美好家园如何缔造——新时代社区党建典型案例》,全书包含综合党建类、党建方法类、特色党建类三个类别,共收录各类社区党建典型案例81篇。案例收录遵循以下原则。

一是真实性。真实是案例的生命,也是案例编选的第一原则。真实体现在案例对情况的描述要客观真实,能客观反映当地社区党建创新的实际,能生动展现当地党建引领社区治理的成就。在案例编选上力求数据实、措施真、论述深,选择内容翔实的案例,不做有违事实情况的变动,不做有违客观实际的修改,各个编选的案例可做进一步的确认和挖掘。

二是代表性。社区党建典型案例编选既要注重全面,又要重点突出。综合党建类案例主要是对部分社区在社区治理中的党建典型做法进行全方位描述,立足于全面具体,共收录31篇案例;党建方法作为创新党建引领社区治理路径的重要法宝,在党建典型案例编选中做重点收录,共收录25篇具有创新性的案例;特色党建类案例主要编选各地基层社区在社区治理中党建的创新做法,收录案例涉及党建引领群众共谋共建共管共评共享、党建引领志愿服务、党建引领共同缔造、党建引领三新组织成员、党建引领红色物业等多个方面,共收录25个案例。

三是实效性。社区党建案例编选坚持"问题导向"与"结果导向"相结合的方法,案例的问题剖析全面深刻,做法总结精细到位,效果描述具体有效。在同类别案例中选择做法实、效果好的典型案例进行收录。

四是精练性。社区党建典型案例编选强调精确、精简与精细的统一。精确强调紧扣主题、服务主题;精简强调简练但不琐碎;精细强调论述全面、细腻充分。在论述上,要尽力摒弃长篇大论、不着重点,也要避免过于简洁而没有内容。

五是可借鉴性。社区党建典型案例编选不仅强调案例的实效性,也强调案例的可复制性和可推广性。要通过案例编选将社区党建中的有益经验和做法呈现出来,充分发挥其引领社区治理体系与治理能力现代化中的借鉴价值。

习近平总书记指出:"我到地方考察,总要看看农村、城市社区,看看人民群众生活得怎么样。一个社区要搞好,一定要有非常强的党组织领导的基层组织,把社区各方面服务搞周到,把群众自治性的事情组织好。"本书立足于通过社区党建典型案例的编选,展现新时代中国式现代化基层党建的生动实践,更为全面建设社会主义现代化国家、以中国式现代化全面推进中华民族伟大复兴积蓄宝贵的经验。

本书编写组
2023 年 6 月

目　　录

第一篇　综合党建类 …………………………………………… 1

开展"五帮一争",共为发展加分 ………………………………… 3
关于新时代党建引领小区治理的实践与探索 …………………… 6
党建引领共同缔造,美好家园"心新向荣" ……………………… 12
党建引领促安全,共同缔造优环境 ……………………………… 19
党建引领"农转居"居民融合社区治理 ………………………… 25
加强党建引领,服务商圈发展 …………………………………… 32
党建引领,全力推动社区治理迈向新台阶 ……………………… 38
党建引领,共同缔造幸福方桂园 ………………………………… 43
"红蓝"同心,军民共建幸福家园 ………………………………… 51
"1566＋N"聚合力,基层治理谱新篇 …………………………… 58
党建引领凝心聚力,共同缔造幸福生活 ………………………… 66
倾心打造"暖心社",做好治理大文章 …………………………… 72
坚持党建引领,携手共建幸福家园 ……………………………… 78
党建引领"红色服务",情暖社区千家万户 ……………………… 81
党建引领构建两宜融合体,共同缔造赋能联动新模式 ………… 87
党建引领激发治理活力,同心共筑幸福家园 …………………… 94
多元治理聚民心,共同缔造新五龙 ……………………………… 100
多元善治打造"四邻八坊"和美新型社区 ……………………… 106
党建引领共同缔造美好生活共同体 ……………………………… 113
坚持党建引领,切实解决群众"最后一公里"问题 …………… 120
党建引领强基础,美好环境共缔造 ……………………………… 124
小事不小觑,滴滴暖民心 ………………………………………… 128
织牢和谐网,构筑幸福园 ………………………………………… 131
江山美如画,社区暖如家
　　——"红领管家"党建综合体 …………………………………… 136
深化小区党组织建设,推进社区治理精细化 …………………… 139
薪火相传共奋进,凝聚时代新力量 ……………………………… 142
幸福云林,和美堰湾 ……………………………………………… 147

党建引领社区治理，共建共享幸福家园……………………………… 152
党建引领提升小区功能设施，共同缔造幸福之家…………………… 158
党建引领，共同缔造"邻里生活"小区………………………………… 161
好的环境需要你我共同缔造，齐心协力才能创造美好生活………… 163

第二篇　党建方法类 …………………………………………………… 167

创新"五联"工作法，打造宜居幸福社区……………………………… 169
"四线合一"锻造老旧小区……………………………………………… 175
从"管理"到"治理"，大陶家巷"老大难"变身"新样板"……………… 180
党建赋能，激活商圈服务新效能……………………………………… 184
党建引领助旧改，共同缔造美好家园………………………………… 189
精准施策分类治理，党建引领凝聚民心……………………………… 195
三化并举融三圈，锻造乐活型社区…………………………………… 201
居民议事"小杠杆"，撬动社区治理"大格局"………………………… 206
多方力量汇安厦，"五共"方法好停车………………………………… 210
以案说法唤醒维修资金，下沉党员充当小区管家…………………… 216
"1+5"微治理模式，共同缔造老旧小区美好生活家园………………… 222
"三方联动"破解老旧小区改造和管理难题…………………………… 228
"三联六议"集民意，畅通治理微循环………………………………… 233
微治理推动"水土相服"，看老旧村庄如何变身最美社区…………… 240
"五融四零"工作法构建和谐社区……………………………………… 243
"左邻右里"协商议事，让居民有事能商量、有事好商量…………… 248
探索"1+2+3"工作模式，让群众难事在家门口解决………………… 254
小板凳上议出幸福生活………………………………………………… 259
"红色合伙人"：变"吃瓜群众"为"治理先锋"………………………… 263
强化党建引领，夯实红色物业
　　——东湖新城社区红色物业"5341"工作法 ……………………… 268
小切口里做优社区治理大文章………………………………………… 271
"1543"模式强化老旧小区社区物业党建联建工作…………………… 274
创新机制整合资源，下好老年服务先手棋…………………………… 278
"五方联动"，共助"三供一业"融合…………………………………… 281
"爱心"敲门暖夕阳……………………………………………………… 284

第三篇　特色党建类 …………………………………………………… 287

把"C位"让给群众……………………………………………………… 289
全心全"驿"，打造服务友好型社区…………………………………… 297

党建引领基层治理，"红般骑手"发挥效能 …… 305
共同缔造促成小区蝶变，嘉明花园变为幸福花园 …… 310
基层治理云都模式 …… 314
"流动政治生活体验馆"进社区活动 …… 320
志愿服务"微光"点亮和谐家园 …… 325
党建引领共同缔造，"五心服务"打造幸福生活 …… 328
党建引领固根基，"四红融合"谱新篇 …… 336
消除医疗空白点，共筑健康防火墙 …… 342
深化"红色引擎工程"，提升小区治理效能 …… 348
"心安365"筑堡强基，共同缔造服务惠民 …… 355
活用桥下空间，变身休闲好去处 …… 361
五彩向阳，打造活力红光 …… 366
共同缔造八一钢厂小区"旧舍蝶变" …… 372
"流动办公桌"深入楼栋，"红色管家"情系居民 …… 377
共建"爱心冰箱"，共享幸福生活 …… 384
深耕"物业城市"改革，领跑"红色物业"新赛道 …… 388
擎动枫桦，四驱更红 …… 394
红色驿站聚合力，暖"新"服务汇民心 …… 397
红色管家聚合力，共治共建兴楼宇 …… 400
"职来职往"志愿服务项目 …… 405
变小区成景区，共同缔造美好家园 …… 409
以萤火之光，点亮幸福之门、筑牢治理之基 …… 414
以"新熟人社会"共同缔造行动创新社区治理 …… 418

参考文献 …… 424

后记 …… 425

第一篇

综合党建类

开展"五帮一争",共为发展加分

湖北省黄石市阳新县富池镇港下村有7个自然湾,5个村民小组,全村256户、1067人,有党员78人,其中大专以上党员11人,女党员13人。过去的港下村由于金银铜铁资源丰富,被誉为"鄂南第一村"。改革开放以来,矿业开采发展较快,使得港下村的矿业资源走向了枯竭的边缘,严重制约了村级经济发展。近年来,港下村"两委"坚持"抓实党建工作,解决实际问题"理念,立足村情,求新思变,主动谋求产业转型,号召全村党员干部开展"帮政策咨询,帮产业发展,帮矛盾调解,帮美化环境,帮乡风文明建设,争做优秀共产党员"的"五帮一争"活动,逐步走出了一条从"地下有色经济"转化为"地上绿色经济"的高质量发展之路。

一位党员一面旗帜,一个支部就是一座战斗堡垒。支部是领头羊,是火车头,更是老百姓的贴心人。支部就是汽车上的发动机,为社会稳定保驾护航。为产业发展提供技术和信息、为村民服务要以"店小二"的身份在日常生活中体现。在老百姓的心目中你就是一杆十六两制的老秤,家家户户用得着,关键看你的定盘星准不准,一碗水端得平不平。

（1）帮政策咨询。通过召开村民代表大会、党员干部走访、印制宣传手册等方式,向村民宣传党和国家惠农惠民政策,把政策送到村民手中,使村民对农合、农贷和农业补贴等各类惠农政策得到及时了解、及时应用,让村民及时享受政策红利,更好共享发展成果,切实感受到党的关怀和温暖。

（2）帮产业发展。产业发展是农村经济的命脉,港下村"两委"研究制定优惠办法,引导村民成立种养殖合作社、农家乐等。为回乡创业村民跑贷款给予帮扶,为困难户提供就业岗位和资金扶持,为有想法、有能力、有技术的村民提供创新创业平台,共同走产业发展之路。

（3）帮矛盾调解。建立党员干部与村民结对制度,主动深入村民家中,及时了解村民家庭矛盾、邻里矛盾,及时掌握化解不利于社会稳定的因素和问题,确保矛盾化解在萌芽状态。在村民中开展"邻里和谐、守护相望"和争创"五好家庭"等活动,使港下村真正成为一个文明和谐的大家庭。

(4)帮美化环境。村"两委"制订了环境卫生公约,党员干部在做好自家环境卫生美化的同时,自觉和对象户结对,做好环境卫生保洁和美化工作。以"最美庭院"评选为抓手,打造宜居宜业的"新港下"。

(5)帮乡风文明建设。以创建全国文明村委为突破口,以红白理事会为平台,以"十星级文明户"评选为抓手,村"两委"在村民中大力开展移风易俗、家风家教和思想道德建设等宣传教育活动,制订村规民约,引导村民遵国法、守村规、树乡风、传家教,把乡风文明建设作为党建工作和经济建设接力棒。

(6)争做优秀党员。一名党员就是一面旗帜,引导党员处处以身作则,处处争当表率。在贯彻落实党的方针政策上,读懂学透用活各项政策,当好党的政策宣传员,服务于民;在产业发展上,把航定向,先行先试,当好经济发展导航员,造福于民;在乡风文明建设上,自觉遵纪守法,践行家风家教,当好文明建设示范员,带动于民;在"和谐港下"建设上,积极解决各类问题,当好矛盾纠纷调解员。全体党员以实际行动争做优秀的共产党员。

近年来,港下村通过开展"五帮一争"活动,党建工作有序开展,环境面貌焕然一新。

一是职责进一步明确。从根本上改变了过去村里大事小情由支部书记一人管理的局面,通过对全村党员的定岗定责,各位党员明确自己的工作方向,更加积极地为村民服务。用制度说话,让制度管人,一把尺子量到底。

二是各类产业进一步壮大。目前,鸡笼山女儿阶文化生态旅游开发有限公司、龙源宏润公司、港下村建筑队、稻虾养殖合作社、蔬菜基地合作社、桑葚基地合作社、黄桃基地合作社、苗圃基地合作社、土鸡养殖合作社等相继成立,均已初具规模,带动了100多名村民在家门口就业,村民年增收5000余元。2021年,港下村集体经济收入达150余万元。

三是乡风文明进一步彰显。以培育和践行社会主义核心价值观为根本,港下村大力开展文明村建设。引导村民坚持崇尚科学,反对封建迷信;提倡"红白理事会"操办红白喜事流程,明确操办范围和标准,树立文明节俭从俭新风尚,刹住了村民讲排场、比阔气、盲目攀比之风;倡导村民遵纪守法,诚实守信,关爱他人,志愿服务理念,先后编撰了《港下村村规民约》《港下家风家教公约》《红白理事会章程》《十星级文明户标准》等;评选优秀共产党员、五好家庭、好婆婆、好媳妇,评选办法有群众自评、自选、网内评论等。2021年评选出"最美家庭"5户,"十星级文明户"40户,开展志愿服务50余次。

港下村坚持以党建引领高质量发展,积极开展"五帮一争"活动,全方位凝聚发展合力,成绩斐然。近年来,港下村先后获得"中共黄石市委基层示范党组织""湖北省十大美丽乡村""湖北省宜居村庄""湖北省绿色示范村""湖北省旅游名村""国家森林乡村""全国文明村镇""全国先进基层党组织"等荣誉称号。众多荣誉的背后,是港下村人不忘初心、感恩奋进、拼搏创业的奋斗身影。

新的征程上,在乡村振兴的跑道中,我们要更加发挥支部带头的作用。必须坚持党的全面领导,增强"四个意识"、坚定"四个自信"、做到"两个维护",牢记习近平总书记的教导:江山就是人民,人民就是江山。共产党打江山、守江山,守的是人民的心。

关于新时代党建引领小区治理的实践与探索

基层治理是国家治理的基石。统筹推进城乡社区治理，是实现国家治理体系和治理能力现代化的基础工程。2020年以来，武汉市江汉区自觉遵循超大城市发展规律和治理规律，以加强基层党组织建设、增强基层党组织政治功能和组织功能为关键，创新提出"支部建在小区上"，探索新时代党建引领小区治理的有效路径，推动党的组织体系和治理体系深度融合、互融共进，把基层党组织建设成为领导基层治理的坚强战斗堡垒，使党建引领基层治理的作用得到强化和巩固。

一、案例背景

伴随着经济社会高速发展，城乡布局、产业结构、社会人群及居住空间都发生了深刻变化，社会群体结构和利益诉求日趋多元化，居民群众对基层社会治理精细化要求越来越高，由此带来一系列基层社会治理新情况、新问题、新挑战。

(1) 小区党建"有火暖不了身"。在现有"街道党工委—社区党组织—网格党支部"的组织架构下，居民小区党建悬浮化，日益成为城市基层党建最薄弱、最需要植入的单元。目前，城市基层党建仍然以社区为主阵地，向居民小区延伸不足，党的组织覆盖和工作覆盖严重滞后于城市社会结构的深刻变革，导致基层党建和基层治理"两张皮"。

(2) 小区治理"有水浇不到根"。由于现有的网格仅仅是治理的技术手段，看不见、摸不着，居民群众普遍对网格化治理的认同感不强。特别是小区规模不同，有的小区被分成若干网格，由不同网格员具体联系，容易导致一个小区不同网格间服务水平和效果差异明显，居民群众的体验感、获得感也不一样。有的几个小区合成一个网格，单靠网格员单打独斗，很难满足人口众多、素质不一、需求各异的小区现实需要。特别是遇到公共卫生、公共安全等方面的紧急情况,更是捉襟见肘、无所适从。

(3)小区服务"有店买不到货"。在现有的"两级政府、三级管理"管理体制下,社区居委会行政化倾向明显,加之社区区划普遍较大(社区规模为 3000~5000 户,一般下辖数量不等的多个居民小区),社区居委会很难有足够人手和精力走进小区为居民群众提供的精准精细服务,普遍存在"一锅煮"问题——"能提供的不想要,想要的给不了"。

二、实施目标

小区是城市治理的基本单元。小区治,则城市安。通过开展家门口党建"扎根工程",推动堡垒筑到家门口、力量聚到家门口、阵地建到家门口、服务送到家门口,实现小区(片区)治理体系更加健全,业主委员会、物业服务企业运行更加规范,居民群众参与基层治理的意识和能力显著提高,党建引领、资源整合、功能集成、机制有效、群众参与的共建共治共享治理格局更加成熟。

三、实践路径

(一)强化组织引领,建强党建引领小区治理的领导核心

一是全覆盖建立小区党支部。突出党的组织建设和组织创新,及时调整、优化网格管理单元,使之与居民小区最大限度重合;将"支部建在网格上"优化调整为"支部建在小区上",新建 600 个小区(片区)党支部,健全"社区党组织—小区党支部—楼栋党小组—党员中心户"连贯到底的党建引领小区治理的动力主轴。在小区规模大、矛盾问题多、治理难度大的 121 个小区成立综合党组织,搭建小区层面的区域化党建平台,统筹业委会、物业企业、社会组织、下沉党支部、回居住地报到的党员等力量,有序参与小区治理,形成共建共治共享的小区治理工作格局。

二是选优配强"头雁"队伍。建立社区"两委"成员包联小区制度,明确社区"两委"成员中的党员兼任小区党支部书记,健全"岗在小区、重在服务、责在连心"机制,推动社区干部在服务群众中组织群众、宣传群众、凝聚群众。吸纳 2294 名在群众中威信高、热心小区治理、具有一定专业特长的居民党员担任小区党支部委员,并兼任楼栋党小组长,推动党的工作向小区延伸,在楼栋扎根。

三是健全保障机制。出台《小区党支部基本职责任务 10 条》,指导、督促小区党支部

对标落实引领小区规范建立业主委员会、定期对小区物业服务进行评议打分、召开"三方联动"会议等职责任务,确保党建引领落到实处、取得实效。依托物业服务企业、业委会工作场所、小区会所、小区配建等公共空间,新建209个小区党群服务驿站,为居民群众提供家门口的议事、代办和服务场所。创新打造"邻里夜话""三方联动吧""同心圆议事厅""小区治理月月谈""街坊说事室"等小区治理工作品牌,形成凤凰城小区"1+7+N"、城市之光小区"525+"等一批务实管用的党建引领小区治理工作法。

(二)强化机制引领,提升党建引领小区治理的工作效能

一是"红色物业"的拓面提质。全面加强党对物业行业的领导,在区级层面成立物业行业党委,在街道层面建立物业管理联席会制度,在293个物业服务项目建立党组织、党的工作小组,把物业服务力量紧紧团结在党组织周围。坚持以市场物业为主体、自管物业为补充、公益物业为依托,全面启动"物业牵手"行动,制定"四有五保"及"八帮"清单,引导36家专业化物业企业结对帮扶113个老旧小区物业,推动物业服务由"公益性、保障性"向"市场化、专业化"转变。创新"物业城市"治理模式,与万科物业合资成立江汉城资公司,建立完善街区社区小区一体协同、管理服务治理一体推进的长效机制,推动老旧小区物业由"低水平、保基本"向"高质量、可持续"发展。

二是聚力打造"红色业委会"。坚持把党的领导贯穿于业委会组建、履职和管理全过程,将党建工作要求写入业委会议事规则和管理规约。探索建立业委会帮辅中心,建立业委会候选人"负面清单",全面推行支部先议、专职执行秘书、公共收益管理、业主大会网上投票等4项机制,有效破解66个矛盾突出小区业委会组建难、换届难问题,全区居民小区业委会组建率达87.98%。图1为武汉市全市"红色业委会"孵化中心现场观摩会会场。

三是全面深化"三方联动"。建立小区党支部领导下的居民小组、业委会、物业企业"三方联动"机制,形成小区治理合力。全面实施"双向进入、交叉任职",推荐符合条件的社区"两委"干部、小区党支部书记通过法定程序担任业委会主任,推荐小区党支部委员担任物业企业义务质量总监。小区党支部定期召集居民代表、业委会和物业企业负责人,共同研究小区建设、管理、服务中的重大事项,合力破解"僵尸车"清理、电梯维修、小区乱搭乱盖等一系列小区治理难题。在新冠疫情防控中,小区党支部牵头组织物业服务企业、业委会组建党员突击队,与社区联勤联动形成"五联"工作机制,有效实现小区疫情防控工作闭环,为坚决打赢武汉保卫战奠定坚实基础。

图1　全市"红色业委会"孵化中心现场观摩会在江汉区召开

(三)强化服务引领,凝聚党建引领小区治理的工作合力

一是推动机关党员常态下沉小区。按照"单位联社区、支部包小区、党员进楼栋"的思路,统筹184个省市区三级机关企事业单位下沉对接109个社区,组建下沉党员服务队、突击队、应急响应小分队"三支队伍",发动1.64万名在职党员到居住地社区报到,广泛参与"认岗、认事、认亲"活动,认领3.2万个服务岗位,包联1727个老旧小区楼栋,与4267户特殊家庭结对帮扶,常态化开展志愿服务。探索建立"群众点单、社区派单、党员接单"制度,搭建"下沉党员云讲台""'1+1'牵手行动""名医面对面工作室"等服务载体,推动下沉党员尽展特长、常态服务、融入小区治理。

二是激发居民党员内生动力。制发《社区党员分类管理实施办法》,探索形成社区工作者党员"目标式"管理、无职党员"设岗式"管理、流动党员"跟踪式"管理等5种模式,配套建立"时间银行""奉献换积分"等积分制管理制度,引导2.1万名居民党员加入"江汉管家"志愿服务队,带动群众在参与小区治理中增强认同感和获得感。推广登月片区、教委宿舍"党建引领+居民共治"老旧小区改造模式,推动52个老旧小区旧貌换新颜,惠及1.57万余户居民。

三是推动执法力量进小区。纵深推进"民呼我应"改革,以街道管理体制改革为契机,整合公安、城管、园林、市场监管等执法力量进小区,依法加强对小区房产权属、建筑质量、安全环保、物业服务等突出问题的监管,合力完成6020套历史遗留"问题房"登记办证,妥善解决绍兴片、南阳公寓逾期还建、长租房纠纷等一批群众关切的突出问题,实现"小区事在小区解决"。

四、实施成效

通过理念创新、组织创新、制度创新,将党建引领有机嵌入小区治理,有效构建党建引领三方协同的小区治理体系,树立了小区党支部的权威地位,激活了小区业委会的自我管理能力,提升了物业企业的服务水平,解决了一批历史疑难问题,为推动政府治理同社会调节、居民自治良性互动,构建共建共治共享的基层治理格局,推动治理体系和治理能力现代化做了有效探索。

(1)夯实了党在城市的执政根基。通过"支部建在小区上",把党的基层组织延伸至小区,把党建工作开展到小区、把党员在小区组织起来发挥作用,推动党的方针政策、决策部署"面对面""点对点"延展到小区,打通基层党组织与联系服务群众之间的"最后一百米",发挥了党的组织优势、组织功能、组织力量,确保了重点领域、重点区域和重点人群党的工作全覆盖,让群众真真切切地感受到"组织在身边、身边有党员"。

(2)打通了基层治理末梢。在加强党对业委会、居民小组等群众性组织和物业服务企业的领导过程中,小区党支部牵头搭建小区治理平台,建立健全小区治理议事协商、服务评价、矛盾调处等机制,规范管理小区事务、研究把关小区重大事项,有效补足了小区治理的链条缺失,实现了治理"基线"与小区"红线"的统一,治理基点和居民需求的统一,把"要事共商、资源共享、责任共担"的制度落定在了整合资源、联建共创、个性服务、活动共办等具体工作中。

(3)提升了基层治理精细化水平。围绕党建引领小区治理和区域共建共治等中心任务,针对不同小区规模大小、空间布局、居民群体结构等实际情况,探索不同工作模式和服务载体,从群众最关心、最期盼解决的问题入手,通过清单式、点单式、菜单式服务,精准精细破解小区治理难题,持续增强党建引领小区自治、法治、德治能力。

(4)密切了党群干群关系。把党的基层组织建在小区上,把党员从"休眠"状态中唤醒,促使党员在小区、楼栋、邻里周边、社会公众中重新定位、重塑形象,在组织群众、宣传群众、凝聚群众、服务群众上做深做细做实,在满足群众物质、精神多元化需求的同时,提升群众自我管理、自我教育、自我监督、自我服务的能力和水平。现在小区环境脏乱差、公共设施被损坏、公共利益受侵害等乱象得到有效整治,涉诉涉访事件大幅减少,党群关系更加紧密,邻里关系更加融洽和睦,群众满意度不断提升。

五、主要经验

(一)提升党建引领小区治理的基层领导力,必须加强小区党支部对小区治理的全面领导

以小区党建为着力点,旗帜鲜明地加强小区党支部对小区治理工作的领导,充分发挥小区党支部在小区治理中统揽全局、协调各方、监督把关作用,支持、鼓励、引导业主委员会、物业服务企业、各类社会组织多元主体深入融入小区治理,共商小区发展、共同服务居民、共建美好家园,让居民群众随时能看到党的身影、感受到党的温暖,真正以党建引领全局、凝聚民心。

(二)提升党建引领小区治理的基层领导力,必须提升小区治理的组织化程度

不同群体利益多样化和民意诉求多元化,只有在党组织引领下,才能有效把群团组织和社会组织充分组织起来,把一切可以动员的力量、一切可以集中的资源都直接用于服务群众,做好群众工作。在党建引领小区治理的实践中,我们探索建立业委会帮辅中心,指导符合条件的小区应建尽建业委会,支持老旧小区物业自管组织登记为民办非企业单位,培育公益性、服务性、互助性社会组织和群众活动团队,全面提升参与小区治理各方的组织化程度,实现科学治理、依法治理和长效治理。实践证明,基层社会治理无论探索到哪一阶段,强化党群融合、提升治理各方主体的组织化程度,都是根本之要义。

(三)提升党建引领小区治理的基层领导力,必须找准不同利益主体的最大公约数

小区治理不仅需要党组织坚持以人民为中心、履行服务群众的职责,也需要尽力满足不同利益主体的多样化需求,凝聚最大治理合力。实践证明,只有从多个维度找准不同利益主体的诉求结合点与平衡点,以互惠互利为准绳探求最大公约数,才能有效调动社会各方参与小区治理的积极性和主动性,激发党建引领小区治理乃至整个基层社会治理的内生动力。

党建引领共同缔造,美好家园"心新向荣"

武汉市硚口区六角亭街道荣东社区曾是中心城区老旧小区"老、破、乱、挤"的缩影。2020年9月社区启动改造工程,耗时16个月,改造内容多、难度大、效果突出。社区借硬件环境提升之机,打造"心新向荣"党建品牌,共同缔造"五个荣东"新家园,探索出一条老旧社区治理新路。坚持党建引领核心,夯实基层治理基础,立足五级架构建立"红色朋友圈";决策共谋聚民意,携手擘画"花漾荣东",搭建平台引导群众共解难题;发展共建聚民力,勠力创建"活力荣东",开启"党建闹钟"助力"智慧养老";建设共管聚民智,凝心同治"和谐荣东",打通新就业群体参与基层治理"微循环";效果共评聚民声,民评共促"满意荣东",让居民在唠嗑中评小事、订公约、育风尚;成果共享聚民心,人人乐享"幸福荣东"。经过系列探索,社区环境更加美化,民生服务更具温度,群众获得感更强。社区党建引领基层治理经验获"学习强国"、《人民日报》点赞,《长江日报》等多家主流媒体专题报道,党员电教片《当幸福来敲门》获省级三等奖,社区书记获评"武汉市优秀党务工作者"称号。

一、案例背景

荣东社区成立于2000年7月,地处武汉市硚口区东端,东起利济北路,西止武胜路,占地面积5.8万平方米,包含荣东、利民2个小区,有楼房26栋78个单元,常住人口1363户、3200余人,社区"两委"7人,干事5人,划分为5个网格,管理4个片区党支部、150名党员。

荣东社区是一个商住混合的老旧小区,房屋属性多样,是武汉市20世纪80年代建设的第一批还建房居民小区。小区内有80年代初期形成的武汉市规模最大的渔具市场、90年代的地标建筑泰合广场、武大口腔医院分院,以及两家民营养老院。社区曾是中心城区老旧小区"老、破、乱、挤"的缩影,2020年9月,社区启动老旧小区改造工程。目前,随着城市的更新,小区周边配套设施更加完善,恒隆广场、"金地汉口峯汇"高楼耸立。

硬件环境提升后,社区依然存在一些治理难题。一是居民个性化需求日益增多,从"有没有"转变为"好不好",而社区资源单一、力量不足,无法逐一满足;二是群众主动性不高,基层社会治理还停留在"我在做,你在看"的阶段,居民对"共同缔造"的认识和把握还不够深刻,活动大多还是依托社区牵头组织;三是基层减负落实不够到位,大量的行政事务下沉到社区,社区精力有限,为民服务效能有待提高。

社区党委着眼于小区改造后的治理提档升级,打造"心新向荣"党建品牌,探索"135"共同缔造工作法,搭建治理平台,整合资源力量,发动群众参与,创新融合模式,构建基层治理共同体,着力缔造美好新家园。

二、实施目标

社区打造"心新向荣"党建品牌,坚持党建引领一个核心,夯实基层治理基础;涵养三种精神引路,擦亮基层治理底色;探索五条实施路径,助推基层治理提质,谱写一曲美好环境与幸福生活共同缔造的荣东新乐章。

(一)充分发挥先锋作用

瞄准基层治理资源不足的问题,奏响"先锋集结号",调动"红色朋友圈",发挥基层党组织引领作用统筹各类资源,激励党员带头发挥模范作用,把全心全意为民服务践行在解决实际问题的行动中,坚守为民办实事、为民解烦忧、为民谋福利的初心。

(二)全面改善服务质量

着眼人民群众对美好生活的向往,补齐公共服务短板,提升服务质量和水平,在不断满足群众需求的过程中,凝聚起内向聚合力和外向吸引力,激发群众自主参与、持续参与基层治理。

(三)持续优化治理效能

聚焦维护社会安定、人民安宁,坚持以群众期盼为导向,加强和创新社会治理,紧抓影响社会治理效能提升的关键环节,使人民获得感、幸福感、安全感更加充实、更有保障、更可持续。

三、实践路径

(一)坚持党建引领,夯实基层治理基础

发挥大党委作用,凝聚各方力量,把党的政治、组织、资源优势转化为治理效能。发挥组织优势,立足五级架构,将辖区13家单位、组织全部纳入,建立荣东"红色朋友圈",既把党的触角延伸,进楼入户,又把多元主体团结起来共同治理。发挥资源优势,统筹朋友圈资源,形成十位一体的综合资源供给体系。形成16项资源清单,签订11份共建协议,由群众点单完成物业监管、老旧改造、养老服务等民生项目21项,组建服务团队,开展文明创建、人口普查、疫情防控等活动50余次。发挥力量优势,引进1家专业社会组织,发展"社区+社工+志愿者"的孵化模式,成功孵化17支志愿服务队,夯实基层治理力量。

(二)决策共谋聚民意,携手擘画"花漾荣东"

社区发挥党建引领作用,搭建平台引导群众自点问题、共解难题,共同擘画"花漾荣东"新蓝图。群众点问题,推广社区治理月月议、三方联动周周碰、社情民情天天"唠"、代表委员面对面、统一战线心连心自治载体,定期开展民意需求调研,摸准摸细小区治理工作中的痛点、难点、堵点。在老旧社区改造过程中,梳理群众的"需求清单"23项。其中,70多岁的老党员李学斌反映,他和老伴作为高龄空巢老人,独立开火吃饭很成问题;事实上,荣东社区是一个老旧社区,老年人占社区人口近30%,老龄化情况非常显著,老年人的衣食住行问题也一直是社区关注的焦点。为此,社区立即就老年人吃饭难问题,开展入户走访、座谈交流,了解居民需求,倾听群众建议。社区搭平台,按照"群众提议—党员带头—代表参与"的原则,社区召开协商议事会,党员楼栋长、居民代表、红色业委

会、红色物业多方参与。大家群策群力,最终决定建设荣东幸福食堂,并从菜品、价格、供餐时间等方面提出许多建议,协商解难题。社区公共用房紧张,幸福食堂选址又变成了一个难题。协商议事会上,居民赵右香主动提出,为感谢社区多年照顾,她愿意将她承租的社区一处车棚腾退出来改建为幸福食堂。目前,幸福食堂已投入使用,100余名社区老年人在这里"搭伙"。"旧改"中,群众点问题,社区引导协商,重建公共空间12处,解决30多项民生问题,拆除违建447处、6400平方米,无一投诉。

(三)发展共建聚民力,勠力创建"活力荣东"

对接群众多样化需求和社区治理目标,有效盘活用好各类治理资源,提高治理水平,为建设"活力荣东"凝聚奋进力量。整合下沉资源,开启"党建闹钟"。瞄准需求谋划"为民十件实事",通过"朋友圈"领办、专人督办、公示清单、评议奖惩等形式,推动实事限时小结,专属、公共、特色服务并举。整合医疗资源,助力"智慧养老"。联合社区卫生中心打造的"互联网+医养融合"平台,提供六位一体服务,已被列入国家智慧医养试点。组建家庭医生团队,安装智能设备,实时监控老人血压、心率等参数变化,《人民日报》称"老年人居家养老有'医'靠"。整合商圈资源,实现"区区共治"。利用"亿元"楼宇泰合广场打造红领驿站,共建"荣合"党建联盟,促进居民区与产业集聚区融合治理。

(四)建设共管聚民智,凝心同治"和谐荣东"

创新基层融合治理模式,引导新就业群体到社区报到,融入社区治理,探索出一条邻里和睦、双向奔赴共管新路,为活力荣东注入"新鲜血液"。聘请"小巷顾问",全覆盖摸排辖区新业态新就业群体,针对基层网点无党组织、员工无党员的难题,从热心居民着手,聘请3名快递小哥为首批"小巷顾问",充分发挥小哥走街串巷的优势,让他们在派送过程中协助收集居民诉求,"随手拍"社区小隐患,及时上报突发事件,让小哥跑出"红色加速度"。开设"小哥窗口",设立"江城蜂巢"驿站,提供暖心服务。结合"下基层察民情解民忧暖民心"实践活动,开设"小哥窗口",面向全市快递、外卖等新就业群体开放,只要他们为社区行动不便的老人义务送餐一次即可享受7元平价餐。既解决小哥吃饭难问题,又将暖心服务带来的便利转化为民服务的牵引力,引导新就业群体积极参与基层治理,打通社区治理"微循环"。打通"双向奔赴",新就业群体被聘用为"小巷顾问"以来,积极到社区报到,当好基层治理监督员。顺丰小哥"报告"电动车入楼"飞线充电",社区"接单"后迅速安排网格员上门排查,并对居民开展安全教育。"小哥窗口"开通以来,外卖小哥为老人送餐时,有高龄老人反映牙口不好,小哥当即向社区反馈。第二天,番茄炒鸡蛋等"软菜"出炉。新就业群体实时传达居民的"微心愿",协助打通基层治理的"最后一米",成为基层治理共同缔造的重要力量。

(五)效果共评聚民声,民评共促"满意荣东"

开辟开放式评事阵地,深入推行"五民工作法",充分发挥居民群众主体作用,对社区共建、共管实效进行评估,用社区建管成效凝聚民心,书写"满意荣东"。开放评小事,尊重民意改建一处居民休憩场所,开辟"大树下议事会",让居民在唠嗑中评价社区工作。选拔"银发"党员担任主持人,网格员全程参与,小到邻里关系,大到社区建设成效,居民畅所欲言。引导订公约,居民参与评事热情很高,社区晾晒乱、养宠物不注意保护环境等问题,在"大树下"直接提出来。社区根据树下评价及时调整工作重点,开展宣传引导,梳理经验做法,形成管理制度。目前,文明养犬、认养绿植等20余项社区公约在"大树下"议事达成。评选育风尚,社区美不美,居民说了算。围绕"年度为民十件实事"评选"星级项目",邀请群众担任评委,选拔工作尊重民意、体现民愿、服务民需的民生项目。在先锋党员、热心居民、志愿者中评选"社区合伙人",对长期以来致力于社区奉献和社区发展的党员群众给予表彰,营造"人人服务社区,社区服务人人"的治理新风尚。

(六)成果共享聚民心,人人乐享"幸福荣东"

坚持发展依靠群众、发展为了群众,荣东社区"软硬兼修",群众既能看到社区变化,也能感受到实在好处。社区环境更加美化。荣东社区历时16个月改造,强电入地、雨污分流、立面粉刷、道路硬化、绿植成荫、违建拆除等16项改造内容,让社区整体环境得到全面改善,社区大变样,诸多搬离住户喜"回迁"。民生服务更具温度。荣东社区重点瞄准群众关心的"关键小事",做成"十件实事";聚合医疗资源"智慧养老",让辖区群众老有所医;专业机构孵化"青少年空间",让辖区群众幼有所托;"红色微管家",让辖区群众弱有所扶;美食趣味市集,让辖区群众民有所乐。为民服务更加精准精细,群众获得感更强。荣东社区发挥社区大党委作用,统筹、共同缔造资源,不仅满足"群众身边、房前屋后人居环境的实事小事"的个性化高品质需求,还在共同缔造的过程中,通过激发群众的主人翁意识和首创精神,增强群众创造价值而获得的满足感和自豪感。"小巷顾问"、"社区合伙人"、志愿服务队队长等一批社区能人变成社区治理"智库",用自己的智慧浇灌群众的幸福之花,滋润他人的同时也芬芳自己,实现自我提升,自我满足。

四、主要成效

通过共同缔造的系列探索,社区凝聚力由松散走向紧密。1个社区大党委、11份共建协议、12次联合党日、16项资源清单、10件民生实事,社区党委一呼百应下好基层治理"一盘棋"。治理主体由一元走向多元,社区主导变为社区引导,同时持续培育社会组织,服务居民的力量进一步增强,基层治理由社区演"独角戏"变为多方"大合唱"。群众参与度由被动走向主动。1个自管会、1个业委会、2支监察队、1个商管会为社区出谋划策,17支志愿服务队伍开展大型志愿服务活动48场、文体活动24场、专题讲座12场。社区志愿服务力量足,文化队伍风采足,人人争做主人翁。

社区党建引领基层治理经验获"学习强国"、《人民日报》点赞,《长江日报》等多家主流媒体专题报道,党员电教片《当幸福来敲门》获省级三等奖,社区书记获评"武汉市优秀党务工作者"称号。

五、主要经验

(一)夯实基层治理基础,要持续加强党建引领

荣东社区大党委作为基层治理召集人,发挥党组织的凝聚引领作用,将基层治理拓展到辖区单位、社会组织、党员、新业态群体、志愿者等组织和群众中,发动辖区资源协同参与,不断壮大基层治理队伍,有效扩大了社区治理半径,将治理和服务延伸到社区的每个角落。

(二)提升基层治理效率,要不断深化特色载体

荣东社区统筹基层治理资源,不断满足"群众身边、房前屋后人居环境的实事小事"的个性化需求,探索出智慧养老、公益创投、党建闹钟、树下议事、轮值书记等各类特色共治载体,真正用心用情用力办好了一批民生实事,整个辖区内党建事务联商、活动阵地联建、社区服务联办、精神文明联创,建立起了"完整社区"的服务体系和治理体系,激发社区发展内生动力。

(三)建强基层治理队伍，要始终聚焦群众需求

荣东社区从群众关心的事做起，从让群众满意的事情做起，以此激发群众参与，凝聚群众共识。"大树下议事会"尊重群众意愿，改建群众日常休息空地，将群众的闲聊、唠嗑制度化为参与社区公共事务的讨论，群众参与积极性高涨；"小哥窗口"把骑手、快递员的吃饭难、吃饭贵的小事当成基层党组织治理的大事，在解决群众的"急难愁盼"中，增强党组织的向心力，群众获得的"小确幸"让他们自觉把自己当成基层治理的一分子，真正变"你和我"为"我们"，变"要我做"为"一起做"。

党建引领促安全,共同缔造优环境

韩家墩街道博学社区与宗关街道汉西社区毗邻,南起解放大道,北止长丰乡交界,是一个典型的城乡接合部社区。辖区覆盖地域狭长,人口结构复杂,返城人口多、弱势群体多、流动人口多、居民需求多样化,社区治理面临着严峻挑战。博学社区始终坚持把群众的民生工程"时刻放在心头、扛在肩上",积极探索治理模式,形成了以党建引领为核心,社区主动搭网格抓重点、多方联动携手疏堵点、长效互动解痛点的"一心三动"工作法。以党建引领为支撑、以创新思路为指引、以为民服务为宗旨,充分发挥驻区单位、社区党员、居民代表、社会组织和志愿者的力量,不断推动党建在社区治理上深入融合、有机统一,努力解决治理过程中的堵点、痛点,积极探索行之有效、可复制可推广的好经验、好做法,推动社区工作更加精细化、精准化,不断创新网格发展、激活社区资源,提升居民信任感、归属感、幸福感。

一、案例背景

博学社区由原汉西居委会和轻机居委会合并,成立于2000年8月,是一个由商品房小区、还建小区、老旧拆迁小区组成的混合型社区。辖区占地面积约0.6平方公里,常住居民4651户、8641人,其中直管党员178人。辖区覆盖地域狭长,人口结构复杂,返城人口多、弱势群体多、流动人口多、居民需求多样化,社区治理面临着严峻挑战。截至目前,武汉市文旅局、硚口区法院、武汉四中等3家单位和150名居住地报到党员常态化下沉社区。

二、实施目标

习近平总书记在视察武汉东湖高新区新城社区时提出,要加强社区治理,做深入细致的工作,用心用情为群众服务。博学社区始终坚持把群众的民生工程"时刻放在心头、扛在肩上",积极落实市、区关于加强社区治理能力提升的有关要求,鼓励社区工作者在实践中主动作为,以更强的专业能力、责任心和创新能力投入社区治理,打通城市治理的"最后一公里"。积极探索治理模式,形成了以党建引领为核心,社区主动、多方联动、长效互动的"一心三动"工作法。以网格化为载体,以群众满意为标准,推动党建在社区治理上深入融合、有机统一,努力解决治理过程中的堵点、痛点,积极探索行之有效、可复制可推广的好经验、好做法,推动社区工作更加精细化、精准化,不断创新网格发展、激活社区资源,提升居民信任感、归属感、幸福感。

三、实践路径

(一)核心:坚持党建引领

博学社区以社区党委为核心,搭建"街道大工委—社区大党委—网格党支部—楼栋党小组"四级组织架构,组建保利香槟国际小区、华鼎丽都国际小区、汉西二路老旧片区三个片区党支部,楼宇网格13个,建起居民、业委会、社会组织、物业公司等多元主体参与的对话协商机制,实现了组织覆盖,架起党群"连心桥"。针对居民最"急难愁盼"的问题,集众智、聚群力,共同商讨解决方案,有计划、有针对性地为居民精准提供就业、助学、帮困等定制化服务。2022年上半年,博学社区召开联席会议商讨解决有关电梯维修、外墙渗水、业委会组建、安装监控设备等事项11余次。5月,保利香槟国际小区又出现楼上居民高空抛物险些伤人的情况,但物业入户调查仍难以找到抛物的居民。为守护小区居民头顶上的安全,社区党委多次召开"三方联动"会议,共商如何破解高空抛物难题。业委会积极筹措,按照公共收益启用流程,聘请审计公司审核小区公共收益,征求业主意见及按期公示。业委会副主任杨宇欢就职于武汉市公安局视侦大队,在高空抛物摄像头选用、点位选择等方面提供较多专业性建议,共同推动小区安装高空抛物摄像头项目。2022年7月,在街道挂点领导同志的指导协调和"三方联动"共同努力下,4台高清球机、52个红外一体摄像机安装到位并投入使用。当月即有效抓拍一起夜间高空抛物问题,对当事人进行了严肃教育并责令其在业主群发道歉信,高空抛物的乱象得到有效控制。同时,社区门口公告栏夜间被坠落石块砸坏,经调看摄像头记录查到保利香槟国际小区1栋外墙脱落点位,及时通知物业予以修缮,保障了小区居民出行安全。

同时,博学社区党委全力推进社区党员、下沉党员、志愿者等红色力量"亮身份""先行动""做表率",充分整合资源、拓展服务方式,形成党建带动、多元参与的服务体系,积极探索社区自治新模式,依托社区党群服务驿站,引入各类志愿服务团队,以项目制、组团式的方式,"认领"居民的困难、问题,提供专业化、个性化、常态化的志愿服务。

(二)主动:搭网格抓重点

(1)线上线下逐户摸排,健全网格信息。掌握居民信息是网格管理细化的最关键步骤,社区党委组织网格员有计划、讲方法、借力量,稳步推进网格的逐步搭建。线上通过电话、微信,在第七次人口普查的基础上逐户核对业主、居民基础信息;线下全面发动居民、下沉党员、志愿者等工作力量,入户排查,查漏补缺,最终实现了网格电子表、一户一档纸质表、人房系统"两表一系统"信息的完善、录入和统一。

(2)多维度分类细化,建立重点人员台账。结合民政系统相关数据,全方位、立体式做好网格内各类重点人员的登记排查工作,包括高龄老人、独居老人、残疾人、精神病人、低保/低收入家庭、优抚对象等,在"两表一系统"内做好标识,并按照重点类别,单独建立基础台账,摸清社区各网格内重点人员基本情况,精准识别,为下一步精准管理、点对点服务夯实基础。

(3)定期入户,信息共享,动态化管理。对于流动人口,尤其是老旧小区和商住楼的流动人口,针对租赁房屋采取"每日一走访",定期入户,同时联动警务室流动人口登记系统每周核对流动人口变动情况,实现不同职能部门信息共享,最大限度保证网格信息的精准性。

(三)联动:携多方疏堵点

(1)建立多级联动机制,提供有力抓手。社区实行"党支部书记—网格员—楼管员—党员楼长"四级联动机制,始终按照"做优社区、做精网格、做活治理"工作思路,全面推行网格精细化管理模式,按照"1+1+N"的标准配备网格力量,即"1名网格员+1名物业管家+N个社会力量",积极吸纳辖区企事业单位领导干部、"两代表一委员"、优秀下沉党员,以及一些热心居民、退休党员骨干,组建起"精而优"的网格治理队伍,搭建社区工作群、下沉党员群、网格群,实现全天候线上响应平台,为社区共享共治常态化提供更多有力抓手。

(2)指尖上的社区,鼓励居民参与自治。为充分调动居民参与社区治理的积极性,网格员利用网格手机逐户添加网格居民微信,备注房号、姓名、家庭基本信息,发送网格员名片,拉入网格微信群。线上广泛收集居民各类问题,实现居民在线上咨询,线下一次性办理,反馈问题,多方力量共同解决的管理模式,让社区治理由"孤军奋战"转为"多方合力"。博学社区汉西二路"一线天"区域基础设施落后,房屋大部分为自建房,且沿堤而建,建筑密度高、通道狭窄,是硚口区挂牌重大火灾隐患单位,治理难度极大。为有效防范燃气事故发生,博学社区坚持发动群众,多次组织社区志愿者和下沉党员入户检查群众燃气用具安全,登记瓶装气隐患并督促整改。通过发放宣传单、在微邻里和微信群推送消息等方式,加强宣传引导,向居民普及消防燃气安全知识,不断提高居民燃气安全防范意识,同时畅通反映渠道,邀请居民争当安全监督员,共同守护辖区安全。2022年6月,在接到居民监督员反映相关问题后,社区党委第一时间上报街道调取相关监控视频证实,随后区燃管办、派出所、街道综合执法中心、公管办等多部门联合执法在汉西二路"一线天"区域查处两个"黑气点",收缴燃气钢瓶101瓶,并将相关违法线索移交韩家墩派出所。通过联防联控,及时消除燃气安全隐患,有效保障周边居民生命财产安全。

(四)互动:立长效解痛点

(1)制定服务指南,服务标准化、规范化。社区根据"民呼我应"三级响应工作要求,统一制订社区办理业务流程、联络部门相关资料服务手册,作为网格员服务居民的便捷指南,居民现场办理业务或网格员上门服务,按照统一要求,实现业务办理的标准化和准确性,形成"人在网中走,事在格中办"的工作格局。

(2)丰富多彩的线下活动,增强社区凝聚力。博学社区为居民,特别是流动人口,提供更多的线下生活服务。例如:法律咨询、妇女儿童保护、计生咨询、公共卫生服务咨询等,还有针对性地打造老年人活动中心、"四点半"学校、舞蹈课堂、毛笔之屋、文艺展演等等,吸引凝聚居民共同参与社区公共事务,形成良好的社区与居民、居民与居民之间的有效互动,进一步提升社区综合服务能力。

(3)以居民评价、服务结果为导向。通过网格微信群、微邻里、市长热线等即时反馈渠道,居民随时随地对社区生活服务和政务服务进行相关点评,社区根据居民点评,对提供服务的工作人员、党员、组织进行评价,激励提供更优服务,每季度公开评选一批服务之星、优秀党员等,年底组织评选优秀社区工作者、党务工作者等,积极营造共驻共建良好氛围。

四、实施成效

(一)有效推动了基层党建的引领作用

一是在方向性问题上,博学社区党委起到了核心作用,为社区治理工作把领航掌舵,确保基层社会治理的正确方向、整体规划和统筹协调;二是在具体工作上,社区党委集思广益,充分发挥基层社会治理各主体的智慧,支持、鼓励、引导社会各主体共同参与治理,在具体事务上给予了各主体自治的空间,形成共建共治共享的社会治理格局,提高了社区治理的专业化水平。

(二)有效提升了社区治理的创新能力

博学社区"一心三动"的创新工作法,以人为本地推出了便民服务新举措,赢得了民心民意,不断深化和拓展服务型社区的品牌效应。同时,社区党委注重挖掘辖区特点,有力整合社区资源,指导社区内的各小区、片区在党建、文化、生活等各方面寻找结合点和突破口,坚持"一片区一特色"打造社区工作亮点,切实做到为群众办好事、办实事。

(三)有效提高了社区居民的满意度

博学社区围绕社区居民生活的全链条服务需求,力争实现了辖区内居民幼有所育、学有所教、老有所养,提供相匹配的综合配套和智慧服务支撑,为社区居民提供了有信任感、归属感和幸福感的社区环境。尤其在无物业管理的汉西二路老旧小区,实行了居民自治,按照社区居民"自己管自己的事,大家的事情大家办"的原则,积极转变居民角色,让居民参与,形成共识,共同解决小区存在的问题。

五、主要经验

(一)社区治理要找准着力点,以党建引领为支撑

要坚持党建引领,发挥社区基层党组织的战斗堡垒作用,强化政治领导、思想领导、组织领导,积极协调整合居民代表、下沉党员、共建单位等多方资源,以共建共治为合力,以基层党组织为核心,构建"纵向到底、横向到边、共治共享"的社会治理体系,联系、服务群众零距离。尤其是在老旧小区的治理上,充分发挥党员示范引领作用,让社区治理不再单打独斗,动员更多党员干部群众参与,夯实基层党建基础。

(二)社区治理要认清突破点,以创新思路为指引

理念决定思路,思路决定出路。社区作为城市治理的最末端,是与群众居民接触最为密切的地方,也是最能发现群众困难和社会问题的地方,社区工作者一定要主动作为、拓展思路、不断激发创新能力,这样才能切实为群众解决问题,将工作不断推向深入。

(三)社区治理要牢记出发点,以为民服务为宗旨

社区作为基层社会治理的末梢,核心在服务。要坚持以人为本,变管理为服务,构建方便、快捷、优质的服务网络,创新多元、个性、互动的社区服务项目,更好满足辖区群众物质文化和精神文化需求。同时,坚持发动群众力量,走好新时代的群众路线,把群众满意度作为工作的出发点和落脚点。坚持汇集群众智慧,共谋解决方案。

党建引领"农转居"居民融合社区治理

四川省成都市锦江区柳江街道锦馨社区是典型的大型"农转居"社区,存在着失地农民的聚集导致矛盾频发,社区的基础设施建设落后,环境卫生条件差,居民之间关系淡薄,对于城市生活的融合出现不习惯甚至困难的典型融合治理问题。近年来,在街道党工委的领导下,锦馨社区党委通过坚持党建引领,大力倡导居民协商自治,主动化解居民积怨,引进智慧社区平台,狠抓社区商业创新发展,走出了一条新型的紧密联系群众、协商共治、居民自治的社区治理道路。2020年社区党委被命名为成都市"蓉城先锋"示范基层党组织,2021年锦馨家园A区被评为成都市党建引领城乡社区发展治理示范小区;社区连续获得"四川省诚信社区"、社区发展治理"示范社区"、"社区营造项目十佳案例"、成都市"百佳示范社区""百佳示范小区"等荣誉称号;治理案例"党建引领下'农转居'社区治理共同体构建的锦江实践"获评中国十大民生决策案例,并被中共中央党校出版社出版的《新时代中国社会建设》作为优秀案例入选,为国内其他"农转居"社区提供了可借鉴、可复制的行动模板。

一、案例背景

自20世纪90年代以来,我国城市化的发展速度加快,城市用地紧张并迅速向乡村扩展,随着农业用地向非农用地的转变,失地农民被安置进入城市社区。这种转变使得"农转居"群体的身份发生转变,生活不适应、融入难问题显现,由此产生了许多社区治理中的问题,"农转居"群体及"农转居"社区的融合治理问题成为新的社会治理难点。

四川省成都市锦江区柳江街道锦馨社区地处城乡接合部,是以征地拆迁农民集中安置为主,兼之棚改房和国企改制职工安置房为一体的新型涉农街道城市社区,辖锦馨家园 A、B、C 区 3 个失地农民集中安置小区院落,共有安置房屋 5223 套、居民 10387 人。作为典型的大型"农转居"社区,锦馨社区也存在着典型的融合治理问题,失地农民的聚集导致矛盾频发,社区的基础设施建设落后,环境卫生条件差,居民之间关系淡薄,对于城市生活的融合出现不习惯甚至困难的问题。近年来,在街道党工委的领导下,锦馨社区党委通过党建引领,走出了一条新型的紧密联系群众、协商共治、居民自治的社区治理道路。

二、实施目标

锦馨社区坚持党建引领破题,以"社区问题和居民需求"为导向,构建街道党工委、社区"两委"、社会组织、社区居民和其他社会力量联席、联办、督办的服务协调机制,社区党组织引导社区社会组织发挥作用,培育和发展社区公益服务类自组织,吸纳和激活社区精英的力量,为社区公共领域展开的社区公益行动赋能;让社区治理制度化、规范化的意识渗透到社区居民日常生活场景,夯实党建引领社区共同体建设的"底层构架",从而有效激发居民参与家园建设的自治活力。以坚实的党组织引领责任落实体系为核心,以"自下而上"的社区协商制度为纽带、以居民切身需求为聚焦、以丰富多元的高品质服务为抓手,推动社区各方主体建立联系、开展合作,形成"事由民议,策由民定,财由民理,责由民担,效由民评"的长效机制,加快推进社区居民居住空间融合、心理空间整合、社区力量激活,构建社区发展多元共治新格局。同时,认真总结工作经验,高质量形成可复制、可借鉴的工作教程,将社区治理途径和办法向全国推广,成为"农转居"社区治理的典范。注重对理论的提炼、对"农转居"社区治理模式的归纳总结,探寻新时代背景下解决农转居社区治理难题的新途径,以丰富在农转居社区治理方面的学术研究成果,促进相关理论的发展。

三、主要做法和实践路径

(一)以党建引领为内核,统筹构建多元共治新格局

社区党委是社区治理的中心和主体,更是协同治理机制的关键所在。一是积极探索"党委+院落支部+楼栋党员+社会组织联合党支部+物业联合支部"党组织五级责任模式,推动党建重心下沉,充分发挥小区党建的"源头作用",夯实基层党建组织架构;

二是社区以"党员积极主动作为,推动社区公益事业发展,解决社区问题"为抓手,党员个人积极发挥自身优势,建立党员志愿者队伍,将党员志愿服务活动常态化,以解决社区问题、满足居民需求为目的,推动社区发展;创新青年党员参与社区公共事务的方式,继续开展党员先锋课堂,同时挖掘有能力的群众参与到先锋课堂中来,打造锦馨"党群先锋课堂"品牌让党组织和党员干部切实承担起"行动者"的角色,推动社区居民在自家小区、楼栋单元实现"微自治""微更新",让居民在不断参与社区公共事务的过程中,逐步消解彼此之间的隔阂和矛盾,社区秩序达到一个动态平衡的状态,实现了社区居住空间的社会融合;三是结合"微网实格",按照"规模适度、便于管理、无缝覆盖、动态调整"的原则,将社区划分为12个一般网格、81个微网格,建立微网格志愿服务群42个,将党员力量从社区下沉到微网格,将小区内自管党员和双报到党员全部纳入微网格管理,按照每个微网格建立一支由1名微网格员和数名志愿者构成的"1+N"微网格工作队伍的标准,配齐建强微网格员队伍,形成"网格化管理,组团式服务"的模式,优先在辖区居民小组长、党组织书记、党员骨干、"双报到"党员干部中选取微网格员,建立信息共享、协调联动、问题反馈等机制,将责任明确划分至每个"微网格",坚持"户数清、人数清、去向清",明确微网格员的工作职责,确保党的建设、社会救助、疫情防控、安全生产、环境保护等各项工作任务"有人抓、有人管、有人干"。四是成立党建联盟,社区院落党支部牵头与物业公司、业委会、小区栋长、居民代表共同组成"院落协商议事小组",对居民反映的社区院落问题,院落协商议事小组组织利益相关方进行有效协商、沟通,积极助力社区和谐发展;协助物业公司成立物业党支部,打造社区党员服务站,构建"红色物业",鼓励及动员社区党员参加业委会选举,把控好业委会选人关;社区"两委"、社工站工作人员、网格员和各基层党支部书记、委员以及社会组织代表、辖区党员代表通过党建活动,提升党员素质。社区完善党组织之间、各方主体之间的联建共建工作,整合现有资源,通过送服务、送教育、送关怀等多种形式的活动,提升服务的质量和效果,从而达到多方共赢的效果。

(二)以民生需求为导向,搭建智慧便民服务新平台

一是以居民切实服务需求清单为主导,运用"公益+商业"的模式,以"智慧社区"为切入点,孵化"馨生活"便民服务平台2.0模式,推出益佰社区生活平台,整合在地商家资源,以智能化方式实现线上线下为辖区居民提供更优质、快捷、安全、可靠的服务。二是创新发展思路,围绕"党建引领+公益+社区商业",聚合红色资源,盘活国有闲置场地,高品质打造馨邻里文化广场,助推社区商业蓬勃发展,构建了"社区商业—社区基金—社区治理—慈善公益—社区商业"的闭环运营新模式,为社区发展治理注入持续不断的新动能。建设党建文化与学习阵地、党群服务与实践阵地和云上平台党员监督阵地等

三大党建阵地,成立社区商业联合会党支部,建立智慧社区党员云上先锋队,由社区居民或骨干在云上平台发起服务或事件援助,运营中心将事件立案核实,以党小组形式开展服务和结案,加快速度解决居民纠纷,促进不同类群的农转居居民尽快融合。

(三)以幸福美好为目标,打造优质宜居生活新场景

围绕"推窗见绿、出门见园"的锦江愿景,社区建立了"九三学社"智囊团锦馨基地,链接、引进狮山会和4家专业社会组织,组建2支功能性自组织,由居民自发选址、设计、施工、众筹资金、资源+项目资金匹配的形式,常态化项目化改造小区脏乱差的公共绿地,以打造"良辰美锦桂馥楠馨"为社区总体发展愿景,分区规划,2022年打造了"温馨小筑""馨怡苑""开心花园"等3个院落微更新点位,辖区由居民自主打造微更新点位共14处,进一步提高了社区"颜值"。并以"一老"和"一小"为主体导向,依托社区家门口的红色文献"初心馆"为阵地,充分发挥区域党建优势,加强党建联建,与辖区成都市盐道街小学锦馨分校党支部、锦江区教育研究院附属中学党总支联合开展了"传承红色基因,我是小小讲解员"活动和"友兰汇"特色工作室,通过"小手牵大手"的方式,串联老年人和年轻人,共同重温红色历史,被《华西都市报》、封面新闻、锦江电视台等多个媒体报道,形成了全龄社区的代际融合氛围,实现了交往互动的全龄融合。

四、实施成效

(一)基层党建堡垒力量得到进一步加强

一是坚持把本土化、年轻化、政治素质好、群众威信高的干部选入"两委"班子,实现社区党委贯穿到底抓治理、抓服务,切实发挥基层党组织引领社区治理"轴心"作用。二是发挥党员先锋模范作用。在小区广泛开展党员"亮身份"行动,定期组织小区党员开展理想信念教育、党章党史教育等,全面推行党员积分制管理,教育引导党员主动承担公益活动、化解邻里纠纷等职责,发挥党员在"微自治"中的先锋模范作用。三是开展主题党日活动。针对部分居民群众"无心小区事务、站在一旁看热闹"的心理,社区党委通过定期开展主题党日活动,以插花、包粽子、做月饼等传统节日活动和整治环境、义务捐赠、爱老敬老等公益活动为主题,广泛吸引党员群众积极参与,切实增强社区党组织凝聚力、向心力。2020年社区党委被命名为成都市"蓉城先锋"示范基层党组织,2021年锦馨家园A区被评为成都市党建引领城乡社区发展治理示范小区;治理案例"党建引领下

'农转居'社区治理共同体构建的锦江实践"获评中国十大民生决策案例,并被中共中央党校出版社出版的《新时代中国社会建设》作为优秀案例入选。

(二)共建共享切实取得实效,居民得到实惠

一是整合辖区资源。针对配套公共资源不足等问题,通过定期召开党建联席会议,积极发挥社区"大党委"统筹优势,将锦江工业园区30余个党组织纳入"共建"范畴,有效整合辖区企事业单位、商家企业、物业公司等各方力量、资源参与社区治理。在小区花园公益建设中,共建单位中建三局西南分公司义务捐赠1万块砖、中霖物业和合德物业公司免费提供施工队,生动唱响了"共建共治共享"的好声音。二是引进专业组织。针对拆迁安置小区居民有权利主张而无公共精神、遇事习惯找政府等情况,社区党委利用社区发展治理专项保障资金、社区营造资金等政府公益项目,引进了成都社区行动公益发展中心,培育了锦馨社区朝阳服务中心等4家社会组织,将社区公共空间交出专业社工打理,切实发挥社会组织专业化治理优势。三是培育自组织团队。坚持以"事缘""趣缘"作为联结纽带,广泛发动居民参与社区发展治理,催生孵化"微心愿小分队""发挥余热小分队"等4个自组织团队,动员曾从事木工、瓦工、泥水匠、油漆工等职业的居民参与墙绘、公园公益改造、楼道废弃物品清理等活动,在"同心同德苑""美好未来苑"等14个公共区域改造中,社区居民参与10000余人次,有效唤醒居民们参与集体生产活动的共同回忆,营造良好自治氛围。社区连续获得"四川省诚信社区"、社区发展治理"示范社区"、"社区营造项目十佳案例"、成都市"百佳示范社区""百佳示范小区"等荣誉称号,辖区内锦馨家园A、B、C区,新希望锦官府等4个小区院落被评为成都市生活垃圾分类示范小区。

(三)引领疫情防控工作取得阶段性成效

以党建引领居民融合为抓手,打造了一支"召之即来,来之能战"的微网格志愿者服务队伍,在成都"8·25"新冠疫情防控阻击战中,社区党委发动辖区党员、居民骨干、普通居民等疫情防控志愿者队伍12支共计571人,参与核酸检测和小区封控管理,用一个个鲜活的身体构筑了一道道牢不可破的严密防线,用最短的时间和最快的速度抵挡了疫情的侵袭,迅速有效地切断了疫情传播的途径,经受住了疫情大考。锦馨社区从全市3044个社区中脱颖而出,成为100个"无疫社区"的推荐单位。

(四)"农转居"社区治理理论体系初见雏形

一是社区党委积极探索提炼的"五化"工作法,为国内正处于治理体制变革期的更多同类型社区提供了可资借鉴的思路和范例。社区党委书记在省、市级社区党建引领城乡社区发展治理主题班做经验交流3次,社区接待省内外街道、社区及社会组织参观共计121次,社区工作理念、工作模式得到有效推广。二是社区与成都理工大学社会学系薛霞教授及其团队签订了协议,以锦馨经验为蓝本,编撰了《当代中国社会发展与基层治理创新案例》教材,进一步推动社区工作理念和模式在全国范围内进行推广。三是与社区行动共同开发了《同心共治,新馨向蓉:成都市锦江区柳江街道锦馨社区党建引领社区治理行动手册2.0》。该手册不仅回顾了社区的过往做法,还展现了社区未来的发展蓝图。

五、经验与启示

(一)要坚持以党的领导统筹全局

党的领导是中国特色社会主义的最本质特征,是中国特色社会主义制度的最大优势。只有坚持党的领导,加强党的组织力,才能在基层治理中把制度执行到位,让制度优势转化为治理效能。社区党委以"微网实格"入手,让党的力量充分下沉,同时发挥社区大党建的区域统筹优势,整合本地和外来社会资源,用党建的力量推动"农转居"居民加快融合,全面参与社区治理,从而彰显党在基层的战斗堡垒作用。

(二)要坚持以人为本的价值导向

与居民拉近关系最好的方式,就是办好事关群众福祉的每一件小事,满足他们对美好生活的新期待,架起党群关系信任的桥梁。下大力气做好"我为群众办实事"工作,项目化解决群众关注的难点、盲点、堵点问题,做到基层治理过程让群众参与、成效让群众评判、成果让群众共享。让党组织更深地扎根在人民群众当中,巩固了党在基层的执政根基。

(三)要坚持尊重科学机制

党建引领居民自治"搞事情",要尊重社区自身的运行机制和规律,重视对基层群众自身责任意识的培育,催生各种功能性的社区自组织参与社区公共治理。社区治理既不能"只争朝夕",也不能"被动等待",要通过充分动员群众参与社区公共空间及社区社会生活的营造,变"替民做主"为"让民做主",其间治理的过程越复杂,将越有利于社会动员,越有利于社区资本和社区活力积累。

(四)要坚持创新发展理念

创新是发展的第一动力。面对公共活动空间狭小、环境卫生脏乱差、集体经济发展无后劲、资源匮乏等"农转居"社区的典型发展瓶颈,必须不等不靠,紧紧围绕成都建设践行新发展理念的公园城市示范区和锦江区"推门就是美好生活"的宏伟目标,立足新发展阶段,坚持党建引领,以"智慧社区""绿色社区"为契机,谋求可持续、绿色、和谐、智慧的发展途径,不断满足居民对美好环境与幸福生活的向往。

加强党建引领,服务商圈发展

一、背景与起因

宜昌市CBD商圈地处西陵核心,商业面积31万平方米。包含商贸零售类、餐饮类、IT类、娱乐类等多个行业类别的市场主体3539家,从业人员10000余人。2009年该项目建成投入使用后,招商火爆,迅速拉动了周边经济,并连续10年成为全市纳税大户,作为全市的核心商圈地位无可撼动。2020年新冠疫情袭来,实体商业受到重创,空置率大幅提升,税收一落千丈,租户与商管公司矛盾日益突出,居民对商业环境越来越不满意,信访投诉件较过去增加了3倍。呈现出"四缺"现象:一是组织建设缺"支撑"。商圈管理公司未成立党支部,商圈党建工作瘫痪,缺乏支撑和活力。二是服务商户缺"配套"。受疫情影响,商圈管理公司对困难商户经营在融资贷款方面未进行实质性帮扶,因催缴房租而导致商户关门,激化了矛盾。三是行业发展缺"抱团"。市场主体各自为政,单打独斗,存在相互诋毁、恶性竞争现象,导致商圈品质下降,客源减少。四是社区治理缺"融入"。居民关心环境,商户关注利润,导致居民和商户成了对立方,没有属地的融入感和归属感。

如何在党建引领的旗帜下破解这一难题?气象台社区党委在街道党工委的指导下,经过广泛的走访、调研、探讨、商议,"CBD商圈党建联盟中心"应运而生。

二、实施目标

秉承"引领、凝聚、服务、共赢"的理念,2021年气象台社区党委成立"CBD商圈党建联盟中心"。树立"为党旗争辉,为商圈服务"的目标,发扬"店小二"精神,深入开展党建服务、蜂巢服务、社会服务、人才服务等"四服务"活动,依托联盟单位形成"15分钟党建服务圈",推动商圈内的小微企业、个体工商户之间加强交流、有序竞争、合作共赢。成为推进宜昌市域社会治理现代化探索创新的重要落脚点。

(一)近期目标:健全组织架构,让商圈党建联盟中心更有活力

6个月内,摸清商圈党员及党组织基本情况,建立健全商圈党组织架构,成立商圈党支部,开辟商圈商户活动阵地。根据商户需求拓展阵地功能,发挥群团带动作用,成立商圈妇联、工会、蜂巢、共青团等组织,发掘培育商圈行业管家及龙头企业,营造党建引领的活力氛围。

(二)中期目标:完善规章制度,让商圈党建联盟中心闭环自治

依托商圈行业管家、知名企业,在前期群团组织工作的基础上成立CBD商圈党建联盟,形成完善的联盟章程、议事机制,建立资源清单、需求清单、项目清单。将商户需求项目化运行,进一步完善服务内容,形成闭环的自治形态。

(三)远期目标:融入共同缔造理念,让商圈党建联盟中心可持续发展

社区党委以共同缔造为底线思维,以"决策共谋、发展共建、建设共管、效果共评、成果共享"贯穿商圈党建治理的全过程,实现政府引导、市场调节、行业自治的良性互动局面。

三、做法与经过

（一）健全组织架构，形成"33"机制

从以往社区党委要求商圈企业做，到现在商圈企业自己要做，变"要我干"为"我要干"。一是完善商圈党建组织架构。社区党委迅速摸清商圈内党员情况，在条件具备的情况下，成立商圈党支部，由商圈开发商的负责人任支部书记，商圈商会会长任第一书记，部分党组织关系不在本支部的企业负责人兼任支部副书记或委员，充分调动他们的积极性，并吸收商圈的流动党员，丰富组织生活，坚持发挥党员引领示范作用，带动行业抱团发展。二是成立商圈群团组织。建立工会、共青团、妇联群众组织，形成以党组织为核心，党工团妇联动共建的工作局面。在商圈成立妇联，并在共青团、工会、新联会等工作领域推选带头人，并成立商圈蜂巢，让商贸零售、餐饮、IT、休闲娱乐、兴趣培训等行业的行业管家，实现行业间的抱团发展，让商圈各类党组织、职能部门、群团组织、社会组织、志愿队伍及CBD购物中心、沃尔玛等商圈知名企业组成党建联盟。三是形成联盟联席机制。由商圈企业制定联盟工作方案和联席机制，再依托行业管家－行业小组－市场主体的三级架构，做到组织、工作全覆盖的有机统一，有效开展送服务进商户，指导商户合法经营、诚信经营，并定期召开商圈党建联盟联席会，推动商圈繁荣、开拓商圈文化，寻求党建工作与商圈经济发展的结合点，通过协调各方关系、整合各方资源，构筑共驻共建、共赢共享的党建运行机制。

（二）建强党建阵地，做优支部功能

一是建立"初心驿站"党群服务站。加强对商圈党群服务阵地功能建设，以及对商圈党员及流动党员的教育管理和服务，定期开展组织生活、党课教育等。着力打造开放型、集约型、共享型党群服务站。目前，党建联盟中心的初心驿站功能齐全、设备优良，商圈商家只需提前预约便可以免费使用场地，提高场地利用率，建立起组织与商家互动的桥梁。二是明确阵地功能定位。将阵地定位为商圈内的服务休闲区域，开辟初心直播间、开放式图书室、商务洽谈室，让居民商户相互学习交流。建立小型研讨区、T台、路演中心、室内展示区、咖啡奶茶吧、网红打卡区等休闲区域，打造年轻时尚的活力空间，壮大商圈党员群众活动阵地。三是成立五大服务平台。商圈党支部为做优功能服务，成立企业大家庭、发展大联盟、协商议事厅、快乐蓄能站、党建同心圆等五大平台，实施"党内关爱"

工程,建立健全党内关怀机制,用党的温暖调动党员的积极性,促使他们充分发挥党员先进性。例如在联盟中心例行会议上,商家代表提出员工不稳定、婚恋等较难解决问题,商圈妇联积极响应,多次开展联谊活动,促使企业能引进人才、留住人才。

(三)凝聚四方合力,强化商圈服务

一是引进社区组织汇合力。自CBD商圈党建联盟中心建立以来,商圈联盟单位自发投入各类资源,引进宜昌市西陵区看见家庭教育指导中心、慧爱家庭、天一教育培训学校等社会组织共同为辖区商户开展了心理辅导等活动,受到辖区商户一致好评。二是为商圈就业添动力。为满足辖区商户需要,商圈党支部在西陵区人社局的指导下联合东升人力资源市场设立零工驿站,为辖区商户和居民提供免费的求职用工信息,目前已开通线上专线服务。三是开展服务增活力。社区党委积极作为,联合区政数局开展"悉心办、益起来"系列活动,上门办理健康证200余份,随时根据商户需要预约上门办理各类行政服务。2022年初,联盟中心联席会根据商圈孕婴行业需求,由商圈妇联联合启智亲子公益活动中心,在初心驿站引进"益儿乐"亲子服务站项目,购买专业服务,开设免费早教课程。同时,根据服务人群重叠的特点,积极吸纳商圈内的孕婴行业商家共同参与,为每场活动提供外摆展台和优惠方案,为商户引流的同时也完善辖区居民的早教服务,实现互利共赢。

(四)引领多元共融,营造共建氛围

一是创新合作机制。商圈党建联盟中心在做好市场主体服务工作的同时,也注重社区融入感的提升。推出"红色合伙人"机制,倡导市场主体加入社区基层治理。首批23家"红色合伙人"作为商圈内的"红色触角",不仅是社情民意的信息收集员、党务政务政策的宣传员,还是积极参与社区事务活动的志愿积分兑换商家、社区建设合伙人。二是融入共同缔造理念。社区将共同缔造的理念融入小区党群连心站建设,发动商户、居民一起参与小区建设和治理。气象台小区组织召开小区党员大会、业委会、居民代表大会等17次,邀请社区筑堡工程队成员单位共同商议,通过分组讨论、问题分享、头脑风暴等形式,一起商讨关于"睦邻活动空间"的建设。同时,调动民居群众的积极性,共同参与,对建设方案集思广益、建言献策。形成一致意见后,由CBD商圈的商家出资60余万元与社区共建"睦邻空间"。白天,居民在这里共商议事、社会组织在这里开展公益活动、娱乐行业在这里共商行业发展计策;晚上,由商户经营,并借助场地内的文化墙对各类政策进行宣传。

四、成效与经验

(一)强化政治功能是商圈党建的首要任务

成立 CBD 商圈党支部,增强党在商圈领域的号召力和凝聚力,是做好商圈党建的首要任务和根本所在。基层党组织只有突出自身的政治功能建设,才能在政治、思想上教育引导非公商户和广大从业人员更好地投身于经济社会发展。按照"组织共建、工作共进、活动共创、居民共享"的目标,进一步提高城市社区共建共治共享水平。

成效:支部成立后,商圈内流动党员找到了组织,有了归属感。工作多了自己的带头人,很多事情做起来就有了具体抓手,支部成员由商圈商户构成,能够了解到企业需要什么,然后对症施策。

(二)坚持党建引领是商圈形成共治共建的关键所在

商圈党建要不断适应新时代城市基层党建工作的新形势、新目标和新要求,进一步打通社区、居民、商户企业互联互通渠道,逐步形成以党组织为核心,党员骨干示范引领,群团组织积极参与,各方齐抓共管、协作配合的商圈自治共治新格局。

成效:CBD 商圈通过成立党支部,实行"33"机制,建设 5 大平台,激发商圈党组织和党员想对策、解难题、促消费的主观能动性,自主并积极参与商业营销、环境综合优化、商圈社区联动等重要事项的听证与协商,实现商圈党建与商圈建设互利共生的良好循环。

(三)开展多样化的活动是商圈党建可持续发展的重要手段

强化政治理论学习是党组织的必修课,但加强行业同业和异业间的交流互动,举办行业论坛、精英论坛、创业论坛等各类活动,打破行业壁垒,促进异业联盟工作的开展。

成效:商圈党建联盟中心成立以来,已开展党建、蜂巢、社会、人才四大品类,行业交流、组织建设、租赁招商信息发布、职工书屋、亲子活动中心等 30 余项服务,共开展各类活动 400 余场次,涵盖文艺汇演、产品发布、企业家论坛、直播秒杀、培训招聘等多个领域,进一步提升商圈党建影响力,形成浓厚的党建氛围。

举办商圈文化艺术节,开展文艺汇演、工艺大赛、体育比赛、读书征文等形式多样的文体活动,丰富商圈内广大党员群众、商户员工的精神文化生活,减少矛盾纠纷,让各方形成合力,在新冠疫情影响的艰难情况下,加大一起共渡难关的合力。2021年9月,CBD商圈党建联盟中心作为全省优化营商环境现场会的唯一采访点,接受全国30余家主流媒体采访,商圈党建联盟的建设经验被人民网、中新网、《湖北日报》等知名媒体广为宣传。

CBD商圈党建联盟中心成立以来,通过党建引领,做细、做实各类服务,发挥商圈党组织政治引领"定盘星"、党建合力"融合体"、服务发展"主旋律"作用,推进党建工作与商圈经营发展深度融合;有效化解了商户与管理方之间的矛盾,实现了行业同业内、异业间的良好循环互动和抱团发展,加强了市场主体的社区融入感,形成了共同缔造的良好氛围;商圈税收稳步提升,空置率大幅下降,成为辖区商户、周边居民群众认可的党的形象代表。

党建引领,全力推动社区治理迈向新台阶

齐修社区位于南京市最大的保障房片区——岱善润福城,辖区0.36平方公里的面积上居住了近2万人,多为廉租房、双困户经济适用房、公租房等,居民现状差异大、困难户多,尤其是社区高龄独居老人较多。为做好社区养老服务,首创"三色码"管理法,将辖区70周岁以上独居老人建档,分别使用"红、橙、绿"三色标识。"红码"多为失能、半失能或患重病及80岁以上独居、孤寡老人,需3天探访一次;"橙码"为75岁以上且患心脏病等二类疾病及特困、失独、孤寡老人,80岁以上空巢老人等,需7天探访一次;剩余老人归为"绿码",需10天探访一次。同时,通过成立"赛金宝帮帮团",实施"幸福家园"党建项目,搭建"三官两师进社区"平台等,更好地发挥"三色码"管理效能,为现代化社区养老提供探索典范。近年来,社区先后接待来自浙江、山东、湖北等省内外参观团160余次,2022年6月,央视焦点访谈"党旗在一线飘扬"系列节目也播出了齐修社区基层党建相关报道,向全国观众展示党建引领保障房社区治理的生动实践。

一、案例背景

齐修社区作为南京市最大的保障性住房片区,0.36平方公里面积内共有22栋、10015套高层住宅,总人口近2万人,其中户籍人口4513人,外来常住人口11043人。辖区居民构成复杂,其中低保户约1200户,残疾人400余人,独居老人842人,受过公安部门处理的人员2000余人,吸毒人员近300人,已掌握的精神病患者124人,是南京市困难居民最为集中的社区之一。

社区建立初期,面对着巨大的治理压力。一是社区环境"杂乱无序"。由于辖区人群结构复杂,出现环境脏乱差、治安刑事案件频发、传销组织猖獗等现象,居民治安安全感

低。虽然辖区 4 个小区均引入物业企业进行管理,但居民满意度低,物业费收缴率低,从而陷入"居民拒缴物业费、物业没钱雇人"的恶性循环。二是社区建设"一盘散沙"。社区初建之时,工作人员不足 10 人,面对庞大的居民人群和繁重的工作任务,一边是社区苦于人手不够、管理总有漏洞,一边是居民即使没事干也不愿参与到社区治理中来。三是邻里关系"视若路人"。片区拆迁安置户、外来务工人员租房户和低保户三类人员占总居住人口的 80% 以上,是典型的"陌生人社会",邻里关系陌生。

对此,社区党支部针对社区养老这类突出问题作出创新探索,从需求处入手、矛盾处突破,持续推动社区养老和社区治理深度融合。

二、实施目标

通过以优化养老服务保障体系、完善社区养老服务新模式、提高机构养老服务质量为目标,践行智慧助老、智慧用老和智慧孝老的工作理念,努力解决辖区家庭养老问题,致力提高老年群体的晚年生活质量,从而有效提高社区治理,形成上下联动、供需衔接、共生互促的社区治理路径。

三、实施路径

(一)建档"红码"紧急关注人群,左邻右舍帮帮团助力

社区党支部针对"红码"在档人员,发扬邻里互相帮扶美德,成立"赛金宝帮帮团"党员志愿服务队,定期上门为"红码"老人提供陪伴照料、家政服务、健康保健等服务。党员示范带动左邻右舍加强对隔壁老人的关注关爱,遇到突发状况时第一时间上报社区,逐步构建起 24 小时关爱立体化服务模式。着力打造"齐修红色集结号",聚拢党员、网格员、物业公司、社会组织及辖区企事业单位等关键队伍,持续贯彻"周一巡查制",每周一由社区班子成员带队,组织党员、物业、网格员共同下沉小区,在一线发现问题、在一线解决问题,努力打造服务型党组织,同频共振,共融共赢。

(二)建档"橙码"重点人群,实施"幸福家园"党建项目

借助三色码平台,根据"橙码"人员的特点,社区党支部拓展实施了"幸福家园"项目,进一步满足老人精神和文化需求,提升老人获得感和幸福感。在传统佳节邀请老人欢聚社区、共吃团圆饭,目前已连续举办活动12次;开展"当幸福来敲门"生日慰问162次,陪伴老人欢度属于自己的幸福时光;精心打造"开放课堂",聚焦老人具体需求,量身定制书画、手工等8个公益课程,提升老人的自我认同和社会参与。

(三)建档"绿码"关注人群,"三官两师"护民保民

结合社区"绿码"人群的实际情况,同时扩展到社区所有居民的需求、群众的难题,社区党支部牵头,成立了"三官两师"工作站,每周一至周五安排法官、检察官、警官、律师、心理咨询师等人士定期在社区坐镇,就家庭矛盾、婚姻纠纷等问题提供最权威的咨询服务。如图1所示。

图1 "三官两师"为居民提供权威咨询

四、实施成效

一是通过实施"赛金宝帮帮团"有效解决了社区工作者人手不足、突发问题响应不及时的问题,针对"红码"急需关注的老人,充分发挥邻居的作用,让有困难、需帮助的困难群体享受到足不出户的便利,发扬邻里间互相帮扶的美德。截至目前,帮帮团共帮助老人紧急就医 126 次,代购代办 705 次,助浴 165 次,理发 412 次,老人意外发生率有效降低了 83%。此外,社区以人为本,依照政策妥善安排了 9 位无子女"红码"老人的丧葬事宜,解决了老人的后顾之忧。

二是积极发挥基层党组织在价值引领、组织动员和凝聚骨干等方面的作用,不断提升和创新社区在党建方面的工作,社区党支部通过打造红色惠民小屋,促进基层党员广泛参与,根据居民的需求,于周一至周六提供健康体检、修锁配钥、快剪理发、缝纫织补和磨刀补鞋等便民服务,为居民的日常生活提供便利,深受居民的欢迎和认可。据统计,惠民小屋已服务居民 4000 余人次。作为社区建设中的一项"加法",惠民小屋补齐了便民服务的"短板",是提升社区服务水平的应时之举。这样的举措不仅是改善民生的落脚点和突破点,也让居民真正有了归属感和幸福感,对和谐稳定社区的建设和发展起到了积极有效的拉动作用。

三是社区党支部通过"三官两师"工作站作为维护区域稳定、化解矛盾纠纷的主要抓手,不满足于被动式咨询宣传,更注重主动化解矛盾,使矛盾纠纷解决在小区、化解在当地,创新了推广法治教育的手段和举措,真正起到了多元共治的作用。据统计,自工作站成立以来共计接待居民 400 余人次,获得了居民的纷纷点赞。

近年来,社区先后获得了"南京市先进基层党组织""南京市抗击新冠肺炎疫情先进集体""雨花台区 5A 级精品社区"等荣誉称号。2022 年 6 月 14 日,省委常委、市委书记韩立明调研社区治理工作。6 月 29 日,央视焦点访谈"党旗在一线飘扬"系列节目首篇播出齐修社区基层党建相关报道,向全国观众展示社区打通基层治理"神经末梢"的生动实践。

五、经验和启示

一是要做好社区养老服务,必须发挥社区平台作用,整合养老服务资源。在社区建设护理站、食堂、老年活动中心等养老设施和活动场所,吸引社会组织运营。加强社区

"老年公寓""养老服务中心"等设施的嵌入和建设,盘活养老服务资源。建立邻里互助点,加强社区志愿者队伍建设,引导居民参与。加强社区与医疗服务机构、社会组织、企业及高校等方面的协作,壮大养老服务队伍,提升社区养老服务功能。建立养老服务信息平台,全面整合政策、设施、队伍、服务等相关信息,使各类资源精准对接养老需求,帮助机构实现跨社区连锁运营,加强机构自身"造血"能力。

二是要提高社区治理效能,必须将社区养老嵌入社区治理中。打造区域养老服务综合体,通过政府和社会力量的有效结合,为困难老人提供精心照料、专业医疗、数据信息、休闲娱乐等服务。加强社区医疗资源和养老资源充分融合,根据社区实际情况选择合适的医养结合模式,加快建立认知症照护服务体系,帮助失智半失智老人。改造社区中的公共房屋或设施,将小型养老服务驿站嵌入社区,打造能快速响应老人需求的社区"养老微机构",实现各个养老服务站点之间的资源共享和协作联动。健全养老服务评价体系,试行养老机构信用分级制度,建立养老服务从业人员职业档案,加强养老服务风险底线管控。

党建引领，共同缔造幸福方桂园

人民对美好生活的向往，就是我们的奋斗目标。湖北省第十二次党代会指出，广泛开展美好环境与幸福生活共同缔造活动，发动群众决策共谋、发展共建、建设共管、效果共评、成果共享。共同缔造活动是坚持以人民为中心、破解当前城乡社区发展难题的生动实践，是走好新时代党的群众路线、始终保持与人民群众的血肉联系的应有之义，是"下基层察民情解民忧暖民心"活动的延伸拓展。武汉洪山区珞南街道方桂园社区积极响应省党代会号召，紧紧围绕"幸福珞南·共同缔造"主题，大力推广"我们都是一家人"党建品牌，坚持党建引领，践行"五共"理念，你我一起打造共建共治共享的方桂园社区治理新格局。

一、方桂园社区开展共同缔造的背景

（一）共同缔造的时代背景

共同缔造是城乡规划变革中的生动实践，是平衡经济与社会嵌套发展的创新探索。一方面，以血缘关系为基础，以土地为核心的集体主义维系的乡村社会逐渐被剥离、稀释甚至碎化，集体行为创造潜在经济收益的能力被削弱，同时未能建立完整的城市社会体系，传统集体性社会网格逐渐割裂，邻里社区被推土机快速铲平，城市社会在薄弱的社会基础上被快速"催熟"，形成破碎化的人际关系网络，"熟人社区"变成了"生人社区"，社会制约了经济的发展、制约了人民群众对幸福生活的向往。另一方面，传统规划发展的价值观与发展转型价值观不符，"自上而下"的工作方式与实际脱节，规划目标与实际脱节,工作思维与发展转型主体脱节,城市本位、部门本位的规划视野与统筹发展的需要脱节,规划发展面临困惑。而共同缔造正是致力于探索"好的社会、好的规划",其本质就是"人的社会、人的规划"。

(二)共同缔造的社区背景

社区是人们生产生活的基本单元,其独有的社会性、认同感意涵、行政管理的基础地位,使之成为连接群众与政府的重要桥梁。社区是人居环境系统的重要层次,是规划的基本单元,是认同感形成的空间载体,是基本社会组织和管理单元。社区具备自上而下的行政力量与自下而上的自治力量汇聚点的潜力,是社会的构成单元与缩影,诸多矛盾和问题均可以在社区中得到最现实、最直接、最全面以及最具体的体现。在社区层面,居民对切身需求与贴身公共事务最有发言权,最能形成自我解决的办法。这决定了社区在共同缔造活动中具有不可取代的重要作用与优势。

(三)方桂园社区的现实背景

方桂园社区成立于2000年,位于南湖之滨,东起湖北省肿瘤医院,西至雄楚大道花卉市场,北靠雄楚大道,南至卓刀泉南路南湖半岛,占地面积0.4平方公里,共有8个小区、144栋居民楼,居民3138户、7035人,其中4个为无物业小区。小区环境较复杂并与城中村交界,老旧问题比较突出,居民以退休职工、老年人居多,是一个以单位和商住为主的混合型老旧社区。社区先后涌现出省优秀共产党员、洪山好人、身边最美党员、文明市民等多位先进模范,拥有开展共同缔造活动的天然群众基础。近年来,在洪山区委和珞南街道党工委领导下,社区坚持党建引领,以改善群众身边、房前屋后人居环境的实事、小事为切入点,以建立和完善全覆盖的社区基层党组织为核心,逐步构建起"纵向到底、横向到边、协商共治"的社区治理新格局,最大限度激发群众积极性、主动性、创造性,充分发挥群众主体作用。社区先后荣获全省先进基层党组织、全市五星级基层党组织、市级最美志愿服务社区,拥有开展共同缔造活动的组织基础。

二、方桂园社区开展共同缔造的目标

以习近平新时代中国特色社会主义思想为指导,坚持以人民为中心的发展思想,以改善群众身边小事、烦心事为切入点,以人居环境为空间载体,构筑多方平等对话的平台,寻找多元主题利益的平衡点,通过群众参与下的美好环境建设,创造满足生活需求、凝聚共同记忆的生活空间。社区坚持党建引领,实行"党建+社建"一体推进,围绕"幸福路南·共同缔造",以"社区"为行动平台,广泛发动群众决策共谋、发展共建、建设共管、效果公评、成果共享,以"幸福社区群众建",切实增强社区居民的主人翁意识,提升居民的幸福感、安全感、获得感。

三、方桂园社区开展共同缔造的路径

(一)建强组织体系,构建共同"主心骨"

筑牢战斗堡垒,组织体系"纵向到底"。社区党委将社区科学划分,构建"纵向到底"工作链条,成立4个小区(片区)党支部,将社区党员、下沉党员、业委会成员、物业人员纳入小区党组织,精心打造以"社区大党委—小区(片区)党支部—楼栋党小组—党员中心户"为框架的四级组织架构,做到把党支部建在网格和小区上、党小组建在楼栋上,构建起以党组织为核心、238名党员为主体的组织体系。为保障体系正常运行,社区建立"要事联议—问题联处—服务联评"三级工作制度,确保周周有联议、月月有评议,推进小事自办、大事联办、难事跟办。"纵向到底"的组织体系为共同缔造保驾护航。

凝聚多方合力,组织体系"横向到边"。在社区大党委统筹下,4家党政机关、6家企事业单位、3家社会组织、4家物业企业、3个业委会共同参与,让治理更加精细、服务更有温度。社区依托区街联动机制,多次协调区城管局、区水务局等区直部门,重塑南湖半岛小区环湖步道,让居民居住环境变得优美、生活幸福感得以提升,同时,环湖步道也成为南湖边的新地标。通过"社区吹哨,部门报到"机制,社区在街道的帮助指导下,多次协调区房管局、业委会、物业等,化解学雅芳邻二期小区停车难矛盾。深化红色业委会、居民小组、物业企业"三方联动"机制,满足居民多样化需求,为老旧小区加装电梯、安装楼栋声控灯225个、解决楼顶漏水问题等多个居民强烈反映的问题。此外,社区延伸服务触角,建设党群驿站,党员轮流值守,分业务领域建立业务清单,做到大门常开、居民常来,服务常在。"横向到边"组织体系让多方共同参与,让"专业人干专业事",为共同缔造凝心聚力。

发挥先锋模范作用,"红色细胞"焕发活力。社区党委坚持以居民需求为导向,以项目共建坐实下沉内容,通过"认岗、认事、认亲"与"抢单、派单、创单"多措并举激发党员下沉热情,创新"挂牌亮户、自我管理、团队融入"管理模式,优化下沉机制,鼓励下沉党员发挥特长、自我组织、自选项目、自发服务,用好党员干部下沉资源。2022年以来,社区借助"i武汉i家园"平台,设置10个服务岗位,引导145名居住地下沉党员认事238次,为居民解决"急难愁盼"问题37个。充分发挥共建党建资源优势,协调辖区单位省肿瘤医院开通绿色通道,为12名癌症、重症病人提供一对一的帮扶,解决看病难的问题。"红色细胞"主动发挥先锋模范作用,为共同缔造添砖加瓦。

(二)践行"五共"理念,谱写共同"合奏曲"

(1)决策共谋绘家园。人民民主是社会主义的生命,是全面建设社会主义现代化国家的应有之义。社区坚持人民当家作主,围绕党组织领导下的"一核多元"协商共谋机制,积极搭建协商议事平台,问需于民、问计于民,以"三谋"让每一个居民都能够有序参与共谋协商,实现自己的事自己议。①事务委员会每月协商共谋。居民议事协商委员会在确定议题后,协调大党委单位、灯塔党员、居民代表等每月定期开展"座谈式"协商,谋划了桂湖东路改造、花市宿舍翻新、花坛整治等共同缔造实事项目15个,解决了卫生环境差、老小区水压不足、便民设施缺乏、路灯昏暗等各类群众急难愁盼问题100余个。②"桂园专家"每周研判谋。邀请辖区老学者、老专家以及专业技术人员、第三方机构作为"桂园专家"参与事项研判,召开美好环境提升、下水管道雨污分流、南湖半岛环湖绿道改造等专题研判会18次,确保事项稳步推进。③线上线下每日议事谋。对涉及面不大的议题和矛盾纠纷,由社区干部和事务委员会成员以个别走访座谈、约请面谈等方式进行协商,收集居民群众、周边商户、辖区企业反映的问题与诉求65个。同时充分发挥网络议事作用,通过网格群、小程序等信息化形式,线上协商议事180余件。

(2)发展共建扮家园。坚持一切为了人民、一切依靠人民,从群众中来、到群众中去,始终保持同人民群众的血肉联系。社区坚持群众主体,围绕环境改善提升、基础设施优化、公共服务完善、治理效能提升、共同精神培育等五大重点任务,发动各方力量广泛参与,以"三建"激发群众主人翁意识。①聚焦重难点问题,发动辖区单位投工投劳。针对小区房屋外墙掉砖、小区供水不足、房屋漏水问题,社区积极协调辖区"大党委"单位至高建设集团有限公司和湖北省肿瘤医院参与共建,引导辖区居民、党员共同出资,投工投劳,共投入30余万元整治外立面、新建水泵房,并对楼顶漏水的10栋居民楼进行改造,解决社区痛难点问题。②聚焦基础设施,争取职能部门出资出力。针对桂湖东路出行难、便民设施不足、电井防火层安全隐患等问题,社区积极联系区建设局、区应急管理局等相关职能部门推进辖区基础设施建设,出资出力,整治沥青路面550米、封堵6栋楼17个单元层间电井187个、新建休闲座椅30把、更换破损围墙栅栏92平方米,进一步改善社区居住环境。③聚焦环境提升,引导居民让利让地。为改善辖区卫生环境、整治花市宿舍小区老化问题,社区链接资源为辖区老旧小区拖垃圾67车,组织志愿者逐户上门走访,协调花市居民群众24户,讲明项目方案和建设愿景,引导居民群众让利让地,共同建设美好环境。

(3)建设共管爱家园。鼓励共同奋斗创造美好生活,不断实现人民对美好生活的向往。社区坚持美好生活自己奋斗的理念,通过完善管理制度、组建志愿队伍、开展联谊活动等方式,以"三管"引导、带动社区居民自觉参与社区共建成果的维护管理。①突出制度建设,规范机制自己管。完善建设共管规则,引导居民商定居民公约,强化责任意识。建立公共事务认管机制,吸收热心居民、青少年承担绿地、休闲座椅等公共事务的管理和维护工作。完善"门前三包"机制和党员监督机制,让居民实现自我管理、自我教育、自我约束。②突出队伍建设,培育主体大家管。依托"同心园"社会组织,孵化7支便民队伍,组织红领巾小队、电梯互助小队、安全巡逻队等服务队开展志愿活动49次,激发群众自我管理的内生动力,引导个人、企业、社会组织加强共建成果的维护管理。③突出精神建设,厚植沃土主动管。在培育队伍、建章立制的基础上,组织开展义务植树、环湖徒步等联谊活动36次,让社区居民在活动中交流感情、培育精神,促发邻里互助、邻里联防等社区共管氛围的形成,让社区居民主动成为社区管理者与美化者。

(4)效果共评护家园。"江山就是人民,人民就是江山。中国共产党领导人民打江山、守江山,守的是人民的心。"社区坚持把群众满意作为第一标准,按照"一项目一评"原则,对共同缔造项目进行全方位评价和全过程监督,以"三评"推动各项工作改进,真正让群众满意。①事前预评。建立事项评价规则,遵循"服务谁,谁评价"原则,定期组织党员、业主和居民代表在方案实施前,对与群众息息相关的项目、活动和服务进行讨论、修改和完善,在事前预评可行性。②事中督评。在小区广场、楼栋门口等显眼的地方设公示栏,将项目方案、进度、活动内容在公示栏公示,加强进度管理,推进项目健康运作,让项目在群众监督下进行。③事后测评。制作项目评价表,组织居民群众召开项目测评会,并根据项目效果进行评价打分,开展"桂子之星""桂园之家""桂园先锋"等评选活动,对参与社区治理中表现优秀的个人、家庭及志愿服务队伍予以表彰,形成争优争先良好氛围,用好效果共评结果。图1为桂子花园一期小区广场。

(5)成果共享美家园。为民造福是立党为公、执政为民的本质要求。共同缔造的根本是让群众满意、造福群众,社区进一步建立完善15分钟生活圈、10分钟活动圈和12分钟文体圈,不断凝聚民心民情,以"三享"引导群众建立和完善成果共享规则,使共建成果最大限度惠及群众。①桂园积分知民意。社区联合湖北省谈笑爱心公益基金会,建立同心园社区慈善基金,并吸纳居民、大额捐赠方、下沉单位作为基金管理委员会成员,设

图 1 桂子花园一期小区广场

立时间银行,制定积分兑换规则,让志愿者通过积分兑换实现自我激励和管理。②桂园食堂暖民心。社区依托"同心园"社会组织,将原有商户升级成为"幸福食堂",发动社区居民力量,为社区中需要帮助的群体提供送餐、助餐服务,用关爱和温情实现相互帮助,促进社区共融。③桂园精神聚民心。通过引导居民共商居民公约、建立共管制度、开展特色活动等方式,鼓励群众积极参与社区建设和管理,在实践中培育社区精神,营造人人参与、人人享有的浓厚氛围。

四、方桂园社区开展共同缔造的成效

(一)治理体系更加完善

"纵向到底"体系的构建,让党的领导纵向到底,让政府服务走进社区。共同缔造活动在促进党组织引领全覆盖、群团组织与社区充分对接的同时,推动教育、医疗、文化等公共设施服务能力从区街辐射到社区,推动道路、垃圾处理、电梯等基础设施从区街统筹到社区。"横向到边"体系的构建,让党领导下的群团组织、自治组织、共建单位等构建自治共管体系,让社会组织覆盖社区每一位居民,把每一位居民纳入到以党组织为领导的各类组织中来,共同参与社区事务的治理。

(二)环境更加宜居

社区开展共同缔造活动之后人居环境发生了巨大变化,房前屋后变得干净整洁,各类基础设施更加完善。商户招牌由旧变新,从垃圾乱象、杂草丛生到"门前三包",公共座椅由少到多,健康步道从无到有,外墙掉砖及时修缮,道路条件适时优化,居民的周围在居民的参与下发生着居民满意的变化,居民的幸福感、安全感、获得感进一步提升。

(三)精神面貌焕然一新

社区广泛开展共同缔造活动,广泛宣传发动居民群众参与,践行决策共谋、发展共建、建设共管、效果共评、成果共享路径,真正变"你和我"为我们,居民群众参与社区事务的积极性得到明显提高,邻里氛围更加和谐,干群关系切实改善,居民的认同感、归属感进一步提高,群众的整体精神面貌焕然一新。

五、方桂园社区开展共同缔造的经验

(一)坚持党建引领

开展共同缔造活动最重要的是坚持党的领导,党的全面领导是我们顺利推进项目、凝聚各方合力的根本保证。社区通过构建"纵向到底、横向到边"的体系,让党的领导始终贯穿于共同缔造各方面、全过程,共同打造共建共治共享的治理新格局。实践证明,在后续的共同缔造的活动中,必须毫不动摇地巩固和强化党组织的领导地位,推动完善党组织领导下的社区治理机制,让共同缔造始终沿着正确的道路行进。

(二)转变思想,发动群众

转变思想进而发动群众是共同缔造活动的重点与难点。不仅需要政府、社区转变思想,更需要群众转变思想,真正将"你是你,我是我"合为"我们一起"。社区认真学习共同缔造理论与案例,深化对共同缔造的理解,并通过党员带头广泛宣传,让共同缔造的理念深入人心,群众积极性大大提高。实践证明,思想一通,一通百通;思想转变了,居民群众参与共同缔造的积极性也就提高了,也就能真正聚居民之力建设居民的社区。

(三)培育社区共同精神

共同缔造不仅仅是一项活动,更是一种社区文化的打造、一种社区精神的培育。共同缔造的过程由居民全程参与,共同缔造的成果由居民共同享有,共同缔造渐渐成为居民生活的方式与习惯,增强了居民对社区的认同感与归属感,实现美好环境与幸福生活的可持续缔造。实践证明,开展共同缔造活动不仅要缔造居民看得见、摸得着的社区,更要缔造社区居民群众的精神家园。居民共同的社区由居民共同缔造。

"红蓝"同心,军民共建幸福家园

武汉市硚口区汉水桥街道海工社区地处解放大道717号海军工程大学院内,是一个单位型社区。一直以来,围绕"军民共建红色幸福家园"这个总目标,海工社区坚持强化党建引领一条主线,贯彻治理与服务融合、线上与线下融合"两个融合"理念,壮大社区党员骨干、红色文化团队和志愿服务团队三支队伍,全面践行党委领导下的"三治"(自治、法治、德治)有效路径,促使"党旗红"与"海军蓝"有机融合,党员带动群众、军人带动军属,共同缔造美好环境和幸福生活。通过全面推进党组织进小区、入院落、上楼栋,组织党员挂牌亮身份,小区治理有了"主心骨",越来越多的居民融入小区、服务社区,营造了"军民鱼水情、党群一家亲"的和谐氛围。海工社区先后获得湖北省拥军优属先进单位、武汉市五星级基层党组织、武汉市五星级老少共建文明社区、硚口区社区治理体系和治理能力现代化示范社区等荣誉称号。

一、案例背景

海工社区是典型的部队院校社区,工作有其特殊性,既要服务居民,也要服务军人。社区居民以离退休军人、自主择业军人、转业军人、无军籍职工及其家属为主,具有"三多三高"的特点,即党员多、干部多、知识分子多,政治理论水平较高、文化生活层次较高以及对社区服务期望值较高。海工社区的退役军人服务工作量占汉水桥街道全街总量一半以上,全区第一个社区退役军人服务站在海工社区建立。结合社区特点,围绕如何更好地发挥部队院校和退转军人资源优势,海工社区党委探索出"一二三工作法",夯实共同缔造的组织基础,将党的政治优势、组织优势转化为治理优势。

二、实施目标

海工社区针对自身部队院校社区的典型特点,通过强化党建引领一条主线,贯彻治理与服务融合、线上与线下融合这"两个融合"的理念,不断壮大社区党员骨干、红色文化团队和志愿服务团队三支队伍,有效激发退转军人自治活力,党员带动群众、军人带动军属,全面践行社区党委领导下的"三治"(自治、法治、德治)有效路径,共同缔造美好环境和幸福生活。

三、实践路径

(一)强化党建引领一条主线,健全组织架构、发挥骨干作用,变旁观者为参与者

海工社区注重强化社区大党委的领导核心地位,将海军工程大学政治工作处副主任和军休六中心主任纳入了社区大党委兼职委员,派出所下片民警担任大党委兼职副书记,每年年初组织与海军工程大学政治工作处、军休六中心召开联席会议,充分讨论协商,签订共驻共建协议书,规范共建工作,丰富共建内容。社区大党委下设13个片区党支部,每个楼栋设党小组,推选党员中心户,挂牌亮身份,形成在街道工委领导下的"社区大党委—片区党支部—楼栋党小组—党员中心户"四级组织架构。"两委"班子成员坚持打铁还需自身硬的觉悟,发挥骨干带头作用,不断强化政治、思想、作风、纪律建设,严格要求社区工作人员,形成了严谨高效的社区服务工作作风。在社区务实团队的影响下,4名退转军人积极主动参与社区治理工作,被吸纳为服务队伍的中坚力量,并被推选担任片区支部书记。海工社区积极发掘熟悉居民情况、具有主人翁意识与奉献精神的老党员、老住户,连通社区与居民之间的"最后一米",拉近居民与社区间的距离,引导居民群众走近社区、信任社区,参与社区活动。

(二)贯彻"两个融合"的服务理念,深入推进治理与服务融合、线上与线下融合

没有精细化的服务,就没有现代化的治理。为给社区党员群众提供更多的学习活动场所,海工社区党委与海军工程大学成立"军民共建协调工作组",积极争取大学校史馆、刘晓松英雄事迹展示厅、兵器广场及军休六中心等活动场所作为社区党员群众服务中心的补充阵地,与海军工程大学一起壮大红色教育阵地。经过协商,将海军工程大学红安基地、木兰湖基地也纳入社区党员群众爱国主义教育阵地,每年组织多批次党员群众代表参观学习。

在社区党委的倡导和协调下,社区获得大学支持建立了便民集市,包括4个特色爱心服务站点——120数码产品维修站、生活超市服务站、家政服务站和健康教育服务站,可为社区居民提供家电维修、鲜蔬甜果网上订菜、就业介绍、家政服务、常规体检、健康咨询等服务项目,以反应速度快、维修质量高、收费低廉、服务周到等优点,赢得社区军民较高的满意度。其中,因工作人员需要经常上门入户,家政服务站成为"身兼多职"的好帮手,既有"险情报警器"的功能,还是大家的"平安好管家"。今年有栋楼房的变压器因老化起火,是家政服务站工作人员最先发现并及时报告,社区快速应对,将一场事故消弭于无形;以前22栋、49栋的楼道总有杂物堆放,堵塞消防通道,楼栋长带领家政服务站工作人员反复上门宣传,挨家挨户发通知、贴告示,最终将楼道清理干净;当前,家政服务站还建立了每日定期巡查机制,随手拍随手报,发现并解决居民生活中大大小小的隐患,以自己的辛苦指数换取居民的平安指数。

除了线下服务队,海工社区利用网络信息迅速、准确的特点,积极开发线上沟通渠道。早在2018年8月,汉水桥街办事处开发了"汉水桥街微邻里"微信服务公众号,覆盖全街所有社区,形成居民诉求"收集—处置—反馈—评价"闭环系统。在此基础上,海工社区从实际出发,增设"军民融合"特色服务功能板块,包含营区信息、政策咨询、红色细胞、教育基地、海工信箱等5个栏目。居民通过微邻里平台"我要报事"及网格群聊提出问题、需求,网格员收集发现网格内的问题并及时解决,无法解决的及时分类上报。渐渐地,居民诉求表达渠道更畅通,网格员"服务不掉线"的精神,也感动了无数居民。2021年10月,有2个单元的门禁系统坏了,考虑到疫情影响,社区网格员就在网格群里发布接龙,把物业公司提出的三套方案告诉居民,征求居民意见。最终根据大多数人意见选定一家维修公司,整个过程公开透明。从发现问题到解决问题,只用了一个月的时间,服务跑出了"加速度",居民吃下了"定心丸"。

(三)壮大社区党员骨干、红色文化团队和志愿服务团队三支队伍,做实党委领导下的社区"三治"有效路径

(1)积极拓宽居民参与自治渠道,搭建协商决策平台,实现"决策大家定、有事大家办、好坏大家评"。海工社区依托"社区治理月月谈"和"两代表一委员"座谈会,广泛吸纳居民意见,将实事办到群众心坎上。过去居民楼栋门口的小箱子"多、乱、杂",信报箱、牛奶箱、意见箱等等五花八门,不仅不美观,东西也容易丢。社区积极组织召开居民议事会,听取代表意见,由楼栋长配合网格员进行详细统计,最终在单元楼下统一安装1275个惠民信报箱,整齐美观又实用,得到居民点赞。大家看到提意见"管用",自己的建议被采纳,热情也被点燃了。针对社区活动场所有限的问题,居民提议将社区居委会背后的空草地改成文化活动场所,社区及时与大学沟通,大学政治处专门派干部来实地查看,经过三方协商,同意建设文体活动场,由大学负责修剪树枝、维护环境整洁,由社区向街道申请惠民资金,经居民代表大会讨论通过后,安装乒乓球台、棋牌桌椅和健身器材。打球、下棋、跳舞,空地上欢声笑语不断。为了满足社区居民的锻炼需求,社区党委又多次与大学服保中心协商,最终扩建了三处休闲健身广场,新增居民活动场地2000平方米,新添了健身器材43件和室外乒乓球桌1套。有了运动场,居民文艺团队也开始涌现、活跃。

(2)下好矛盾源头预防"先手棋",健全昼夜巡逻、"律师周四见"等机制,筑牢法治之基,做到矛盾发现在早、化解在小。为加强平安建设,海工社区与大学公共安全管理处紧密联系,发现特殊情况,警通连战士立即赶到,帮助安抚情绪、联络家属、疏散人群,充实了治理力量。在社区的争取下,大学警通连成立20人专班,在校园和家属区开展昼夜巡逻,整齐的队伍、昂扬的精神,切实增加了居民的安全感。针对社区居民平均年龄较大的特点,社区专门邀请"海燕直通车"到大学校园,为学员、居民开展电信防诈骗讲座,帮助老人守住自己的"钱袋子"。2022年年初,社区网格员巡查时发现一位老人经常拎着保健品回家,多次带着一个陌生的年轻人在大学食堂吃饭,细心的网格员拦住老人询问,老人却一心要回家拿银行卡买保健品。网格员立刻联系大学警通连,查核年轻人的身份,发现其四处推销保健品,于是网格员及时联系民警,一起查到年轻人所在的公司,替老人追回了被骗的10万元钱。老人的子女得知以后非常感动,再三道谢。

在社区党员群众服务中心,还有一间"律师工作室"。在这里,不少矛盾被化解在萌芽状态。自主择业的军转干部张建伟律师感动于社区的服务意识,志愿为居民提供民事调解和法律咨询服务,无形中化解了很多邻里纠纷、家庭矛盾,以至于外出时居民也会通过微邻里找他咨询。曾任大学政治工作处副主任的戴志和,转业后也主动来帮忙,随着建伟律师工作室的队伍慢慢壮大,这个团队已经远远超出"律师周四见"的预期,居

民之间矛盾纠纷变少了,讲理讲法的人变多了。

(3)大力弘扬社会主义道德,壮大志愿服务队伍,营造德治氛围,共建幸福家园。由于很多老人的儿女是军人,儿女在国外或者在外地工作的偏多,独居的老人往往身体每况愈下,心理上呈现出明显的孤独感。经过与大学政治处协商,2010年4月,大学在学员2旅成立了小蓝帽志愿者服务队,并举行了隆重的授旗仪式,制定了相关制度和章程。志愿队伍成立以来,始终以"播撒爱心、服务老人、传承文明"为口号,参与文明宣传进楼栋、家用电器维修、清扫楼顶垃圾、冬季铲除积雪等活动,受到了老人们的一致好评。随着志愿队影响力越来越大,志愿队伍也逐渐壮大,学员们发挥自身的特长,成立了智能理发帮帮团,每年3月5日都要到社区养老院,为老人理发。随着一批批学员毕业,又有新一批的学员补充进来,新老交替,不变的是一直传承的志愿服务精神。

为了更好地弘扬红色文化,社区成立红色宣讲团,由海军工程大学退休老教授黄友牛、市委党校老师赵静、区委党校老师高晋以及下沉单位武汉汉剧院的文艺骨干们广泛开展宣讲活动。每年七一前夕,社区都会认真筹备庆祝活动,有音乐党课、有戏剧表演、有朗诵比赛等,形式多样,反响很好。一个个"红色细胞"在社区发光发热,一支支骨干队伍在这个大家庭传递友爱。

四、实施成效

(一)建组织强引领,为小区治理全面赋能

不断延伸党组织建设深度,全面推进党组织进小区、入院落、上楼栋,组织党员挂牌亮身份,使小区治理有了"主心骨"。深入开展共驻共建,不断拓展党组织覆盖广度,宣传党的政策、倾听群众声音、回应群众诉求,拓展了小区治理"朋友圈"。选好群众"贴心人""带头人"加入基层党组织,充实党组织力量,让越来越多的居民愿意融入小区、服务社区,提升了基层党组织的组织力。

(二)建机制显成效,聚小区自治蓬勃之力

坚持群策群力原则,出台小区楼道包保巡查公约,小区居住地下沉党员带头响应,楼道越来越干净整洁。发挥头雁领航作用,形成小区邻里纠纷调解机制,小区党支部书记、党小组组长、党员中心户组成"书记之家"调解队,往往能第一时间发现化解居民矛盾,并及时出面缓和邻里关系。弘扬志愿服务精神,建立小区居民互帮互助模式,年近九

旬的军休老战士陆少言数十年如一日,为居民提供医疗健康咨询服务,独居老人们"抱团取暖"、互帮互助。从小区到社区,环境整洁了,生活美好了,居民之间亲如一家,整个社区都焕发出勃勃生机。

(三)建阵地塑文化,奏小区共建幸福乐章

文化浸润心灵,精神凝聚力量。党员积极到社区听党课、学先进,到海军工程大学红色教育基地参观学习,开展"走在田间的党课""老战士红色故事会"等活动。居民还自发组建了龙狮队、腰鼓队、海燕舞蹈队、建国书画组、时装表演队等各多个文艺团队,每逢"七一""八一"等重大节日,大家自编自导自演文艺节目,展现出了"军民鱼水情、党群一家亲"的和谐氛围。海工社区以活动阵地承载学习交流,以共同记忆凝聚共同意识,传承红色革命精神,塑造了符合自身特点的军民融合文化氛围。

五、主要经验

(一)建强党建引领主轴,组织基础更加坚实

美好环境和幸福生活共同缔造,既要依靠群众,更要引导群众。只有坚持强化党建引领一条主线,健全组织架构,发挥骨干作用,变旁观者为参与者,才能构建起社区党组织领导下多方参与、积极协同、共建共治共享的基层社会治理体系。

(二)发动大家共同参与,群众基础更加广泛

发动群众是基层工作的重点,也是难点。在军休六中心小区,党员带动居民共同开展"四个一"活动,总结出了一套行之有效的群管群治、自助互助机制,头雁领航、调解矛盾、志愿服务、互帮互助,构建了和谐友爱的邻里关系。居民之间亲近了,才会把社区事当作自家事,同心同向、同力同行。

(三)营造社区文化认同,思想基础更加深刻

当前,开展"共同缔造"活动,培育共同精神是根本。只有从居民特点出发,积极整合资源,搭建文化活动平台,为居民增长知识、丰富生活、陶冶情操提供必要基础,以共同记忆凝聚共同意识,才能增进居民对社区的文化认同,奠定共同缔造的思想基础。

"1566＋N"聚合力，基层治理谱新篇

武汉市硚口区幸乐社区开放式老旧居民楼多，老龄化现象严重、基础设施陈旧老化、房屋维修基金不足，适老化改造迫在眉睫。由于长期没有专业物业覆盖，在面对小到漏水、大到改造等问题上，居民习惯性直接找社区兜底，导致矛盾纠纷复杂化，社区治理难度大。针对老旧小区治理难题，幸乐社区坚持"民有所呼，我必有应"，以高质量党建不断推动基层治理，探索形成"1566＋N"工作法，即1个社区大党委引领共同缔造主心骨、5个小区党支部筑牢决策共谋主阵地、6个共建大单位聚焦发展共建主基调、6个网格精耕细治发动建设共管主力军、N个潜在生力军奏响成果共享主旋律。通过强化党建引领社区治理，创新提炼工作方法，贯彻落实共同缔造理念，充分调动群众积极性，解决突出民生问题，着力提升治理水平，努力实现"人居环境更美好、居民生活更幸福、社区氛围更和谐"的治理格局。

一、案例背景

幸乐社区成立于2000年，东倚荣华二路，南临中山大道，西至集贤路，北抵武胜西街，面积达0.06平方公里，有6个网格，常住户2334户，常住人口4065人，由3个物业小区、1个自管小区、18栋无电梯老旧房屋构成，是典型的老旧小区，老龄化现象严重。老旧小区没有房屋维修基金，房屋基础设施陈旧老化、无电梯，设施维修改造矛盾突出、老人出行问题突出；老旧小区无专业物业覆盖，在面对小到漏水、大到改造等问题上，居民习惯性直接找社区兜底，导致社区与居民矛盾纠纷多，社区治理难度大。针对老旧小区治理难题，幸乐社区党委总结形成了"1566＋N"工作法，即：一个社区大党委引领共同缔造主心骨、5个小区党支部筑牢决策共谋主阵地、6个共建大单位聚焦发展共建主基

调、6个网格精耕细治发动建设共管主力军、N个潜在生力军奏响成果共享主旋律。幸乐社区充分发挥党组织战斗堡垒作用、党员干部先锋模范作用、人民群众主体作用,以高质量党建推进社区治理现代化。

二、实施目标

针对老旧小区治理难题,幸乐社区围绕"1566＋N"工作法,开展如下工作:发挥1个社区党委统领作用,强化党建引领,夯实治理根基;推进5个小区党支部规范化建设,深化"三方联动",破解治理顽疾;汇集6家共建单位资源,凝聚各方力量,激发治理动能;做实6个网格"民呼我应",创新网格管理,提升治理水平。在社区治理中根植党建引领的理念,逐步组建社区工作者、下沉党员、居民代表、志愿者等N个生力军,力争形成"人居环境更美好、居民生活更幸福、社区氛围更和谐"的基层治理格局。

三、实践路径

(一)强化党建引领,夯实治理根基

1. 建立社区大党委,强化党建引领作用

以社区党组织为基础成立社区大党委,广泛吸纳区环保局、区城管委执法大队、区退役军人事务局、区民政局、区科协、区市场开发服务中心、东房物业公司、金利屋小区业委会等驻社区单位党组织为成员单位。明确社区大党委成员架构和工作职责,每季度召开一次党建联席会议,共同研究讨论社区建设和管理中的重点、难点、热点问题,做到党建共商、事务共管、难题共解。根据社区治理和居民需求,挖掘大党委成员单位优质资源,梳理形成"三张清单",确定"资源清单"16项,"需求清单"9项,"项目清单"11项,形成资源共享、优势互补、相互支持的良好氛围。

2. 健全组织体系,提升基层治理水平

构建起"社区大党委—小区党支部—楼栋党小组—党员中心户"的四级基层组织体系,目前已下设5个小区党支部,10个党小组,10个党员中心户。实现党的组织和工作全覆盖,联系服务群众零距离。有直管党员201人,号召党员干部亮身份,在"一下三民"

活动中争做先锋,为社区群众当好示范。

3. 培育红色细胞,发挥党员示范作用

首创"幸乐课堂"活动载体(图1),邀请党员发挥自身优势特长开堂授课,医院医护人员走进幸乐课堂,为老人讲解健康知识;老师走进幸乐课堂,为孩子们培养良好的学习习惯;警官学院教导员走进幸乐课堂,教授自我防卫的格斗技巧。组织200组党员赴"星期八"小镇开展科普教育亲子活动,让党员更好融入社区大家庭,增强社区党组织的凝聚力和战斗力。

图1 培育红色细胞,首创"幸乐课堂"

(二)深化"三方联动",破解治理顽疾

1. 建设党群服务驿站,实现党支部驿站全覆盖

建设5个集党员教育、志愿服务、党群活动、民意征求、矛盾化解、开展群众综合服务等为一体的"党群服务驿站",拓展党员联系群众阵地,收集民需、汇集民智,为居民提供更多优质服务。

2. 组建红色业委会,打造小区居民议事厅

着力组建小区红色业委会,提升业委会党员比例,让业委会在小区管理的各项事务中"红"起来。金利屋红色业委会依托党群服务驿站重点打造居民议事厅,畅通社区与居民的沟通渠道,2022年共收集电动车停车难、路面破损、高空抛物等10余件居民"急难愁盼"的问题。

3. 落实"三方联动"机制，汇聚社区治理合力

金利屋小区聚焦居民呼声最高的问题，通过"三方联动"推动小区用公共收益完成充电车棚建设。面对居民担心选址存在安全隐患等问题，金利屋小区积极召开社区、物业、业委会联合会议，联系天然气公司、消防大队相关人员勘察确认选址合理性，业委会主任王飞、业委会成员王丙苗等骨干党员冲锋在前，挨家挨户上门为居民答疑解惑，车棚建起来后，上楼充电、飞线充电等现象没有了，小区环境焕然一新，如图2所示。

图2 金利屋电动停车棚改造工作

(三)凝聚各方力量，激发治理动能

1. 深化"党建六大员＋"共建模式，充分链接下沉资源

社区以党建引领，不断深化"1566＋N"工作法成果，发展共建、凝聚民力，形成了以区民政局为"空巢老人的陪护员"、区退役军人事务局为"退役军人的保障员"、区环保局为"环保知识的指导员"、区科协为"科技益民的宣传员"、区城管局执法大队为"城市执法的宣讲员"、区青少年宫为"寒门学子教育员"的"党建六大员＋"共建模式，盘活辖区红色资源。

2. 深入推进"一下三民"实践活动，聚焦解决民生问题

各单位积极参与新冠疫情防控、文明创建、清洁家园等各项工作，全年累计认领微心愿50多人次，结对困难帮扶100余人次。市楚剧院、说唱团将社区党群服务中心漏水问题彻底解决;区退役军人事务局认领了社区门楼升级建设,帮助社区改造升级了社区门楼和宣传栏,给新时代文明实践站增设LED屏,用于党员群众开展学习、活动等;区市场开发服务中心将幸乐村8号楼外雨水管全部换新,彻底解决了让居民苦不堪言的漏水渗水问题,同时清理了多个老旧平台的乱堆乱放等,累计共建民生实事10余件,投入20多万元,为共同缔造幸福美好家园贡献力量。

3. 充分发挥居民群众主体作用,有效破解治理难题

在面对没有维修资金的老旧小区需要改造居民切身项目时,为了解决基础设施老旧难题,切实提高居民生活质量,幸乐社区创造出三个"三分之一"资金筹措法。华通花园自治小区是2000年建成的老旧小区,有常住居民173户,小区消防设施老化,消防水管锈蚀破损,存在严重消防安全隐患问题,因小区没有专项维修资金,多年来消防安全隐患一直没有解决。2021年在"1566+N"社区工作法指导下,幸乐社区党委引领党建力量,引导居民群众参与项目谋划、项目决策,唤醒了居民群众的"主人翁"意识,共同商议出"街道社区惠民资金出一点、共建单位共建经费支持一点、小区业主公益收入分摊一点"的三个"三分之一"资金筹措法,一共9万元的项目经费,由共建单位出资3万、社区惠民资金出资3万、居民共同筹集3万元的方式,达成了共同筹集资金改造小区消防设施的有效方案,让华通花园小区消防隐患顽疾迎刃而解。

(四)创新网格管理,提升治理水平

1. 完善网格机制,让网格"顺"起来

成立网格化管理工作领导小组,建立起以社区书记为网格站站长、社区"两委"成员为网格片长、社区干事为网格员的网格化管理体系。分类处理居民各类问题诉求:①一般性事务。由网格员按照"四个一"流程处理(第一时间接待、第一时间登记、第一时间处理、第一时间反馈),做到线上线下相结合,马上办、立即办。②协调性事务。社区工作者之间相互沟通、协调处理,由网格员向居民反馈。③紧急性事务。对"急难愁盼"等事务,网格员立即上报社区"两委"、街道及相关职能部门,并全程跟踪反馈,形成统一高效的管理体系。

2. 创新网格方法,让网格"活"起来

践行"四心+四勤"网格员工作方法,每名网格员做到"来有问题、去有目的、后有反馈",凭着"一张笑脸、一个网格记录本、一部手机"三件"法宝",跑遍社区每个角落,每家每户,把风险隐患消除在事前、控制在事中,做到小事不出网格、大事不出社区,激发网格活力。

3. 壮大网格队伍，让网格"管"起来

以网格员为中心，充分挖掘、调动网格内的党员、群众、志愿者等力量，组建队伍强力量，组建网格员＋下沉党员＋退休党员＋居民代表＋志愿者等力量队伍，将思想建设抓在经常、抓在日常，提升队伍的凝聚力、向心力、战斗力。因地制宜打造卫生监督小组、电梯维护小组、安全巡逻小组、邻里守望小组、车棚管理小组等10余支共管特色志愿服务队伍。幸乐村17、18号居民自发成立卫生监督小组后，环境由原来的无人管、脏乱差变成现在干净整洁、井然有序；幸乐一村21号自成功加装电梯后，居民自发成立电梯维护小组，采取轮班制对电梯进行日常管理维护，广受好评，如图3所示。

图3 "旧楼加装新电梯，初心为民受欢迎"

四、实施成效

（一）社区"颜值"大提升，人居环境更美好

通过"共同缔造"活动，共加装1部老旧小区电梯、改造2处二次供水问题、建成1个电动车棚、改造1栋D级危房、整改1处消防隐患，大大提升了群众的居住环境和生活品质。

(二)社区治理有声色,居民生活更幸福

2022年,以"我们的节日"为载体,共同举办"喜迎二十大"文艺汇演,评选出一批"十佳共建单位""优秀共产党员""优秀下沉干部""幸乐好人",在辖区广泛传递好声音,传播正能量。让党员群众享受到共同缔造带来的幸福感。

(三)邻里关系变融洽,社区氛围更和谐

充分利用居民议事厅和志愿服务小组等载体,拉近党员干部和居民群众关系,畅通邻里之间沟通渠道,真正做到让矛盾不出小区、大事不出社区,共同营造和谐幸福的氛围。

五、主要经验

(一)强化党建引领社区治理,创新提炼工作方法

幸乐社区党委坚持党建引领,充分发挥党组织的凝聚力和战斗力,不断探索并形成"1566+N"工作法,深入应用到居民自治、社区服务、社区治理等各个方面,把治理效能转化为群众的幸福指数,荣获武汉市2021年度"优秀城乡社区工作法"。

(二)贯彻落实共同缔造理念,充分调动群众积极性

深入践行新时代党的群众路线,变社区自治"独角戏"为多元共治"大合唱",以充分发动群众为关键,激发居民参与治理的热情,真正做到"决策共谋、发展共建、建设共管、效果共评、成果共享",不断增强居民群众的获得感、幸福感和安全感。

(三)切实解决突出民生问题,有效提升治理水平

聚焦居民房前屋后的实事小事,切实解决一个个群众"急难愁盼"问题,把一幅幅民生愿景变成幸福实景,辖区居民纷纷点赞、给社区送来锦旗,社区治理成效多次被《长江日报》、"大武汉客户端"、《楚天都市报》等主流媒体报道。

党建引领凝心聚力，共同缔造幸福生活

2021年国务院政府工作报告和《中华人民共和国国民经济和社会发展第十四个五年规划和2035年远景目标纲要》提出要"加快转变城市发展方式，统筹城市规划建设管理，实施城市更新行动，推动城市空间结构优化和品质提升"。美好环境，人人向往；幸福生活，人人追求。湖北省第十二次党代会指出，要走好新时代党的群众路线，广泛开展美好环境与幸福生活共同缔造活动。这是走好新时代党的群众路线，增强党的政治领导力、思想引领力、群众组织力、社会号召力，推进基层治理体系和治理能力现代化体制机制改革创新的重要载体，也是深入贯彻习近平总书记考察湖北武汉重要讲话精神，推动湖北省第十二次党代会部署落实的生动实践。古田街道古二社区作为老旧社区，始终认真贯彻执行党中央决策部署及上级各项工作要求，坚定不移以党建引领基层治理，以改善群众身边、房前屋后人居环境的小事实事为切入点，发挥党员模范带头作用，积极发动群众决策共谋、发展共建、建设共管、效果共评、成果共享，广泛开展美好环境与幸福生活共同缔造活动。

一、案例背景

武汉市硚口区古田街道古二社区东起古田二路，西临硚口工业园，南起解放大道，北至南泥湾大道。辖区面积0.67平方公里，现有居民9346人。社区为典型老年化社区，老年人口基数大，其中60岁以上老人1464人，占总人数的15%；80岁以上老人249人，占老人总数的2.6%。辖区省柴宿舍和省柴小区是20世纪80年代的老旧小区，设施、空间、环境、配套等都面临一些问题。而且，随着经济社会发展、生活节奏的加快、生活观念的转变，家庭结构小型化日益明显，"空巢"老人比例迅速上升，老年人不能及时享受社会与科技进步成果。

二、实施目标

为充分发挥基层党组织在城市居家社区养老服务中的作用,聚焦解决人民群众急难愁盼的养老问题,社区通过走访调查,全面了解辖区老年人对居住环境和社会服务的期待。发现老年人希望在安全、便利、舒适的人居环境和熟悉的社区生活中满足日常生活照料、医疗保健、精神慰藉等不同层次的需求。2018年,在市、区、街道等有关部门指导下,社区按照"四分区一场所"的标准建立社区居家养老服务中心,设有康复护理区、生活服务区、日间照料区、智能服务管理区,以及服务资源融合场所。社区努力为老年人创造一个物质设施完善、精神生活丰富的养老环境,满足老年人基本需求与深层次需求,将"被动养老"转变为"主动养老",让辖区老年人幸福地安度晚年。

三、实践路径

(一)完善组织结构,搭建治理平台

一是强化党建引领。社区党委积极适应城市发展变化,逐步推进小区党组织建设,通过党建引领发挥小区党组织作用,引导小区成立业主委员会,理顺社区党组织和居民委员会、业主委员会、物业服务企业之间的关系,逐步完善由"社区大党委—小区党支部—楼栋党小组—党员中心户"构成的社区党组织架构。让社区党员、下沉党员、志愿者、居民代表、物业公司成员、业委会成员作为骨干力量全程参与居民自治,作为信息传达员、纠纷调解员、政策讲解员为小区居民服务。

二是加强多方联动。吸纳社会力量积极参与基层治理,建立社区与社会组织、业委会、社区党员、社区志愿者、下沉党员联动机制。当居民在网格群中对二次供水改造议论不断,项目一直停滞不前之时,彭煊——社区志愿者,一名高中地理老师,为了让大家看得更清楚明白,彭煊把自己学习、了解到的二次供水改造细节、案例等汇总制作成演示文稿,图文并茂、简单易懂地展示在网格群。甚至还制作了网络链接,实时更新工程进度、出现的问题以及可能的解决办法,同时收集业主意见,跟施工方交涉、沟通,极大地促进了二次供水改造工程的完善和问题的解决。

三是搭建自治平台。社区通过搭建民间工作坊,居民议事会等自治平台,广泛收集

居民意见,鼓励居民参与老旧小区改造全过程。2021年4月古二社区开展三个"老旧小区"综合改造和四个小区的"二次供水"改造,为全面发动、稳步推进旧城改造工作,由"旧改"项目方提供项目清单,社区党委集中答疑解惑,引导各位下沉党员、居民代表使用卡片法梳理旧城改造过程中的问题清单,将问题用打分法排列出解决的先后顺序,使广大社区居民充分享有"旧改"政策知情权、"旧改"项目建议权、改造成果共享权,真正把老旧小区改造办成得民心、顺民意的民心工程。

(二)加强队伍建设,凝聚多方合力

为更好地应对人口老龄化带来的各种社会问题,解决辖区内的养老困难和提高养老生活质量,社区先后成立了多支队伍,凝聚并整合多方力量共同参与社区治理。

一是成立了党员志愿服务队。辖区各战线党员根据自身专业优势,主动亮明身份,认领做实事服务事项,组成了金牌和事佬、家庭医生等志愿服务队伍。

二是为充分发挥老年人余热,凝聚"银发"智慧,辖区组成一支由老党员、门栋长组成的"红色巡逻小分队"。他们"退休不退色",继续发挥余热,甘做社区的流动摄像头,轮流排班在社区巡逻,劝阻不文明行为,维护社区秩序,这是古二社区20多年来的一道独特风景。

三是社区于2019年10月发起成立"怡心为你"志愿服务团队,社区书记徐培莉同志任队长,广泛招募下沉党员、社区居民、退休老党员、物业服务人员加入各志愿服务队。在"怡心为你"志愿服务队伍建设上,社区坚持专业人做专业事,充分发挥志愿人员的专业特长、职业特长,让志愿服务从热情走向敬业、从专业走向高效。

四是2021年初,社区又发起"怡心为你"志愿时间银行项目,以"低龄存时间,高龄换服务,服务换服务"的形式,引导和激励辖区党员、群众、青少年等群体根据其身体条件、精神状态、服务能力等完成"时间银行"志愿服务内容,将志愿服务时长转换成时间币,以备不时之需并换取相应的服务,营造青年服务老年、老年服务社区、社区服务居民的和谐幸福氛围。

(三)组建活动阵地,完善养老服务

社区结合实际"软硬兼施",在硬件上进行"老旧小区"改造,在软件上坚持"以勤练党建内功,优化社区治理"。

(1)组建"1"个服务阵地。成立了硚口区首个建成并开放的中心辐射式社区居家养老服务网点。设置温馨舒适的长者照护中心、宽敞洁净的幸福食堂、充满花香的阳光房、设施齐全的室内室外活动固定场所,满足辖区老年人居家养老基本需求,提升老年居民群众生活质量和幸福指数,使老年人切身感受到"生活便捷舒适、服务无处不在、幸福就在身边"。辖区雷爹爹道出了许多老年人的心声:"到了我们这个年龄忌口非常多,子女不在跟前,身体有个三病两痛,又不想去被人管的养老院,更舍不得离开这个家。"现在,老年人在社区就能享受到像家一样的养老服务。辖区周阿姨也说道:"以前社区虽然有文娱活动,但一直没有固定的活动场所,我们都在露天广场排练舞蹈,就跟打游击一样。现在大家出门走几步到老年人中心来选择参加自己喜欢的文娱活动,真好!"

(2)创立"2"大共建共享品牌。一是"爱老敬老立榜样,怡心志愿来帮忙"。在"红色巡逻小分队"长达20余年的志愿服务活动示范下,吸引了很多退休老年朋友们参与"怡心为你"志愿服务。汉口人家小区居民王永胜是武汉市第四届文明市民,他经常挂在嘴边的一句话是:"社区是我家,维护靠大家。有什么事尽量知会一声,能帮得上忙的,我一定帮忙。"二是"红色港湾我的家,宜居共享微课堂"。社区深入探索文化养老的健康生活方式,拓宽养老服务领域,用心打造"红色港湾"宜居微课堂品牌。宜居微课堂以兴趣爱好为主线,开设有健康养生、手工DIY、模特走秀、音乐、民族舞、黄梅戏、太极、京剧等课程,从养老、健康、精神文化三个方面不断满足老年人日益增长的物质文化需求,营造出浓厚的"老有所养、老有所依、老有所学、老有所乐"氛围。

四、实施成效

古二社区坚持"党建引领、多元共建、建管并举"的工作目标,努力构建"纵向到底、横向到边、协商共治"的社区治理体系。结合社区工作实际,推进美好环境与幸福生活共同缔造理念在社区落地见效,社区先后获得"全国示范性老年友好型社区""湖北省老年宜居社区""第三届全省百佳居民委员会"称号。经过"老旧小区"改造提档升级后,小区华丽变身为生活环境美、文明新风面貌美、整体规范管理美的幸福小区。如今的古二社区告别了坑洼泥泞的巷道,告别了蜘蛛网式的天空,变成了平整洁净的沥青、混凝土地面;所有管网线缆埋入地下,低矮的台阶和无障碍通道让老年人也能放心出行;各种娱乐健身器材和桌椅板凳构成了老年朋友茶前饭后新的社交场所。社区环境的更新,吸引了更优质商家的入驻,带给社区居民的是更新更美的生活。环境的改善凝聚了人心,越来越多的居民自愿加入小区治理队伍,形成小区整治美观、人人有责的良好风气。共建的力量来自人民,共治的智慧出自人民,共享的成果为了人民。

五、主要经验

(一)健全了社区治理动态信息发布机制

2022年初,社区购买社会组织信息类服务项目,借助社会组织微信公众号平台发布"社区治理月月谈"。通过党建引领、品牌打造、养老服务、民生服务、疫情防控、居民反馈等六个方面向居民传递社区治理的工作动态,加强了社区与居民间的交流互动,提升了社区融合度,拉近了党员群众的距离,引导了居民群众积极参与社区治理,激发了居民群众参与社区治理的活力。社区根据辖区实际情况,推进包联网格制度,健全社区网格化管理机制,通过充分汲取疫情防控经验做法,调整居民小组,强化网格和居民小组的统筹整合,发挥好社区党委、社区网格、志愿者、辖区物业服务公司、业委会、社会组织等作用,广泛走访群众、宣传群众、发动群众,了解群众意愿、解决群众难题,提升群众的获得感、幸福感、安全感。

(二)建立了健康、文化、生活"三大"养老体系

一是养老服务更智能——健康养老。社区引导并吸收社会各种服务资源和服务实体加入居家养老服务项目,打破机构养老、社区养老、居家养老之间的界限,构成需求和服务对接,各类服务资源配置相对完善的居家养老服务平台。线下为辖区老年人提供上门护理服务,定期组织社区义诊健康咨询,并进行健康管理归档。线上为有需要的老年人家庭提供及时、便捷的服务,将信息管理和居家养老服务结合起来,中心工作人员全面掌握老年人及家庭成员基本状况、健康状况和服务需求等信息,对居家老人的健康进行追踪,创造更智能化的健康养老。二是养老服务更多元——文化养老。社区坚持以微课堂为载体,从老年人喜闻乐见的文化活动入手,积极挖掘社区文化资源,引导社区文体团队利用社区活动广场、活动室经常组织文艺汇演、集体生日会、手工制作、手机课堂、养生讲座、互动游戏等形式多样丰富多彩的多元化文化活动,为辖区老人提供了良好的学习和活动平台,丰富了老人生活,愉悦其身心,融洽了邻里关系,让老年群体在健康向上的氛围中接受现代文明的熏陶,同时也给辖区文化爱好者提供了展示和交流的舞台。三是养老设施更完善——生活服务。社区从老人生活角度出发,以满足老人日常需求为出发点,整合辖区资源,打造以社区为平台、辖区单位、共同单位和专业社会组织为依托、个体商户为补充的助老"15分钟生活服务圈"。家门口幸福食堂的健康美食,小

区公共区域的人性化适老辅助设施,宽敞整洁的休闲健身场所,满足了老年人多层次、多元化的日常生活需求,让辖区老年人出门更方便、休闲有去处、养老生活更无忧。

下一步,社区党委将继续坚持党建引领,凝心聚力,抓住居民最关心的事情,破解社区治理的难题,不断提升社区服务水平,带领党员群众共同缔造幸福生活,将社区建成共建共治共享的幸福家园。

倾心打造"暖心社",做好治理大文章

基层党组织的负责人要紧紧围绕新时代党的建设总要求,切实履行好基层党建第一责任人的职责,必须要扎实做好抓基层、打基础的工作,使每个基层党组织都能真正成为坚强的战斗堡垒,从而确保党的路线方针政策在基层的全面贯彻落实,确保基层社会的稳定。习近平总书记也曾在中共中央政治局会议上指出,推进基层治理体系和治理能力现代化建设,是全面建设社会主义现代化国家的一项重要工作。党的基层组织是党在社会基层组织中的战斗堡垒,是党的全部工作和战斗力的基础。针对辖区低保户、低收入家庭和残疾人家庭较为集中的情况,长丰街道紫润南社区立足实际,充分发挥党组织的战斗堡垒作用和党员的先锋模范作用,倾力打造"暖心社",坚持以网格化管理为载体,以精细化服务为重点,以居民多样化需求为导向,关爱社区独居、孤寡老人,帮扶残疾家庭,着力打造社区社会治理工作新亮点,形成敬老、助残的为民氛围,让他们从心底里感受到来自党和国家、来自社区给予的温暖。

一、案例背景

硚口区长丰街道紫润南社区,位于古田二路汉丹铁路以北,辖区由14栋小高层(11层)、2栋高层(16层)共43个单元组成,住房总套数为1920套(其中动迁房1286户,廉租房634户)。小区占地面积6.9万平方米,总建筑面积15.9万平方米,于2011年12月完成并交付使用,主要居住人群是古田沿线化工企业搬迁居民和廉租房居民,其中低收入家庭和残疾人家庭占小区住户的70%以上。社区现有低保户233户,保障人口369人;特困户8人;残疾人278人,其中精神残疾47人、智力残疾27人、视力残疾55人、肢体残疾125人、听力残疾22人、言语残疾1人、多重残疾1人。

残疾人是弱势群体的重要组成部分,是现阶段社会治理体系中不容忽视的群体,需要社区重点关注。有的精神残疾人、智力残疾人在监护人死亡后,长期处于无人看管、无人照顾的状态,很容易病情恶化,对社区治理造成极大的安全隐患;有的低保户、独居老人,其子女未尽到抚养义务,与子女长年不来往,亲子关系差,病后无家人照顾,基本生活出现困难。如何保障社区弱势群体的正常生活?如何保障他们的身心健康?如何让他们感受到社会的关怀?如何保持和谐的邻里关系?紫润南社区"暖心社"应运而生。

二、实施目标

为打造长丰街道党建创新项目,紫润南社区成立了用于调解矛盾、上门关怀的"暖心社"。发挥社区党委的核心领导作用,关爱社区的独居、孤寡老人,帮扶社区的残疾人家庭,在社区中形成敬老、助残的为民氛围,让这些弱势群体真切感受到来自党和国家、来自社区的温暖,从而进一步提升社区治理水平,维护社会和谐稳定。

多年来,紫润南社区立足实际,坚持党建引领,以网格化管理为载体,以精细化服务为重点,以居民多样化需求为导向,以矛盾多元化调处为抓手,聚焦"四个突出",依托紫润南"暖心社",着力打造社区社会治理工作新亮点,不断提升辖区居民的获得感、安全感和满意度。

三、实践路径

(一)突出为民服务高效化

以社区党群服务中心为阵地,以社区"两委"班子为领导,着重吸纳辖区志愿者加入"暖心社",为广大居民和特殊群体提供优质服务。

一方面,着眼"内外兼修",建成300平方米的"一厅五室"规范化社区服务中心,坚持便民、利民、快捷、高效原则,开展民生实事、文明创建、居民自治、志愿服务、助老救困、矛盾调解、红色教育、和谐睦邻、物业管理、共驻共建等十大公共服务事项。不断完善制度,规范职责,开展形式多样、内容丰富的便民利民服务,提升拓展群众接待大厅、警民联络室、关爱工作室、心理咨询室、金牌调解室、居民"书吧"功能,打造紫润南社区服务党员群众的硬设施。另一方面,社区"两委"班子主动挑头服务,建立服务制度,明确服务范围,吸引下沉单位党员、社区居民入社,让"暖心社"的服务成效深入人心,尽可能让社区服务覆盖全体社区居民,既满足生活所需,又丰富精神生活。

(二)突出"暖心社"服务网格化

坚持以党的政治建设为统领,积极探索"党建+"工作模式,把党建工作贯穿于基层治理创新建设的全过程,推动党建力量向网格工作充实、资源向网格工作倾斜、职能向网格延伸。着力打造紫润南"暖心社"的"三有工程",即平时有人问、定时有人访、难时有人帮,依托网格对辖区弱势群体进行精细化管理。

紫润南社区共有1920户,按网格分为6个网格,平均每个网格有320户。社区要求每个网格员对所管辖的网格基本情况做到"数据一口清",即户数、低保户数、残疾人数、独居老人数、出租房数、重点人员数等数据,做到心中有明账、手中有标尺;对于残疾人、独居老人、低保户等重点人群,社区网格员每天上门看望,询问需求,帮助他们代购生活用品、送医送药、联系亲属等,如果发现情况特别紧急且当下无法处理的,迅速向社区书记汇报,由书记出面统一协调处理。

(三)突出矛盾调处多元化

创新运用"353"矛盾纠纷多元化解工作法,坚持把矛盾纠纷和不稳定因素排查化解作为治本措施,将"暖心社"服务做在平时。编织组织机构网、信息联络网、三级调处网"三大网络",从每个网格的社员中挑选、配备矛盾纠纷排调员、信息员和宣传员,及时预防、预警;建立健全领导责任、长效推进、关口前移、协调联动、综合保障"五项机制"。一般纠纷,由网格长通过"邻里圆桌会"、居民议事会等及时解决。疑难纠纷,依托驻社区律师、管段民警、社区调委会、楼栋长、居民代表,召开联席会议,运用公检法司、社区调委会等资源力量及时就地化解。

2020年8月,一住户家中电线短路导致失火,造成楼下及隔壁左右共三户家庭不同程度受损。事故发生家庭因赔偿金的问题与其他几户产生较大分歧,赔偿和修复问题迟迟得不到解决。由于涉及消防、保险公司等单位,社区"暖心社"多次召开联席会议,联系街道律师、管段民警、消防部门及保险公司共同参与,由律师从法律角度进行答复,由消防及保险公司进行责任认定和财产损失评估,由网格长向居民提出赔偿建议,通过联合调解,各方就赔偿问题达成一致,该问题最终得到圆满解决。

(四)突出志愿服务常态化

建立"暖心社"工作室,依托社会工作者和社区服务站,积极引进矛盾纠纷调处、居家养老、心理咨询、文化教育等社会组织,经常开展"读万卷书,行万里路"读书日活动、"传递真情、共沐书香"家长课堂活动、"致敬逆行者,弘扬正能量"道德讲堂等群众文化活动;根据工作职能,开展居民义诊、文化演出、政策宣传、法律咨询、扶贫济困、文明创建、环境整治等志愿服务活动,做到周周有安排、月月有活动,切实将社区治理的难点变为社区治理的特色亮点,把居民当成自己的亲人,把居民的事当成自己的事,用心用情关爱居民,拉近居民与社区的距离。

社区有一位残疾人(精神残疾二级),幼时父亲去世,前些年母亲也因病去世,无近亲属愿意代管、照顾,社区将他送往武汉东方博得医院(该医院系一家精神病专科医院,病人吃、住均在医院)进行治疗。社区工作人员以及街坊李爹爹每月去医院看望一次,给他送吃的、送衣物。2019年开始,该残疾人多次要求不住医院,希望回家休养。2019年7月,他正式办手续离开医院,回到社区居住。为了保障他正常生活,社区"暖心社"对他实行了社区照顾模式。在社区的帮助下,该残疾人基本掌握了独立生活的技能,能按时服药,能与熟悉的人正常交往,其精神类疾病和糖尿病得到有效控制,偶尔还能到社区参加志愿服务。

四、实施成效

(一)找到了加强基层社会治理的有效抓手

硚口区长丰街道紫润南社区立足于提升基层社会治理水平,坚持以人民为中心的发展理念,着力打造紫润南社区"暖心社"这一服务品牌,积极发挥政治引领作用、法治保障作用、德治教化作用、自治基础作用、智治支撑作用,吸纳辖区单位、"包抓"单位积极参与,有效发挥了基层党组织协调各方、服务居民的作用,共商共建共治共享,协商解决社会治理的工作模式初见成效,进一步提升了社区精细管理和服务水平,使基层党组织的领导和核心作用得到提升。

(二)实现了"信息多跑路,群众少跑腿"的根本转变

社区整合各种资源,积极吸纳各类成员加入"暖心社",并依托社区网格,实现多网合一、一网统管,落实网格化共治机制,明确社区内外参与者的工作分工,落实工作职责。在这一工作体系中,网格员充分发挥社员作用,尽职尽责,全面掌握网格内居民基本情况,及时收集信息、了解居民诉求、化解矛盾纠纷,引导和带领居民群众积极参与社区服务管理,既让网格内的大事小情等信息"主动"跑了起来,又能快速解决群众尤其是弱势群体的揪心事、烦心事、闹心事,提高了民生服务水平,夯实了平安稳定根基。

(三)增强了居民群众主动参与民主协商的意识

近年来,紫润南社区"暖心社"队伍不断壮大,各类志愿者不断增加,服务范围也不断扩大。除了精准掌握辖区弱势群体的需求、链接资源进行帮扶以外,社区还通过"暖心社"举办各类宣传活动、召开联席会议等,帮助居民了解、掌握并有效运用协商方法和程序,引导居民理性、有序、依法表达意见诉求,养成主动议事的理念和习惯,让群众的协商议事意识渗透到方方面面,使协商民主议事成为社区整治疑难杂症的"妙方良药"。

五、主要经验

(一)深耕网格"责任田",激活基层治理"内动力"

网格是基层综合服务的管理单元,是社区治理的"第一道屏障"。网格员要对自己网格中的大事小情做到心中有数,社情民意才会事事了解。紫润南社区以网格为纽带,从解决实际问题的角度出发,充分发挥网格化治理优势,协调和统筹各方面资源,第一时间掌握社情民意,第一时间响应服务需求,把为民情怀变为摸得着的民生实事。在调解居民矛盾纠纷、为辖区孤寡老人提供上门服务等工作中,在构建暖心社区时,网格员要设身处地为居民着想,真心实意地与居民沟通,不断增强辖区居民的幸福感、安全感和获得感。

(二)发挥大党委核心作用,全面实施"三有工程"

"暖心社"既是社区服务平台,也是连接社区和居民的媒介。社区通过"暖心社",调动大党委的各项资源,充分发挥党组织的战斗堡垒作用和党员的先锋模范作用,秉承"坚持把居民当成自己的亲人、把居民的事当成自己的事"的理念,全面实施"三有工程",让群众感受到党的关怀。目前,在紫润南社区"暖心社"工程中,长期受照顾的各类群体已超过百人,越来越多的人通过受助实现了自助、互助,成为"暖心社"的一员,积极为其他需要帮助的居民服务。

(三)扎实推动下沉工作,夯实基层社会治理基础

为了更好地巩固提升社区基层治理水平,紫润南社区"暖心社"充分动员居民党员下沉单位参与社区治理,邀请下沉单位深入基层、深入实际、深入群众,开展各类调研活动,紧盯群众"急愁难盼"的问题;发掘居民党员主动发现问题、上报问题,与社区困难群众结对帮扶,构建互帮互助、共建共享的社区。在党员干部开展下基层察民情解民忧暖民心实践活动中,紫润南社区联合下沉单位,针对群众反映集中的问题,主动认领任务清单,有效发挥了基层党组织协调各方、服务居民的作用,切实为群众办实事、办好事,解决基层社会治理难题,进一步提升了社区精细管理和服务水平,使基层党组织的领导和核心作用得到提升。

坚持党建引领，携手共建幸福家园

一、案例背景

湖北省潜江市广北社区是2019年江汉油田办社会职能移交后新成立的社区，居民2351户4113人，其中有社区党员481人、"双报到双服务"党员315人，95%以上的居民为江汉油田退休职工和家属，是典型的国企改制型社区。社区坚持党建引领，以居民需求为导向，探索"三个三"工作法，推动社区与企业、居民心往一处想，劲往一处使，齐心携手缔造幸福生活。

二、主要举措

（一）念好"三字口诀"，激活红色动能

由于历史原因，职工习惯被企业"包办"解决需求问题。如何实现平稳过渡，确保接得住、管得好？广北社区着力念好"三字口诀"。①"强"班子。在社区"两委"换届选举中，将6名在疫情防控、综治信访等工作中表现突出的年轻干部充实进"两委"班子，新班子结构更加优化，其中社区党组织一把手为"90后"返乡大学生。新班子通过参加市、街道两级培训，厘清职责清单、落实周调度机制，迅速进入角色、高效运转。②"细"网格。

沿袭历史沿革,细化6个网格职责,由班子成员包联网格,由熟悉社区事务的油田本地职工担任专职网格员,采用"线上+线下"管理模式,为居民提供24小时贴心服务。网格员兼职"代办员",为行动不便老人提供"无偿代办、登门帮办"服务,年均为居民代办事项47件。③"优"机制。社区搭建议事平台,召集居委会、业委会、物业企业三方决策共议,适时邀请共建单位参与,每季度协调解决小区环境卫生、小区内涝、占道经营、居民纠纷等相关问题10余件,以解难事办实事的成效赢得社区居民认同感。

(二)建好三支队伍,凝聚红色力量

广北社区向内挖潜、向外借力,在互帮互助中打破邻里壁垒,推动"职工"向"居民"转变,跑出"企业小区"向"城市社区"转型的加速度。①组建离退休党员志愿服务队。社区60岁以上党员422人,占社区党员的87.73%,社区充分发挥离退休老党员作用助力社区治理,鼓励德高望重、经验丰富、热心服务的老党员参与民事调解,鼓励有专长、善管理的老党员参与"阿北课堂",参加"爱心小站"开展的各项公益活动。②用好下沉党员志愿服务队。将315名下沉党员划分为政策宣传、环境整治、疫情防控、结对帮扶、微心愿认领等5个服务小组,每年开展志愿服务活动20余次,参与活动的党员志愿者累计约920余人次,通过"广北之家"微信公众号宣传党员典型事迹10余篇。③吸引社会力量参与志愿服务。组织辖区单位和志愿服务队伍交流互动,吸纳经验丰富的江汉义工志愿服务队驻点社区,成立广北服务分队,常态化协助社区开展志愿活动,吸引60余名志愿者和非公企业、社会组织等多方力量走进社区。在社区党组织引领下,居民之间交流日益密切,越来越多的社会力量参与到社区治理中来,区域共治合力不断增强。

(三)擦亮三个品牌,释放红色效应

坚持群众需求为导向,最大限度地维护好、实现好社区群众的根本利益,提升居民幸福感。①着力构建"阶梯互助+日间照料"养老体系。广北社区60岁以上老人占常住人口的36.66%,广北社区整合油田移交资产,筹资86万元建设日间照料中心,鼓励低龄、富有爱心的中老年志愿者照护社区内高龄老年人,20余名志愿者加入社区互助队伍,目前日接待量达100余人次。②探索打造"无烟食堂"。依托江汉油田"中央厨房"项目,探索打造社区"无烟食堂",为居民提供实惠、便利的就餐服务,同时实现社区自我造血功能。目前,"无烟食堂"餐具、桌椅、消毒柜等服务设施均已配备齐全,即将投入运营;

同时,广泛开展问卷调查,听民生、聚民意,共同缔造社区"幸福食堂"。③持续开展"积分之美"活动。以党员积分制管理带动居民积分制治理,将民生需求设置为积分事项,建设"兑换站",以"服务换积分、积分兑实物、积分兑服务"的方式兑换物品和社会服务,目前已有40余户居民通过"积分存折"成功兑换价值3000余元的物品。同时,成立"帮帮基金会",以社区便民服务平台吸纳社区达人为群众提供低价有偿服务并积累"帮帮基金",将收益用于社区活动,惠及辖区居民。

党建引领"红色服务",情暖社区千家万户

一、案例背景

新城社区位于湖北省天门市城区西南部,组建于2015年12月,国土面积1.8平方公里,是一个商居混合型社区,面对社区居民多元诉求,新城社区以党组织建设为核心,以党建引领基层治理为抓手,拉长服务"半径"、延伸服务"触角",切实提升党组织"红色力量",充分发挥"红色堡垒"作用,着力打造"红色物业",全面推进"红色服务",努力走出了自己的党建品牌创建之路,全面提升了社区治理体系和治理能力,为居民群众提供个性化、多元化、精细化服务。

二、实施目标

新城社区党委始终坚持以人民为中心的发展理念,以党建工作为指引,全面承载社区社会治理和基层建设重任,为提升居民的生活质量和幸福指数,积极探索党建与服务融合的最优模式,夯实党建基础,强化战斗堡垒,努力把党的政治优势、组织优势转化为社区党建的发展动力,以高质量党建凝聚人心、凝聚共识,增强和改善社区服务功能,激发居民自治活力,为魅力新城建设创优赋能。

三、主要做法

(一)把稳一个"方向盘",坚持社区党委的领导,构建"红色堡垒"

社区党委突出政治功能,发挥组织优势,将党建工作摆在首要位置,以社区党委为核心,融合辖区共驻共建单位力量,形成横向到边、纵向到底的基层治理新格局。

(1)横向抓联合,结成"大联盟"。落实社区"大党委"工作机制,凝聚成员单位、物业企业、社会组织等组织的骨干力量和优势资源,定期召开党建联席会议,搭建以社区党委为核心、成员单位党组织为纽带,物业企业、业委会等共同参与的基层治理"大联盟",形成决策共谋、发展共建、建设共管、效果共评、成果共享的社区治理新局面。

(2)纵向抓延伸,拧成"一股绳"。从党的组织和党的工作全覆盖入手,将党建延伸到网格到楼栋,构建起社区党委—网格党支部—小区(楼栋)党小组—党员中心户"四级"组织架构,实行"六员"网格化队伍管理模式,选优配强网格党支部书记,充分发挥社区网格员社群纽带作用,利用楼栋长、业委会成员自身优势,完成业主服务需求,社区民警到社区挂职,参与基层治理,突出警群联动作用。

(3)多向抓联动,织成"一张网"。将社区居委会、物业服务企业、业主委员会三者紧密连接起来,构建社区党委领导下的"居委会指导监督、物业专业管理、业主良性互动"的"三方联动"管理新模式,增进社区、物业和业委会的沟通、了解,增强业委会和物业服务居民的积极性、主动性,实现"一网统管"。

(二)抓牢"四治"融合,坚持"红色服务",推进市域社会治理

社区党委以打造共建共治共享的基层社会治理新格局为目标,坚持"善治、法治、德治、自治"相融合,谱写社区治理提质增效新篇章。

(1)彰显善治,凝聚社区治理合力。积极探索区域化党建模式,以"区域统筹、资源整合、优势互补、共建共享"为原则,充分整合下沉单位、"红色物业"和社会组织力量,建立群众需求、单位资源、服务项目三张清单,通过开展党建联建、文明联创、资源联享、治安联防、公益联办、服务联动等共建活动,落实"群众点单、社区派单、党员(单位)接单"三单服务,用好、用活共建资源,不断提升服务质量,凝聚社区治理合力。

(2)践行法治,提升社区治理定力。利用成员单位法律队伍资源联合社区从事法律工作的居民组成法律志愿服务队常态化开展法治宣传教育;推行社区民警兼任社区党组织班子成员制度,建立警民联络机制,配强"一居一警";依靠城管、住建等执法力量下沉社区,提高社区治理法治水平,用法治思维和法治方式解决居民难点、痛点、堵点问题。

(3)倡导德治,激发社区治理活力。依托社区公共区域打造"共享客厅",构建"童心绽放""爱满天下""健康宣传""孝道文化"为主题的楼宇文化长廊,在居民之间传递文明新风。组织开展"好家训、好家风"活动,选树好媳妇、好婆婆、最美家庭等先进典型,发挥身边典型示范作用,引导居民崇德向善。

(4)促进自治,增强社区治理动力。搭建议事平台,落实"四议两公开"制度,创新社区议事载体,以"三方联动"会议、"居民议事吧"等形式,大力推广"说事、议事、办事、评事"的"四事工作法",协商解决了电动车充电桩、小区门禁、消防通道占用等重点项目。充分发动群众、依靠群众,组织群众全过程参与"为民服务办好十件实事"的意见征集、推进实施和效果评价,用"工作闭环"实现群众"幸福循环",形成社区治理"大家干、大家享"的良好氛围。

(三)推进服务"三个覆盖",开展联防联控,彰显暖心"红色力量"

社区党委充分发挥党组织在社区物业管理中的战斗堡垒作用,将服务重心下移到网格,不断提升居民的获得感和幸福感。

(1)联建共建,资源覆盖到网格。社区党委采取新建、改建、综合利用、协调小区物业用房等方式落实网格阵地建设,按照"1+5"模式(1个便民小屋,整合5种服务功能)高标准打造办公议事、党员活动、教育培训、为民服务、文化娱乐"五位一体"的网格阵地,实现党建引领、社区治理与服务群众的有机融合。"一岗通"窗口明确代办事项13项,实现小事不出楼栋、大事不出小区;"暖蜂驿站"为党员群众以及快递员、外卖员、网约车司机等新业态群体提供"累了歇脚、热了纳凉、渴了喝水、闲时充电"的贴心服务。

(2)用心服务,人员覆盖到网格。从退休干部、老党员、社区能人、志愿者中选拔政治素质好、服务意识强、居民评价高的人员与社区干部、网格员共同组成网格服务团队,建立工作力量全进入、社情民意全收集、项目形成全协商、分级分类全落实、服务过程全反馈的社区治理运行体系。

(3)齐抓共管,服务覆盖到网格。实行社区"两委"成员和业委会、物业服务企业党员负责人"双向进入、交叉任职",把物业管理服务纳入社区党的组织体系和工作体系,从群众最急最盼的事抓起,聚焦解决居民最关心、最直接、最现实的问题,真正把群众对美好生活的向往变成现实,切实做到"民有所呼,我有所应;民有所求,我有所为"。

四、实施成效

(一)"四联互动"党建工作网基本建成

(1)齐心协力,工作基础不断夯实。社区党委主导和引领作用发挥充分,下沉单位主动融入,形成了社区党委、下沉单位、物业公司、业主委员会"四联互动"抓党建,齐心协力谋发展的良好局面。

(2)协同发展,硬件设施不断完善。社区党委高度重视阵地规范化建设,着力整合资源,房地产开发商提供阵地建设资金20余万元,业主委员会提供阵地建设用房660余平方米,物业公司提供设施45余件套,多方共同发力,进一步充实完善了党建设施设备,为支部开展工作、党员开展活动提供了必要的条件。

(3)共同管理,社区建设不断提升。"四联互动"深度融合,党建引领不断发力,共同推动社区建设创新发展。业主委员会拓展社情民意收集渠道,提出合理建议;物业公司以服务需求为导向,倾听居民呼声,解决居民诉求;社区和下沉单位党组织主动介入,协调落实服务事项办理,切实解决好居民最关心、最直接、最现实的利益问题。2020年以来,下沉单位和物业公司先后投入40万元左右用于社区基础设施建设、慰问社区困难党员群众、社区文体活动,下沉党员志愿者积极参与疫情防控值守、人口普查、创文创卫等1500人次,张贴各类宣传海报近2000份,发放宣传资料万余份,排查居民信息6000多条。

(二)"四位一体"党建服务网落地见效

(1)搭建公共服务平台,打造一体化公共服务。顺应服务需求多元化的发展趋势,依托社区党员群众服务中心,坚持管理与服务、窗口服务与上门服务、定点服务与预约服务、群众监督与自我提高相结合,实现服务管理全天候、无缝隙,满足不同群体、不同层次的服务需求。

(2)搭建便民服务平台,打造社区"一刻钟便民服务圈"。创新服务机制,整合社会资源,扩大便民服务,普惠社区居民。分类建立购物服务、医疗服务、家政服务、便民服务、文体服务等"五大便民利民服务圈",让居民在一刻钟路程内能享受到全方位的便捷服务。发布"七色便民服务清单",针对不同居民群众需求,提供家政、水电维修、理发、补旧、快递等"两优"(优质、优价)服务,把服务送到居民家门口。

（3）搭建互助服务平台，打造社区特色服务。推出了"一键通"居家养老服务、下沉党员亮岗履职服务、"四点半"学堂服务、"心连心"服务、"七彩"志愿服务、民声代言服务等六大服务项目，开展求助帮扶、爱心传递；代办代购、便民互助；医疗保健、健康促进；治安巡逻、秩序维稳；纠纷调解、法律援助；宣传教育、文体活动等服务活动，发扬奉献、友爱、互助、进步的志愿者精神，展现社区党员居民的精神风采。

（4）搭建共驻共建服务平台，打造社会服务体系。以党建工作联席会为平台，引领驻社区企事业单位和社会组织，发挥各自职能优势，主动融入社区服务，开展以法制宣传、廉政文化、国防知识普及、儿童早期教育、全民健康促进、安防知识培训、预防金融诈骗等为主题的治安联防、环境联治、文明联创、服务联动活动，认领服务项目，承办服务事项，为社区居民办实事、做好事。

（三）"四项制度"党建管理网高效运转

（1）运用联席会议制度，整合联动管理力量。运用民主方式、法治方式、协商方式，整合多方力量，制定联席会章程，明确议事规则和工作流程，定期召开联席会议，共同研究协调解决社区建设、管理、服务中的重大事项，进一步提升了管理效率，强化了服务保障，完善了服务功能，构建起主体责任明确、运行规范有序、服务主动高效的社区联动管理服务新格局，为居民营造优美和谐的生活环境。

（2）落实网格管理制度，发挥引领带动作用。立足社区治理体系和治理能力的创新推动，以网格党支部为核心，以"六员"即网格党支部书记、网格员、楼栋长、业委会成员、物业管理员、社区民警为团队，以民意收集、议事协商、民主决策、事项办理、评估反馈等五项机制为纽带，构建起"三会治事，四联互动，六员共治"社区治理体系，建立了科学化的网格管理，推进社区治理迈出了坚实的步伐。

（3）实施绩效考评制度，激发党建工作动力。制定了社区"五星"党员考评体系，分类建立在职党员、无职党员不同的岗位个性标准，并以"挂牌评星，积分公示，痕迹管理"为抓手，运用"三评"（党员互评、群众参评、组织考评）的实绩考评体系，为党员创先争优指明了工作方向和奋斗目标。全体党员提振精神，积极主动参与主题党日活动，积极投身到亮岗履职、"心连心"服务活动、志愿互助服务活动中，党建工作展现新面貌焕发新气象。

（4）完善示范激励制度，扩大引领示范效应。注重培育典型，以典型示范效应推进党建工作创新、服务质量提高、社区治理提升，先后推出了党员示范岗、岗位标兵、"五好"网格党支部、群众身边的好党员、"微笑之星""十佳志愿者"等示范典型，突出以点带面、示范带动作用，鼓励全体党员以先进为榜样，坚持全心全意为人民服务的根本宗旨，立足本职工作，处处率先垂范、以身作则。

五、亮点经验

新城社区党委面对日益复杂的居民需求和社情矛盾,立足社区特点,创建了"党建引领'红色服务'情暖社区千家万户"党建品牌,探索形成了"四联互动"抓党建、"四位一体"优服务、"四项制度"强管理的多元主体参与、多元形式并存的党建工作法,总结出坚守政治忠诚之心、培育工作创新之心、严守服务为民之心的工作经验。

(1)坚守"政治忠诚之心"。社区作为社会的基本细胞,社区建设是城市建设与发展的基础,只有政治坚定、思想纯正、素质过硬,才能更好维护党中央权威,才能时刻和党中央保持高度一致,才能在群众中充分发挥基层党组织的战斗堡垒作用,架起群众与政府间的"连心桥",当好党的声音的"传声筒"。

(2)培育"工作创新之心"。要明确"围绕服务中心抓党建,抓好党建促社区发展"的思路,不断总结、善于思考、勇于创新,找准社区服务与党建工作互融发展的结合点,找到多元主体参与社区基层治理的切入点,努力把党建工作做到群众关心的热点上,努力形成党建与群众服务工作互相融合、双向促进的工作格局。

(3)严守"服务为民之心"。要忠于人民,践行为民初心,放下架子、扑下身子,主动了解群众期盼、解决群众困难,努力把好事办好,把实事办实,真正做到心中有民、心里敬民、服务为民,脚踏实地立足本职岗位,主动了解群众期盼、解决群众困难,当好群众的"贴心人"。

党建引领构建两宜融合体，共同缔造赋能联动新模式

永茂社区地处汉正街中心地段，社区面积0.056平方公里，有常住居民1551户、3618人，暂住人口615户、1537人，单位4个、专业市场4个、临街商业门店139户，是一个典型的商居混杂老旧小区。永茂社区是闻名全国的汉正街小商品市场起源地，是汉正街商业文化之根，在全国创造了三个第一——建立了全国第一个室内专业市场、颁发了全国第一个个体工商执照、成立了全国第一个"非公"组织。近年来，汉正街武汉中央服务区集聚区充分发挥"区区融合"优势，在硚口区委组织部、汉正街道党工委指导下，永茂社区完善党建引领社区治理"1234"工作法，发挥党建引领和统揽作用，画好基层治理"同心圆"，构建开放式社会治理共同体，践行决策共谋、发展共建、建设共管、效果共评、成果共享的"五共"理念，建设"居民安家、商家乐业"的宜居宜业商居融合社区，缔造好人民群众美好环境与幸福生活所依托的家园。

一、案例背景

永茂社区大部分房屋为20世纪90年代修建，底商业、上住户。因修建时间长，且无物业公司维护，存在下水堵塞、违建、消防设施陈旧、乱停放等问题。永茂社区坚持把群众参与作为共同缔造的重要抓手，发挥党建引领作用，激发多方主体共同参与的积极性，让社区决策部署与群众期盼"同频共振"，通过老旧小区改造促进基础设施提档升级、社区环境改善提升，打造干净、整洁、有序的人居环境，托起群众"稳稳的幸福"。

二、实施目标

(一)党建引领力强

强化党的建设引领,将党组织向最基层延伸,构建工作体系,建立工作机制,组织发动党员、党员带动群众,让社区党组织离群众最近、懂群众最多、帮群众最快,让社区持续焕发生机活力。

(二)商居环境整洁

积极回应商户居民对美好人居环境的新期待,以老旧小区改造为抓手,常态化开展环境卫生"微治理"活动,全面落实"门前三包",积极参与社区综合环境治理,使社区人居商居环境"常管常新"。

(三)释放自治活力

以共同缔造活动为契机,唤醒居民商户"主人翁"意识,让群众从"旁观者"转变为"参与者",让居民商户实现从"站着看"到"抢着干",让基层治理在"共同缔造"中逐步将"你和我"变成"我们"。

三、实践路径

(一)一"芯"驱动,党建引领注动能

永茂社区坚持以党建为引领,建设区域化大党委,搭建党建平台,全面筑牢社区党委"桥头堡",激活党员"红色细胞"。

统筹辖区机关、企事业单位、社会组织等领域党组织,以共同需要、共同利益、共同缔

造为纽带,采取单独建、片区联建等方式,建立区域化大党委,推动党组织建设向商务楼宇、"非公"组织、复退役军人、流动人口全面延伸。为适应市域社会治理新模式,创新组织建设方式,利用跨行业、跨部门、跨类别、跨层级的形式,解决社区党建"条块分割"的问题,以社区大党委成员为骨干力量,根据党员分布特点成立4个小区(网格)党支部,将辖区居民、商户中的100名党员全部纳入其中,形成党组织全覆盖、党员全覆盖,推进基层党建网络、社会治理网格"两网融合",建立了"社区大党委—小区党支部—楼栋党小组—党员中心户"的党组织架构。

社区大党委发动"双报到"党员干部解决社区群众反映的问题和困难,实现由"乱"到"治",打破了"三无小区"治理困境。全面推行"社区吹哨、部门报到"机制,完善"群众点单、社区派单、单位(党员)接单"做法,开展"认岗认事认亲"和组团服务,在常态化疫情防控、防汛救灾中发挥了重要作用。为强化社区党建多元化服务,与辖区单位、下沉单位、"非公"组织、物业企业的党组织签订共建联建协议,对联建工作职责任务、工作目标、实现路径明确,围绕"学习、活动、培训、服务"四个功能,推行"党群一体共建、组织一体设置、工作一体谋划、活动一体开展"共建联建模式,通过党组织互建,实现基层党组织协同发展,实力共同提升,激发联建单位参与积极性、工作针对性、服务精准性。

(二)两"宜"共建,打造商居融合体

社区大党委以缔造"两宜"(宜居宜商)家园为着力点,通过老旧小区改造,使居民生活环境焕然一新,同时,引进社会化物业巩固改造成效,改善人居环境,并将为商服务的力量前移,不断优化营商环境。

自2020年10月老旧小区改造工作启动以来,社区召开座谈会收集意见建议20余条,经过逐条分析、仔细推敲、认真研究,切实把群众智慧、专家意见、基层经验充分吸纳到老旧小区改造规划中来,规划制订改造方案,紧盯居民"急难愁盼"的问题,针对安善小区818户居民的水、电、消防设施等12个大类需求,全面开展老旧小区改造。改造完成后,道路平整墙面整洁、下水管网畅通、楼顶及楼道内主水管明显改观,得到小区居民一致好评。老旧小区改造完成是"面子",治理决定着群众生活的"里子"。社区"大党委"健全在社区党组织领导下的居委会、自管工作组和物业服务企业"三方联动"机制,成立自管工作组行使业委会职权,并把纳入老旧小区"旧改"后引进物业作为重要工作项目,全力推进小区物业管理工作,2022年3月与碧桂园嘉宝服务正式签订了物业服务合同,正式引进了专业化的物业服务,小区环境变得干净整洁有序,通过引进市场化物业企业,使得物业服务企业成为党领导下的重要治理力量,如图1~图3所示。

社区建立市场服务平台,促进市场商户矛盾化解、商家交流合作,打造为商服务"加速度"、为商服务"零距离",持续优化社区营商环境。设立商户诉求"首问负责制",运用

图1 居民代表共议老旧小区改造

图2 老旧小区改造竣工

图3 与碧桂园嘉宝服务签约

"连锁响应、循环链接、闭环解决"问题处理机制,搭建双向整合平台,链接集聚区入驻的市场、税务等部门资源,对辖区商家企业提供政策咨询、资质办理、共建活动、产品宣传等服务,形成"小事不出物业,大事不出社区,共同服务商户"的工作格局。制订社区商户联盟公约,通过党员"挂牌经营",带动商家规范经营行为,营造文明诚信营商环境,推进商家自治,探索促进商业发展的内生动力。

(三)三"区"服务,缔造开放新平台

社区建设开放式、集约化、共享性、平台型的开放式党群一站式服务中心,面向区域

内党员群众提供党群、政务、文化、志愿品牌等综合性服务,打造党群工作新阵地。

2022年永茂社区重点打造开放式党群一站式服务中心,为不断深化党群服务中心服务功能、提升服务水平,社区党委充分激发群众参与热情,班子深入居民商户开展调研走访,结合"建、管、用"工作实际,设置"服务功能区块、市场服务区块、陈列展示区块"三大区块,不断提升公共服务功能,促进健全服务社区居民商户的政务服务体系,增强基层服务群众的条件、能力和水平。设置"四室两校一中心",为早放学的孩子和外来务工人员、辖区商户等由于工作无法照顾孩子的家长们服务,提供安全健康的学习场所,解决居民商户后顾之忧,为老年人提供日间生活照料、简单医疗救治、紧急扶助等服务。市场服务区设置共享办公区域,为物业企业、非公组织、商会协会提供办公、联谊场所,便于服务居民开展活动,使辖区各方力量零距离沟通。

开放式党群服务中心提供了"硬条件",社区还注重提升党群及公共服务"软实力",致力打造软硬兼备的综合体。社区以满足群众需求为导向,树立"热心、真心、细心、恒心"的"四心"服务理念,持续深化公共服务"一站式"办理,开展基本公共服务办理、代办等服务,建立集党员管理、学习教育、党群交流、志愿服务、活动组织于一体的社区党群服务工作平台,努力为居民提供高品质、精细化的服务。同时,社区"大党委"建立健全党建各项工作制度,依托开放式党群服务中心,开展丰富多彩的党建活动,充分发挥学习、活动、培训、服务四大功能,推进"党群一体共建、组织一体设置、工作一体谋划、活动一体开展"的党群模式,有效激发和调动社区居民参加各项活动的积极性和主动性,构建共建共治共享的党群服务中心管理格局,不断满足社区居民日益增长的物质和文化生活的需要,进一步为民服务、为商服务。

(四)四"联"共治,构建合作新格局

社区广泛动员社会力量参与共治,联合居民商户、下沉单位、志愿服务、"非公"企业等多方力量,构建"人人有责、人人尽责、人人享有"的基层社会治理共同体。以"四联"共治为抓手,充分发挥各类社会力量在开展居民服务、满足社区需求、解决社会问题等方面的各自优势,联合多方资源力量,产生"化学反应",释放出更大的为民服务能量。

(1)居民联议,激活群众成为"智囊团"。以"五民"工作法为基础,社区定期开展居民商户代表联议会,变"社区急"为"同心干"、变"要我干"为"我要干"、变社区"管理"为全民"治理",形成人人参与、个个尽力、成效共享的生动局面。

(2)资源联合,扩大基层治理"朋友圈"。社区大党委构建以党组织为主导,集居委会、物业公司、居民代表、驻区单位、商业体等八方力量参与的社区资源协作格局,强化组织融合、资源整合、感情契合,打造社区治理互联互动"共同体"。

(3)服务联勤,完善公共服务"七彩虹"。打造"七色光志愿服务队"品牌,近两年,为

社区居民、商家做好事、实事近 3000 件（起），被社区居民商家誉为"七彩虹"，也成为社区治理的一支有生力量。

（4）商居联动，培育和谐社区"一家亲"。秉承"打造熟人社区"互助理念，以楼栋、院落为单位建立居民小组和各类兴趣组织、社区微信群等平台，开展"社区邻里节"等活动，促使居民商户从陌生人变成熟人、从熟人变成家人、由家人变成主人。

四、实施成效

（一）汇聚"全领域"治理合力

永茂社区契合城市基层社区治理的需要，强化社区"大党委"在基层治理中的领导作用，全面规范社区"大党委"运行机制，以社区党委为轴心，完善议事决策联商、主题党日联办、红色资源联享、工作责任联评等机制，形成党员示范建、下沉干部攻坚建、社会力量协同建、居民群众志愿建的联动共建体系。

（二）发挥"全方位"治理效应

社区充分挖掘整合社区内各共建单位和广大居民群众中蕴藏的各种人力、物力资源和各种信息资源，搭建了一个资源共享、双向服务、多方协作的互助平台，红领驿站、共建单位、两新组织、物业等融入社区治理格局，最大限度地链接了各种为民服务资源。

（三）激发"全主体"治理动能

社区聚焦群众关心的"小事""难事""愁事"，践行决策共谋、发展共建、建设共管、效果共评、成果共享的"五共"理念，居民商户参与社区治理的积极性进一步激发，在老旧小区改造、开放式党群服务中心建设中建言献策，社区凝聚力和认同感、归属感进一步增强，变"你和我"为"我们"，变"要我做"为"一起做"。

五、主要经验

（一）强化党建的引领作用

社区要着力发挥基层党组织和党员作用，搭建活动平台，全面筑牢基层组织"桥头堡"，激活党员"红色细胞"，为社区治理提供"源动力"，引领和带动社区居民积极参与社区治理。

（二）发挥群众的主体作用

群众是社区服务的直接对象，要坚持人民主体地位，搭建居民商户协商议事平台，发挥群众参与社区治理的积极性，引导群众从"要我干"向"我要干"转变，从"旁观者"向"参与者"转变。

（三）坚持民生的目标导向

群众反映的难题是否真正得到解决，是从群众到社区大家最为关切的事情。社区要聚焦群众关心的"小事""难事""愁事"，以群众所想所思所愿所盼为导向，为群众解决难题，营造社区归属感、认同感，增强社区凝聚力。

（四）注重资源的多方整合

社区治理需要多方参与，要挖掘整合社区内各共建单位和广大居民群众中蕴含的各种人力、物力资源和各种信息资源，搭建一个资源共享、双向服务、多方协作的互助平台，最大限度地链接为民服务的各种资源。

党建引领激发治理活力，同心共筑幸福家园

武汉市硚口区宝丰街道公路社区主要由交通小区和公路小区组成。作为老旧小区，具有楼栋老旧、设施老破、人员老化的"三老"特点。公路社区党委坚持问题导向，推动治理触角向小区延伸，通过整合资源配置，统筹各类社会资源，强化阵地保障，夯实党建引领小区治理基础；聚焦共治共建，强化党组织领导作用、业委会自治作用、物业企业服务作用和居民自治主体作用，健全小区"四位一体"治理体系构；通过全面落实"联席议事"机制、全面做实"吹哨报到"机制，建起党建引领下的社区居民委员会、小区业主委员会、物业公司"三方联动"的小区治理合伙人模式，凝聚起为民服务的三方合力，共建向善向上向美精神家园，提升了小区治理精准化精细化水平，增强了居民安全感、获得感、幸福感，真正实现了邻里和睦、楼栋和谐、小区和美。

一、案例背景

公路社区地处建设大道与宝丰一路交会处，辖区包含交通小区和公路小区。交通小区是一个商业住宅，分为两期建设，5栋18层的高楼共384户，近2.1万平方米的建筑面积，2015年5月成立交通小区业委会，物业服务由武汉同济物业管理有限公司提供。公路小区是20世纪50年代建成的老旧小区，现有32个楼栋1009户，约6.6万平方米，经过70余年的风霜，逐步暴露出楼栋老旧、设施老破、人员老化的"三老"特点，特别是一些上了年纪的居民对花钱买服务的做法有较大的抵触情绪，专业化物业公司不愿进、不想管。

二、实施目标

针对两个小区截然不同的状况,公路社区发挥党建引领,坚持系统规划,突出问题导向,因地制宜、分类指导、尽力而为、有的放矢,加强小区组织建设,成立公路小区业委会,引进专业物业公司进驻公路小区管理。公路社区党委坚持问题导向,推动治理触角向小区延伸,构建党建引领下的社区居民委员会、小区业主委员会、物业公司"三方联动"的小区治理合伙人模式,凝聚为民服务的三方合力,逐步探索党建引领小区物业管理的有效途径,推进两个小区同步发展。把居民小区建设成为组织健全、治理精细、管理有序、服务便捷、邻里友善的幸福家园。

三、实践路径

公路社区交通小区位于宝丰二路33号,小区建成于2009年9月,总建筑面积2.1万平方米,绿化面积0.735平方米,绿化覆盖率35%。现有物业1个,业委会1个,住宅楼5栋,居民385户。小区设有游乐场、花园广场、儿童活动主题架空层、休闲文化架空层、健身运动架空层、棋牌室等齐全的公共娱乐休闲场所。建有地下停车场1个,车辆停放有序,基本满足居民生活需求。

(一)整合资源配置,夯实党建引领小区治理基础

(1)统筹社会资源。公路社区党委始终秉持"小区如何建设如何管理应该由大家说了算"的工作理念,大力推选群众信得过、服务有本事、治理有方法、有奉献精神的人进入小区党组织班子,把符合条件的小区党组织班子成员依法推选进入业主委员会,使他们与小区党支部一起成为了社区党委的"合伙人",社区党委、小区综合党组织、社区居委会、物业公司党支部、辖区单位党组织一同构建起"三方联动"小区合伙人治理团队,形成党建引领下"邻里一家亲,党群心连心"的新格局。让业主零距离反映问题,并能及时在"三方联动"的密切配合协调下解决遇到的问题。"三方联动"中,协调各方资源配合解决了小区内屋顶漏水、外立面粉刷、路面硬化、花坛停车位改造、儿童室外活动场所建设、人脸测温智慧门禁建设等问题,得到了居民的认可和好评。新冠疫情期间,100余名在职

下沉党员志愿者投身小区封控、卡口值守、物资配送、环境消杀、体温排查等一线,守住群防群控、联防联控的关键防线。社区党委及时总结转化疫情防控经验成果,整合各方资源,推动党员下沉,强化志愿服务,把特殊时期的助力变成小区治理的主力。

(2)强化阵地保障。通过小区业委会与物业公司、辖区共建单位协调,扩大物业、小区业委会办公场所,完成三大主题文化(儿童文化娱乐、商务休闲文化、健身运动文化)活动"架空层"、小区党群服务驿站建设。打造党群活动、为民服务和协商议事融合发展的小区党支部,加强阵地保障。

(3)共建和谐家园。小区党支部充分发挥战斗堡垒作用,在化解矛盾纠纷、美化环境、服务居民、促进小区和谐等方面主动作为,积极为民办实事解难题,小区党支部和下沉党员志愿者累计为小区化解矛盾纠纷15余起,解决民生实事30余件,开展小区义务治安巡逻、疫情防控值守、结对扶贫帮困高龄空巢独居老人6人,组织开展建党100周年系列文化活动,庆国庆书画摄影展、"太极运动我快乐,全民防疫促健康"、元宵灯谜会、"六一"智勇大闯关亲子运动会等形式多样的文化娱乐活动,丰富了小区居民的文化生活。

(二)聚焦共治共建,健全小区"四位一体"治理体系

(1)强化党组织领导作用。以小区党组织作为邻里沟通的桥梁和纽带,整合各类资源,齐抓"邻里文章",打破过去陌生的邻里隔阂。全面推行党组织建在小区、党小组建在楼栋、党员中心户亮在单元。建立"社区党委+小区综合党支部+楼栋党小组+党员中心户"四级组织架构,确保党的建设覆盖到小区每一个角落,形成党建引领下"邻里一家亲,党群心连心"的新格局。业委会"双向进入""交叉任职",把群众信得过、服务有本事、治理有办法、有奉献精神的人选进小区党组织班子,把符合条件的小区党组织班子成员依法推选进业主委员会。交通小区业委会成员中党员比例达100%。充分激活了"红色细胞"在小区治理中的模范作用。

(2)强化业委会自治作用。强化小区党组织在业主大会、业主委员会的选举、决策等关键环节中的主导作用。引导小区业委会制定居民公约,完善联系业主、公共议事、信息公开、矛盾化解等制度机制,统筹小区公共资源的管理、使用和经营,协调、维护业主权益。让居民的意见能够被更加重视起来,更好地监督物业服务,增强居民的归属感和认同感,实现"自我协商、自我决策、自我监督"的居民自治模式。新冠疫情暴发后,交通小区在充分发挥党支部战斗堡垒作用的同时,注重完善和发挥小区业主委员会的自治作用,使疫情群防群控达到了最佳效果。

(3)强化物业企业服务作用。推动组建物业企业党组织。在提升物业服务质量方面,小区也列出了"硬杠杠":定期对小区物业服务质量进行考核,考核结果作为年度物业

工作考评、企业信用评价、企业承接和续签物业合同等的重要依据。

（4）强化居民自治主体作用。在党建引领小区治理推进过程中，以开展邻里活动为载体，凝聚小区群众力量。全面发挥小区居民自治主体作用，发挥下沉党员在小区治理中的示范引领作用，促进居民主动参与小区治理、服务活动。完善志愿服务机制，成立"8251"治安巡逻队、扶贫帮困、文化娱乐、环境卫生、健康医疗等志愿服务团队，在小区常态化开展疫情防控、环境整治、文明宣传、卫生环保、结对帮扶、健康医疗、小区团购采买等志愿服务活动。推出小区城管、小区民警、小区医生、小区律师、小区教师、小区文艺工作者等合力精细化为民服务举措，整合属地街道、职能部门和辖区单位资源，办好群众身边的"关键小事"，让群众服务在家门口升级，让小区居民从"旁观者"变成"参与者"，增强小区居民的集体感和归属感，让居民参与小区自治成为一种生活习惯。开展邻事共议，拉近"邻"距离。每个单元楼栋招募4名下沉党员民情收集员参与议事讨论活动，楼栋民情收集员通过入户走访、微信群互动、业委会反馈等方式，收集问题，实现一般小事解决在楼栋、矛盾不上交；党员楼栋长结合下沉党员包保楼栋走访入户和楼栋议事代表参与的"楼道议事角"，处理楼道居民议事反馈的疑难杂症，梳理居民诉求，形成可行性《小区居民诉求清单》(以下简称《清单》)，上报给小区业委会审议。小区业委会根据《清单》，组织党员楼栋长、党员中心户、下沉党员、业委会委员代表、物业公司负责人、楼栋议事代表、居民志愿者等在"邻里夜话"党群议事亭协商议事、讨论，对清单进行综合研判复审，提出正式方案上报给小区综合党支部。小区综合党支部根据收到议案情况，在党群之家议事厅召开多方联席会，确定党群议事会时间，依法议决小区重大事项。

（三）提升治理效能，完善小区"三方联动"长效机制

（1）全面落实"联席议事"机制。建立健全小区治理协商联席会议制度，制定议事规则和工作流程，对涉及小区公益事业、公共设施建设等重大事项予以共同商议，形成小区党组织领导下的民主"提"事、民主议事和民主决事机制。疫情期间，小区综合党支部通过"五民工作法"，党员带头、居民响应，为守好小区第一道安全防线，小区党支部、居委会、小区业委会、物业公司、辖区共建单位多方协调对小区大门出入口及小区楼栋单元门进行了人脸测温无接触智慧门禁改造，有效做好小区疫情防控。

（2）全面做实"吹哨报到"机制。完善"双报到"工作细则，制定小区"吹哨清单"，健全"吹哨报到"考评体系，抓实"亮相""发声""管事"，全面打通抓落实的"最后一百米"。借鉴疫情防控经验，合理分配党员报到去处，小区居住的党员就地到小区报到；带头明职责、领岗位、办实事，做到党员服务全地域、全覆盖。创新"居民点单、社区派单、党员接单"服务模式，实行党员服务"积分管理"，有效提高党员参与小区治理积极性。交通小区深化文明小区、无疫小区创建，发动党员、志愿者参与值班值守、环境保洁和矛盾调处等

工作。"双报到、双报告"活动开展以来,党员参与面更广,居民满意度更高,更多党员志愿者和居民参与到小区治理中来,小区成为一个温暖大家庭。

四、实施成效

公路社区党委通过一体两翼的协调功能,交通小区采取专业化物业管理、公路小区采取社区单位共管模式,优化和整合各类资源,保障两类小区的协同发展和长治久安,受到业主和居民的普遍欢迎和认可。

(一)小区安全和谐

近年来,两个小区未发生入室盗窃案件、重大安全事件、火灾事故、无群体性上访事件,邪教人员、吸毒人员全部在控,无失控重点人员,家庭和谐、邻里和睦,居民和美。社区先后被评为全国综合减灾示范社区、武汉市平安示范社区、武汉市两型社区创建示范单位、武汉市四星级安全小区、武汉市先进治保会等荣誉称号。

(二)居民安居乐业

交通小区物业服务投诉率0.5%,业主满意率达98%,物业服务收费率达96%;公路小区居民物业零费用,保障服务满意率98%。社区荣获湖北省和谐社区、湖北省绿色社区、武汉市老旧物业建设先进单位的光荣称号。

(三)物业品质提升

优质的专业物业服务美化了交通小区的生态人文环境,园林楼阁、鸟语花香,2021年荣获武汉市园林小区称号,被媒体称为硚口最美小区。公路小区不仅实现了"路面平、管道畅、楼道亮、环境美"的目标,而且安装了全视角摄像头、智能门禁和智能电动车棚,不仅防盗、防高空抛物,还能监控小区停车情况,车辆擦碰的矛盾也越来越少了。公路社区被评为武汉市文明社区、武汉市和谐社区建设示范社区。

五、主要经验

(一)党建引领,综合治理

公路社区依托社区"大党委"党建联席会,联合辖区共建单位、物业公司、业委会、下沉社区单位党组织等多方联动,多元共治;同济交通党支部与公路小区签订物业帮扶协议,专业指导、应急服务,实现了小区物业全覆盖,共同营造一个平安和谐的社区环境。

(二)民主协商,合作共赢

公路社区通过居民代表会、按照"五民"工作法,一事一议听证会,聚集群众智慧,解决热点问题。

(三)积极行动,稳步推进

物业管理是小区长治久安的保障,但是需要资源费用。特别是老旧小区,居民市场意识达不到专业化物业条件,社区不能等、不要靠,在资源的整合上下功夫,在资源的优化上做文章,逐步推进物业服务。

多元治理聚民心，共同缔造新五龙

宜昌市点军区点军街道五龙社区为破解城乡转型阵痛，以"1615N"城乡融合治理工作法为实践路径，紧扣党建引领"1"条主线，开展"织网行动""创优行动""风筝行动"等三大行动，针对现有"6"个小区、分片区精准施策推进城乡融合互补推进，搭建"1"个"草根"组织孵化平台，实施"5"方联动，实现党组织居中引领、"N"个多元主体积极协同、群众广泛参与、自治法治德治相结合的基层治理体系，营造人人参与、人人出力、共同缔造美好环境与幸福生活的浓厚氛围。

一、案例背景

五龙社区，因宜昌古八景之"五陇烟收"而得名，地理位置在长江沿线夷陵长江大桥南桥头，辖区现有版图面积5.67平方公里。当前在册常住居民4600余户8600余人，日常服务群体约1.2万人，社区"两委"成员及网格管理员16名，自管党员158人，居民代表61人。现有已交付居民住宅小区6处，其中安置房小区4处、商品房小区2处，尚有200户原始村民未搬迁，仍然从事农业生产生活。城市面貌多元、居民构成多样、居民生活习惯各异，是五龙社区城乡融合的典型特点。

（一）地理位置特殊

五龙社区位于长江之滨，与宜昌市江北城区仅一江之隔，北临伍家岗区大公桥街道，南与点军区联棚乡接壤，是宜昌市城乡区域的连接点。

(二)人口结构复杂

辖区商品房与安置房分类聚居,居民与村民同在,人们利益诉求多元且不对等,是城乡一体的结合点。

(三)居民需求多样

"村转居"的身份转型,以及失地就业、物业缴费、小区公共区域管理等新型问题,促成社区治理必然经历由乡到城的蝶变过渡,形成明显的城乡融合部特征。

二、实施目标

以构建纵向到底、横向到边、共建共治共享的组织体系为目标,结合城乡融合转型特点,以"1615N"城乡融合治理工作法为抓手,挖掘整合各方资源,集结汇聚八方力量,实现党组织居中引领、各类组织积极协同、群众广泛参与、自治法治德治相结合的基层治理体系,营造人人参与、人人出力,共同缔造美好环境与幸福生活的浓厚氛围。

三、实施路径

坚持党对基层治理的全面领导,探索实践"1615N"城乡融合治理工作法,以党建引领群众主体共治为一条主线,锁定6个小区、分片施策推动城乡互补,孵化15支队伍,创新培育"草根"组织,辐射N个群众主体,全面凝聚社会合力。

(一)紧扣一条主线,党建引领群众主体共治

(1)开展"织网行动"。推进党支部"五化"达标创优工程,摸排小区"关键"居民,纵向到底搭建"社区党委—小区党支部—楼栋党小组—党员中心户"四级组织架构,建成小

区党支部6个,成立未征迁片区党小组1个。社区党委牵头,开展"织网行动",经过多轮民意调查,甄选出6名小区党支部书记、12名党支部委员、66名楼栋党小组组长、45名党员中心户,总计170名党员结对联系2540户。同时进一步充实健全"四长两队",通过组织基层骨干集中强训、街道党工委结对挂钩帮带、任务层层落实等途径,确保治理队伍思维格局、能力素质、专业水平全面提升,织密织牢基层治理组织网络,确保党组织全面覆盖。

(2)开展"创优行动"。社区作为筑堡工程首批示范点,以抓党建强引领、搭平台聚资源、带全民促共治、壮经济促发展为工作重点,聚焦"乐享、智享、福享、悠享、梦享、和享、共享、安享"八享空间品牌,从群众需求出发,在广泛收集群众意见建议并加以汇总分析后,由专业技术单位开展规划编制,召开座谈会,邀请居民代表、社会团体负责人、社区能人等群体集思广益,发动群众建言献策,针对群众诉求集中的"一老一小"问题,精准设计老年群体活动中心、示范托育园、新时代文明实践站等建设方案;针对不同群体的多元化需求,设置智慧健身房、百姓宴会厅、文旅民宿,解决一站式体验消费问题,构建"10分钟"生活圈。社区党委、居民群众、专业技术单位三方共谋共建机制,成功引导居民从"旁观者"变为"参与者",联动推进"自主产业综合体+智慧服务共同体"的特色路径,打造实实在在的惠民利民阵地。

(3)开展"风筝行动"。随着城市化进程不断推进,本土乡民块状聚居的惯例逐渐被打破,使居民管理难度加大、陌邻化加深。社区党委坚持以思想破冰引领改革突围,广泛动员党员创新实施"风筝行动",以搬迁前的自然村党员骨干与邻居亲朋关系为媒介,用好睦邻人际关系网、强化乡愁情感纽带,形成"社区党委—第一党支部—原自然村党员骨干—原湾组村民"四级信息联系网络,20名党员骨干联系400名居民群众。鼓励党员骨干与原湾组村民定期开展乡愁聚会,宣传政策、畅谈乡情,填补居民精神空缺,感受党组织的温暖关怀。同时"风筝行动"作为城乡融合治理体系的重要抓手,让居民在组织中找到位置,真正实现"风筝远飞线不断"。

(二)锁定6个小区,分片施策推动城乡互补

6个小区分片施策:商品房片区侧重于邻里互助、文化交流;安置房小区侧重于移风易俗、就业引导;未征迁片区侧重于环境保护、农业服务。12个包联单位各显神通,梳理"问题、资源、项目"三张清单,搭建小区互助平台,推动资源共享,不断激发调动各类组织充分议事协商,精准领单服务。物业公司、包联单位协助解决小区停车、晾晒等群众烦心事;楼栋长重点突破乱堆放、乱贴画、乱喷涂等惯性问题;党员中心户负责督导居民公约签订及守约管理;网格管理员负责对问题、项目清单进行分类汇总,实行信息及时联动更新。通过社区集中统筹,各单位集思广益,围绕小区问题出实招、解难题,引导居民投

工投劳,先后完成小区路面刷黑、楼道革命、车位增设、清违攻坚、设施更新、平安创建、矛盾调处等实事100余件,通过上下合力整治,各小区难点堵点分门别类进行攻克,如今安置房小区基础设施进一步完善,商品房小区品质提档升级,筑堡工程将"及时雨"洒在居民群众心中田,让百姓尝到了共同缔造的甜头。

(三)搭建一个平台,创新培育"草根"社会组织

社区以党员群众服务中心为主阵地,辐射性地打造邻享空间、博爱家园、德育加油站等红色连心站。成立"草根孵化平台",引导和帮助业源、趣源、技源相似的普通居民,从挖掘发现"群众领袖"到培育"民间队伍"、发展"社会组织",从指导联系"组织建设"到提供支持"活动资源"。搭建社会组织孵化平台,充分利用"草根"组织的"民办"特性,贴近群众,激发群众积极参加组织,结合各类组织不同特点,开展策划、宣传、公益创投等活动,凝聚共同方向、共同利益的人走到一起,致力于解决共同关注的问题,满足人民群众日益多元的社会服务需求,协调社会利益、化解社会矛盾,带动广大居民自主参与社区建设,主动承担社区公共事务。

(四)实施五方联动,同频共振打造美好社区

聚焦"社区微治理",重点办好"群众身边事",发挥"四长两队"作用,形成以社区党委、小区党支部、业委会(业主代表)、物业企业、筑堡工程工作队为主的"五方联动"工作模式,零距离了解社情民意和群众需求,实行群众出题、社区审题、多元主体解题,实现"大事、小事、微事"分流分类处理,寻求解决问题的最优途径,同时做好思想引领、政策宣讲、释疑解惑等工作,最大限度打破基层"声音沉没"的困局。涓涓细流汇成河,五龙社区全面整合各领域资源,不断引导居民树立"有事好商量,众人的事情由众人商量"的议事意识,引导社区居民共同的行动成为共识,把"我"变成"我们",把原来"要我做"的事情变为"我要做",主动承担社区公共事务,最后实现"谁主张,谁负责;谁负责,谁受益"的状态,绘就城乡融合最大同心圆。

(五)N个主体参与,全面凝聚基层治理合力

(1)盘活商业街配套资源。联动雅斯集团和其他市场主体开展共驻共建,搭建"社企家园连心桥",引导居民在家门口构建商铺联盟,成立五龙商会,设置"党员先锋经营户"

"诚信示范经营户"等荣誉称号,开展文明商家、人气商家评选活动,营造和谐商圈。

(2)特色课程增加文化赋能。联合宜昌市老年大学在社区开设"社区老年学校",通过设置特色课程教学,鼓励学员编演有温度、有筋骨的优质节目,让文艺之光照亮每个角落。利用佰音琴行、"武状元"等机构开设未成年人周末多彩课堂,通过文体融合发现和挖掘优秀青少年,引导加入"青苹果志愿服务队",激发情感共鸣,提振精神力量。

(3)以点带面壮大经营体系。依托自治组织"东升就业创业志愿服务队",激发本地居民的创业热情,广泛宣传招募青年经营者到本地注册落户,成立"双创蜂巢工作室",吸附精英参与,催化能量扩散,绘就城乡融合最大同心圆。

四、实施成效

(一)治理效能获认可

五龙社区先后获得第二届全省"百佳社区居民委员会"、2016年度文明创建先进单位、湖北省红十字会博爱家园试点、湖北省2017年度充分就业社区、2017年宜昌市争创全国文明城市"三连冠"突出贡献单位、2017年宜昌市最美志愿服务社区、2017年度以创建和谐文明社区为目标社区管理创新先进单位、2018年度宜昌市优秀红十字志愿服务社区、2019—2020年全市文明社区、2020年全市先进基层党组织、2020年抗击新冠肺炎疫情先进集体、2021年全省"百佳社区居民委员会"。

(二)群众参与更积极

线上线下了解掌握群众需求,汇总居民生产生活息息相关的事项300余条,筛选高频难点事项22条,通过设置民声荟萃庭、居民议事厅、晚间圆桌会,成立居民议事协商委员会,吸纳议事协商成员15人,邀请百姓议事说事,开展议事协商54场次,引导群众献计献策,解决难点事项22个。同时,在各小区党建宣传栏及时公示办理进度,确保件件有回音,全面激发群众参与基层治理的积极性。

(三)睦邻文化新气象

"草根孵化平台"先后培育芳华文明礼仪服务队、美邻爱心车队、纤云手工编织班、巾帼文化旗袍队、五龙阳光健身队、文化互补协会、乐芽青年乐队、清梅义工组织、自强志愿服务队、金银花公共卫生服务队、爱贝小小正义宣传队、环保综合巡查队、"救在身边"志愿服务队等不同类型、不同年龄、不同领域的民间团队共 15 支,开展志愿服务活动 60 场次,受益人约 1 万人次,全面覆盖社区全域,将志愿服务的触角延伸到边边角角,勾勒出一幅邻里友爱和谐的幸福画卷,聚合起全民参与筑堡工程的巨大热情,社区文化形成新气象。

五、主要经验

(一)党建引领是基层治理的坚实基础

随着城市化的不断加快,征地拆迁、身份转变、价值诉求多元、诉求方式多样致使矛盾日益凸显,为基层治理提出新的课题。必须强化党组织居中引领作用,以党的建设贯穿、保障、引领基层治理,构建"纵向到底、横向到边、共建共治共享"的城乡基层治理体系。

(二)以人为本是基层治理的中心思想

基层治理的核心是人,归根结底要落实到服务群众上,党建工作做得好不好,群众满意是关键。社区主责主业便是服务党员群众,党心连民心,服务群众才能真正凝聚群众。在城乡融合发展的过程中,必须发挥党组织的战斗堡垒作用和党员的先进模范作用,密切联系群众。

(三)群众参与是基层治理的关键环节

以决策共谋、发展共建、建设共管、效果共评、成果共享为路径,倾听群众心声、找准群众需求、孵化社会组织,让群众能够在组织中找到位置,接受党组织的引领,有序参与基层治理,才能改变"干部干、群众看"的局面。

多元善治打造"四邻八坊"和美新型社区

昭君镇小河社区是湖北省宜昌市兴山县老县城三峡移民迁建后建成的新社区,辖区内城市小区与农村村庄并存,居民、村民、流动人员共处,社区内企事业单位虽多,但相对独立、各自为政。面对社区结构复杂化、居民服务需求多元化,社区党支部坚持党建引领社区治理,以共同缔造理念纵深推进社区党建工作,通过在组织体系上求拓展、在工作机制上做文章、在资源整合上下功夫、在激发内力上务实效,创新实施了"四类组织"聚合环绕、"四联机制"齐抓共管、"四项任务"联系服务、"四共理念"激发内力的多元善治组合路径,探索打造出了"四邻八坊"社区善治模式,有效解决了社区党建资源利用缺"统筹"、党员教育管理缺"手段"、联系服务群众缺"机制"等问题。兴山县昭君镇小河社区认真贯彻习近平总书记系列讲话精神,坚持党建引领社区治理,以共同缔造理念纵深推进社区党建工作,探索打造"四邻八坊"社区善治模式,取得了阶段性成效。

一、案例背景

小河社区是兴山县老县城三峡移民迁建后建成的新社区,面积2.5平方公里,总人口4545人,党员81人。该社区地处连接神农架林区、宜昌市秭归县、恩施州巴东县的交通要道,辖区内城市小区与农村村庄并存,居民、村民、流动人员共处,社区居民所属的企事业单位较多,相对独立、各自为政,流动党员"居无定所"或"居无限期",发挥作用成效不明显;居民相互交流少,"左邻右舍不识人"现象普遍存在。面对社区结构复杂化、居民服务需求多元化,社区党支部存在着党建资源利用缺"统筹"、党员教育管理缺"手段"、联系服务群众缺"机制"等问题。经过精准把脉,小河社区党支部深刻认识到,推进新时代社区基层治理,必须着力在组织体系上求拓展、在工作机制上做文章、在资源整合上下功夫、在激发内力上务实效,不断开创社区基层党建新局面,引领居民群众共同缔造美好环境和幸福生活。

二、实施目标

着眼于深化党建引领新时代社区基层治理,小河社区"两委"制定了具体明确的工作目标。

(1)把握"一线五化"方向。以共同缔造为抓手,深入实施"筑堡工程",以党建引领为主线,推动实现组织聚合化、队伍专业化、响应高效化、服务场景化、应用智慧化。

(2)构建"两系三多"格局。统筹政府、社区、辖区单位、社会、群众多方力量,整合一切资源,坚持条块结合,着力构建完整的城乡社区治理体系、服务体系,形成多方参与、多点联动、多元善治的共建共治格局。

(3)打造"四邻八坊"社区。围绕"邻里和""邻里美""邻里兴""邻里安"的"四邻"幸福社区目标,着力建设便民实事"宜议坊"、小区楼栋"宜治坊"、环境治理"宜居坊"、文体休闲"宜乐坊"、全民教育"宜学坊"、大众双创"宜业坊"、居民健康"宜康坊"、社会稳定"宜安坊"的"八坊"服务场景。

三、实践路径

(一)"四类组织"聚合环绕

(1)党的组织居中引领。以社区党支部为核心,成立由镇驻社区领导任第一书记,社区党支部书记任书记的社区"大党委";以相邻楼栋、相邻楼道为单位,按照10~30户规模,成立38个楼栋党小组;推选确定38个党性强、责任感强、乐于奉献的党员中心居民户,构筑起以"大党委+社区党支部+楼栋党小组+党员中心户"为骨架的居中领导核心和坚强战斗堡垒。

(2)群团组织关怀关爱。依法依规组织工会、共青团、妇联换届选举,产生60名干部和代表,选优配强社区群团组织班子队伍;在节假日期间常态化开展"希望家园""彩虹行动""爱心妈妈"等志愿服务,以及辖区职工普法、家庭教育和权益维护等活动。

(3)功能组织各展其长。指导组建餐饮、建材、零售等行业小组8个,每年组织开展环境卫生交叉检查和安全隐患排查8轮次以上;成立舞蹈、体育、书画等"兴趣队"12个,自创形式多样的文艺作品,在县镇舞台上"群众自己演,演给群众看";探索成立专业化社工队伍"爱心小河",每个月组织开展手工制作、弱势群体关爱等活动,引导居民热心公益事业。

(4)服务组织暖心惠民。创办"小河社区学堂",解决老年人业余文体生活、中青年实操技能提升、中小学生学业辅导等不同需求;开办居民食堂"民膳堂",重点解决社区孤寡老人就餐困难问题,受到广大居民的欢迎和拥护。

(二)"四联机制"齐抓共管

(1)组织联建。辖区9家单位党支部与社区党支部"结对子",通过支部联建的方式,轮流联合开展支部主题党日、走访慰问困难党员等党内活动。将83名支部在岗党员整体纳入社区党员队伍,实行"双重管理、双向服务",充实党员示范引领力量。

(2)设施联用。由社区"大党委"一线串珠,将社区及5个辖区单位的党员活动室、书籍报刊、文艺设备、健身器材等资源整合起来,投放到社区居民4个活动场地,紧贴居民群众需求,实现联动使用。

(3)活动联办。社区联合辖区单位深入居民群众中,共同开展便民服务、文体比赛、政策宣讲、先进典型评比等活动。2023年以来,已联合开展各类活动11场(次),以文化人、成风化俗,营造积极向上和热热闹闹的环境氛围,不断推进社区文明家园建设。

(4)服务联动。深化驻辖区单位党员"双报到、双报告"活动,83名机关企事业单位党员下沉小河社区,8支志愿服务队伍活跃在大街小巷,定期开展政策宣传、健康体检、环境整治等活动,在传递"微力量""正能量"中成为社区治理的"主力军""生力军"。

(三)"四项任务"联系服务

在党员干部中常态化开展"四个一"主题实践活动,督促落实联系服务群众4项硬任务。①领办一项实事。社区对居民"急难愁盼"的民生实事进行摸排梳理并公示,督促辖区党员主动认领共计41件事项,明确完成时限及任务目标,做到"事事有人领、有人办、能办好"。②化解一桩矛盾。辖区党员及时关注社区的矛盾纠纷,主动参加社区党支部开展的协调会、评议会等议事协商活动,帮助社区和居民群众出谋划策,积极化解至少1件问题,力争实现"小事不出网格、大事不出社区,事在格中办、矛盾不上交"。③协管一个楼栋。社区党支部在76个楼栋醒目位置为辖区党员"亮身份",引导党员采取入户走访、电话或微信等方式与负责的楼栋住户建立联系,多渠道了解居民家庭情况、需求和困难,协助社区加强楼栋管理。④联系一户居民。由社区党支部提供辖区内困难家庭、独居老人、留守儿童等弱势群体信息,83名党员实行"一对一"结对联系,定期上门探访,及时掌握情况,帮助结对弱势群体解决问题和困难。

(四)"四共理念"激发内力

全面推行全体居民"共谋、共建、共管、共评",引导居民群众共同缔造美好环境和幸福生活。①决策共谋汇民智。设立线上和线下2个居民"金点子"议事信箱,建立6个居民共谋建议微信群,实现"居民有所呼,社区有所应;居民有所需,社区有所为;居民有所难,社区有所帮;居民有所惑,社区有所解"的"8有"目标,找到"最大公约数"。②发展共建聚民力。在社区人居环境建设中,居民群众由"配角"变"主角",主动"三拆四投"(拆违、拆旧、拆废、投工投劳、投钱投物)。仅2022年就不要补偿自愿"三拆"79处、投工1600余工时、投物208件套,最大限度实现"居民的事自己办,社区的事一起办"。③建设共管顺民意。将社区划分为6个"楼栋治理"小单元,全面建立"社区居委会、业主委员会、物业公司"三方机制,搭建"网格员+楼栋长+业主(居民)"自治链条。组建由26名居民群众组成的义务管护小分队,常态化当好监督员、宣传员、信息员,实行"文明积分"制,激发群众自我管理、自我监督的内生动力。④效果共评听民声。组织居民对社区治理项目事前预评实施方案、事中评价建设质量、事后评估效益发挥。探索建立美好环境"小区交叉评"、道德模范"居民大家评"、先进典型"组织分级评"的"三评"机制,在"以评促立""以评促改"中充分体现"服务谁、谁评价"的原则,助推形成良好社会风气。

四、实施成效

(一)党建引领赋予新动能

小河社区"大党委"自2020年11月成立以来,先后召开党建联席会议6次,研究制定年度"需求清单"22份,督促各类组织和驻社区单位认领共建项目清单18项,统筹协调落实社区治理事项36件。着眼于充分发挥四级党组织凝浆固土作用和广大党员先锋模范作用,"四个一"主题实践活动扎实推进,83名下沉党员身份张贴公示至各小区楼栋,与无职党员一同编入到各类志愿服务队,全程参与"集镇环境整治攻坚行动",召开矛盾纠纷协调会11场次,化解矛盾纠纷和上访事件14件。经常性开展"场景怎么建,居民说了算"、"金点子"信箱等活动,畅通居民参与社区治理渠道,拉近了干群间距离。48盏路灯维修、"断头路"贯通、数字小区监控规划等一系列项目实施,彻底解决居民"心患",

赢得居民拥护。

（二）共联共治形成新格局

小河社区依托"大党委"平台，与9家驻社区单位"结对子"，分别签订"四联"共建协议，携手将社区打造成"认得到人、敲得开门、说得上话、托得了事"的幸福家园。两年多来，联合开展困难群众走访慰问120余人次，联合选举小区业委会6场次；在各片区开展反诈宣传5次、举办应急演练2次，还与县中医医院组织联办冬季运动会，与驻社区的邮政、财政机构联合开展端午节包粽子活动，"活动联建"形式丰富多样。2022年1月，小河社区"大党委"成员单位——宜昌雅佳明妃家具有限公司主动向社区物业办公室免费提供一整套办公、服务和便民设施，社区"两委"及时指导物业办公室进行改造升级，精心打造了集居民休息、充电、防暑药品等暖心服务为一体的物业服务环境，彰显设施联用独特功效。

（三）四邻八坊展现新图景

社区党组织聚焦群众所需，引导广大居民积极主动参与"八坊"场景建设，取得明显成效。①宜议宜治"邻里和"。小河社区"2箱6群8有"机制和"10分钟必达"服务为解民忧提供了高效响应通道。近两年来，志愿便民服务队共为居民无偿安装灭火器98个，"低偿"为125户居民进行水电维修，共疏通8处65米的污水管网。社区党组织聚焦群众所需，大力推进舒适、温馨、和谐的邻里生活场景建设，居民的幸福感强了，邻里之间的情谊浓了，与基层党组织的心也贴得更近了。②宜居宜乐"邻里美"。社区"两委"组织引导居民群众积极主动参与"清违行动"及老旧小区改造，依法拆除违建建筑27处785平方米，积极争取项目新建休闲公园1处、停车场3处，3支义务管护小分队解决了占道经营、违规停车、破坏公共设施等8类不文明现象，社区环境面貌焕然一新。③宜学宜业"邻里兴"。有序推进"小河社区学堂"建设，先后建立起微型禁毒教育站、老年人活动中心、儿童之家、书画舞蹈教室等8个功能性阵地，全开放式提供给居民使用。2022年以来，共发布就业信息20次，举办人才沙龙、线下线上招聘会5次，组织就业创业培训4期，还专门为50余名零散搬运工、水电工、泥瓦工等"守桥人"打造"零工驿站"，暖了广大民工的心。④宜康宜稳"邻里安"。社区组织开展疫情防控"敲门行动"、全员核酸检测10余场次，为52名60岁以上社区老人办理了家庭医生签约；联合共建单位每年至少举办普法宣传、消防知识讲座、防范诈骗等系列活动50余场次，联合镇国土所对气象站小区房屋损坏问题进行妥善处置，有效解决了12户居民住房安全隐患、3个小区安全设施配备不完善等问题,社区居民健康度、安全感不断提升。

(四)文明创评育出新风尚

小河社区针对人口密度大、人员复杂的问题,组织4个片区召开13次屋场院子会,共同修订完善了社区居民公约,为弘扬文明新风奠定基础。大力开展好人好事评选活动,全年共评选出10个"最美家庭"、3个"最美小河人"、8对"社区好媳妇""社区好婆婆",利用小区广场、居民议事巷、路灯杆等场所展播先进事迹,比家风、比品德的良好风气在社区蔚然成风。建立"文明积分银行",制定了4类共计35条的"正反面"积分细则,涵盖参军、考学等侧重于家庭教育的内容,社区居民逐渐从单一行为约束向全方位培育优良风尚转变。

五、主要经验

小河社区的探索与实践,为党建引领基层社会治理提供了四个方面的经验。

(1)党建引领基层社会治理,必须在健全组织体系上"引题"。小河社区统筹社区党支部和辖区企事业单位党组织,成立社区"大党委",增强统筹协调功能,既充分激活社区党建资源力量,又划小单元微治理,变网格党小组为楼栋党小组,缩小管辖范围,实施"精准化"治理,构建纵向到底、横向到边的组织矩阵,形成党的基层组织"居中引领"、各类组织"聚合环绕"的社区治理组织体系,让每个居民都能在组织中找到位置,为党的主张和政府工作落到基层、深入群众提供了坚强组织保证。

(2)党建引领基层社会治理,必须在建强骨干队伍上"点题"。小河社区党支部向社区党员干部明确"四个一"工作任务,着力在压实责任、搭建平台、丰富内容上下功夫,不断优化党组织和党员直接联系服务群众工作机制。同时,将机关事业单位演员下沉社区"双报到、双报告"工作贯穿社区治理全过程,形成强大党建引领合力,既充实了社区基层党建力量,又为有效发挥党员干部在社区治理中的先锋模范作用搭建了平台、疏通了渠道。

(3)党建引领基层社会治理,必须在完善工作机制上"破题"。小河社区创新建立"四联"工作机制,在党组织的引领下,紧密结合社区实际和群众需求,打破基础设施、资金项目、人员使用方面的"壁垒",有效整合各类资源,变"单兵作战"为"联合作战",让党组织、党员、群众在基层社会"大治理"中有效流动,人尽其才,构建起大党委凝聚、辖区单位响应、党员干部行动、居民群众参与的体系。

(4)党建引领基层社会治理,必须在突出群众主体上"答题"。小河社区坚持以共同缔造理念推进基层社会治理,通过决策共谋有机制、发展共建有重点、建设共管有抓手、效果共评有杠杆,最终实现成果共享目标。特别是在环境整治方面,坚持"风格大家定、材料本地抓、居民自己干",真正让居民群众"自己管理自己的事情""大家的事情大家办",从而实现社区居民自我教育、自我组织、自我管理、自我服务。

党建引领共同缔造美好生活共同体

一、案例背景

武汉市江汉区江汉里社区成立于2020年,所辖江汉人家小区是江汉区最大的城市更新安居工程,是该区探索超大城市中心城区"瘦身健体"的创新实践项目。

江汉里社区居民大多从江汉区六渡桥清芬、楚宝、紫竹等老城区整体搬迁而来,社区老年人占比大,居民中低收入者及困难群体众多,同时搬迁导致居民生活方式发生重大改变,旧习惯、老观念与现代化社区生活新模式之间存在矛盾。但也存在一定优势,社区延续了老城区"熟人社会"结构,居民身上具备典型老汉口人"热心""能干"的性格精神特质,传承着老汉口的深厚历史底蕴。这些特点决定了江汉里社区需要做好特殊人群的精细化服务,需要面对小区高空抛物、停车难等层出不穷的问题,需要缓和居民物业之间、街坊邻居之间繁多复杂的矛盾,需要努力满足居民群众日益增长的对美好生活的需求。而传统的"单一性、包办性、单向度"基层治理模式难以应对上述问题,甚至会导致社区与居民间关系的疏离。因此,必须坚持"以人民为中心",全面贯彻落实新时代党的建设工作总要求,充分发挥党的建设在社区治理中的核心引领作用,调动居民群众积极参与社区治理,走好新时代党的群众路线、探索基层社区治理的新路子。

二、实施目标

以改善小区居民身边、房前屋后人居环境的实事小事为切入点,以建立和完善全覆盖的基层党组织为核心,江汉里社区实施"党建引领共同缔造",把目标锚定为构建"纵向到底、横向到边、共建共治共享"的社区基层治理体系,为回答"超大城市中心城区基层治理"的"时代考题"贡献力量。

三、实践路径

江汉里社区坚持"居民主体地位",贯彻落实新时代党的建设总要求,通过践行"决策共谋、发展共建、建设共管、效果共评、成果共享"的工作方法和路径,全域发动、全龄参与,党建引领,共同缔造美好生活共同体。

(一)坚持问题导向,构建沟通纽带,打造共谋平台

决策共谋是引导群众参与共同缔造的第一步。社区党委瞄准目标方向,聚焦真实需求,狠抓精准落实,搭建议事空间和平台,发挥党员先锋作用,有效联系和发动居民参与问题的收集、研判及解决。

以党建引领为核心,社区将党群服务中心建设与"共谋"平台打造相结合,谋划建设集"共谋议事、服务居民和活动空间"于一体的阵地。依托"社区党委—小区党支部—楼栋党小组—党员中心户"四级组织架构,引导下沉党员、社区直管党员带头参与、带头发动、带头组织。以群众意见为导向,搭建"金点子"征集会、街坊议事会、五方圆桌会、线上调查问卷等"共谋"平台,动员小区居民通过多种方式和渠道提出需求、积极讨论、共同参与。以专业意见为指导,邀请文化创意团队、建筑设计团队与居民共同谋定党群服务中心新中式主题风格和开放式办事大厅的空间布局,确定打造创意融合的"老街坊·新生活"展馆及包含"邻聚·里"街坊客厅在内的"街坊"系列共享空间,为群众进行决策共谋、参与社区治理提供空间和平台。

(二)聚焦切实利益,协同相关力量,推进"众筹共建"

发展共建是让群众"动"起来,培育群众的"主人翁意识"。社区抓住"党员"关键群体,邀请社区利益相关方协同参与,有钱出钱、有力出力、有才出才,以"众筹"模式开启"共建"之路。

(1)凝聚居民情感向心力。一是了解居民特性。充分摸底住户情况,尤其是党员情况,根据居民需求,定期组织"爱的赶集会",邀请专营商、服务商提供系列服务,让老街坊在活动中重温共同记忆,在新社区培养深厚感情。二是密切情感认同。开展"江汉里老照片、老物件、老故事征集活动",发动居民把珍藏的老物件、老照片寄存到"老街坊·新生活"展馆中;利用惠民资金在架空层增设桌椅、"文书巷""汉寿里"等"巷道牌",让老街坊在新社区凝聚强大向心力。

(2)建立"大街坊"连接机制。一是抓住"党员"关键群体、发挥区域化党建优势。开展"请党员回家""邀单位共建""找老群干出马"等系列活动,汇集共建单位、辖区单位、下沉党员、居住地报到党员等多方力量,构建美好生活利益共同体。二是秉持互惠原则,联系"大街坊"建立供需对接机制。链接辖区单位、商业门店、多个社会组织为社区提供服务及各类资源。"筹人"聚力、"筹物"聚心、"筹资"聚能,将老街坊的深厚情谊迁移到新社区,将新邻居的建设力量连接到新社区。

(三)完善管理模式,多方联动协同,探索融合共管

建设共管是激发、引导居民自治的关键环节。社区党委深化社区物业党建联建,构建"社区+物业+N"服务模式,推动"社区+物业"边界融合、相互补位。①"社区+物业"融合管。社区党委把中实物业公司纳入社区治理体系,把楼栋管家列入社区治理队伍,接受社区统一指导、管理和调度,与社区干事形成AB岗,共同为居民服务。在社区党群服务中心一楼设置综合服务台和物业管家岗,拓展社区综合窗口服务功能。②志愿队伍挺身管。社区党委整合居民骨干能人、离退休干部、公益组织等力量组建"一呼百应"志愿服务队,根据岗位职责细分为"爱闪亮"党员先锋队、"爱串门"街坊帮帮队、"爱家园"环保力行队、"爱时尚"文艺宣传队以及"爱平安"应急护卫队等5支特色服务小队,在疫情防控、文明创建、爱老互助、矛盾调解等工作中表现出色。③多方联动协同管。社区党委搭建志愿服务赋能平台,打造"蛮扎实"街坊加油站,开展针对性志愿服务培训30余次,提高志愿服务专业化程度。实行志愿服务兑换积分制度,规范服务提档升级,运营"积分累计兑换相应物资"的街坊银行,兑换商品和服务近百项,有效促进志愿服务可持续发展。

(四)聚焦精准实效,开放话语机制,居民参与共评

效果共评是以评价为导向反思工作不断改进,把话语权交给群众。社区党委发动

居民投票、群众监督,共同对小区环境、物业管理和楼栋氛围等进行评价,打造"发现问题—整改落实—交办监督—效果检视"的工作闭环。

(1)"共评"小区美不美看建设实效。社区党委定期组织开展服务评价调查,结合群众意见,及时调整优化举措。通过"共评"机制,及时发现并有效解决了小区内安装垃圾分类智能化设备带来的一系列问题。

(2)"共评"物业好不好看精准数据。社区党委组织开展"季季评"活动,召集党员代表、居民代表考核物业服务、评价网格工作,用物业收费率指标反映群众满意度。作为还建安置小区,小区以2.25~2.45元每平方米的物业费提供同等商品房小区专业化物业服务,2021年物业费缴费率超过85%。

(3)"共评"楼栋优不优看群众体验。社区党委组织"幸福楼栋、星级志愿者"等评选活动,通过居民自荐、家庭互荐、代表推荐等多种方式,为当选居民和集体颁发荣誉牌和纪念品,有效弘扬正能量,激发共同缔造内生动力,推动党建引领共同缔造不断向纵深发展。

(五)聚焦美好社区,共创多元成果,形成多级共享

成果共享是共同缔造的意义所在。社区党委发动群众参与"共谋、共建、共管、共评",就是为了让群众"共享"美好生活,推动形成"成果共创、多级共享"的正循环。①共享公共空间和公共服务设施。社区党委聚焦小事、实事,利用下沉资源不断完善硬件设施;鼓励居民组建舞龙等活动团队,强化精神文明建设,丰富日常生活。建立幸福食堂,定价亲民、干净卫生,定期开展公益亲子烘焙等活动,让各年龄段居民共享美好公共空间和服务设施。②共享邻里服务。社区党委培育互助精神,分楼栋招募志愿者就近就便为所在楼栋老人提供精神慰藉等个性化助老服务。组建"街坊汇·微服务便民驿站",邀请居住在小区的手艺人在家门口实现二次就业,为居民提供缝纫、修伞修鞋、开锁等低偿服务。③共享治理效能。通过共同缔造,发动群众全程参与、全情投入,让居民对社区的大小事说得上话,形成良性互动、循环闭环,让基层党组织与群众关系更加紧密,各项工作开展更加高效顺畅,政府、街道、社区也成为社会治理的"共享者"。

四、实施成效

江汉里社区通过实施党建引领共同缔造,充分发挥党员先锋带头作用,建强社区

党组织,扭转"社区干、群众看"的尴尬局面,变"我和你"为"我们",变"要我做"为"一起做",以"街坊汇聚"换来"惠及街坊",建立了不可取代的人际信任的邻里关系,形成了基层党建、社会治理、居民自治的良性互动,营造了家庭和美、楼栋和睦、小区和谐的良好氛围。

(一)党员和党组织引领力全面凸显

江汉里社区不断健全完善"纵向到底、横向到边"的党组织体系,充分用好党员力量、切实发挥党组织先锋作用。坚持"支部建在小区",推动小区支部规范化标准化建设;做好党员分类管理,积极开展无职党员设岗定责工作;团结下沉党员力量,组织包保楼栋认岗认事认亲,打造"党建益家"联盟;深化区域化党建工作,与 2 家下沉单位建立"三项清单",同 11 家共建单位达成 17 项共建服务协定。"党建引领"的组织优势、力量优势、功能优势不断展现,党员和党组织引领力在社区大小事项中得到全面凸显。

(二)社区治理队伍凝聚力全面增强

随着社区实践"五共"工作路径,居民群众参与社区工作的人数比例不断提高、能力不断提升。"单位大街坊""党员街坊"成为团结带领群众的纽带,居民自治团队数量更多、参与更广,打破单位与社区、管理者与被管理者、服务者与被服务者的界限。截至目前,登记在册的社区志愿者近 200 人,参与社区共建的单位主体、社会组织 40 余个,居民自治团队 10 余支,紧密团结在社区党委周边。在疫情防控、"应急处突"等急难险重任务中,在特殊群体关怀关爱等民生兜底保障中,在矛盾化解、道德提升等精神文明建设中,发挥党员、党组织带动组织作用,凝聚群众力量,放大资源统筹优势,社区治理队伍凝聚力得到全面增强。

(三)广大居民群众自治力全面提升

经过"党建引领共同缔造"的实践,群众通过"金点子"征集会等平台,以"共谋""众筹"模式参与"共建",以"社区+物业+N"的机制参与"共管",以"月月评"等方式参与"共评",以制定社区微公约参与"共享",激发自治动力、活力。通过志愿者赋能平台,强化居民群众综合素质、服务能力,提高自治水平、能力。在过去矛盾集中、意见不一的垃圾分类、文明遛狗、业主物业冲突等社区治理难点问题中,居民从最初"看法多、问题多"的旁观者变为"办法多、参与多"的主动参与者,推动社区公共服务自我供给,让居民自治能力和社区治理效能得到显著提升。

五、主要经验

江汉里社区坚持"党建引领共同缔造美好生活共同体"理念,打造"街坊汇·惠街坊"党建品牌,建立了相互信任、和睦友好的新邻里关系和新干群关系,不断开展基层社会治理的创新实践。主要有以下三点经验。

(一)党建引领是加强基层治理的必要前提

社区是社会基本单元,是人民群众安居乐业的幸福家园,是创新社会治理的基础平台。只有不断建立、完善、建强全覆盖的基层党组织,建立健全"社区党委—小区党支部—楼栋党小组—党员中心户"四级党组织架构、推动"阵地进小区,力量进楼栋",发挥社区大党委作用,才能始终找准基层治理创新的方向、夯实基层治理强化的基础,才能做好做实网格治理"神经末梢"、做精做细基层治理各项工作。

(二)共同缔造是走好群众路线的必然路径

"一切为了群众,一切依靠群众"和"从群众中来,到群众中去"的群众路线是党的生命线和根本工作路线。走好新时代党的群众路线,就需要让群众与政府站在一起、想在一起、干在一起,就需要开展"共同缔造"。通过坚持问需于民、问计于民、问效于民,凝聚居民智慧、团结居民力量,引导人民群众成为"共同缔造"的重要参与者,进而才能成为最终评判者、最大受益者。这也是把党的群众路线贯彻到治国理政全部活动之中的重要之举,让居民在服务中实现个人价值,使社会治理力量"最大化"并形成"同心圆"。

(三)党建引领共同缔造相互支撑、相互依靠

坚持党建引领,需要坚持群众主体地位,需要共同缔造凝聚人民群众力量;而深入推进共同缔造,必须坚持党的领导,坚持把党建引领贯穿始终。只有坚持党建引领,把党的领导贯穿共同缔造活动全过程、各方面,才能将党的政治优势、组织优势转化为治理效能。支持引导各类群众组织健康发展,确保党的基层组织建设和领导作用纵向到底,才能充分发挥群众主体作用,增强群众参与共同缔造的积极性、主动性、创造性,共同缔造"美好生活共同体"。

坚持党建引领，切实解决群众"最后一公里"问题

一、案例背景

武汉市黄陂区木兰乡塔耳社区位于红色革命摇篮木兰山东侧、美丽的木兰湖西畔。辖区面积3平方公里；人口8000余人，其中常住非农业户口2700余人，流入人口5000余人；设党支部1个，社区党员72人；5个居民小组；2个网格；辖区单位29个，其中机关事业单位18个、学校3所、卫生院1所；个体商业网点295个；志愿者服务队伍5支。

塔耳社区先后荣获区级五好文明社区、区级"平安家庭"示范社区（村）、市级创建"安全生产先进社区"活动先进单位、市级卫生先进社区、市级平安示范社区（村）、市级创建"安全生产进社区"活动先进单位、省级卫生社区、区级先进基层老年协会、省市级创充分就业社区、市级绿色社区、市级科普助推幸福社区、区级文明社区、全区基层优秀党组织等光荣称号。

2022年开展党员干部下基层察民情、解民忧、暖民心活动以来，社区党组织不断完善党建引领、社区自治、组织网格员进街入户，听取建议意见，了解小社区存在的问题，通过入户走访摸排、"微邻里"以及居民反映等方式梳理居民关心关切的生活居住、环境卫生、绿化亮化、完善设施等问题。其中社区居民反映最多，急需解决的：一是木兰乡塔耳社区老粮店居民区的改造；二是社区党群服务中心门口电动车无序停放、办事群众充电困难且存在安全隐患的问题。

木兰乡塔耳社区老粮店居民区一直居住着改制下岗人员家属，老年人多、问题多、投诉多。一是环境脏乱差的问题。改制后，闲置的库房被出租，乱堆乱放现象突出，垃圾更是随处可见，城管卫生保洁员只负责主干道清扫，门前"三包"无人落实。尽管社区多

次进行卫生清除,但整体人居环境没有得到改善。二是基础设施破损严重问题。居民区内部路面坑坑洼洼,路灯缺失,居民投诉不断;由于年久失修,院墙垮塌、沟槽堵塞、排水沟掩埋、台阶破损、花坛杂草丛等问题特别明显,老人住户反映强烈。

社区党群中心门前电动自行车总是存在无序停放的问题,要是遇到办事群众的电动车没电,就只能扯线应急充电,存在一定的安全隐患。

二、实施目标

解决居民关心关切的生活居住、环境卫生、绿化亮化、完善设施等问题,尤其是社区居民反映最多的木兰乡塔耳社区老粮店居民区的改造、社区党群服务中心门口电动车无序停放、办事群众充电困难且存在安全隐患的问题。

三、主要做法

(一)抓社区党建,夯实第一保障

近年来,通过建立社区大党委工作机制,社区以召开居民代表会、议事会等多种方式,整合资源,优化党组织设置,构建起区域化党建工作新格局,在全乡"党建+"的融合发展导向的指导下,成立了木兰乡塔耳社区新时代文明实践站,加强志愿者服务队管理,进一步摸索特色化管理模式,做到了党组织向所辖单位、行业有效延伸,实现了基层党建工作全覆盖,为社区组织建设、和谐发展开辟新路子。

针对老粮店居民区存在的突出问题,社区党组织做了如下工作。一是召开会议,制定方案。塔耳社区多次召开"两委"会议,专题研究解决老粮店环境卫生整治方案,通过社区居民代表会议协商,一致建议切实解决居民反映的问题,让居民诉求有回应。二是寻求支持,整合资金。社区通过实地走访群众,现场梳理问题,把老粮店居民区历史遗留问题以书面的形式向上级政府汇报,寻求政府支持,在分管领导和相关部门领导的努力下,分别得到区组织部和区林业局的资金扶持,整合社区惠民资金,改造资金得到了保障。三是因地制宜,硬件上档次。对老粮店所有破损路面进行改造,对环境进行绿化,对下水道进行全面疏通,投放多个垃圾箱以倡导垃圾分类,修建了老年人休闲广场,安装健身器材、加装路灯2盏、安装晒衣架4个,安装不锈钢护栏计300余米,与主干道美化亮化绿化连成一片,打造宜居居民区。

塔耳社区在木兰乡党委领导下,持续深入推进社区治理能力体系建设工作,不断提升社区服务水平,增添治理动力,化解治理压力。在发现社区党群中心门口停车混乱、充电困难的问题后,通过民主协商,群众事大家议,最终建立了"智能电动车充电棚",解决了问题。目前,配有8个充电桩端口的充电棚已投入使用,既规范了群众停车,也为群众解决了"找电源"的问题。

(二)抓志愿服务,突出核心作用

塔耳社区始终把为居民群众办实事、办好事放在第一位。社区志愿者服务队的持续发力,把志愿者服务工作推向实体化、组织化、规范化、社会化的运作新阶段。在老粮店改造期间,党员在志愿者队伍中积极参与建设,取得了核心引领作用,获得了"党员引领队伍、队伍带动群众"的效果。辖区志愿者多次下沉社区,积极参与各类社区志愿服务活动,尤其在抗击疫情的核酸检测、疫苗接种等活动中,身先士卒、勇于担当,起到了表率作用,带动了一批居民群众踊跃参与社区志愿服务和建设。

(三)抓稳定和谐,落实第一责任

改造完成后,塔耳社区积极开展"送温暖、促和谐"活动,连续开展了党员志愿者与独居空巢老人"结对关爱"行动;加强党员入户走访活动,以真心换人心,以爱心暖人心,以诚心育人心,确保社区管理服务落到实处,得到了上级领导和广大居民的认可。

四、主要成效

一是解决了该地段居民的人居环境。经过改造整治绿化,规范化的小区生活得到了群众的认可。居民安居乐业,心情好了,烦恼没了,点赞多了,安全隐患消除了,幸福指数提升了。二是跟进了小区规范化管理。社区在该地段居民区选拔了两个居民代表,分别负责社情民意收集和环境卫生清扫。在社区党支部的领导下,该地段居民区面貌焕然一新。三是居民的获得感明显增强。在木兰乡党委、政府和社区党支部的领导下,在社会各界的帮助下,在社区居民的努力下,昔日"脏乱差"老粮店居民区,今朝变成了"洁亮美"宜居小区。四是便民服务落到实处。"智能电动车充电棚"的建成是塔耳社区通过畅通民意诉求、打通服务群众"最后一百米"、构建共建共治共享的社会治理格局的有力举措,不仅给社区居民带来了便利,同时还减少了安全隐患,更是激活了社区治理源动力。

五、总结经验后的下一步打算

下一步,塔耳社区党支部将进一步整合辖区社会资源,创新社区基层治理,发挥社区志愿者力量,牢固树立为民服务意识,不断提升干事创业能力,以干在一线的担当、创新实干的作风,发扬木兰精神,切实为老百姓多办实事、多办好事。

党建引领强基础，美好环境共缔造

武汉市黄陂区前川街道沙港社区金龙四季阳光小区建成于2004年5月。由于建成时间较久、设计规划比较落后，基础设施存在不足和破损，同时因为年久失修，小区内健身器材老化，路面坑洼不平，整体环境脏乱差，严重影响了居民的生活环境和生活便利。沙港社区党总支积极听取群众诉求，组织居民围绕改善人居环境、完善基础设施等一系列议题进行讨论，并制定相应的改善措施。一是结合小区实际，建队伍、带群众，用好用活社区党员，组织队伍进行垃圾清理、植被修剪、河道清淤等环境美化工作。二是积极探索老旧小区基础设施改造路径，在安装电梯事项上做好居民调查、上级报批并对接电梯安装公司。三是创建文明小区，营造小区爱护环境、尊老爱幼、团结互助的和谐氛围。沙港社区以这三项举措加强了小区党员先锋作用，为小区居民树立了良好的党员形象，同时也加深了社区党组织和社区居民的血肉联系，提升了基层党组织、居民自治组织在推动发展、服务群众、凝聚人心、促进和谐的作用，让基层治理工作得到全面提升。金龙四季阳光居民对社区的认同感、责任感和荣誉感得到增强，幸福感显著提升。

一、案例背景

前川街沙港社区金龙四季阳光小区建成于2004年5月，位于岱黄公路东、熙苑街西、西寺大道南、板桥大道北。小区占地面积16万平方米，共有楼栋48栋，大多为6层框架结构，107个单元，住户1421户，人口4376人，住户基本为业主自住，且多为老年人员。小区内有直管党员7名，下沉党员49名，其中黄陂区外9名、区各街乡13名、机关部门27名。2019年小区召开业主大会，票选武汉合利物业公司对小区进行物业管理，同年成立7人业主委员会，其中党员4人，并同步成立金龙三方联动党支部，成立金龙小区党员驿站,驿站面积45平方米。金龙小区内有3支社会组织、2支舞蹈队和1家公益服务队,经常参加活动人员500余人。

金龙四季阳光小区建成时间较久,设计规划比较落后,基础设施存在不足和破损。由于年久失修,小区内健身器材老化,路面坑洼不平,整体环境脏乱差,严重影响了居民的生活环境和生活便利。因此,对小区进行提档升级迫在眉睫。

二、实施目标

围绕察民情、解民忧、暖民心活动,不断完善党建引领、社区自治、组织网格员入小区进居民户,针对关心关切的生活居住、环境卫生、绿化亮化、完善设施等问题,改善人居环境、完善基础设施等。

三、实践路径

2022年开展察民情、解民忧、暖民心活动以来,社区党组织不断完善党建引领、社区自治、组织网格员入小区进居民户,听取建议意见,了解小区存在的问题,通过入户摸排、微邻里以及居民反映等方式梳理居民关心关切的生活居住、环境卫生、绿化亮化、完善设施等问题。在街道支持下,沙港社区党总支组织小区居民围绕改善人居环境、完善基础设施等一系列议题进行讨论,并制定相应的改善措施。

(一)党建引领聚合力,环境提质有力量

小区改造落脚在服务民生,关键在居民参与。前川街沙港社区结合小区实际,建队伍,带群众,用好用活社区党员,切实发挥"头雁"效应,强化服务民生宗旨,打造良好的政治生态,全心全意为人民服务。

为调查社区居民"急难愁盼"问题,社区党组织成立工作专班,调配2名干群负责,协同社区网格员,在金龙小区召开物业、业委会及社区三方联动会议,听取建议,制定方案。针对小区绿化亮化、环境卫生问题,动员下沉党员15人、党员志愿者19人、业委会成员全体成员、物业保洁员、绿化队员,对影响全小区住户"透光"十多年的大树进行科学"灭枝",共整枝去顶300多棵树,对花草树木进行合理修枝,对野草野树进行清理和机械割

草,使小区绿化得到美化整洁。

原开发商设计的金龙河景观,因河道泥沙淤积而发黑发臭,沙港党总支组建清污队伍共用机械4台、人工10工日进行清污。清污使小河恢复了当年水清河畅的美景,鱼儿欢畅,荷花艳丽,水深处建围栏,供居民观赏游玩。对存量三乱、废弃物垃圾进行清理保洁、清扫清运,共清理53车,请人工50工日。同时,广大党员干部深入一线,率先垂范,带头进行垃圾清运、广告清理等整治行动,使小区环境干净优美。通过多方联动,形成了党群同心、干群合力的有利局面。

(二)察情听声解需求,便民服务有质量

金龙四季阳光小区当初建设时并未安装电梯,对高层住户和老年居民来说十分不便,小区26栋居民首先提出增装电梯一事。因全区老旧小区增装电梯暂无一例成功的例子,各种手续申报没有现存的经验和做法,增装电梯的程序和方案需要摸索。社区干部、总支成员与业委会主任一同到区政务中心大厅进行了解咨询,了解增装电梯的手续和流程,分批拿回各种报表。一是做好居民调查,一户户上门协调、征求意见,争取大多数住户同意后并签字。二是协同前川街道相关部门,在区政务大厅申报,邀请区规划、城管、消防等部门初审后,做好规划方案并进行公示。三是同电梯公司反复协商沟通,按居民意愿确定电梯公司进场。目前小区主体钢结构基本完成,下一步准备机械安装,待安装完成后组织验收。电梯的增装能解决居民上下楼的问题,以及老弱、腿脚不便人员上下楼的烦恼,提升了小区品质,优化了小区环境,增强了邻里关系。这一做法得到居民的一致认可,并有其他多栋居民协商增装电梯。

除此之外,小区安装充电棚21个,解决了居民在楼道充电的安全隐患。道路硬化1000平方米,使小区彻底告别了泥泞路。在107个楼道3楼安装便民坐凳,使老年人上下楼时能歇歇脚。安装晒衣架30米,方便居民晾晒。协调安装140个监控探头,智能化小区管理使治安案件和被盗案件逐年减少,小区安全环境大幅提升。

(三)文明风尚促引领,人文小区增雅量

优秀文化能够丰富人的精神世界,增强人的精神力量。金龙四季阳光小区在沙港党总支的引领下,注重引领良好文明风尚,号召人人参与文明创建,家家争做文明家庭,引导居民崇德向善。

调配物业办公室设置道德讲堂,宣传社会主义核心价值观,每年5场,使曾经的矛盾多、出行难、环境差变成现在民风纯、民心齐、环境优美的新家园。精心策划,广泛征集节

目,为居民搭建互动交流的平台,在国庆节、中秋节、春节等节日期间,张贴宣传标语,进行爱国教育和传统文化宣传活动。沙港社区定期邀请志愿者进行文艺宣讲、普法宣传、文化惠民等活动,丰富了社区党员群众的精神文化生活,打造了和谐、友善的邻里关系,让行善如流成为小区新风尚。

四、实施成效

一是党员先锋作用得到有效加强。通过加强队伍建设,有效地调动了社区党员发挥先锋模范作用的主动性和积极性,广大党员志愿者着眼于群众的需求,积极开展志愿服务活动,在各项工作中处处带头,勇于争先,为小区居民树立了良好的党员形象。

二是基层治理成效得到显著提升。通过夯实自治基础,激活了基层社区的每一个细胞,加深了社区党组织和社区居民的血肉联系,提升了基层党组织、居民自治组织在推动发展、服务群众、凝聚人心、促进和谐中的作用,基层治理工作得到全面提升。

三是社区居民幸福感大幅提升。通过抓实服务,贴近每一位居民的需求,解决群众的急难愁盼问题,把群众想办的事办到心坎上,增强了居民群众的社区认同感、责任感和荣誉感。居民的生活环境、生活设施大大改善,幸福感显著提升。

小事不小觑,滴滴暖民心

一、案例背景

襄阳市襄州区张湾街道铁四院社区由铁路企业家属院改制而成,一万多居民中大部分都是铁路职工,群众归属感不强。近年来,铁四院社区坚持民生导向,以解决群众实际问题、做实民生每件小事为原则,全面提升治理能力水平,营造了为人民服务的浓厚氛围,增强了居民、企业与社区之间的认可度、信任度、亲和度。社区改制并成立7年来,社区及其成员先后被授予襄阳市"三八红旗手"、襄州区文明社区、襄州区先进基层党组织等称号,"五老"名牌"杨师傅工作室"事迹被襄阳市电视台专题报道,抗疫事迹被央视报道。

二、主要成效

一是人居环境从乱到美。过去,铁四院乱搭乱建、夜市路边摊现象严重,环境脏乱差。社区充分利用基层组织战斗堡垒作用,联合城管、住建、执法大队等单位,开展人居环境整治行动,昔日的"脏乱差"变成"洁净美",焕发靓丽新姿。①违建清理,还净于民。违建是社区最严重的安全隐患之一,在社区成立初期,辖区内铁四院路共有20余处占道经营违章搭建,严重影响居民日常出行,各小区内10余处占用公共面积私自搭建、种菜、养鸡等,屡禁不止。铁四院社区于2016年成立以,克服铁路企业家属院移交后遗留的诸多问题,申请资金增加人力、物力,联合城管逐步清理了所有违章搭建,保证了居民出行便利及小区环境美化。②乱象整治,还净于民。大排档、夜市等乱象不仅造成社区交通拥堵,还有很多商家将垃圾直接倾倒在街面上,三更半夜还伴随着夜市营业的吵闹声。社区联合城管局开展了乱象整治大行动,连续几个月对乱摆乱放、出店营业等多种乱象进行整治,提出了"整治百天 还净于民"的口号,先后清理了50余家小商贩出店经营,清理了近百车垃圾,彻底解决了困扰民众的乱象问题。③物业入驻,还净于民。铁四院各小区一直没有专门的物业服务,导致居住环境较差,服务提不上去,乱停乱放、绿化带种菜等问题十分突出。社区多次组织物业公司和小区居民就物业费、停车费等事宜进行商讨,促使6个小区顺利入驻了物业,8个小区成立业主委员会,物业服务能力大大提升。2021年7月,和谐家园小区业委会反映电梯老化存在安全隐患,社区党委携业委会成员积极对接铁路企业,仅用三天时间就争取到维修资金,顺利排除了安全隐患,实现了"快'诉'响应,接诉就办"。

二是基础设施从无到有。铁四院社区将基础设施建设当作提升基层治理能力的抓手,聚焦买菜难、公厕提标改造、文化阵地欠缺等群众关注的问题,以更实举措推动环境改善、秩序畅通、品质提升,一针一线绣出社区生活新面貌,实现共建共治共享新局面。①建强设施惠民生。社区广泛征求居民代表意见,争取相关部门支持,在辖区建设了公共厕所,对社区小广场进行改造,引进资源成立社区老年日间照料中心及幸福食堂。同时,还对各小区进行了下水管网改造、路面刷黑、绿化等基础设施工程改造,全方位保障了民生需求。②兴建市场纾民困。在老旧市场拆迁初期,部分经营户多次阻扰,在社区多方努力下实现了一周拆除的"铁四院速度"。人居环境可喜变化的同时,菜贩无处做生意、居民无处购买食物的问题凸现。社区积极向上争取汇报,铁四院"千百家农贸市场"被纳入襄阳市十大民生工程之一,该农贸市场近5000平方米,可容纳50余商户。③文化阵地促民乐。社区修缮室内外文体活动场所,开展"欢乐襄阳"文化惠民展演、喜迎三八妇女节、建党一百年文艺汇演等各类文体活动。定期开展"最美家庭""最美志愿者""最美楼栋"等精神文明创建活动,不断丰富居民精神文化生活。在清风园、清河园、清气园等小区改造中增加健身器材、休闲座椅和儿童娱乐区,有效改善了人居环境。

三是干群关系从疏到近。由于大部分辖区居民为铁路职工,对当地社区归属感并不强。通过社区几年的努力,"铁娘子军""清风茶社""杨师傅工作室"等民生服务名牌越来越响亮,干群关系也越来越亲密。①"铁娘子军"暖民心。2020年初突发疫情,辖区内居住的大部分铁路职工还在跑车,人员流动性非常大,感染可能性也大。当时,社区除了书记之外,其他工作人员都是女性,社区火线成立了铁娘子民兵防控队,以人均每天14个小时的工作量,进行物资运送、挨个登记、逐户排查,不漏一户、未弃一人,疫情期间未出现一例确诊或疑似病人,赢得了居民们的信任。②"清风茶社"顺民意。清风园属于典型的老旧小区,居民和物业之间矛盾较多。社区特意建立了"清风茶社"红色驿站,让小区居民在喝茶聊天中提出意见、建议。2021年7月,群众通过"清风茶社"向社区工作人员反映连日暴雨积水问题,社区人员冒雨带领小区业委会实地查看积水情况,组织骨干力量进行疏通。茶社成立以来,群众提出的近20条意见均得到采纳,3个重大问题得到了解决,大家彼此之间少了怨气、多了和气,少了争吵、多了笑脸。③"五老"队伍解民忧。退休后的杨勇发现铁四院社区春园路小学每到上学、放学时段,学校门口拥堵不堪。他主动进行多方联系和协调,开辟了一条宽3米、长约50米的放学专用通道和家长等待区。在他的带领和影响下,社区成立了由数十名"五老"人员组成的"杨师傅工作室",充分发挥"五老"队伍的熟人优势,先后参与了社区疫情防控、物业入驻、业主委员会成立等工作。

织牢和谐网，构筑幸福园

宜昌市伍家岗区大公桥街道胜利二路社区东起胜利一路，西至胜利三路，北至夷陵大道，南临沿江大道，面积 0.2 平方公里，现有居民住户 3019 户，常住人口 4885 人，由 8 个小区（片区）组成。社区党委下设 9 个党支部，自管党员 263 人，下沉社区参与"双报到"工作的党员 373 名，辖区有宜昌市中医医院、中南冶金地质研究所、宜昌物资集团三家企事业单位。社区先后荣获湖北省先进基层党组织、湖北省科普惠民示范社区、湖北省充分就业社区、宜昌市五四红旗团支部、宜昌市捐赠组织奖、文明社区等荣誉称号。胜利二路社区位于宜昌最重要的码头——九码头，提炼"聚集各方力量，共治共建共管"的码头精神和"和美共治，温暖家园"的服务理念，按照"服务场所最大化，办公场所最小化"要求，打造 1370 平方米的社区客厅。社区坚持问题导向和目标导向，聚焦"5"引领、"2"覆盖、"0"距离主动谋划，大胆探索，形成了人人参与、人人尽力、人人共享的社区治理新格局。

一、案例背景

胜利二路社区是一个位于城中心的老旧社区，辖区内均为杂居小区，位于宜昌老码头地方，也是流动人口集中区域。辖区 8 个小区（片区），仅有 1 个是商品房小区，剩余 7 个均为 20 世纪 70—80 年代老旧小区，存在车位不足、消防设施缺失、乱搭乱建等各种难题，矛盾纠纷突出，居民对于社区的依存感、归属感缺失。

如何走出社区治理当前困境，让居民多参与社会公共活动，拓展社会关系，特别是能够主动参与到社会活动中来，增进居民彼此之间的感情，增强居民对社区的归属感，这些都是胜利二路社区亟须解决的问题。

二、实施目标

以习近平新时代中国特色社会主义思想为指导,以"筑堡工程"建设为核心任务,坚持以居民群众的需求来结合社区工作,夯实基础设施建设,提高工作标准,强化党组织政治功能,积极探索"520"基层社会治理服务体系,推动建立常态长效机制,全面提升党建引领城市基层治理水平,为推进基层治理体系和治理能力现代化提供坚强保证。

三、实践路径

(1)摸清底数(2021年1月至2021年3月)。社区按照"社工+网格+党支部+业委会+物业公司(志愿者)",将辖区分为5个片区开展全面入户调查,摸清底数。

(2)问卷调查(2021年4月至2021年6月)。以居民需求为导向,分类制作问卷调查,发给小区居民,广泛收集小区居民对于社区治理的意见和建议。通过对问卷数据的分析,我们发现绝大多数居民认为社区治理与自身的生活息息相关,但也有部分居民对社区治理不太关心,更倾向于被动地接受社区的管理与服务,不愿意主动参与到社区治理过程中来。

(3)理论宣讲(2021年7月至10月)。经实地调研、问卷调查,初步了解、分析党建引领基层社会治理的实际情况,并结合前期收集的资料和文献,总结出党建引领基层社会治理过程中遭遇的困境,同时,结合其他社区基层党建引领社区治理的经验,提出了胜利二路社区党建引领基层治理现代化的对策。

(4)组织建设(2021年11月至今)。加强社区组织自身建设,完善社区基层党组织体系。组建小区党支部、选举业委会、选聘物业公司,"三驾马车"携手,"绿色家园"共建。构建社区党委、小区党支部、业委会、物业服务企业、志愿服务队"五方联动"机制,选好"四长两队两员",让他们成为社区治理中的骨干力量。

(5)社区客厅(2022年5月至6月)。为深入实施筑堡工程,胜利二路社区运用场景建设理念,将社区阵地打造成功能复合齐全、资源高效利用、环境亲民和谐的温馨"客厅",实现"和谐社区、幸福家园"目标。按照"三全、四引"要求,改造原有隔离式办事柜台,建立屈子堂文化馆;"一室多用"打造共建共享服务格局,布局温馨、标牌统一,植入码头文化、清廉文化等元素。设置"一岗通"办事服务窗口,多方协同推行"7×24"小时不打烊社区工作机制;通过服务查询机、"宜格服务"微信小程序等方式推进智慧社区建设,实现社区治理智能化;打造公共文化空间,增设文化体育设施,加强文艺队伍建设,培育社区治理骨干;建立积分超市,志愿服务实现积分管理,提升居民参与积极性;引入花艺、教育等第三方机构,组织开展活动,提升居民幸福感、满足感。

(6)智慧治理(2022年7月至今)。建立"互联网+党建+政务服务"智慧治理平台。社区90%以上的居民都加入了"宜格微治理"群,这个平台整合了公安、人社、医保等多方数据和微信群便民功能,居民只需要一部手机,就可以在线办理高龄津贴申领、城乡低保认定等80%以上的日常高频服务事项,真正实现"数据多跑路、群众少跑腿"。通过新型互联网、大数据和电子设备的智慧治理平台来推进社区协同治理,让居民可以足不出户享受到社区服务。

(7)共同缔造(2022年8月至今)。深入贯彻落实省市区街关于开展共同缔造活动试点的工作要求,立足居民需求实际,提升新片区治理效能,巩固老片区治理成效,深入贯彻共同缔造理念,深化"五民议事"机制,以和平佳苑小区为试点,以点带面推进共同缔造和筑堡工程,拓展"和美共治,温暖家园"服务理念,整体提升党建引领基层治理水平,努力将胜利二路社区打造成共同缔造样板社区。

四、实施成效

以习近平新时代中国特色社会主义思想为指导,践行以人民为中心的发展思想,走好新时代党的群众路线,以社区(小区)为基本单元,以改善群众身边、房前屋后人居环境的实事小事为切入点,以建立和完善全覆盖的基层党组织为核心,以构建"纵向到底、横向到边、共建共治共享"的城乡基层治理体系为目标,以决策共谋、发展共建、建设共管、效果共评、成果共享为路径,一体化推进共同缔造活动和筑堡工程,共同缔造和谐社区、幸福家园,不断增强人民群众的获得感、幸福感、安全感。

五、主要经验

(一)党建"5"引领

(1)党建引领融合发展。根据上级最新文件精神,把驻辖区内各级党组织的力量统筹整合起来,完善社区"大党委"组织架构,推动共建单位从"邻居"转变成"家人"定期沟通情况,以党建链引领服务链上各类资源的共享。针对服务对象的多元需求,研究解决问题。通过每季度"大党委"共治联席会议,做实"三张清单",推动共驻共建走深走实,治理资源有效流动。

(2)党建引领基层治理。健全"社区党委—小区党支部—楼栋党小组—党员中心户"的社区治理体制,把资源、服务、管理放到基层,把基层治理同基层党建结合起来。以和平佳苑小区为试点,打造融"网格化管理+红色物业"于一体的服务模式,为小区物业注入"红色基因",不断提升红色物业党建质量。

(3)党建引领群团建设。以中南冶金大楼楼宇党建综合体为标杆,加强基层党建群团组织建设,形成纵横交错、条块结合、结构合理、功能完备的基层群团组织网络,进一步扩大群建组织和工作覆盖面。坚持"党建带群建,群建促党建"的长效机制,凝聚共识、汇聚力量,构建新的工作格局。

(4)党建引领和美文化。组织广大党员、群众和志愿者积极参与,突出参与性、创新性、实效性,积极倡导培育和美社区文化。以互助活动为载体、培育居民融合意识;以辖区"两代表一委员"、律师、心理咨询师、自管党员等乡贤能人为主体,组建志愿服务队,开展政策宣讲等活动;以文化活动为依托,培育居民情怀意识;以公民道德为核心,培育居民公德意识。

(5)党建引领志愿服务。党员示范,让志愿服务更有传导性和生命力。党建引领,激发志愿服务活力。通过党员带动、社团发动、活动推动,引导居民群众主动参与到老旧小区改造、物业公司选聘等事务中去,服务群众的手段更多,让志愿服务更具实效性和持久力。

(二)服务"2"覆盖

(1)精准化服务。根据不同群体、不同层次居民的需求量体裁衣,有针对性地开展各项服务,第一时间掌握居民动态,满足不同居民的不同需求,让社区工作更准确、有效。推行居民点单、"双报到"党支部派单、"双报到"党员接单"三单"服务模式,小区对居民群众进行心愿征集,通过微信群、公告栏等方式发布,让"双报到"党员认领"微心愿",为居民群众提供精准服务。

(2)便捷式服务。加强党建在推进社会治理体系和服务居民百姓中的引领作用,坚持"民有所呼、我有所应",打通抓落实的"最后一公里",建立社区便民服务站,落实"一窗综合受理、分类审核办理、统一窗口出件"的全科社工服务模式,实现现有71项政务服务事项的横向贯通、跨越社区的"一窗式"审查、办理,同时把窗口化服务与信息化便民终端服务相结合,实行"全时"("7天""24小时")工作制,让辖区居民百姓全天候享受更优质、便捷、精细、个性化的服务,实现居委会减负、服务站增效、老百姓受益。

(三)议事"0"距离

持续加强居务监督委员会建设,广泛开展民情恳谈、居民说事、百姓议事等各类协商活动,有力地推动了小区改造、电梯加装等相关工作,探索的相关经验可以进行归纳推广。社区协商共治的"五民"协商机制:通过"民事民提、民事民议、民事民决、民事民办、民事民评",深入开展社区协商治理,实现社区协商共治的"六有",即参与有动力、议事有平台、协商有章法(规则)、开会有技术、讨论有共识、落实有效果,构建共治共建共享的社会治理新格局。

江山美如画,社区暖如家
——"红领管家"党建综合体

伍家岗街道江山社区位于宜昌市主城区东部,服务整个江山多娇小区88栋楼,居民4548户、近1.4万人(其中少数民族居民458户、1328人),辖区面积0.48平方公里。近年来,江山社区坚持"江山美如画,社区暖如家"的理念,以服务居民需求为工作导向,以优化基层治理为根本目的,探索打造了"红领管家"党建综合体,以"红领管家"工作室为中心,辐射带动红领律动宣讲团、党员义务巡逻队、红领"仁心守护"专业医师志愿服务队、红领律师志愿服务队等"8+N"支服务队,从化解居民群众"急难愁盼"问题的细微处瞄准发力,以"线上+线下"模式,为居民提供理论宣讲、法律咨询、治安巡逻和心理辅导等全方位、立体化、沉浸式的服务,让居民群众逐渐从社区的服务对象转化为基层治理的参与者、共建者。社区以党建引领基层社会治理为主线,深入实施"筑堡工程",着力推进"共同缔造",有效凝聚组织合力,提升治理成效,增进民生福祉。

一、以"筑堡工程"为引领,夯实江山"共建"之基

社区融合"筑堡工程"市直区直包保单位、联合"双报到双报告"下沉干部,完善党建引领社区治理组织体系。组建1个"大支部"、22个党小组,健全"四长两队",提升基层社会治理水平。充分利用辖区商超、银行、医院、学校等资源丰富的优势,结合居民需求,打造15分钟便民生活圈。

二、以"红领管家"为依托,凝聚江山"共治"之力

社区建立以社区党委为主体的"红领管家"工作室,发挥统领作用,由社区"两委"班子、小区党支部书记、"两长三员"和社团负责人担任红领楼栋管家和红领服务管家,通过阵地驱动、制度驱动、资源驱动,为辖区居民提供生活、法律、医疗、文体等各类志愿服务。2022年,按照市区筑堡办最新要求,在"两长三员"的基础上,完善"四长两队"。

推动588名下沉干部积极参与社区治理,结合新时代文明实践站建设,打造红领律动宣讲团、退役军人长江卫士红领志愿服务队、义务巡逻队等"8+N"支志愿服务队伍。吸纳3000余人成为"宜昌志愿"平台的注册志愿者。通过积分管理等激励机制,调动服务积极性。

社区党委积极对接"大党委"成员单位泰江置业,争取到位于江山多娇三期伍家菜市场旁的空地及近500万元资金,建设现在的社区服务阵地,实现从300平方米到1774平方米的空间升级,建造邻里活动硬核空间。

有效融入各级共建单位及辖区市场主体力量,在组建小区红色业委会、开办幸福食堂等工作中发挥重要推动作用,推进美好环境与幸福生活共同缔造。

调动"64"法律咨询志愿服务队、科普文化志愿服务队等力量,定期到社区开展法治宣传活动及矛盾纠纷调解。社区自成立以来,一直保持"零上访""零事故""零刑事案件",2021年被评为全市民主法治示范社区。

针对社区辖区多民族聚居的显著特点,凝聚各少数民族居民在日常生活和生产中积极参与基层社会治理,为打造美好家园贡献了自己的力量。2022年以来,已邀请少数民族居民参加了以"元宵团结心连心·民族团结一家亲"为主题的庆祝元宵节活动,以"情系三月天·奶茶暖心间"为主题为庆祝"三八"国际妇女节活动,以"双节同庆心连心"为主题的迎端午、庆六一活动(图1),携手慰问特殊儿童等活动,进一步推进民族团结工作,筑牢中华民族共同体意识。

三、以"幸福生活"为愿景,开启江山"共享"之路

通过筑堡强基,坚持把"共谋共商、共建共管、共评共享"的工作方法贯穿社区各项工作始终。积极响应群众呼声,解决了江景一街马路牙子降坡改建,江山多娇一、二期小区道路硬化美化,规范停放非机动车辆,建设小区晾晒场等问题。

图 1 迎端午、庆六一活动

社区与"大党委"成员单位、市场主体协同发力,以居民需求到导向,为居民群众提供多样化、个性化服务。2022 年暑假开办的希望家园"石榴娃小课堂"、纳凉会"舞文弄墨"班,受到辖区居民群众欢迎。开放社区党员群众服务中心一楼大厅为纳凉点(图 2),为环卫、城管、外卖等城市户外工作者免费提供纳凉、充电、饮水、休憩等服务。

图 2 纳凉点

下一步,社区将继续深入实施"筑堡工程",推动"共同缔造",提供更全更优的服务,增强江山社区居民群众的获得感、幸福感和安全感,铺开"江山美如画,社区暖如家"幸福新画卷!

深化小区党组织建设,推进社区治理精细化

竹涛山社区打破过去小区治理中社区独木难支、"两业"组织被动参与、党员干部置身事外、居民群众在一旁看戏的困境,通过"三级组织"当支柱、"四长两队"作补充、志愿服务为抓手,将与小区建设息息相关的"五方"纳入治理体系中来,补齐小区、社区基层治理短板,提升小区综合治理能力,真正让治理模式从"单打独斗"变为"多元参与",治理主体从"条块分割"变为"区域一体",治理理念从"上层着力"转变为"基层发力",实现小区治理"一盘棋"。

一、案例背景

宜昌市伍家岗区宝塔河街道竹涛山社区东辰二号小区建成于2011年,有14栋居民楼,1392户,自管党员53人、下沉机关企事业单位党员干部418人,小区1/3以上的家庭有党员。但是,东辰二号小区并没有因为党员干部多、业主整体素质高,小区就治理得井井有条,反而出现很多问题——业主同物业公司关系紧张、小区整体居住环境不断恶化、小区业主怨言颇多。分析其主要原因,就是小区党组织架构不完善,党员群众参与小区基层治理积极性太低。

竹涛山社区在宝塔河街道党工委的指导下,打破了过去小区治理中社区独木难支、"两业"组织被动参与、党员干部置身事外、居民群众在一旁看戏的困境,通过"三级组织"当支柱、"四长两队"作补充、志愿服务为抓手,将与小区建设息息相关的"五方"纳入治理体系中来,补齐小区、社区基层治理短板,提升小区综合治理能力,真正让治理模式从"单打独斗"变为"多元参与",治理主体从"条块分割"变为"区域一体",治理理念从"上层着力"转变为"基层发力",实现小区治理"一盘棋"。

二、主要举措

(一)聚焦角色定位,健全组织架构、解决"谁来治理"的问题

为更好地管理小区党员干部,社区在东辰二号小区分别成立小区自管支部及功能型支部,分别管理自管党员和下沉党员干部,按楼栋组建14个党小组,推选68名党员中心户,健全了"小区党支部—楼栋党小组—党员中心户"组织体系。组建小区"大支部",由包联社区的市退役军区事务局正科级干部担任小区"大支部"第一书记。建强小区"四长两队",选定小区网格长、警长,推荐14名有声望、服务意识强的党员担任楼栋长,整合物业人员、下沉党员等52人,分别组建小区志愿服务队和应急突击队。

针对以往"两业"(业委会、物业公司)组织沟通不畅、联系不紧密的现象,社区党委充分发挥党组织引领作用,推动"两业"交叉任职,推动物业公司负责人担任小区大支部委员、小区党支部副书记,小区党支部成员担任业委会委员,实现四方交叉任职,并在小区大支部的领导下,建立定期协商议事制度,形成相互监督促进的良性互动。

(二)聚焦务实高效,畅通运行机制,解决"如何治理"的问题

社区充分发挥楼栋党小组、网格员、志愿服务队作用,在小区内部组建信息排查反馈小分队,采取"线下分楼栋+线上微信群"的方式,利用"敲门入户拉家常""问卷调查摸需求""QQ、微信恳谈会"等方法,逐门逐户收集汇总民情民意,认真听取居民对社区建设、小区治理的意见建议,并由小区大支部进行梳理分析研判,将居民反映最多的垃圾分类、电动车充电棚不足、高空抛物、文明养犬等10个热点问题,以及100多个个案问题纳入小区治理工作清单,及时反馈至小区党组织,做到发现问题"全覆盖、零遗漏"。小区党支部第一书记或支部书记作为大支部"五方联动"联席会议发起人,根据收集意见的情况,每周召开一次联席会,对收集的意见建议按照共性问题、个性问题、重难点问题分类分批进行分析、研判,并由参会的各位委员现场认定任务。

针对共性问题,通过整合资源、聚力借力的形式,实行专项治理,达到"解决一个,服务一片,带动一方"的效果。

针对个性问题,由相关一方或多方联合,一对一联系居民个人,点对点服务宣传,面对面解决困难,切实做到"小事不过夜、大事不隔天"。

针对重难点问题,由一方牵头、其他几方配合,积极向上争取支持,推动各方力量参

与进来,按照工作项目化、项目目标化、目标节点化的方式扎实推进,破解治理顽疾。

(三)聚焦民生实事,突出效果导向,解决"为谁治理"的问题

竹涛山社区充分发挥党组织统领作用、党员示范作用、社团宣传作用,把小区业主的满意度作为检验社区基层治理成效的唯一标准,通过关注民生实事,提升党组织的公信力、凝聚力、号召力。

通过大支部会议,组织小区党员干部开展垃圾分类攻坚月活动,定人定岗开展桶边值守,包楼栋、包居民户开展入户宣传,助力小区垃圾"定时、定点、分类"投放工作,经过一个月的攻坚,小区垃圾分类准确率达到95%以上,"定时定点破袋"投放习惯基本养成,东辰二号小区被评为2021年度全市垃圾分类"定时定点破袋"投放示范小区。

针对高空抛物问题,社区经过多方考察后,由小区党组织向物业公司提出了安装高空监控系统的建议,该提议也得到了绝大多数居民的支持。经过和社区物业公司的再三协商,决定在小区10号楼先行试点安装。第一个试点安装完成后效果明显,楼栋居民反映高空抛物现象消失了。但是,高空监控系统安装成本较高,且小区楼栋数量多,高额的安装费用成了最大的问题。社区再次召开大支部"五方联动"会议,组织小区各方力量,就高空监控系统费用的问题进行讨论,经过协商,决定以共同缔造的模式,由物业公司、公共维修资金、社会组织赞助等形式共同出资,为小区14栋单元楼全部安装了独立的高空监控系统,从源头上遏制了高空抛物的现象。

薪火相传共奋进，凝聚时代新力量

一、案例背景

宜昌市西陵区西陵街道船柴社区始建于 1985 年 5 月，原为宜昌船舶柴油机有限公司所属企业型社区。2021 年 2 月，完成社会职能分离移交转型为社会型社区；同年，完成社区"两委"换届。船柴社区总面积 2.2 平方公里，总户数 3175 户，常住人口 3411 人。社区党委下设 6 个小区党支部，自管党员 275 人，"双报到"下沉党员 44 人，组建有 15 支志愿服务队，注册志愿者 1130 人。

为深入实施筑堡工程，提升小区治理效能，社区坚持"筑堡为民、筑堡靠民、筑堡惠民"，组建了筑堡工作工作队、"小区大支部""四长两队"等，整合结对单位、居民骨干、物业服务企业等力量，引导各方有序参与小区治理。船柴社区先后获得"宜昌市最美志愿服务社区""西陵街道先进基层党组织"等荣誉称号。

二、实施目标

"三供一业"移交以来，社区党委坚持以"大事共议、矛盾共解、问题共决、难题共治"的工作方针，带动三方从"自身服务小循环"到"社区服务大循环"，持续打造"525＋"的"五乐"特色治理品牌。坚持"以人民为中心"的发展理念，建设服务人本化、设施场景化、安全数字化的小区，实现"老有所养、幼有良育、弱有众扶、居有其乐"的目标，共享"五乐"

幸福家园。

三、实践路径

(一)强化基层基础,夯实基层党建体系

一是社区阵地提档升级。2021年,403厂"三供一业"移交以后,争取了1000平方米社区阵地,坚持"修旧如旧"的理念,以"红色传承、情怀船柴"为特色定位,保留时代记忆,对阵地进行了整体规划,建成集"五乐"志愿服务站、"社区便民服务"、"百姓传声筒"小剧场、"薪火传承"社区学校等多功能于一体的综合服务场所,打造全市首个党员政治生活馆。

二是社区队伍配优配强。2021年底,社区"两委"班子换届,进一步充实了社区基层组织人员力量。开展能力提升计划,激发全体社工以学赋能、练就"能干成事"的过硬本领。根据各小区党员情况,从年龄结构、工作业绩考量优化小区各支部班子配备,培养提升小区支部成员的干事担当和履职能力,进一步夯实小区支部组织基础。

三是协商议事常态开展。始终坚持"党的组织进小区,红色物业进小区,议事协商进小区"的"三进"原则,积极搭建多元化社区协商议事平台,定期召开"五方共建"联席会,明确议事主题,解决居民诉求,利用"支部主题党日""三会一课"等方式增强协商议事的效果,有序引导居民参与小区事务管理,提高自治协商参与度和满意度。

(二)强化党建为引领,提升基层治理效能

一是构建"三方联动"治理体系。积极探索推动小区和谐、稳定的发展,建立以"三方联动"为中心的三驾马车,着力构建以党建引领下的社区、业委会、物业多方联动的"红色物业"体系,以"大事共议、矛盾共解、问题共决、难题共治"为方针,带动三方从"自身服务小循环"到"社区服务大循环"。

二是探索小区治理服务体系。坚持党建引领、多元共治、共同缔造的理念,依托"微爱十八岗""爱心集市""邻里书吧"等载体,打造乐享、乐治、乐邻、乐助、乐学的"525+"小区新格局,打通基层社会治理的"最后一百米"。

三是整合五方力量高效运行。社区党委、小区党支部、业委会、物业和志愿服务队五方合力,搭建居民协商议事会和业主协商议事会两大平台,以五乐措施参与小区治理,

根据小区文化和居民需求开通"特色定制＋"的服务,先后成立了红白理事会、传统门球队,以及整合有31年历史的以退休党员为主力军的银丝巡防队等。从文化、平安、便民服务这一系列的治理经验中,打造出"525＋"小区治理特色品牌。"525＋"也是取谐音"我爱我家",引导居民爱小家更爱大家。

(三)强化筑堡强基,筑牢邻里和谐基石

一是群众需求全摸清。坚持用户思维,聚焦居民需求,强化问题导向,通过入户走访、线上问卷、座谈调研等多种方式,面向辖区居民、市场主体开展需求调研。累计入户走访660户,线上问卷1280份,召开座谈会40余场,收集意见建议18条。根据年龄结构,重点打造"一老一小"人群服务场景,建设了活动室、健康小屋、童梦乐园、共享书屋等设施。

二是小区功能大优化。聚焦筑堡工程"一线五化"工作思路,构建"党建引领、企业投入、社会参与、社区服务、市民主体"的五方联动工作路径,聚焦15分钟生活圈,根据居民需求,推动"八大场景"融合,不断优化社区阵地二楼功能布局,打造"非遗"传承工作室、电子阅览室、舞蹈室等,开办群众喜闻乐见的各类活动和兴趣小组,用活动增强居民凝聚力和对社区的归属感。

三是小区环境大提升。聚焦群众关心的小区环境问题,充分征求居民意见,争取群众参与,深化"党建主导型业委会＋人本化"老旧小区改造,完成四合院、船柴欣苑等5个老旧小区改造。围绕构建城市安全场景,落实最严"禁违令",开展"清违行动",累计拆除违建12处、1500平方米,畅通了小区安全通道,改善了小区人居环境。

(四)强化"一社一品",打造社区特色服务

一是用好党员政治生活馆。以党史教育、淬炼初心为主题,分初心铸魂、红心向党、匠心圆梦三大板块,将党的历史和党的发展作为主线轴,引入本土党的建设发展历程,回眸百年党的辉煌历程。依托党员政治生活馆,通过"实物展览＋场景再现"等方式重温"三线建设"时期船柴人红心向党的决心,展现社区以匠心精神追逐梦想的基层治理成果。

二是做实"345"工作法。结合下沉党员、筑堡工程工作队等力量,实现"群众点单—组织派单—志愿者接单—社区晒单"服务,形成了行之有效的"345"工作法,即"三张清单""四单服务""五步议事法"。让党员"动"起来,居民"聚"起来,小区"美"起来,以治理"暖"起来为己任,通过自治共治的方式变"要我干"为"我要干",真正实现"五民工作法",

形成共商共治共享的良好局面。

三是建强"五乐"志愿服务队。培育出"俏姥姥"巾帼阳光志愿服务队和"银丝"平安巡防队两支队伍,为群众提供政策宣讲、文艺文化、安全巡逻等志愿服务,在小区内构筑"文明结邻里,互敬伴如亲"的和谐氛围。

四、实施成效与主要经验

(一)"五方共治"促进社区蝶变

船柴社区作为老工业企业社区的缩影,是典型的"三老"社区——老邻居、老房子、老生活,职工家属院普遍存在公共设施老化、停车位不足、活动空间少等问题。2020年,西陵区启动403厂"三供一业"分离移交,辖区四合院小区、船柴欣苑、船柴东苑、飞鸿小区等老旧小区纳入改造。为让小区改出特色、留住记忆,社区动员朱国荣、陈建华等一批热心公益、乐于奉献的退休干部担任小区支部书记、业委会主任,将他们发展成社区骨干力量。凝聚小区党支部、业委会、物业和志愿服务队和居民群众五方力量,常态化召开小区"五方共治"联席会,让居民参与方案设计、决策执行、改造监督全过程,通过全面改造,促进老旧小区焕发新活力。社区坚持"修旧如旧"改造理念,以"红色传承、情怀船柴"为特色定位,对社区阵地整体装修布局,打造的党员政治生活馆、时光橱窗、物业服务部,沉淀着厚重历史的"三线"文化,成为市民网红"打卡点"。

(二)"两大平台"畅通议事渠道

国企职工有习惯于"被包办"的"国企情结",要让居民从"企业人"安心变成"社会人",必须增强居民对社区的认同感、归属感。社区搭建居民协商议事会和业主协商议事会两大平台,定期收集居民需求,针对居民反应强烈的文化活动、健身休闲等问题,社区在四合院小区修建了彩色门球场,在飞鸿小区新建了"乐邻"文体广场,让居民感受到"家门口"燃烧卡路里的幸福。修建"望街""四合亭"两座休闲亭,居民自己取名、题词、装扮,成为居民休息、纳凉、聊天的最佳场所。在辖区老旧小区楼栋各楼层安装转角休息凳58个,方便老年上楼休憩提供便利。协调市公交集团,在辖区增设7路公交车站台,解决500多户老人的出行难题。通过组织居民参与协商议事,调动了居民参与社区自治热情,实现从"企业管"到"社区办"的无缝对接。

(三)"五乐服务"激发自治动力

围绕居民需求开展"乐享、乐治、乐邻、乐助、乐学"五乐服务,引导社区居民享受生活、参与治理、邻里守望、团结互助、共同进步。在社区包联单位市教育局的捐助下,社区在辖区5个小区党群连心站建立了图书角,定期组织开展居民开展读书分享活动。组建"银丝""俏姥姥"等志愿服务队,创新"乐学小剧场"法治宣传品牌。定期召开小区联席共治会,解决小区梧桐飞絮、逃生窗、生鲜超市缺乏等民生问题10余项。建立社区老年大学,常态开办舞蹈、书画、琴棋等公益课堂,丰富老年人文化生活。依托党员政治生活馆,通过"实物展览+场景再现"等方式重温"三线建设"时期船柴人红心向党的决心,展现社区以匠心精神追逐梦想的基层治理成果。

幸福云林,和美堰湾

一、案例背景

宜昌市西陵区夜明珠街道大堰湾社区位于西陵区望洲岗,东临三峡大学,西靠夜明珠路,北起黄河路,南至宜昌市第二十四中学围墙,占地总面积0.5平方公里,曾经是葛洲坝工程局汽车分局驻地、第32列车电站的所在地和葛洲坝水电工程学院大门。2021年12月,葛洲坝集团社会职能移交,辖区常住人员共计3107户、6205人,辖云林系列6个小区、11个网格、11个党支部、342名自管党员。辖区有大明市场、西苑小吃街、西苑广场3个市场,市场主体400余家。

二、实施目标

社区党委围绕城市发展稳定的大局,紧密结合城市社区建设的实际,以"幸福云林、和美堰湾"为社区特色品牌定位,以保持党同人民群众的血肉联系为核心,以服务群众为重点,构建城市社区党建工作新格局,提高社区党组织的创造力、凝聚力和战斗力,有力促进社区各项工作的发展。

三、实践路径

社区党委以党建工作为抓手,重点抓好社区队伍建设,完善社区基础设施,整治市场环境,落实民生项目,创建云林"红管家"特色品牌,打造云林路小吃文化魅力街区。

(一)抓好社区队伍建设

一是抓好社区工作人员队伍建设。社区委员、网格员12人,大专及以上学历10人,取得社会工作师资格证6人。社区大力推进全员持证上岗,激励无证人员尽早通过社会工作者职业水平考试。鼓励和支持社区工作者参加学历教育,提高社区工作人员的文化素质和职业化水平。

二是抓好党员队伍建设。健全和完善社区党组织,充分发挥党支部的战斗堡垒作用,管理好、教育好、引导好、服务好自管党员,凝聚党员力量,在社区治理和重大工作中发挥党员模范带头作用。

(二)完善社区基础设施,整治辖区环境,改善居民生活条件

一是以筑堡工程为契机,推进道路、排水管网、路灯等基础设施改造,新增晾衣架、停车棚、充电桩、石桌凳等便民设施,规划山体公园、休闲健身广场,改善居民的居住环境,丰富居民的业余生活。

二是重点推进房屋安全排查和违建清理工作,联合城管、葛洲坝集团二级单位由易到难,逐步解决葛洲坝集团单位的历史遗留问题,对辖区环境进行综合整治,提升社区形象。

(三)创建云林"红管家"党建引领社区治理品牌

社区以"党建引领、问题协商、共治共享"的工作方针,带动社区居民、商户全面参与社区治理,服务辖区居民,建设美丽家园。

云林"红管家"服务主阵地设在社区,下设云林系列住宅小区和云林路商圈两个服

务站,以党建为引领,凝聚多方力量,建立共建共治协商议事机制,大力推广"五民"工作法,共谋发展,共建美好家园。

(四)以社区"蜂巢"为基础,打造云林路小吃文化魅力街区

在夯实社区"蜂巢"阵地根基之上,新建社区"双创"服务中心,吸纳更多大学生创业群体、优秀青创人员、现有商户等参与其中,进一步扩大其辐射面和影响力。

对云林路门面进行统一规划布局,以西苑小吃街提档升级为切入口,引进地方特色美食、网红美食以及创意美食等,培育一批特色美食小店,同进嵌入学生文化、水电文化,打造小吃一条街网红打卡地。

四、实施成效

(一)社区党组织在社区治理中发挥重要作用

2020年6月,社区党支部成立,接收国企退休党员401名,11月升级为党委。2021年,明确1名牵头的副书记和1名委员进入社区"两委"班子,负责社区党组织建设,参与社区全面工作。社区党委下设10个小区党支部,老书记与新委员搭配组建支部班子,凝聚老党员力量,形成战斗堡垒。小区党支部在社区党委的带领下,积极协助解决小区"三供一业"改造问题,化解居民各类矛盾纠纷,组织业委会引进小区物业,积极参与疫情防控、文明创建等志愿服务活动,党建引领作用已初显。

(二)社区面貌焕然一新,居住环境得到改善

一是小区"三供一业"改造项目大部分已完成,小区路面、供电、供气、排水、停车、消防、安防、路灯、绿化等基础设施全面提升,新增晾衣架、电动车停车棚、石桌凳等一批便民设施,小区面貌焕然一新。

二是棚户区自建房、危房整治接近尾声,清退、安置住户151户,拆除平房6处、3300余平方米,极大改善了居民的居住环境和生活条件。

三是黄河路口排水改造工程解决了暴雨天气路口积水、车辆行人无法通行的问题,居民不再担心出行受阻,附近商户不再担心水淹货物。

(三)组建社区"蜂巢",整合市场资源

自葛洲坝水电工程学院建校以来,校门口主街云林路便成为小商户聚集地,餐饮、小吃、网吧、旅馆物美价廉,深受学生喜爱。大明菜市场品类丰富,交通便捷,是附近几万人购买生活物资的首选市场。

社区以云林路商圈为中心,整合大明市场、云林路美食街、西苑广场三大市场资源,组建社区"蜂巢",完善两个服务平台,建立六员服务队伍,提供"7+N"项服务,激发市场主体新活动,实现辖区市场主体资源共享、优势互补、效益共赢的新格局。

五、主要经验

(一)党员先锋服务更有针对性,让群众呼声有回应

通过"心愿驿站"项目,真正将党建服务触角延伸至社区,结合"社情民意平台""三议三公开"的议事制度、心愿收集完成制度,将党代会代表、人大代表吸纳到志愿服务队伍中;拓展"先锋积分"长度与宽度,通过认领机制,迅速实现配对并及时反馈,真正实现党员先锋服务以需求为导向。

(二)基层治理更有落地性,让居民自治有路径

"心愿驿站"把群众纳入其中。通过心愿书写、心愿认领与心愿评价,搭建基层治理新平台,让群众真正参与其中,既成为社会治理的受体,又成为社会治理的主体;通过将群众纳入基层治理主体,推动社区治理能级提升,让党建向基层延伸、向家庭延伸、向社会延伸,逐步实现社区居民的自我服务、自我管理、自我监督,充分发挥多元主体自治作用。

(三)组织更有凝聚性,让党员落地有平台

"心愿驿站"以社区公益为纽带,以服务民生为主线,串联辖区志愿者、企业、学校、医

院、商会和行业协会等组织,带动企业参与公益服务,形成经济效能向社会效能转化,全面激发社区党员活力,增强党员群众对党组织活动的参与度和归属感,进一步强化基层党组织凝聚力。

(四)社区资源更有整合性,让共建共享有支撑

"心愿驿站"项目以"精准有效"服务为主题,通过梳理需求清单、资源清单与服务清单,科学整合社区资源,结合民生微实事项目,打出"服务组合拳",引入更多社会资源共同策划公益活动、孵化公益项目。通过"感动社区"颁奖活动,对在心愿服务中有杰出贡献的个人或党支部组织进行表彰奖励,激发社区正能量并形成良性循环,构建文明、和谐、秩序、有爱的新型社区,让居民更有安全感、幸福感和获得感。

党建引领社区治理,共建共享幸福家园

一、案例背景

宜昌市西陵区云集街道桃花岭社区成立于1986年,下辖9个小区,有居民楼89栋139个单元,居民由机关企事业单位在职人员、离退休人员、外来购房人员等群体构成。小区房屋多建于20世纪80—90年代,老旧杂居小区占比89%,公共设施老化、道路坑洼不平、下水道易堵塞、停车位匮乏、邻里关系淡漠等诸多问题普遍存在,给社区社会治理工作带来极大挑战。

为彻底改变老旧小区现状,桃花岭社区始终坚持把党的领导贯穿社区治理全过程、各方面,坚持共同缔造理念,充分发动市区包联单位、街道社区、驻地企事业单位、小区大支部、党支部、业委会、党员、居民群众等多方力量,解决居民群众房前屋后、针头线脑的"急难愁盼"事,将老旧小区转化为有温度、有活力的幸福家园。

二、实施目标

健全完善全覆盖横向到边、纵向到底的基层治理体系,织密小区治理"一张网"。搭建"五方联动"议事平台,发动党员积极参与基层治理,确保基层问题在源头被发现并及时得到解决。常态化开展"场景怎么建,请您来点单""小区怎么管,居民说了算""物业怎么样,居民来评判"等活动,实现党建引领下居民共建共治共享的良好局面。

三、实践路径

（一）建强基层组织体系，激活社区治理"神经末梢"

健全完善全覆盖纵向到底、横向到边的基层治理体系，形成"社区党委—小区党支部—楼栋党小组—党员中心户"四级组织架构，横向聚集小区业委会、物业服务企业、群团和社会组织、志愿服务队、应急突击队等群体，织密社区治理"一张网"。一是做实社区大党委。吸纳驻地机关、企事业单位、非公企业中的党组织为成员单位，由包联区级领导担任社区大党委第一书记，每季度召开共治联席会，共商共解社区治理难题，推动党员干部下基层察民情解民忧暖民心。二是建强小区党支部。按照应建尽建原则，全覆盖成立9个小区党支部、17个楼栋党小组，推选82名党员中心户，选优配强"四长两队"（即网格长、楼栋长、单元长、警长、志愿服务队、应急突击队）人员236名，服务居民日常所需。三是组建小区大支部。宜昌市城发集团、西陵区财政局选派9名党员干部担任小区大支部第一书记，从业委会、物业公司、社会组织、包联单位和志愿服务团队中，推选21名优秀党员担任大支部委员，搭建"五方联动"议事平台，落实"周周碰""月月议""季季评"工作机制，确保问题在小区发现并及时解决。

（二）发挥党员先锋作用，焕发社区治理勃勃生机

摸清党员情况，组建"1＋N"志愿服务团队（即1个专职网格员，N个志愿网格员），发动党员带头做志愿网格员，带动200余名热心居民积极参与，划定党员责任区，明确岗位职责，共同服务居民日常需求。一是党员亮身份明职责。全面摸底辖区内党员情况，将自管党员编入小区党支部、楼栋党小组，按照就近方便的原则设置党员中心户，便于党员集中，利于党员活动。按照平战结合方式，将有时间有精力的下沉党员编入小区大支部、志愿服务队、应急突击队。制作党员责任区公示牌，划定责任区域，公布联系信息，承诺带头事项。二是党员做表率当先锋。腾退公共空间是老旧小区改造中需要攻克的"娄山关、腊子口"，社区党委唤醒党员身份意识，引导党员主动腾退公共空间、自费拆除自家违建，带动其他居民群众共同监督违建行为，拆除违建。组建"1＋N"志愿服务团队18支，开展安全巡逻、入户走访、帮办代办等志愿服务，吸引居民参与社区治理。设置党员"达人"工作室，提供理论学习、兴趣交流、参与社区治理的平台。促成小区党支部书记、业委会主任"一肩挑"，成员双向交叉任职。结合居民群众需求，新建口袋公园2个、

安装健身器材2处、添置休闲椅10余处、新增全封闭垃圾亭12个、集中晾晒点位10个,以满足群众需求,提高生活品质。

(三)整合各项资源要素,助力社区治理赋能添彩

借助宜昌市实施"筑堡工程"契机,转化资源、服务、平台下沉等资源要素,让社区治理工作力量呈指数增长,治理效能与居民幸福指数实现双提升。一是借助辖区单位力量。社区党委充分发挥党建引领作用,发动辖区单位参与共治共建。争取资金3.3万元,支持社区党群服务中心阵地建设,帮助解决工作人员午餐问题,修复小区雨棚钢柱、路面坑洼、人行护栏,安装小区大门,制作公益广告、设置路灯等;争取残疾人帮扶项目支持,联合开展文艺活动及志愿服务活动,维护小区停车秩序,保障文明创建和拆违工作顺利进行。二是用好社会组织力量。争取辖区内闲置办公用房资源,建成800平方米的桃子剧场;以群众需求为导向,联合社会组织每月开展全民健身、书画培训、皮影戏演出、长江大保护、葫芦丝培训等公益服务课程,群众参与率达90%以上,让居民不出社区就能满足文化需求,增强居民幸福感。聚焦服务"一老一小",引进培育"贰月剧场"、中医理疗、艾肯生态环保、手绘等18家社会组织,常态化开展上门义诊、康复按摩、托幼托育等公益活动,做到"老有所乐、幼有所育"。三是挖掘历史文化元素。创建景区式文创街区,通过打造随处可见的桃花元素、老宜昌历史风貌长廊,营造轻松、解压、舒缓身心的氛围。在街头景观和场景设施中嵌入社区独有的地域文化,向居民征集老物件、旧照片100余件,展示"记忆桃花岭",唤醒居民对城市的记忆,增强归属感。

(四)运用共同缔造理念,激发社区治理动力源泉

坚持共同缔造工作理念,用好"五共"方法,发动居民群众全过程参与社区治理,密切干群关系,实现治理成果共享。一是决策共谋察民情。从"从坐办公室想民所需"到"一线工作法问民所需"转变,通过入户走访、问卷调查、小程序等方式,收集居民在文化休闲、绿化美化、康养医疗等方面的需求,切实把群众需求找准找实。开展"桃花树下坝坝会",请居民下楼唠嗑,充分梳理辖区各类资源,形成可调用的资源清单和可落实的项目清单,与居民共谋社区治理难事。二是发展共建聚民心。在社区治理中把自主拆除违建、自觉交清物业费作为小区改造的前置条件,发动900户居民"捐资入股"参与小区改造。组织桃花岭街区10多家商户代表前往武汉昙华林、汉口里等成熟街区实地考察,带动20余商铺从被动观望变为自主改造,将店铺打造成街区景点,吸引客户前来打卡。居民邀请意大利设计师朋友来社区调研,免费为文化休闲场景建设出谋划策,汇聚群众智

慧为街区设计了一系列主题 logo。三是成果共享惠民生。探索落实"全科社工、岗在小区(网格)"工作机制,在街区显著位置打造"筑梦桃岭社会工作站",社区网格员和社会组织工作人员联合办公,现场解决居民群众难题。将老旧小区改造和基础设施场景建设深度融合、一体推进。在老旧小区改造中,拆除违建 35 处,改造楼栋 162 栋,2000 余名居民受益,安装智能门禁 200 余套,规划设计 2 个幸福食堂,建成运营社区医务室 1 个,构建集文化休闲、平安法治、邻里生活、健康医疗等八大场景于一体的"15 分钟服务圈",让居民休闲有去处、邻里关系近、矛盾纠纷少、健康有保障。

四、实施成效

(一)基本形成社区治理长效机制

在 9 个小区形成小区党支部领导下的多元治理模式。推动小区党支部与业委会"双向进入、交叉任职",打造桃花苑小区等 5 个"红色业委会"。通过党员带头亮身份、亮承诺、认领责任区,营造邻里之间互帮互助的良好风气,通过市直包联单位城发集团引入专业物业服务公司,促进小区有序自治;在老旧小区改造过程中,突出党组织主导、党员表率作用,打造倾听民意、汇集民智、凝聚民心的幸福家园。

(二)精准回应群众所思所想所盼

持续推进民情走访,广泛收集群众需求,及时回应群众呼声,形成"居民有需求,党组织下单,包联单位接单"的项目认领机制;召开"桃花树下坝坝会",促进供需有效对接;探索实践"全科社工、岗在小区(网格)"等群众工作法,及时了解群众所需。同时,充分利用辖区闲置办公用房资源,打造"桃子剧场"党建睦邻中心,放大社会组织联系千家万户的效应,提供文化休闲、心理咨询、上门义诊、康复按摩、托幼托育、纠纷调解等"近邻"服务,实现民生服务不出社区。

(三)厚植群众共同缔造理念

大力践行决策共谋、发展共建、建设共管、效果共评、成果共享的"五共"方法,走好新时代党的群众路线。围绕"场景怎么建,请您来点单""小区怎么管,居民说了算""物业怎么样,居民来评判",注重组织群众、宣传群众、凝聚群众、服务群众,充分尊重居民意愿,激发居民群众在社区治理中的"主人翁"意识,变"你和我"为"我们",变"靠政府"为"靠大家"。让居民群众通过捐资入股、开设达人工作室、管理公共区域、参与志愿服务等多种方式参与建设,在参与社区治理中得到实实在在的"红利",不断提升群众的获得感、幸福感、安全感和满意度。

五、主要经验

(一)强化党建引领,让群众身边有党的组织

面对老旧小区边界不明显、人员复杂、党的组织和工作有效覆盖不够等问题,桃花岭社区选出威望高、干劲足的自管党员担任小区党支部书记、楼栋党小组组长,把党组织延伸到小区、拓展到楼栋,把服务阵地搬到居民身边,让党组织成为居民遇事的"压舱石",让党员成为社区治理的"排头兵"。

(二)回应群众需求,让群众所思所盼有始有终

老旧小区基础设施差、遗留问题多,居民群众对城市更新的愿望尤其强烈。桃花岭社区先从解决环境卫生、道路破损、文化休闲、上楼累、停车难、晾晒难等居民的"心头痛"入手,办好了一批居民房前屋后、针头线脑的小事实事,赢得了居民群众的认可和信任,为后续社区治理的推进创造了条件。

(三)培育社区文化,让群众备感温暖和幸福

老旧小区改造,改善硬件设施是基础,加强市井味、文史感、烟火气更为重要。桃花岭社区对外招募各类社会组织,对内培育居民达人,通过举办桃子集市、传承传统节日、文艺文创、心理咨询等一系列活动,打造桃花元素、恢复老宜昌风貌、征集展示老物件,唤醒居民城市记忆,培育了"美好生活、幸福桃岭"的社区文化,把昔日基础设施陈旧、邻里关系淡漠的老旧小区变成了环境优美、其乐融融的大家庭,为社区治理另辟了一条有温度有感情的蹊径。

(四)整合资源平台,让社区治理本固枝荣

老旧小区改造,需要大量人力、资金投入,迫切需要多方共同参与。桃花岭社区抓住全市"筑堡工程"首批试点社区契机,社区大党委凝聚社区党委、小区党支部、小区业委会、物业、包保联系单位"五方联动"力量,每季度召开共治联席会,提出居民需求清单,引入包联单位资源,解决居民群众"燃眉之急",保障了社区治理成效。

党建引领提升小区功能设施，共同缔造幸福之家

一、案例背景

以党建引领基层治理为主线，发动居民群众以决策共谋、发展共建、建设共管、效果共评、成果共享为路径，共同缔造"幸福家园"。过去，没有合理地划分居民小区，各小区在各单位、地块、网格之间互相穿插，在杂居和物业小区之间穿插，对后期工作的开展造成了极大的不便。社区根据实际情况和群众意见，合理地划分居民小区，多次与业委会、物业公司进行沟通协调，指导业委会召开各小区业主大会选聘物业公司，完成小区移交并与物业公司签订了物业管理合同，两个物业小区开展新物业公司选聘工作，并顺利实现平稳交接。

二、实施目标

根据辖区困难群体人数较多的实际，常家湾社区创建社区志愿服务品牌"寻常百姓家"，面向社区党员、群众、社会组织召集志愿者组建社区志愿服务队伍，开展"五微"服务。社区接下来会结合"寻常百姓家"志愿服务品牌，开展多元化志愿服务活动，将常家湾社区打造为服务"专心"、党员"聚心"、群众"欢心"的幸福之家。

三、实践路径

一是采取共商共议的方式,收集群众意愿、根据各小区实际情况,制定适合的功能设施提升方案,共筹共建共享便利生活。

二是组织小区党支部、业委会、党员代表、居民代表、物业公司、对口单位多次召开"坝坝会"、协商会,大家共同建言献策。

三是动员发动广大居民共同参与、共同管理、共同评价、共同维护、共同发展,让"幸福之家"真正让居民获得安全感和幸福感。

四、实施成效

一是"物业管理再延伸,筑堡成就幸福路"。肖家岗A区是夜明珠街道典型的葛洲坝老旧小区。自筑堡工程开展以来,社区联系市、区对口单位积极组建筑堡工程小区工作队,紧贴居民需求和实际困难开展包联工作。其中,肖家岗A区老旧小区停车难问题在广泛搜集群众意见中被提及一百余次,在所有意见中高居榜首。

常家湾社区实现物业管理全覆盖后,工作队通过实地走访和了解周边群众意见,建议将居委会附近道路纳入物业统一管理。市、区对口单位和社区党组织多次召开小区议事协商会,深入小区,对接小区支部书记、网格员、业委会、物业及居民代表,以"坝坝会"、恳谈会的形式掌握小区状况和居民需求并建言献策,同时邀请交管部门实地调研。经过多方不懈努力,最终交管部门同意将上岗路9号至肖家岗路16号这一段约800米的路段纳入小区物业统一管理。物业管理延伸到小区外,逐步规范该片道路停车秩序,极大地增强了居民对筑堡工程的获得感、幸福感。

二是提升小区功能设施。通过链接资源、共筹共建方式,在小区范围内增设便民饮水机4组、智能快递柜5组、电动车充电棚9处、楼栋楼梯扶手1处。

五、主要经验

(1)书记率领社区"两委"带头开展活动,广泛宣传,发动群众;通过"四长两队"广泛宣传发动,收集社情民意,积极建言献策,推动工作落实。

(2)运用微信、视频、抖音等宣传渠道,深入宣传活动的重要意义和部署要求,及时向居民反馈工作进展情况和实际成效。

党建引领,共同缔造"邻里生活"小区

以党建引领基层治理为主线,持续做实社区、做精小区,发动居民群众以决策共谋、发展共建、建设共管、效果共评、成果共享为路径,共同缔造"和谐社区、幸福馨苑"。平湖馨苑 A 区老龄人口多,对拆迁前的邻里生活有着情感羁绊,通过前期以问卷调查的形式了解到居民对文化休闲场所的需求达到 82%,同时为了更好地传承老一辈葛洲坝人的精神,拟打造 A 区"邻里生活"场所,满足居民的文化和生活需求。

一、实施目标

围绕"幸福馨苑"的社区形象定位,在 2022 年底,探索出共同缔造的"馨愿模式",打造"宜居型、自治型、暖心型、平安型"拆迁安置新小区,率先在 A 区打造共同缔造示范小区,使人民群众获得安全感和幸福感。

二、实践路径

一是采取共商共建的方式,收集群众意愿,根据 A 区实际情况,制定适合的打造方案,共筹共建共享便利生活。

二是组织小区党支部、业委会、党员代表、居民代表、物业公司、对口单位多次召开协商会议,针对初步方案进行调整,大家共同建言献策。

三是链接小区资源,利用物业公司对口单位资源,筹划打造小区的资金和技术方面的支持。

四是动员发动广大居民共同参与,参与共同出资、共同管理、共同评价、共同维护、共同发展,让"邻里生活"小区真正使居民获得安全感和幸福感。

三、实施成效

一是打造"共享式"花园社区。在小区利用闲置绿地作为"共享花园"用地,由物业统一管理,给喜欢种植和沿街的12户居民发放绿植种子,居民自己养护"玫瑰长廊""花园小筑",花种成活率95%,接下来就是静待花开了。

二是打造"邻里生活"广场,通过共筹共建方式,拟增设便民桌椅15处,计划使近400名居民获得公共服务场所,打造居民聚会休闲、议事协商的区域。增加儿童游乐设施3处,形成共建、共治、共享的社区"花园"小区模式。保障小区绿化环境的同时,又促进了睦邻交流。目前筹集共同缔造资金2.6万余元。

四、主要经验

(1)书记率领"两委"干部带头开展活动,及时到支部、户广泛宣传,发动群众;通过"四长两队"广泛宣传发动,收集社情民意,积极建言献策,推动工作落实。

(2)加强正面宣传和舆论引导,充分利用微信、视频、抖音等宣传渠道,深入宣传活动重要意义和部署要求,及时向群众反映工作的进展情况和实际成效。大力宣传先进典型,适时曝光反面案例,凝聚正能量,营造向上向善良好氛围。

(3)要以改革创新的精神破除"共同缔造"活动推进中的政策瓶颈和体制机制障碍,链接多方资源,对接各方平台,优化整合资源。重点是强化基层信息化建设,让群众能够在家门口办事、掌上办事,增强基层服务群众的能力。

好的环境需要你我共同缔造，齐心协力才能创造美好生活

一、案例背景

自开展"美好环境与幸福生活共同缔造"活动试点以来，宜昌市西陵区夜明珠街道镇平路社区牢牢把握精神实质，深入践行"五民工作法"，贯彻落实各项部署要求，不断推深做实党建引领基层治理。

二、主要举措

(一)党群联手聚合力，多方联动显担当

为切实解决好居民身边的小事，镇平路社区积极对接市、区直挂点单位，第一时间成立了包联社区和小区筑堡工作队，在各小区成立小区"大支部"，组建"四长两队"，挂牌党群连心站，召开"五方联动"会议，共同研究推进党建引领基层治理。坚持每月一次"碰头会"，重点用好共同缔造理念，坚持共同缔造的三个原则：问需于民、问计于民、问效于民。下沉党员干部深入一线入户走访，直面难点、痛点，精准了解居民群众所思所忧所盼。坚持把解决居民群众需求作为推进基层治理建设的切入点，当发现群众的烦心事，就立即组织协商解决，镇平路社区旁的镇镜山杂居小区由十余栋老旧房屋组成，之前都是居民们双脚探索走出的一条"狭窄小路"，路旁经常性有碎石绊脚，生活垃圾与杂草并

生,严重影响了居民出行和人身安全。为此,社区立即发动共建单位下沉党员们、小区业委会、党员中心户共同商议,主动对接"三供一业"改造方,共同探讨解决方案,有的居民让出了"陪伴"十几年的小菜园,有的当起志愿者,帮助说服其他群众拆除违建。很快,在大家的共同努力下,修路的工作顺利开展并高效完工。小区终于有了宽阔平坦的水泥混凝土路了,真正解决了居民的实际困难,推动居民群众获得感、幸福感不断增多。

(二)强阵地惠民生,服务送到心坎上

镇平路社区始终坚持以人民为中心,为扎实推进"筑堡工程——场景怎么建,大家来点单",以辖区文化广场为阵地,将主动权和话语权让给党员、居民。社区共邀请到共建单位下沉党员、辖区党员代表、居民代表50余人,共同参与、现场征集意见,并现场进行商议,在原有的居民文体活动广场打造一个融"法治元素"和文化元素为一体的法治文化广场。社区法治文化广场与原有的居民文体活动广场形成互补,既实现广场文化元素与法治元素静态相融,又让居民群众在休闲健身中自然接受法治文化的熏陶,潜移默化地了解法治理念,从中汲取法治文化精髓,提高法律法规意识,牢固树立法治观念,更好地满足居民群众的法律文化需求,使普法宣传在基层社区更加"接地气"。

"法治文化广场不仅为我们提供了休闲、娱乐、健身的场地,而且还能在潜移默化中感受到法治文化的熏陶,这真是把服务送到了我们的心坎上。"镇平路居民张先生竖起大拇指称赞道。下一步,镇平路社区在场景打造、在缔造美好环境与幸福生活的道路上,将一步一个脚印,把路走得更坚实。

(三)察民情办实事,共享缔造幸福果

镇平路社区纵深推进"共同缔造",聚焦居民所需所盼,广泛统筹各方资源,激发居民参与社区治理的热情和活力,共同缔造社区美好环境与幸福生活。位于镇平路社区北侧的镇镜山公园是城市的重要组成部分,它见证了历史的变迁陪伴着一代代人的成长,但其硬件条件也明显滞后于城市的发展。因此,提升改造公园,对于增强群众生活幸福感,提升城市的颜值具有重大意义,更加有利于推动惠民生、推进城市更新。与此同时,公园改造也面临着资金压力大、维护管理难,特别是改造实施过程中,沟通机制不健全,居民的诉求没有得到足够重视等问题。面对公园改造之困,镇平路社区以共建共治共享的思路统筹各方协调解决。一是精准施策,让大事小情落到实处,了解百姓需求是基础和关键。怎样改造、如何利用,都请居民来说道,无论是入户收集居民"好声音",还是大支部在小区召开"坝坝会"汇集"金点子",社区发动居民主动参与并共同谋划。在各小

区问卷调查中,居民就公园设施、灯光、文化氛围、绿植、周边设施等改造需求共收集意见680条,居民参与度达75%,真正让居民从旁观者变成参与者。二是把住底线要求,坚决把民生工程做成群众满意工程。公园改造还需吸引社会力量进入改造领域,能够弥补财政投入的不足。社区积极对接市住建局、葛洲坝基地管理局、设计公司等,主动吸引各类社会力量参与到改造中来。召开社区"大党委"联席会,邀请相关单位参与"讨论镇镜山公园二期项目建设及共同缔造新模式",市住建局、设计单位就共同缔造镇镜山公园二期建设方案进行讲解;同济大学社区花园与社区营造实验中心、四叶草堂就团"园"行动进行宣传和动员;会上提出可行性建议,就目前决策共谋、发展共建、建设共管做任务认领。三是公园改造完成之后,需要大家共同来维护。社区组建了志愿服务队,让居民们自觉地当好城市的"主人翁"。同时,公园改造是城市更新的重要一环,事关千家万户,只有听民声知民意,才能够真正改到老百姓的心坎里,才能不断促进城市风貌的提升,优化城市功能。

"积土而为山,积水而为海。"开展共同缔造行动,是满足人民群众对美好生活向往、解决群众急难愁盼问题的重要举措,是夯实基层基础、推进基层治理体系和治理能力现代化的有效途径。下一步,镇平路社区将继续纵向挖掘共同缔造的深刻内涵,以高度自觉的责任感、使命感,把"共同缔造"活动落实在点滴、在日常,让群众生活幸福、心有归处。

第二篇

党建方法类

创新"五联"工作法，打造宜居幸福社区

湖北省农科院社区党委在区委、街道党工委的坚强领导下，践行基层党建"1314"工作体系，强化社区党委的领导核心作用，把握党建引领基层社会治理主题主线，立足辖区高校、科研院所以及共建单位资源优势，创新"五联"工作法，整合治理力量，孵化社会组织，推动居民"齐"参与、"愿"参与、"能"参与、"真"参与、"常"参与社区事务，形成以"多元主体、多元平台、多元服务"为基本架构的社区治理新格局，着力打造文化和谐、人际和谐、环境和谐的宜居幸福社区。

一、案例背景

武汉市洪山区狮子山街道省农科院社区位于洪山野芷湖西岸南湖大道南湖瑶苑，占地面积约3平方公里，社区现有居民4143户、11780人。党员群众服务中心建筑面积5300平方米，由省农科院和洪山区政府共同出资建成。设有社区大食堂、便民超市、省农科院离退休干部活动室、社区教育活动室、书画室、青少年空间、张小霞名书记工作室、妇女之家、"农博苑"科普室、文体活动室、党员活动室以及社区大舞台。

在新时代、新形势、新要求的背景下，省农科院社区主要面临两方面的问题。一是服务对象多样化对社区精准服务能力提出新挑战，省农科院社区所辖范围由原先单纯的职工宿舍区逐步扩展为新型小区、老旧小区、职工宿舍区、村湾组成的混合型社区，服务对象也在单位职工及家属的基础上增加了小区业主、外来租户等人群，小区、居民的多元化带来了服务需求、沟通方式、生活方式的多样化，社区针对不同人群提供精准服务的能力有待进一步提升。二是服务主体多元化对社区统筹协调能力提出新要求，目前省农科院社区已由单位加社区为服务主体转变为红色物业、单位、社区共治共管，近年

来虽然社区整体环境持续向好,但是在进一步调动多方服务主体的积极性,形成齐抓共管的合力方面还有进步空间。

二、实施目标

坚持问题导向,瞄准传统单位型社区向现代化混合型社区转型过程中存在的短板弱项,着力构建以自治为本、法治为纲、德治为根的"三治"融合治理理念,推动社区党组织由服务提供者变成领导者、协调者、监督者,提升治理水平,增强居民群众的获得感、幸福感和安全感。

依托社区共驻共建单位资源优势,充分发挥社区大党委统筹协调功能,整合下沉党组织、党员干部力量,建立常态化沟通联络机制,构建全面精准精细的社区服务体系,践行"四全"服务理念,有力推动区域内党建融合、资源整合、治理结合,形成组织联建、党员联育、事务联商、资源联用、服务联享的区域化党建新格局。

三、实践路径

整合社区30多项服务内容,持续打造"15分钟"生活服务圈,围绕"需求、项目、资源"三张清单,不断做实做细政务服务、生活服务、法律服务、文体服务、关爱服务、党员服务和特色服务"七类服务"。

一是优化政务服务。社区设立服务窗口,代办居民社保、医保、低保、残疾人证、老年证等事务服务,开展政策培训、工作人员互联,做到社区服务不断档,居民群众少跑腿。

二是提升生活服务。通过发放便民信息手册(卡)、利用社区网站、公示栏公示信息等方式,对辖区内生活类服务资源情况进行公示。针对社区老年人多的特点(60岁以上的老年人1200余人,其中80岁以上的高龄老人260余人),社区与省农科院共建大型医疗服务站,开设"乐龄居"便民服务超市,并与社区内的养老机构积极配合,为老年人提供养老、医疗、便民生活等服务。

三是深化法律服务。在夯实法律正约束的基础上,采取早发现、早干预、早解决的矛盾调处理念,依托社区律师、"巧嘴妈妈"、下沉党员等有生力量主动收集信息、发现风险,尽量将矛盾消除在萌芽状态,将纠纷化解在微小时期。同时注重培养社区工作者的法治思维,在应对人民群众各种诉求和处理各种突发事件时,注意运用经济、政策、行政、法治等手段。

四是丰富文体服务。社区成立了9支文体团队,积极开展迎新春文艺汇演、元宵节文艺演出、戏曲文化艺术节、重阳节敬老文艺汇演、社区文化艺术节、经典诵读、"家风家训"宣讲、电影进社区活动、书香满社区等形式多样、老少皆宜的文体活动,丰富了居民群众的精神生活,形成了健康向上的社区文化氛围。

五是做实关爱服务。组织发动党员和志愿者,建立关爱、帮扶机制,为困难居民、弱势群体、特殊人群提供人文关怀、心理慰藉、情感陪护等服务,尤其在传统节日来临之际,组织上门慰问,从生活上关心,精神上关爱,让他们感受党的温暖。创新开展小心愿认领活动,组织进社区下沉党员和直管党员认领居民小心愿,每年实现小心愿60余个。

六是规范党员服务。做好党员组织关系转接,落实"三会一课"制度,开展"温誓词、忆初心、赠良言、送诤话""星级争创""身边好党员"评选等活动。整合下沉党员力量,组织下沉党员加入16支志愿服务队伍,设立26个下沉岗位,发布各类活动60余次。组织党员定期慰问困难户和困难党员,以活动和关爱增强党组织的凝聚力,促进党员更好地发挥作用。通过理论学习和活动实践,不断增强党员党性意识,让基层党组织工作在社区焕发勃勃生机。

七是探索特色服务。充分发挥名书记工作室传帮带作用,参与"鸿雁领航"读书班工作,增强与年轻社区工作者学习交流。依托"农博苑"科普馆向青少年普及农业知识,从小培养知农、爱农情怀。培育孵化社会组织,组建专业服务团队,在满足本社区居民服务需求的基础上,将服务延伸至全区十余个社区。与人民日报传媒服务屏联合开设智能社区信息宣传栏,帮助居民直观地学习和了解最新政策和信息。

四、实施成效

(一)组织联建强内力

在街道党工委的指导下,建强纵向到底的"社区大党委—小区(片区)党组织—楼栋党小组—党员中心户"四级组织架构,强化组织引领作用,延伸党的工作触角,社区党委下设3个小区党支部,成立27个楼栋党小组,选出89个党员中心户,其中有80名为积极参与基层社区治理的下沉党员干部。成立横向到边的社区大党委,由辖区省农科院14个二级单位、2所共建高校、2个下沉单位党组织共同组建而成。大党委成员单位省农科院党委高度重视社区建设,派驻后勤服务中心党委书记担任社区"第一书记",指导基层党建工作。2022年结合下基层察民情解民忧暖民心实践活动,"大党委"单位主要成员分别认领任务,为社区解决了6个困扰社区及居民的突出问题。全体党员落实"双报到双报告"制度,战时抓防疫,平时抓服务,参与扩面核酸检测40余次,卡口值守1000

余人次,深入居民家中宣传安全知识,对老旧危房屋进行安全排查,并对公房进行安全鉴定,消除安全隐患,确保人民群众生命财产安全。

(二)党员联育强活力

社区紧密联系大党委成员单位党组织,常态化组织活动,通过共同开展支部主题党日、共过组织生活,加强理论学习,提高政治素养,引导广大党员干部参与社区治理,促使党员更好地发挥先锋模范作用,形成"党员共育"的良好氛围。2022年以来社区与大党委成员单位党组织联合开展多种形式的主题党日活动3次,传达学习习近平总书记重要讲话精神3次。深化与省农科院合作,共同开展以"文明节俭庆元宵,廉洁清风进家庭"为主题的元宵专场活动;与共建高校武汉城市职业学院联合开展读书分享会活动;与大党委单位区纪委监委同上党课,并同社区党员一起围绕"年轻干部扣好廉洁从政第一粒扣子"进行专题发言。通过以上举措,密切了社区党员与辖区在职党员的联系,增强了党员队伍活力,提升了党组织凝聚力。

(三)事务联商强合力

打破体制机制壁垒,通过社区大党委联席会、议事协调会等载体,建立常态化沟通联络机制,共同研究讨论党的建设、"平安综治"、项目建设等重要事项,加强互联互通。围绕居民群众得实惠目标,立足下沉单位职能职责,通过事务共商,制定下沉服务项目清单,形成10余项共建项目,助力社区丰富服务内容。引导大党委成员单位主要领导和其他班子成员定期到社区开展社情民意调研,掌握实际情况,解决实际问题。比如,为解决便民核酸检测点问题,省农科院后勤服务中心投入10万余元,对场地进行平整,更换照明设施,解决水电等配套设施。省农科院提供专用房间并投入资金进行装修,用于瑶苑小区应急场所建设,目前已经投入使用。为解决全院集中核酸检测与紧急避险场所、职工活动场所设施不完善的问题,省农科院计划投入近8万元更换老旧设施,加装LED照明灯,完善篮球场设施,为职工活动提供良好条件。为解决居民电动汽车充电难问题,省农科院后勤深入调研,广泛征求群众意见,选择人流量大、方便居民的场所新建充电桩,满足居民的充电需求。

(四)资源联用强实力

打破辖区单位与社区之间有形无形的"围墙"实现资源共用,社区党群服务中心大楼面向省农科院所有职工和周边居民开放,食堂由单位职工和社区居民共用,每日满足700余人次就餐需求。"农博苑"科普馆对省农科院主要农业科研成果进行展示,社区开办的舞蹈班、京剧班、青少年托管班等面向居民广泛招生,社区综合演艺厅与省农科院共用。省农科院各专业院所的蔬菜培植基地、农产品加工基地等作为社区的科普培训基地,年均接纳300余人次参观。依托区妇联、区团委等部门进社区的力量,打造了社区妇女之家的"小霞微家"、市级青少年空间,为辖区内妇女儿童提供手工制作培训、少儿托管等。加强与辖区子弟学校的联系与互动,组织社区青少年参加科普教育、节日庆祝、评选表彰、义务劳动、文明礼仪等活动,实现了辖区学校资源的共享。

(五)服务联享强效力

发挥基层党组织的纽带桥梁作用,引导大党委成员单位积极参与社区治理,解决"常态化疫情防控""小区物业社会化管理""社区环境治理"等民生问题。依托共建单位和下沉党员力量,将600余名下沉党员组编入社区16支志愿服务团队,参与社区抗洪防汛、文明创建、人口普查、环境治理、社区议事、治安巡逻、法律援助、宣传普及、扶贫帮困、平安社区等工作,形成"群众需求—社区搭桥—团队回应"的良性链条。疫情期间协调共建单位600余名下沉党员加入社区9个网格疫情"五包一"工作队,参与辖区内3个小区7个门岗值守工作;参与包保楼栋排查、社区联防联控系统排查等工作;组建13支下沉社区青年突击队共计300余名下沉党员随时待命,参与协助社区开展扩面核酸检测等紧急任务。

五、主要经验

(一)以自治为本,提升服务硬实力

社区充分运用居民自治力量,多措并举,拓展丰富服务内容,依托辖区单位专业维修人员、小区物业人员和社区志愿者等力量组建社区家政服务团队、志愿服务队。召集社区文艺骨干力量,组建京剧社、"大地合唱团"等文艺团队,组织传唱红色经典,弘扬传统文化。联合省农科院卫生服务中心,建立社区医疗服务站,为居民提供便利医疗服务。依托"张小霞名书记工作室"党建工作品牌,开设名家谈心室,帮助化解居民矛盾纠纷,培训社区干部。孵化"乐家"社会组织,为居民提供日常生活、精神文化、家庭教育等方面的服务,满足居民多元化需求。推动辖区2个小区成立业委会或物业管理委员会,对物业服务进行监督、评价、管理。建立三方联席会议制度,小区党组织定期召集业委会和物业企业负责人召开三方联席会,共同研究小区建设、管理、服务中的重大事项,切实提升小区治理水平,改善小区居住环境。

(二)以法治为纲,夯实法律正约束

借助社区驻点律师、民警等法律工作者力量,开展法律知识普及、法律咨询、法律援助、诉讼代理等专业法律服务。运用"巧嘴妈妈团"、"家事调解站"、居民律师等资源,提供婚姻家庭辅导、婚姻法宣传、民事调解等基本法律服务,化解各类矛盾纠纷。其中具有社区特色的"巧嘴妈妈团"作为重要的矛盾纠纷调解力量,由9位热爱公益事业的妇女姐妹在社区党委的指导下组成,康兰英同志为团长,罗艳兰同志为副团长,成员个个是巧嘴,人人是女强人,善于通过法律手段维护弱势群体的合法权益、缓和家庭成员之间的紧张气氛,对夫妻之间的矛盾化解、对年轻人的敬老教育都"自有一套"。她们用有感情、有温度、有力量的话语,促进了和谐文明社区建设,增强了居民用法律维权的意识。

(三)以德治为根,筑牢民风道德墙

社区以习近平新时代中国特色社会主义思想为引领,大力弘扬社会主义核心价值观,传播中华优秀传统文化,推进社会公德、职业道德、家庭美德、个人品德建设,培育心口相传的社区精神。打造"廉政文化"和"家风家训"文化长廊,营造社区文化氛围;举办"道德讲堂",开展"身边好人"推荐和评选活动,选树身边典型,传承中华美德;开展"身边好党员""五好家庭"等多种形式的评选表彰活动,增强居民群众对社区的认同感、归属感、责任感、荣誉感,营造出家庭和美、邻里和谐、居民幸福的良好社区氛围。

"四线合一"锻造老旧小区

习近平总书记在考察武汉、深入东湖新技术开发区左岭街道智苑社区时指出,社区是城市治理体系的基本单元。我国国家治理体系的一个优势就是把城乡社区基础筑牢。要加强社区党组织建设,强化党组织的政治功能和组织功能,更好发挥党组织在社区治理中的领导作用,更好发挥党员先锋模范作用。要把更多资源下沉到社区来,充实工作力量,加强信息化建设,提高应急反应能力和管理服务水平,夯实城市治理基层基础。近年来,武汉市武昌区紫阳街道水陆社区党委积极探索党建引领基层治理的有效途径,抓住老旧小区改造的有利契机,通过社区党委构主线、支部画辅线、下沉牵引线、楼栋架支线"四线合一"工作法,将党建引领、依法治理和基层民主有机融合,激发干群投入更大的热情,凝聚起强大治理合力,让老旧小区焕发新生机。

一、案例背景

武昌区紫阳街道水陆小区建于20世纪90年代初,共有54栋、160个单元,常住居民3344户,是典型的"三无"老旧小区,无物业管理、楼体老旧、基础设施落后、环境脏乱、停车难、配套设施匮乏等通病、顽疾普遍存在,无法满足辖区党员群众物质生活、精神文化、休闲娱乐等多元化需求。由于历史遗留原因及多元利益冲突,2021年水陆小区旧改项目启动之初就面临着思想观念转变难、个性需求满足难、施工组织推进难、居民生活保障难、行业部门协调难等几大难题,工程推进困难。

面对诸多通病、顽疾,如何解决?面对无物业公司、极少的小区资源,如何为居民服务?面对极低的居民参与度,如何拉近党群干群关系?如何将民生工程精髓充分融入到改造过程中呢?水陆社区党委不断尝试探索找到了一把"金钥匙"。这就是,真正从居民需求出发,通过"四线合一"工作法,激发社会各方参与美好环境与幸福生活共同缔造的热情,做到"遇事大家议、办法大家想、措施大家定、质量大家管",营造浓厚的共谋共建共管共评共享氛围。

二、主要做法

(一)党委构主线,绘制一张"民生聚力图"

把握主线,着力党建引领总航向。社区党委注重发挥党员先锋模范作用,根据小区网格划分,成立8个小区党支部,全覆盖组建楼栋党小组,成立"1+N"网格服务团队。以党员示范,发动小区网格支部书记、自管党员、下沉党员组建老旧改造"红色监理"小组,在旧改项目全过程落实"包意见收集、包矛盾协调、包突发处置""三包"机制,通过"民呼我应"平台,充分运用社区大党委、下沉单位、共建单位等资源,先后召开15次协商交流会议,183人次的现场踏勘,共同协商解难题,全面推进老旧小区改造,让群众时刻感到组织在身边,感到小区旧改是大家共同的事(图1、图2)。

图1 社区党委组建老旧改造"红色监理"小组

图2　多方力量协调推进小区改造

(二)支部画辅线，细化一张"民情聚集图"

抓实辅线，着眼红色队伍强"堡垒"。社区党委按照"纵到底、横到边、全覆盖"原则，在"1+N"网格服务团队（每个网格配备1名社区工作者专职网格员＋20名义务网格员）的基础上，将基层党建"红色矩阵"嵌入网格化布局，成功引入专业物业公司，不断激发居住地报到党员、自管党员、居民骨干、业委会成员及物业人员等五类内生力量，利用区域板块管理，共同承担网格建设责任，绘就一张"民情地图"。形成了"支部引领、党员牵头、群众参与"的良好氛围，不断满足广大群众对美好生活的向往。"以前更多精力花在党支部工作上，现在主要协调小区网格里的物业、业委会、网格员、下沉党员等，把各方力量整合起来，收集大家的意见建议，为居民解决大小问题。"水陆小区一片区支部书记刘丽娜这样说道。

(三)下沉牵引线，拓展一张"民智聚集图"

(1)拉紧引线，着手聚力集智汇民意。社区党委利用"开放空间会议技术"，众筹下沉党员智慧，探索老旧小区自治管理的创新路径。通过与下沉单位区城管执法局联合开展创意主题党日活动，召开民情恳谈会，现场征集居民微心愿、微诉求，让居民参与民主协商，深入调研走访，对接领办，从而给出解决方案。

(2)1800余份问卷调查，精准对接居民关键需求。在广泛收集居民意见基础上，将居民需求列入实践活动问题清单，通过链接专业资源，实施"菜单式改造"，着力改善老旧小区人居环境,提升居民幸福感。通过下沉单位省农业事业服务中心拓展优化整合资源,构建有温度的小区党群服务驿站,600平方米的共享空间应有尽有,600册的红色书籍免费对外开放,打造"党群便民加油站""党史学习体验馆""空中花园"等区域,成为居民"家门口"的精神家园,实现"红色阵地"功能发挥最大化。

(四)楼栋架支线,呈现一张"民心聚合图"

架牢支线,着重基层治理显能效。通过街道、社区、居民、下沉单位等多方努力下,2022年3月,水陆小区成功引入专业物业公司,这是水陆小区实施老旧小区改造的一重大成果(图3)。同时,社区积极探索"红色业委会"微治理模式,成立水陆小区的首届业委会,积极动员群众,提升群众"主人感",让更多的居民群众从"旁观者"变为"参与者",让居民在小区改造中由"配角"变为"主角",推动"小区有组织、治理有队伍、服务有载体、运转有机制、工作有保障",实现社区服务体系的纵向深厚、横向精细。聚沙成塔,集腋成裘,建筑立面整治、地面重新硬化、景观绿化、路灯增设、电动车充电棚增设、路口导流线及停车位规划、地下管网铺设、监控安防工程实施、消防用水与生活用水分离等一项项事关居民群众切身利益的民生工程逐步落地见效,54栋楼房、160个单元、3344户居民,迎来时代赋予的高光时刻。

图3 改造后引入专业物业公司管理小区

三、主要成效

水陆社区党委坚持"建硬件、强软件"的基本理念,以老旧小区改造为重要契机,通过

"四线合一"工作法,积极探索"红色业委会"微治理模式,并引入专业化物业管理小区。将党建引领、依法治理和基层民主有机融合,让更多的居民群众从"旁观者"变为"参与者",促使水陆小区各项工作顺利开展,一项项事关居民群众切身利益的民生实事逐步落地见效,让老旧小区焕发新活力,打开了一扇居民通往美好生活的"幸福门"。

(1)党的领导是根本保证。社区党委紧紧抓住党建引领这条"红线",充分发挥党建引领小区治理的政治优势,通过党的建设串联起区域、系统、条块等各方力量,以"党建融合一起抓,工作整合一起推,服务聚合一起上"的"三合"工作机制,充分整合运用辖区下沉单位、社区自身等各类资源,以改善群众身边、房前屋后的小事为切入点,定期研究调度,亮需求、共资源、谋发展,最大限度地形成合力,共同为小区治理出谋划策,集中力量落实、解决民生问题。

(2)全民参与是坚实基础。党建引领带动居民自治是破解水陆小区治理难题的重要途径,仅靠居民自身成立业委会、自管委确有困难,水陆小区运用党员干部队伍力量下沉,同时凝聚小区自管党员、义务网格员等力量,先为社区居民做出实事,赢得居民信任,进而调动起居民参与积极性,居民群众"自主"意识、参与度也在不断提高。小区从起初"无人管"变身为有"专人管",召开"民情恳谈会",成立"红色监理"小组,从群众中汲取智慧、凝聚力量、形成共识,让居民成为自治小区的参与者,更是幸福小区的受益者。

(3)共同缔造是最终目标。社区党委坚持"五共"理念,把推进小区美好环境与幸福生活共同缔造作为奋斗目标,围绕群众反映的顽疾通病,不断完善小区治理体系,形成街道、社区、下沉单位、物业、居民分工协力的长效机制,致力解决民生难题,让群众共享改革发展成果,将老旧小区改造成百姓安居乐业的幸福家园。

从"管理"到"治理",
大陶家巷"老大难"变身"新样板"

  大陶家巷是位于武汉市武昌区黄鹤楼街道彭刘杨路社区大成生鲜市场旁的一条长300米的背街小巷,是周边居民日常买菜购物的首选之地。具有浓厚烟火气的同时,大陶家巷也存在着所有老旧城区背街小巷的通病。树木挤占道路,电线乱牵,招牌破旧不堪,路面凹凸不平,商户出店经营乱泼乱倒,下水长期流动不畅,各种问题屡禁不止,居民群众怨声不断,暴露出城市管理理念落后、管理方式局限、管理机制不畅等问题。

  彭刘杨路社区以美好环境与幸福生活共同缔造为指导,坚持党建引领,以改善群众身边、房前屋后的小事为切入点,聚焦社区困难事、群众烦心事,通过对大陶家巷开展综合整治,探索城市管理新机制。通过问需问计破解难题、齐抓共管找准对策、共评共享改造成果,实现"为民做主"向"由民做主"转变,实现"单打独斗"向"协同作战"转变,实现"零敲碎打"向"整体提升"转变,实现"即时办结"向"长久规范"转变,形成老旧城区共建、共治、共享管理新格局。

一、案例背景

  大陶家巷内有生鲜、果蔬、五金百货、窗帘布艺店面40余家,是周边居民日常买菜购物的首选之地。具有浓厚烟火气的同时,大陶家巷也存在着所有老旧城区背街小巷的通病,由于沿线住户大都是自建房,各自修建的台阶挤占公共空间,让原本就狭窄的道路变得更加拥挤,同时树木挤占道路,电线乱牵,招牌破旧不堪,路面凹凸不平,商户出店经营乱泼乱倒,下水长期流通不畅,各种问题屡禁不止,居民群众怨声载道,暴露出城市管理理念落后、管理方式局限、管理机制不畅等问题。

二、实施目标

彭刘杨路社区自开展党员干部"下基层、察民情、解民忧、暖民心"("一下三民")实践活动以来(图1),转变工作思路,始终把美好环境与幸福生活共同缔造当作实践活动的重要任务,变"管理"为"治理",以改善群众身边、房前屋后的小事为切入点,聚焦社区困难事、群众烦心事。通过对大陶家巷开展综合整治,探索城市管理新机制,将"老大难"变身"新样板",形成老旧城区管理新格局。

图1 组织居民召开"一下三民"征求意见会

三、实践路径

(一)问需问计,破解难题有方向

为了从根本上解决问题,满足居民需求,凝聚居民智慧,社区通过多种方式充分收集意见建议,协调资源,化解矛盾。一是党员干部齐下沉。街道领导班子带头下沉社区,组织城管执法队员带领10名机关党员干部下沉到相应网格,进店入户,收集问题及需求,对沿街40余家商户和流动摊贩讲解政策法规。二是呼叫部门齐响应。大陶家巷涉及问题多,牵涉部门广,社区通过"民呼我应"机制以及社区共建联席会制度,协调园林局、水务局、区文明办等部门资源,发挥联动优势,积极出谋划策。三是议事会议齐讨论。大陶家巷所在的彭刘杨路社区第三网格"1+N+X"网格员团队前后5次召开居民议事会恳谈会,协调大陶家巷居民、商户在综合整治过程中的矛盾问题,反复研究方案,确定了综合整治具体路径。

(二)齐抓共管,找准对策有效果

通过前期的充分酝酿,社区意识到,只有充分调动各方资源参与管理,才能确保整治效果维持长效。①完善基础是前提。联合共建单位水务局对3处长期下水堵塞点进行疏通,联合园林局将阻碍通行的2棵行道树进行移栽,拆除违建32处,修整地面300米,清理乱堆放的垃圾、规整老旧电线、粉刷立面,更换并规范破旧招牌,在占道经营常发点位修建花坛,小巷面貌焕然一新。②治理队伍是抓手。彭刘杨路社区坚持专业人员带志愿队伍的模式,充分发挥居民党员志愿者的作用,以专职的综合管理执勤点为阵地,专业执法队员带领由"1+N+X"网格员组成的义务"路长",定期开展巡逻,通过点、线结合,确保无出店经营等不文明经营现象发生。③商户自觉是关键。大陶家巷的综合整治使得"差等生"摇身变为"优等生",享受到环境卫生变好带来的红利后,商户们文明经营的主人翁意识不断强化,自觉维护小巷的经营环境。街道乘胜追击,研究形成《黄鹤楼街道门前三包工作方案》,由此形成制度,以大陶家巷为试点,进一步规范大成路乃至整个辖区的商户经营。

(三)共评共享,居民满意有氛围

彭刘杨路社区坚持群众满意是第一标准,建立了一套完善的评价机制。一是项目评价有标准。"大陶家巷综合整治问题"工作完成并销号后,街道党史学习教育小组派专人对问题现场整改效果进行检查,同时对问题反馈人进行电话回访,对相关居民商户进行满意度调查,根据综合打分,项目评价等级为"优"。二是项目宣传有影响。"大陶家巷综合整治"作为"一下三民"活动第一批取得较好效果的项目,社区将其作为落实"共同缔造"理念的典型,通过支部主题党日、下沉党员议事会、家长里短议事会对其好的经验和做法,进行广泛宣传,增强了各部室和社区干事创业的劲头。三是评选先进有标杆。为激发居民群众广泛参与社区治理的热情,大陶家巷的义务"路长"们被评为街道志愿服务典型,他们组成的"红色先锋志愿服务队"被推选为黄鹤楼街道的全国学雷锋"最美志愿服务组织"代表,带动了身边的党员群众加入社区治理中,形成了人人参与、人人尽力、人人享有的良好局面。

四、实施成效及经验

(1)实现"为民做主"向"由民做主"转变。通过宣传引导,让社区居民充分认识到自己是社区的主人,引导居民主动参与社区事务。积极开展居民议事会、恳谈会,及时收集、回应群众诉求,在察民情、解民忧、暖民心的具体实践中,破解居民"弱参与"问题,激发居民参与事务管理的自觉性和主动性。

(2)实现"单打独斗"向"协同作战"转变。通过组建"1+N+X"网格团队,丰富拓展服务居民群众路径,发挥社区骨干热心快肠、群众基层好的优势,走街串巷了解居民需求,即时化解问题矛盾。积极发挥下沉单位、共建单位的职能优势、资源优势,组织开展下水管网疏通、绿化提升等专业化服务,从而更好满足形势要求、群众需求。

(3)实现"零敲碎打"向"整体提升"转变。整合街道、社区、辖区单位、居民代表等各方资源,定期召开联席会议,着力解决精神文明建设、占道经营、污水漫溢、道路硬化、秩序维护等难题,形成大事共商、难事共解、实事共做的治理格局。

(4)实现"即时办结"向"长久规范"转变。引导社区居民积极参与事务讨论、协商、监督,让商户享有参与权、监督权,促进社区协商议事制度化、规范化。建立门前三包方案、居民议事制度,共商共议社区发展、居民帮扶、纠纷调解、老旧小区改造等事项,打造"幸福来敲门""红色先锋"等志愿服务品牌,形成共同治理合力。

党建赋能,激活商圈服务新效能

宜昌市伍家岗区九码头商圈位于宜昌滨江核心区域,交通便利,涵盖万达广场、宜昌国际广场两大商业综合体,面积约37万平方米,共有1456家市场主体,是集游客中心、五星级酒店、高档商务办公、时尚街区、滨江大宅于一体的城市高端时尚型商业中心,是宜昌重要的核心商圈之一。近年来,万达社区通过党建引领基层社会治理,开展"1+4"商圈党建、"红色五部曲"小区治理、"双报到、双报告"等,形成商圈党建特色品牌;以万达广场楼宇服务站为载体,为辖区各类市场主体提供"综合式"配套服务,助力辖区经济发展;率先开展"绣花工程"吸毒人员网格化服务管理试点工作,设立"密防快反"警格对接调度站,调解矛盾纠纷,构筑起"共建、共治、共享"的治理格局。

一、商圈党建实施背景

针对九码头商圈庞大的非公经济市场主体,如何发挥好资源优势,将党建资源与经济资源、社会治理资源、文化资源融合共促,是亟待破解的难题。具体表现在:①党组织建立基础薄弱。万达商圈仅万达商管公司成立了党支部,其余众多小微企业都没有建立基层党组织。②党员活动开展难度较大。小微企业党员党组织关系尚在原单位,因距离远、工作忙等原因,无法参加党的组织生活。③党员先锋作用未充分发挥。部分党员认为和其他职工一样都是"打工者",不愿意主动亮出自己的党员身份。④党建与业务融合不够。部分企业忙于业务发展,对党建工作重视不够,没有将党建工作与企业发展有机统一起来。⑤党员后备队伍培养缺失。非公企业中青年从业人员数量较多,由于企业没有成立党组织,党员发展渠道未建立,党员后备队伍储备培养缺失。

二、商圈党建实施目标

万达社区结合实际情况,努力探索党建引领基层社会治理的实施路径。一是以"筑堡工程"总体思路为出发点,突出居民对美好生活的向往,构建15分钟生活圈,让生活回归邻里;二是以万达广场楼宇服务站为载体,突出优化营商环境,着力构建乐享服务品质商圈、人才集聚活力商圈、高效治理和谐商圈、硬核守护安全商圈。以党建引领,打造"吾爱伍家·乐创驿站"阵地,搭建起九码头商圈的"创客厅""众创平台""双创蜂巢",整合多方资源和力量开展协商议事、政务服务、公益服务、党群服务,满足企业和青年创业者公共服务、创新创业、联谊交友等个性化需求。

三、商圈党建实施路径

(一)整合商圈党建资源,发挥红色引擎作用

充分发挥九码头商圈党组织红色引擎作用,发动商圈多元主体参与,整合商圈内外各方资源,为非公经济市场主体参与基层社会治理搭建平台,提供高品质、多元化、精准化服务,为商圈经济高质量发展注入红色"源动力"。

(1)支部建在商圈。2017年万达社区从"零"开始,积极构建万达"1+4商圈党建"模式("1"个核心,万达商圈党总支"4"大抓手,协商议事平台、投资者服务中心、志愿服务组织、五星党员创评),推进"三个同心圆"的商圈党建工作方法(以商圈党总支下辖6个党支部48名党员作为"核心圈",对各项党建工作发挥居中引领的核心作用;以商圈内55名非自管党员及其所属的38家企业为"内围圈",在协商议事、提供资源、服务发展等方面发挥作用;最终将管理服务辐射到万达广场全体1456家企业的"外围圈",形成了"三个同心圆"的工作体系),成立1个商圈党总支和6个非公企业党支部,发展党员16名,百余名党员在商圈过上了组织生活。通过加强党的组织覆盖,构建起"组织共建、党员共管、资源共享、要事共商、活动共办"的商圈治理新格局,促进商业综合体向治理共同体转变。

(2)"三单"有效联动。通过摸排企业需求,盘活商圈内外资源,建立商圈需求清单、资源清单、项目清单,涵盖企业和员工在政务服务、营商服务、创新创业等14个方面的需求清单36项,在阵地、人才、志愿服务队伍等方面的资源清单21项,实现商圈内资源共

享、按需服务。

(3)平台激发活力。打造学习教育平台,常态化开展"初心讲堂""红色观影""万达人公益一日行""党员先锋岗""党员示范店"创建活动,引导非公企业党员立足岗位作贡献,调动企、商、居等多元主体参与商圈发展、基层治理的积极性。

(二)搭建楼宇党建平台,营造一流营商环境

万达社区党委以商圈党建为抓手,积极对接市场主体,掌握企业对快捷便利政务服务、高效智能营商服务、精细贴心个性服务的需求,深化便民利企服务体系建设,提供有温度、有品质的公共服务。

(1)搭建党群活动平台。万达社区依托乐创驿站,建立首个商圈党群连心站,构建党员加油站、党员议事厅、微课堂等党群服务阵地,为商圈内的企业及其白领、青年创业人才配套共享书吧、水吧等畅想生活空间,让创业者在工作繁忙之余也能充分享受生活,成为有思想、有共鸣、有活力、有温度的互动交流和资源共享的党群活动平台。

(2)搭建公共服务平台。万达社区在万达写字楼B座打造楼宇会客厅、零工驿站,充分发挥"打零工、找零工、要培训、问政策、要维权"等各项功能,为企业提供就业创业、休闲观影、读书交友、兴趣社团、生活帮扶等服务。

(3)搭建政务服务平台。万达社区充分发挥人社"一站通"服务功能,在万达写字楼C座打造楼宇服务站,配备"一网通办"政务服务机、24小时自助税务机,提供"24×7"不打烊服务,其中政务服务一体机可提供人社、医保、市场监管等16个部门共计144项高频事项自助服务,其中"秒批"事项20项,确保企业的需求信息形成"传达、交办、解决、反馈"闭环,真正实现企业办事"只跑一次、只跑一地"。目前,已通过帮办代办服务为400多家企业和个人提供营业执照、健康证办理、创业就业咨询730余次,自助税务机累计使用已达405人次,发放发票22160张。

(4)搭建文明实践平台。万达社区建立商圈新时代文明实践站,打造宜昌城市商圈首个公益加油站,形成内外循环式"绿色供暖",多边辐射附近居民、企业职工及商户,提供零距离的"暖心"公益服务,讲好"文明实践在商圈"的故事,传递"志愿服务在宜昌"的温度,构建党建引领、社会助力、全民参与的良好发展格局,让商圈变得更具温度、更有风度。

(5)搭建联动共治平台。做实商圈"五方联动",建立社区党委、商圈党总支、商圈业委会、商管公司物业公司、企业代表五方联动机制,解决商圈内的公共事务和矛盾纠纷,搭建共谋、共建、共管、共评、共享的商圈治理体系。

(6)搭建人才培养平台。在商圈开设创客学院,成立党员导师团,促进党员干部、创业导师深入商圈楼宇宣讲政策,分享创业经营,对青年创业者进行创业培训,激活商圈

发展活力。

（三）优化平安法治服务，打造乐享宜居街区

以市域社会治理创新为抓手，针对商圈治理结构松散、治安管理复杂、矛盾纠纷频发等问题，推进自治、法治、德治"三治融合"，营造治理有方、管理有序、调解有道的平安法治氛围，着力优化综合治理，设立街道"密防快反"警格对接调度站，加强"密防快反，街所合成"运行，有效化解矛盾纠纷，硬核守护商圈繁荣。

（1）搭建协商平台，解决企业难题。通过搭建社区党委、社区居委会、业主代表、商家代表、其他社会组织代表和相关利益方共同参与的"5＋N"协商平台，深入了解企业实际情况和现实需求，讨论解决商圈内公共事务、矛盾纠纷及其他事项。通过协商议事平台，解决了商圈内非机动车乱停乱放、行人横穿马路、餐厨垃圾清运不及时等问题36件。

（2）坚持以人为本，优化法治服务。始终以维护企业和群众利益出发，建立"警格对接、街所合成"作战体系，设置密防快反警务站，接入"雪亮工程"，对商圈实行24小时守护，切实打造乐享宜居街区。2021年，辖区发案同比下降21.6%。近三年来化解商圈内消费纠纷、经济纠纷、劳资纠纷等共45件，重大矛盾纠纷10件。

四、商圈党建实施成效

（1）完善组织架构，凝聚企业人心。在万达广场成立1个党总支6个党支部，建立7处党建阵地，创建8个"党员诚信经营示范店"，4家经营店长亮党员身份，开展党建活动56次，将党建工作辐射到1456家企业。2022年以来，万达社区迎接了各级领导部门调研、考察并获得一致认可。

（2）突出党建引领，激活商圈活力。商圈党建工作进一步深化了万达广场及周边商业街区的发展内涵，通过打造深入人心的党建品牌、随处可见的党建元素，形成了服务发展的党建成果，提升了万达广场的品牌影响力。伍家岗区万达广场商业区年均销售额超过15亿元，提供各类就业岗位超过1万个，年缴纳税收超9000万元，日均客流量过7万，入驻企业1456家，月均开展各类党建互动4次以上，参与党员超过200人次。

（3）坚守公益初心，担当社会责任。万达社区通过引导商圈企业履行社会责任，在辖区通过"积极创建一批，深入挖掘一批，集中发布一批，广泛宣传一批"的方式，让优秀的企业家积极投身公益事业，主动参与美好环境与幸福生活共同缔造。以榜样的力量持续激励、引导广大非公企业，使他们在党建引领下，坚守公益初心、勇担公益责任。积极

引导辖区企业主动根据行业优势,提供资源兑换链接,用于公益活动、反哺社会。万达社区连续开展四届"万达人公益一日行"活动,累计征集2万余元慰问资金和价值2.3万元的米、油等生活物资。

五、万达商圈党建工作经验启示

(1)创新思路,提升服务质效。万达社区党委通过积极打造城市党建综合体,优化组织结构、细分服务方式、破解党建难题,在党建引领基层社会治理下,矛盾纠纷逐渐减少,营商环境得到优化,促进了商圈经济发展。

(2)凝心聚力,优化资源配置。充分发挥共驻共建党组织、"大党委"成员单位及下沉党员干部力量,互相配合,运用各自职能优势参与九码头商圈治理工作,将"独奏"变为"合奏",形成以社区党委为核心,多方力量共同参与的商圈治理新格局。

(3)强化阵地,做实服务功能。万达社区通过高标准打造乐创驿站,规范化建设万达广场楼宇服务站,建强线下阵地,加强商圈党群服务阵地功能建设,着力打造开放型、集约型、共享型党群服务站,引入各类综合政务智能终端,打通了政务服务的"最后一公里"。

党建引领助旧改，共同缔造美好家园

刘家大堰社区位于宜昌市西陵区西陵街道，组建于1999年7月。社区所在地因有一方水质清纯的大堰而得名，又因明万历年间工部尚书刘一儒安葬于此，故改称为刘家大堰，并沿袭至今。辖区面积0.88平方公里，房屋63栋，属于全市最大的老旧型社区，居民3097户、7545人。社区党委下设6个小区党支部，自管党员182名，在职党员144名。

一、案例背景

刘家大堰社区是宜昌市城区最早因搬迁安置形成的小区，辖区人口密度大、房屋租赁户多、老年人较多、中低收入水平家庭较多，存在基础设施差、配套设施不全、停车难、活动场所受限制等问题，长期以来，由于小区无人管理，"老、旧、杂"特征明显。主要表现在：一是公共服务设施不足，分布散乱，品质低下。由于缺乏日常管理，小区内外秩序混乱，车辆乱停乱放，阻碍交通；杂物乱堆，私搭乱建较多，公共空间被严重侵占，环境卫生脏乱差。二是公共空间少、利用率低、无障碍设施不完善，等等。小区公共活动空间较少，现有公共活动空间利用率低、品质差，不利于老年人活动出行。三是居民矛盾突出。小区没有物业管理，由于没有专门的管理人员和规范的管理机制，小区管理处于散乱无序状态，居住环境脏，群众怨声载道，意见大。

为彻底改变现状，2021年，社区聚焦治理难题，以基层党建为引领，充分运用共同缔造的理念方法，将筑堡工程作为共同缔造活动的实践载体，探索老旧小区治理路径。以群众参与为核心，围绕居民热点需求，发动居民广泛参与，切实改善人居环境，探索形成了"决策共谋、发展共建、建设共管、效果共评、成果共享"的社区治理机制。

二、实施目标

刘家大堰社区坚持"改造利民"和"共同缔造"理念,不断凝聚各方共治力量,激发治理活力,夯实基层基础。同时充分结合社区特点,用活社区资源,围绕筑堡工程做好服务文章,用心、用情、用力、用智,解决好群众"房前屋后""针头线脑"的小事,让居民心往一处想,劲往一处使,一同建设"烟火刘家、幸福大堰"的美好家园。

三、实践路径

(1)坚持"党建引领",构建基层治理新格局。将基层党组织"前沿堡垒"夯实在小区,运用"五民工作法"构建"社区党群服务中心＋小区党群连心站＋左邻右舍"三级协商模式,创新"三事"工作法,即通过党员骨干带头抓好"紧要事"、社区能人帮忙解开"疑难事"、左邻右舍一起忙活"身边事"的方式,做实做细居民关心的事。

(2)打造"幸福大雁",解锁多元化生活空间。社区坚持"自治比整治重要,功能比景观重要",居民筹资20余万元,让居民成为老旧小区改造的"主角",召开坝坝会100余场,把群众的"需求清单"变成改造的"建设清单",拆违腾挪空间新增停车位207个、运动角5个、晾衣架95套、充电棚20个,获得了小区居民的纷纷点赞。2022年,引进本色物业,推进"红色业委会＋红色物业"建设,实现从老旧小区到新型物业小区"蝶变"。

(3)完善"社区服务",畅通精细化服务平台。结合"筑堡工程",将场景营造融入小区改造,通过问需于民,开展"最美阳台""最美家庭"评选活动,不断激发了群众主人翁意识和家园意识。组建"邻家医生""法之翼"等6支特色志愿服务队,为社区居民提供精准服务。

四、实施成效

(1)强化"红色引领",建立"高效联动"机制。在小区党支部全覆盖的基础上,组建好小区大支部,优化调整"四长两队",完成小区党群连心站挂牌,"落实全科社工",推进网格进小区,形成"社区有网,网中有格,格中有人,人负其责"的治理新局面。运用"五民工作法",构建"社区党群服务中心＋小区党群连心站＋左邻右舍"三级协商模式,做细党群联动、抓点线成面,以实事促居民参与。

(2)治理服务流程逐步规范。通过对标居民需求清单、资源清单、项目清单等三个方面加以规范,打造可复制可借鉴可推广的"五民工作法"并在小区内推广。社区工作者可以依据规范流程,结合实际开展工作,服务效率大大提高。将"民事民提、民事民议、民事民决、民事民办、民事民评"五个环节环环相扣,并加入结果运行形成闭环,内容更充实、更具体,群众"急难愁盼"问题基本都能得到解决。

(3)居民自治意识日益增强。"五民工作法"突破了社区党组织在服务治理中唱"独角戏"的瓶颈,更注重尊重群众意愿、借助群众力量、发挥群众作用,把广大辖区居民群众的积极性、主动性、创造性充分调动起来。坚持一切为了群众、一切依靠群众,最终服务群众,激发居民群众参与热情,根据居民意愿谋划社区和小区建设,依靠居民力量推动发展,使参与发展建设成为广大辖区居民群众的自觉行动。

五、主要经验

(一)党建引领,筑牢共同缔造的"红色堡垒"

坚持以党建引领基层治理为主线,促进党的组织体系和社区治理体系深度融合,着力增强社区党组织的凝聚力和战斗力。

(1)纵向到底强引领。坚持党建引领社区治理,建强"社区党委、小区党支部、楼栋党小组、党员中心户"四级组织架构,为社区治理铸造"主心骨"。社区现有小区党支部5个、楼栋党小组11个、党员中心户116个。全覆盖组建"四长两队",推行"党员＋志愿者"的模式。53名楼栋长、155名单元长成为居民的"带头人",6支志愿服务队、2支应急突击队成为社区服务的主心骨,13名党员主动参与业委会和物业工作,成为党联结群众的"纽带"和"桥梁"。打造了4个党群连心站,构建"社区党群服务中心＋小区党群连心站＋左邻右舍"三级协商模式。

(2)横向到边促管理。组建"筑堡工作队",做实民情地图、党建引领社区(小区)治理组织体系图、需求资源项目清单图、共建共治共享活力图等"四张图",健全社区"两委"、小区党组织、业委会、物业企业、包联单位"五方联动"的党建"红色联盟"。以"大党委"整合辖区资源力量,组建平战结合应急队;坚持党员践诺,根据其专业特长和兴趣爱好,组建了"邻家医生""法之翼"等特色志愿服务队6支。将辖区144名"双报到双报告"党员公开在楼栋亮身份、亮承诺。充分利用"双报到双报告"机制优势,组织268名市、区两级下沉党员干部开展筑堡工程、文明典范城市创建等志愿服务活动,走访入户200多次,"联户结亲"90名困难群众,领办群众微心愿53个。

(3)密织社会组织服务网。社区培育社会组织有序参与基层治理,先后引进慧爱家庭教育指导中心、赞友应急救援服务中心、释然心理咨询服务部等6个社区组织入驻。组织开展"巾帼志愿服务妇女议事会",组建"儿童议事会"。开展了"我的社区我参与""童言童议"等议事活动,引导全民参与社区公共事务;常态化开展心理咨询活动,改善家庭亲子关系,帮助居民情绪减压疏导。"赞友应急救援服务中心"参与社区核酸检测、应急救援等工作,帮助居民挽回损失,应急救援公益项目在宜昌市志愿服务大赛中获得一等奖。

(二)推进基础设施建设,实现老旧小区美丽蝶变

(1)党建引领把方向。2021年,刘家大堰纳入宜昌市老旧小区改造项目,为社区发展带来了新的机遇。社区存在违章建筑多、道路通行不畅、公共活动空间少、基层设施老化等诸多问题,为快速推动小区改造项目,社区充分发挥党建法宝作用,创新成立改造项目临时党支部,整合施工方、设计方、业主方以及公安、交警、城管部门等10家单位力量进入临时党支部。临时党支部立足于发挥主心骨作用,协调施工方和业主关系,组织对项目施工进行监管,为高质量完成片区提质改造"保驾护航",先后召开12次会议共商解决小区提质改造问题,有效发挥了"堡垒"功能,实现了改造科学性与民主性的融合。

(2)倾听民意定方案。改造过程中,社区充分尊重居民生活实际需要,在制定方案、设计之初多次征求群众意见,通过线上问卷、入户走访、座谈会等多种形式收集居民意见,累计发放调查问卷3000份,入户走访2300户,收集居民关于停车位改造、活动空间拓展、停车棚建设等30多条建议。社区梳理后,根据居民热点需求设计制定改造方案,组织施工方和居民先后召开院坝会20多次,共同讨论设计方案,根据居民的建议先后6次修改,得到大部分居民认可后方定稿施工,确保改造内容"源自群众、依靠群众、为了群众"。

(3)多方参与解难题。深化"业委会+人本化"改造模式,发动居民筹资改造资金22万元,让居民成为老旧小区改造的"主角"。改造中难度最大的是拆违,社区涉及违建的有45栋478户2.2万平方米,面对违建数量大、拆违阻力大,社区建立"社区、施工方、物业、业委会、城管"五方联动机制,多元化开展全覆盖立体宣传,以党政人员带头拆违为突破口,明确党务办公违建楼顶自拆自修、居民违建楼顶帮拆帮修、先拆快拆楼顶奖励先修的方式,实现清违工作的动态清零。经过一年的改造,社区道路黑化硬化,打通了交通微循环;新增207个停车位、95套晾衣架、20个充电棚,社区基础更新提质,环境面貌焕然一新。

(三)发动群众,以"共同缔造"理念推进筑堡工程

聚焦美好环境与幸福生活共同缔造,秉承"共同缔造"理念,开展了"场景怎么建?请您来点单""物业怎么样?居民来评判"等活动,讨论协商统一思想。以"五共"理念,发动群众决策共谋、发展共建、建设共管、效果共评、成果共享。

(1)以问题和需求为导向,引导居民决策共谋。就小区环境差、停车难、交通堵等系列问题展开讨论,收集民意。通过召开改造方案意见会、院坝会、小区共治联席会等多种形式的协商议事,就需求发动居民一起思考,出方案、定措施。

(2)坚持发展共建,打造群众满意的幸福家园。以小区为基本单元,通过小区居民推选,搭建了党员、业主、妇女、儿童议事会平台。探索创新"三事"工作法,即通过党员骨干带头抓好"紧要事"、社区能人帮忙解开"疑难事"、左邻右舍一起忙活"身边事"的方式,做细党群联动、抓点线成面。以居民为主体,发动业委会,汇聚企事业单位、社会组织、下沉党员及筑堡工作队力量共同参与到筑堡工程建场景建设中来。居民筹资参与改造,困难家庭自愿参加环境整治,以安全巡逻、绿植养护等投劳方式参与到小区治理中来。同时社区还发布项目清单,联建共建单位市、区文旅局、刘家大堰小学等给予了财力、物力帮助支持筑堡工程场景建设。华龙嘉树小区、三A花园小区业委会、楼栋长组织居民筹资进行单元门禁改造,平摊资金疏通化粪池等项目。

(3)建立长效共管机制,调动居民管理积极性。组织居民针对公共区域管理、楼道环境卫生、停车棚、绿化绿植、文明养犬、消防安全等事项进行协商,修订居民公约等各项管理公约,并公示张贴,实现居民对人、事、钱、物共同管理。

(4)效果共评,形成奖惩激励。建立了志愿者时间银行,评选最美志愿者、持续开展了"最美家庭""最美婆媳""最美志愿者""最美阳台"等评选活动,发挥示范效应,形成良好的社会风气。引导居民参与制定居民公约,完善共享规则,让更多居民参与社区事务。居民爱护环境卫生意识强了,实现了从"站着看"到"跟着管",自觉维护改造成果。同时,开展"物业怎么样?居民来评判"活动,不断激励小区服务提质升级,完善"红黑榜"机制,让居民参与聘物业、评物业,提高业主主人翁意识。

(5)成果共享,缔造幸福生活。充分调动居民参与社区活动,自发组建兴趣小组结合传统节日,组织开展文化等活动,让居民在活动中感受中国传统文化的魅力。结合居民需求,积极招募"社区能人"志愿者,开展书法培训、手工教学、绘画辅导等活动,吸引居民走进社区融入社区,实现从"'陌'邻"到"睦邻"转变,不断提升居民幸福感、获得感。

(四)坚持发展共建,打造群众满意幸福家园

(1)聚焦需求建场景。社区基础设施改善后,注重建设与运维同步谋划、"旧改"与提升同步推进,通过开展"场景怎么建?请您来点单"活动,动态收集居民需求,围绕居民反应的文化休闲、居家养老、托幼服务、物业管理等热点需求,形成筑堡工程居民需求清单。新建羽毛球场、乒乓球场、童梦园等多功能活动场所8处,升级改造4处社区运动角,让居民感受到在家门口燃烧卡路里的幸福。聚焦养老托幼民生需求,链接市文旅局资源,建立社区老年大学,常态开设书法、养生等课程,打造家门口的学习天地。引进芳华年康养服务中心,开设幸福食堂,打造养老幸福圈。

(2)阵地升级提质效。社区原有活动阵地600平方米,服务功能不全,居民活动受限,为此,社区结合全市社区阵地攻坚达标行动,通过协调启迪城服公司,新增400平方米活动阵地,破解了阵地不足难题。通过装修改造,新建了文体活动中心、心理咨询师、律师工作室、社会组织工作室等功能室,有机叠加邻里生活、文化休闲、全民学习、平安法治等功能,居民办事更加舒心便捷。社区通过小区新建、翻新改造、功能整合等多种方式,建立5个小区党群连心站,设置书吧、棋牌室、舞蹈排练厅、议事厅等功能区,为居民提供家门口精细便民服务。

(3)共管共评聚合力。为解决社区长期无人管理的状况,巩固片区改造成果,社区通过多方比价,采取竞聘方式,2022年7月引进红色物业公司,推进"红色业委会+红色物业"建设,建立后续长效管理机制,实现从老旧小区到新型物业小区"蝶变"。社区充分挖掘辖区资源,网络了一批医疗、法律、教育人才,组建"邻家医生""法之翼"等6支特色志愿服务队,深度参与社区治理,为居民提供健康医疗、法律咨询、教育辅导等精准服务。聚焦居民自治,组织开展"最美阳台""最美楼栋""最美家庭"等评选活动,通过发挥示范效应,不断激发群众主人翁意识和家园意识,实现了自我服务、自我管理、自我评价。

精准施策分类治理,党建引领凝聚民心

党的十八大以来,习近平总书记就基层治理作出一系列重要论述、提出一系列重大举措,明确要求推动社会治理重心向基层下移、构建基层社会治理新格局,强调"要把加强基层党的建设、巩固党的执政基础作为贯穿社会治理和基层建设的一条红线"。坚持加强党建引领,要把基层党的组织作用发挥好,把基层党的领导班子建设好,把党的领导优势、政治优势、组织优势、制度优势,转化为基层治理优势和治理效能,打造共建共治共享的社会治理新格局。潜江市泰丰街道以习近平总书记关于基层治理重要论述精神为基本遵循,树立"社区治理重点在小区"的理念,坚持分类指导、精准施策,探索"433"小区分类治理工作法,精准划分"四种类型"推动小区治理精细化,集结优化"三类资源"来提升小区治理协同性,回应群众"三大关切",聚焦小区治理重难点,社区治理工作取得显著成效,积累了宝贵经验。

一、背景情况

泰丰街道位于潜江市中心城区,成立于2011年,共有各类居民小区73个,其中有专业化物业管理公司入驻的小区14个、单位自管小区21个、业主自治小区7个、社区托管小区31个,常住人口7856人。由于街道历史短、基础差、起点低,城乡二元结构明显,商品房小区、集中安置小区、老旧小区等多种类型小区并存,给城市基层治理带来挑战,需要采取针对性更强的个性化治理措施。泰丰街道为有效破解这些难题,树立"社区治理重点在小区"的理念,坚持党建引领、分类指导、精准施策,探索"433"小区分类治理工作法,打造了"小区变化大、居民感受深、社会认同度高"的"泰丰样板"。

二、实施目标

为深入贯彻落实习近平总书记关于基层治理重要论述和党中央关于"推动社会治理和服务重心向基层下移,把更多资源下沉到基层,更好提供精准化、精细化服务"的重要精神,探索"433"小区分类治理工作法,把党建引领贯穿于城市基层治理全过程,并与解决当前城市基层治理难题结合起来,有效破解城市社区强化党建引领不足等城市基层治理的难题,不断提升城市基层治理能力,以基层党建新成效提升城市基层治理实效。

三、主要做法及成效

(一)精准划分"四种类型",推动小区治理精细化。

树立精准化思维,落实精细化措施,将小区划分为"四种类型",分类精准治理。

(1)专业化物管小区,推行"居委会＋业委会＋物业企业"模式。盛世东城小区2010年建成,属于新建小区。泰丰街道推行"居委会＋业委会＋物业企业"三方联动模式,充分发挥党组织领导协调作用、业委会沟通监督作用、红色物业服务落实作用,形成党组织搭平台、业委会开清单、物业公司唱主角的融合共建良好氛围。一是强基壮骨,建强班子。在街道党工委的引领下,2017年小区成立业委会、党支部,加上小区的物业企业,共同构成了社区、业委会、物业企业的三方联动机制,将居民联通起来,建立起社区与小区居民的服务网络。二是加强监管,强化服务。社区、业委会、物业企业三位一体,定期召开联席会议,商议居民强烈反映、迫切需要解决的问题。经常性征求业主意见,满足小区业主诉求,提高了居民的满意度。三是硬件配套,管理到位。小区物业公司积极服务业主,保安队伍24小时巡逻值班,确保小区内物防技防人防达标,环境卫生整洁,生活环境优美。

(2)单位自管小区,推行"单位党组织＋小区党支部"模式。市人民医院小区始建于1989年,小区以市人民医院退休老职工居多。泰丰街道充分发挥了单位党组织的战斗堡垒作用和党员先锋模范作用,推动小区党支部焕发活力、自管小区良性自治。一是组织管理形成秩序。2020年12月,在社区党委的指导下成立了小区党支部,由市人民医院班子成员担任小区党支部书记,小区内自管党员任支部委员,并全面构建"社区党组织＋网格党支部＋单位党组织＋小区党支部＋楼栋长"五级组织架构,推动了党的组织有效覆盖、有效管理。二是老旧小区焕发新颜。2021年3月,社区党委与市人民医院相关负责同志及小区党支部书记、居民代表广泛征求居民意见,推动小区改造,分类细化管理,改变了过去小区因与医院长期混合在一起,管理混乱,居民居住环境恶劣的问题。三是矛盾纠纷自主调解。小区党支部组成自管委员会,每月定期召开居民议事会,坚持"民事民提、民事民议、民事民决"的工作机制,解决了小区的大事小情。

(3)无专业物业公司但成立了业委会的小区,推行"小区党支部+红色业委会"模式。例如棉原新城小区,2020年前,物业公司不愿意入驻,居民居住环境较差。泰丰街道通过小区党支部、业委会,引导居民自我管理、自我服务、自我监督,小区在居民的参与中重新焕发生机。一是齐心协力改造环境。2020年,社区征求全体居民对老旧小区改造的意愿后,将棉原新城纳入老旧小区改造计划,坚持汇聚民智改、群众参与改。在社区指导下,2020年7月成立小区党支部,小区党支部推动了改造工作的顺利完成。二是逐步探索完善机制。小区党支部与业委会探索建立健全各项制度,制定并践行小区公约、住户守则等,带动居民广泛参与社区公共事务,把党的领导全面植入小区公约、业委会议事规则。三是大胆尝试解决问题。2021年8月,小区党组织积极推动物业公司入驻棉原新城。党支部、业委会、物业公司三方发力,探讨并确定物业费收取标准,做到经费收支全过程透明、服务事项全覆盖,获得了居民的认可。

(4)社区托管小区,基础相对薄弱、基本设施修缮难以保障,因而推行"1+3+N"模式。"1"即1名网格党支部书记,"3"即行政服务力量、文明实践队伍、业主先进代表,"N"即吸收多方社会力量进入网格党支部。泰丰街道通过"1+3+N"模式,构建起组织联合共建、小区联合共治、难题联合共破的多元党建工作架构,为小区治理"输血供氧"。一是发挥合力打造"物业联盟"。社区组织各方力量联合创办了"红色物业联盟"小区治理服务公司,多个维度对老旧小区物业服务事项及工作标准进行明确和细化,破解社区托管小区治理的盲区和短板。"小区干净了,监控增多了,车棚建成了,小区面貌发生了很大的变化。"这是社区托管小区居民的最大感受。二是积极探索建立"智治体系"。试点推行智慧化社区建设,通过规范5步流程(群众点单—网格收单—网格或楼栋派单—党员接单—社区党组织核单),实现了基层治理需求端和供给端精准对接,为基层治理赋能增力。

(二)集结优化"三类资源"提升小区治理协同性

积极整合优化党建资源、部门资源、社会资源,凝聚"一盘棋",形成了抓治理的强大合力。

(1)党建资源下沉小区。健全街道1个"大工委"和5个社区"大党委"制度,建立季度联席会议制度,强化街道和社区党组织在区域内各项事务中的领导、统筹、协调功能,共建实事项目,共商治理难题。一是"大党委"成员助推老旧小区改造。市自然资源和规划局作为小南门社区大党委成员,积极发挥职能作用,为社区辖区内的园林青酒厂老旧小区改造工程提供规划图纸,一起敲门走访、挨家宣传,有序推进改造工作。二是党群服务中心在小区里"办业务"。党群服务中心组织党员干部深入小区开展党员干部"下基层察民情解民忧暖民心"实践活动,提供上门服务、帮办代办等惠民举措,让居民群众感受到保障就在身边、便利触手可及。

(2)部门资源下沉小区。组织全市党员干部下沉社区开展"双报到双服务"工作,引导各街道部门按照职责分工,完善工作标准、指导行业工作、制订工作计划、响应基层呼声。一是教育部门统筹教师力量进小区。依托小南门社区儿童服务站、都市华府小区邻里驿站等服务阵地,广泛动员教师志愿者下沉小区,开展"暑期有我陪伴"活动,每日两小时给学生辅导功课、答疑解惑,帮助职工家庭解决无人辅导小孩暑期学习的烦恼。二是司法部门法律宣传进小区。司法部门紧盯最新动态,聚焦居民最新矛盾、纠纷,开展各类专题法律知识宣讲,通过重点对象上门宣传、居民群里广而告之等多种方式,确保法律宣传"无死角""全铺开"。

(3)社会资源下沉小区。充分调动各方资源力量,在社区治理中发挥良好作用。一是引导小区居民开展志愿服务。根据2020年因疫情成立志愿服务队的工作经验,统筹组建了五支志愿服务队(健康舞蹈队、邻里调解队、家居服务队、环境维护队、爱心帮扶队),在各社区设置积分超市,完善积分管理制度,充分调动党群积极性,实现志愿服务常态化。二是整合社会资源多领域服务。通过整合社会资源,定制"特色团体服务包",团购儿童成长服务、居民关爱服务等,做到既关注设施修缮、健身娱乐等普遍性民生需求,为居民提供上门式、订单式零距离服务。

(三)回应群众"三大关切",聚焦小区治理重难点

坚持治理奔着问题去、服务跟着群众走,切实解决居民群众的焦点之问、燃眉之急。

(1)解决老旧小区设施改造问题。泰丰街道各类小区共73个,纳入老旧小区改造范围28个,在改造过程中始终坚持"三问",民众满意度较高。比如,小南门社区制药厂一区小区改造始终坚持"改造前问需于民,改造中问计于民,改造后问效于民"。一是问需于民。社区工作者与小区党支部志愿者制作问卷调查表征询居民意见,并组织召开业主恳谈会20余次,倾听广大居民诉求,把准多数居民的需求脉络。二是问计于民。"下水管道疏通、屋面漏雨等等这些影响环境美观和生活质量的突出问题,怎么解决为好?"老旧小区改造工作整个过程战线长,关系到每一户切身利益和感受,边改边征求意见是社区工作者和小区志愿者的工作方式。三是问效于民。2021年9月,老旧小区改造完成。"屋面漏雨处理之后效果怎么样""停车位划线之后,乱停车的情况解决没有"这些问

题,小区居民才最有发言权。社区工作者通过多种方式进行调查,收集整理问题,推动改造工作不断完善。

(2)解决小区居住环境脏乱差问题。以创建全国文明城市为契机,开展了小区集中"体检";73个小区全面梳理,形成约200个问题清单。针对存在的问题,实施"三整",有效解决小区治理顽疾,提升了治理能效。一是整治环境卫生。组织报到单位、报到党员和志愿者上街道、入小区,开展"啄木鸟"行动,整治"牛皮癣"顽疾和院落、楼道公共环境卫生。二是整治公共秩序。整治商家私自占用公共停车位行为、车辆乱停乱靠,还"位"于民;规整宵夜摊位经营,坚持还路于民。三是整治市容市貌。针对群众反映的占道经营问题,整治占道摆摊卖菜、清查占道经营的商铺,整治户外广告、牌匾、小区门口乱堆乱放等行为。

(3)解决小区常态化服务问题。推行"五小工作法",即"收集小意见、调解小矛盾、办好小事情、开展小活动、实现小心愿"服务方法。开展"三推",建设"环境氛围好、活动开展好、邻里关系好、服务效果好、幸福生活好"的"五好"小区,推动了小区治理和自我服务常态化。一是推动试点。选择棉原社区都市华府小区为示范,开展了以困难帮扶、便民服务、共享幸福为重点内容的小区常态服务机制建设——"邻里驿站试点"。驿站集睦邻共建、邻里议事、近邻服务等为一体,设有邻里议事堂、共享服务厅、书香雅苑阁、夕阳俱乐部、童年梦工厂5个功能分区,全方位服务居民群众。二是推动深入。引入"专业化"服务团队,签约义工联,围绕"一老一小",提供困难群众帮扶、党员便民服务、民情民意收集、社会治理参与等多种服务。三是推动扩面。根据试点效果,逐步改进完善,形成经验并全域推广。通过形成常态化服务机制,不断增强社区居民凝聚力、幸福感。

四、主要经验

潜江市泰丰街道始终坚持党建引领,分类治理、精准施策,在提升城市小区治理能力方面进行了有效的探索实践,不断提升城市基层社会治理水平。

(1)坚持党建共同体理念,推动形成新时代党建引领城市基层社会治理新格局。城市基层社会治理是面向社会开放的大系统,各类经济组织和社会组织众多,有大量市直企事业单位党组织和在职党员,同时还存在为数不少的无职党员。泰丰街道坚持党建引领城市基层社会治理,树牢党建共同体理念,发挥街道、社区、小区党组织领导核心作用,推进部门单位党建、行业党建、区域党建互联互动,构建起区域统筹、上下联动、条块协同、共建共享的区域化城市基层党建共同体,把基层党组织的政治优势、组织优势转化为治理效能,积极整合优化党建资源、部门资源、社会资源下沉社区,努力推动形成新时代党建引领的人人有责、人人尽责、人人享有的共建共治共享的城市基层社会治理新格局。

(2)坚持以人民为中心的发展思想,推动美好环境与幸福生活共同缔造深入人心。坚持以人民为中心的发展思想,要从群众实际需求做起,从群众关心的热点难点做起,也需要广大人民群众齐心协力、共同参与,深入推进美好环境与幸福生活共同缔造,让城市更美丽、生活更舒心。泰丰街道在坚持党建引领城市基层社会治理的过程中,始终坚持以人民为中心。一方面,以群众满意不满意作为社会治理机制创新的出发点和落脚点,积极回应群众关切,着力解决群众最关心最直接最现实的利益问题,走好新时代的群众路线;另一方面,努力激发社会自治力量,发动群众决策共谋、发展共建、建设共管、效果共评、成果共享,引导群众广泛参与,让群众的事情在党组织领导下由群众自己来办,让每一名群众成为小区治理的参与者和美好家园建设的受益者。

(3)坚持精准化、精细化治理理念,推动服务群众的有效性不断增强。基层社会治理精准化、精细化是实现基层善治的必然要求。社区党组织将工作重心转移到优化社区服务上,不断强化服务针对性、有效性。泰丰街道探索"433"小区分类治理工作法,精准划分"四种类型"小区,分别采取不同治理模式,推动小区治理精细化,有效提升了小区精细化治理水平,实现了服务在基层拓展、民心在基层聚集。

三化并举融三圈,锻造乐活型社区

武汉市东湖新技术开发区花山街道春和社区 2016 年 8 月成立党支部,2021 年 3 月升格为党委,现有党员 112 名。春和社区以空间改造为契机,全面整合社区大党委共建资源,通过亲民化、优质化、精细化的举措,发动共建单位、党员、居民等力量参与党群空间共创、文化 IP 共建、自治服务共享等系列活动,促进居民生活圈、文娱圈、工作圈"三圈融合",使居民在家门口可享受最全最优的一站式服务场景,顺应居民对美好生活的期待。

一、案例背景

随着新型城镇化快速推进,人民对美好生活的向往日益增长。充分发挥党的政治优势和组织优势,以党建引领破除社区治理的瓶颈,夯实群众的获得感和幸福感势在必行。习近平总书记提出,要主动适应城市社会群体结构和社会组织架构的变化,推进基层党建工作创新。2021 年 7 月,武汉东湖新技术开发区出台《关于加强党建引领创新社区治理的实施意见》,鼓励党建引领深化社区治理,激活了光谷城市基层党建的"一池活水"。

花山街道春和社区毗邻武汉软件新城,是典型的产城融合型社区。社区原住居民和"新花山人"混合杂居,流动人口多、青年人比例高。聚焦居民诉求多元化、归属感不强的问题,社区党委通过充分整合区域共建资源,以党群空间亲民化、优质化、精细化"三化"改造为契机,推进党的建设与服务群众深度融合,持续将党的组织优势转化为服务优势,促进居民生活圈、文娱圈、工作圈"三圈"融合,走出来一条党建引领建"乐活型社区"的治理路径。

二、实践路径

(一)便民服务亲民化

人民城市人民建,人民城市为人民。作为党组织职能核心的党群中心,是直接服务宣传发动党员群众的前沿堡垒。按照"新春和·兴春和"路径,和居民一起改变党群服务中心面貌,让居民"进得来、留得住、常来玩"。

(1)建"社区会客厅"。在高新区和街道党工委支持下,社区党群中心改造引入社区营造团队,党群中心空间的设计由"工作人员主导"变为"居民参与式共创"。通过社区开放日、乐活畅聊日、议事工作坊等活动,邀请社区规划师、热心居民共同参与设计全新的党群服务中心。首个居民共创空间"春芽小站",已开展社区音乐沙龙、电影沙龙、家庭教育等工作坊13场,激活社区社群6个,吸引了更多的居民尤其是青年人走进社区。

(2)提供"一站式服务"。实行党群服务"一岗通办",重点培育2名全岗通干事,提供"一站式"便民服务,让更多的社区干事能够走到居民身边去提供服务,强化社区与居民的直接情感链接。

(3)落实激励制度。通过挂牌子、给荣誉,链接周边商户、大党委成员单位提供的爱心公益资源,订制爱心券7000元。鼓励居民参与社区志愿活动,攒积分兑爱心券,达到以小积分撬动社区公益的目的。

(二)文化服务优质化

聚焦"1+2+4"放大效应,以青少年群体为突破口,营造特色社区文化,提升社区文娱圈品质,强化居民的社区归属感,夯实社区治理的群众基础。

(1)建社区图书馆。聚焦社区文化的聚人育人功能,依托社区"大党委"平台,引入优质文化企业和湖北省图书馆资源,建设青少年主题的"城市书房",塑造社区文化交流新标杆。创新社区公共空间"公益化+市场化"的运营方式,通过开办青少年"社区趣味课堂",吸引家长们参与社区志愿服务,形成了"1+2+4"的家庭撬动效应,营造出浓厚的书香社区氛围。

(2)造社区文化IP。组织居民建言献策,参与打造社区"春风亭""和煦广场",开办"蝶变花山·春和循迹"抖音展播以及春和LOGO投票等社区主题活动,"春和景明"的社区文化愿景正逐渐变为居民房前屋后的文化园景。

(三)自治服务精细化

花山街道在春和社区成立社会组织孵化中心,通过给空间、给政策、给资金,将孵化社区"草根"团队的过程,作为引导居民深度参与社区治理的有效方式,实现服务"从居民中来,到居民中去",为居民自治赋予"工作"价值。

(1)"寻觅良种"。深挖社区优秀党员和居民骨干,充分发挥"意见领袖"号召力,组建10支社区重点志愿团队,涵盖敬老爱幼、助残、文化普法、环境保护、文化教育等公益志愿类型。

(2)"阳光成长"。引入枢纽型社会组织及专业社工,指导协同社区团队开展志愿活动,提升志愿服务专业化水平。同时引导社区团队走上规范化运作道路,孵化2~3个注册社会组织。

(3)"活力反哺"。建立社会组织常态化参与社区治理机制,开放社区艺术节、"温馨10号"等项目,优先从社区孵化的社会组织购买各类惠民服务。社区孵化培育的"春和心语"心理工作室、"趣星球"智能科普中心、社区文化艺术团队,结合居民需求,提供在地精细化反哺服务,成为治理体系中的重要力量。

三、实施成效

(一)提升了党建引领社区治理的认知理念

无论是社区工作人员,还是社区的广大居民,在整个共创和项目运行中,不断地学习接受新知识和新理念。社区打破了传统党群服务中心空间布局理念和改造模式,倡导把公共空间的主动权和话语权还给居民,逐步形成党建引领社区治理的"春和共识"。

(二)探索了全参与式的共建、共治、共享的创新社区治理新模式

1. 全力参与共建

在区街相关部门指导下,社区联合"大党委"成员、社会组织、志愿者在资源、资金、人

力上全面支持社区工作,构建共建共治共享的社会治理共同体。共建单位认领的社区人行绿道修建、社会组织孵化中心建设、疫情防控等实事项目,助力优美宜居社区建设,获得居民的一致好评。

2. 全过程参与共治

社区党委搭建"社区开放日""乐活畅聊日""议事工作坊"等平台,收集200余条意见建议。小到楼栋换灯,大到讨论党群服务中心改造装修布局,居民都可以事前、事中、事后全过程参与,实现人人有责、人人尽责、群防群治的治理格局。

3. 全龄段参与共享

通过开展青少年活动,培育家长志愿服务队,"撬动"家庭中青年人群体参与社区服务,形成一个家庭"1+2+4"社区治理放大效应。社区在办好托幼、为老服务的同时,开放"春芽小站"发生器,挖掘社区青年人走进社区,分享工作、生活和人生,营造全龄乐活氛围。

(三) 初步形成了"春和万事兴"的社区文化品牌概念

通过为期一年的"新春和·兴春和"的党群中心共创和社区文化IP宣传打造,"春和万事兴"文化品牌已经初步形成,社区居民共同的文化认同感明显增强。

四、主要经验

(一) 社区党建工作树立创新观念和思维

光谷是一座创新活力之城,光谷的社区就要紧贴居民需求,顺应群众向往,创新服务方式,改变传统的自上而下的社区治理模式,鼓励居民参与共创,增强居民群众的获得感,提升基层党组织的凝聚力。

(二) 社区党建工作必须加强党的领导

社区是基层基础,更是辖区下沉资源和共建资源的能量场。社区党委充分发挥党的组织优势,推动组织共建、活动共联、资源共享,办实事解难题,使居民感受到党的服务就在身边。

(三)社区党建工作必须以人为本

以人为本,服务为先。社区党组织要坚持以人民为中心的发展思想,依靠群众、发动群众参与社区治理,营造人人关注、人人参与、人人享有的社区治理氛围,尤其是为青年人搭建平台,让青年人与活力社区共成长。

居民议事"小杠杆",撬动社区治理"大格局"

武汉市武昌区中南路街道百瑞景社区作为超大型社区,深入领悟共同缔造理念,结合社区居民"三多一高"(外来人口多,中青年人口多,高学历高收入人口多,对于美好生活要求高)特点,以居民自主发动的"百事帮"志愿服务为切入口,通过召开"家长里短"议事会协调解决五期东步梯修建等事宜,探索出党建引领聚合力、志愿服务暖人心的超大型社区治理路径,充分调动下沉党员、骨干居民、志愿者的积极性,汇聚多元力量,共同缔造美好幸福社区。

一、案例背景

(一)组建"百事帮"志愿服务站的背景

百瑞景社区在建立之初,居民出行十分不便,物业公司投入数台摆渡车,仍难满足居民需求。为解决居民出行问题,部分"有车一族"自发成立"带一脚"爱心车队,每天上下班高峰期为居民提供志愿服务。为呵护好志愿服务的"星星之火",社区积极组织文体健身、法律援助、应急救护等各类活动,并发动居民参与组织、宣传、实施等各个环节。在活动中挖掘骨干成员,由点变线,培育出一批"草根"领袖,组成"百事帮"志愿服队。在社区的引导下,"带一脚车队""阳光型爱心帮扶""蒲公英阅读""木兰知音健身""启明星科普""吴天祥"等6支不同类别的志愿服务队组成了"百事帮"志愿服务站,由全国道德模范吴天祥揭牌,服务站宣告正式成立。

(二)修建百瑞景小区五期东步梯的背景

百瑞景小区五期东的居民向社区反映,每次出入小区均需步行通过地下车库,行人与车辆同进同出,出行安全无法得到保证。为此,开发商解释,建设规划设计已通过验收,合同图纸清清楚楚,且已交房,不可更改。近年来,不断有居民因此事与开发商发生冲突,部分居民以此为借口不交物业费,还要求更换物业。基于此,社区多次召开居民议事会,居民提出修建步梯的意见,开发商表示愿意配合并协调有关部门进行规划设计,但经费问题得不到解决,搁置至今。如何完成百瑞景小区五期东步梯的修建工作成为亟待解决的问题,是五期东居民的"心头大患"。

二、实施目标

立足百瑞景社区实际,充分整合资源、广泛发动群众参与社区治理,着力打造协商议事、邻里互动、爱心互助、文化交流"四个平台",形成一批可复制、可推广的经验做法。

二、实践路径及成效

(一)"三变三促进"打造"百事帮"志愿服务站

1. 变"要我做"为"我要做",促进参与意识觉醒

传统的社区治理,社区既是"掌舵人"也是"划桨手",居民被动参与社区治理。新时代下,传统的治理模式无法与居民追求高质量生活的需求以及多元共治的理念相匹配,唯有发动群众力量,汇集群众智慧,促进群众参与意识觉醒,才能实现共同缔造的目标。"百事帮"志愿服务站"点线面"发展方式迅速带动起居民参与公共活动的兴趣,居民态度从"要我做"变为"我要做",社区治理开始由"一元主体"向"多元主体"转变。

2. 变"随意做"为"持续做",促进志愿服务规范

社区不断为初露苗头的志愿服务队伍"添砖加瓦",帮助"百事帮"志愿服务站突破群众团体的自身局限,变"随意做"为"持续做",促进志愿服务规范化、体系化、永续化。一是完善组织构架。"百事帮"志愿服务站由10支志愿服务队、52个志愿服务小组、1700多名志愿者组成三级志愿服务网格构架,共开展八类志愿服务项目。二是畅通沟通渠道。树立"互联网+"思维,社区建立79个微信楼栋群线上沟通,增强沟通的时效性、互动性,让居民足不出户便能随时了解社区动态。目前,居民微信楼栋群参与数已达到5000余户,线上群也被大家称为"万能的群",真正做到了"百事帮"。三是推动可持续发展。完善"百事帮"志愿服务站的注册、管理、激励制度,推动志愿服务规范化、常态化。建立"百事帮加油站"积分制,实行一人一档,记载志愿服务内容和时间,让志愿者年度表彰有据可依。联系爱心商户形成"瑞景爱心圈",提供折扣优惠、免费物资供志愿者兑换,形成一定的物质激励。同时采取多种方式激励表彰优秀志愿者,如将青年志愿者表现反馈给在职单位或就读学校,授予"瑞星志愿之星"等荣誉称号等。近年来,涌现出代俊等一批中青年优秀志愿者,"有时间做志愿者,有困难找百事帮"已成为风尚。

3. 变"自己做"为"大家做",促进辐射范围拓宽

社区着眼全局,将"自己做"变为"大家做",拓宽辐射范围,让参与者更多、影响力更大、实效性更显著。一是不断拓展"邻里圈",让更多居民融入进来。依托"1+N网格员服务团队""平安合伙人"等服务团队和"书记夜谈会""家长里短议事会""四方联动议事会"等议事平台,72名门栋"三长"志愿者与社区、物业、业委会携手破解高空摄像头安装、电动车棚修建等治理难题。每季度开展一次"瑞景红党员服务日"活动,居民党员志愿者现场维修家电等。坚持每年寒暑假开展"小志愿者"活动,根据孩子年龄、特长引导他们做书吧管理员、小科技馆讲解员等。目前,社区注册小志愿者达400多名。二是主动发展"外联圈",让不同主体参与进来。百瑞景社区坚持挖掘社区外的资源,让志愿服务主体更加多元化。联合辖区单位、商户、在校大学生志愿者,为居民提供多元化志愿服务。积极引导武汉小学教师志愿者等连续三年开展周六"蒲公英阅读小镇"活动。联合湖北工业大学等开展"亲子自然"公益服务。社区卫生服务中心连续三年坚持每周三义诊,并上门为行动不便老人送诊、送药,近千名老人受益。三是持续关注"重点圈",让爱心种子传递。百瑞景社区志愿服务不仅仅局限于服务本社区居民,也走出社区传递爱心。2013年以来,"百事帮"志愿服务站先后组织开展爱心车送考等爱心"阳光行"活动,为辖区内外参加高考、中考的学生提供便利。根据贫困地区需求,援建新洲涨渡湖小学爱心图书室,帮扶大悟贫困山区学生,将居民的爱心播撒到各地。

(二)群策群力解决居民身边"关键小事"

百瑞景社区"家长里短"议事会自2019年成立以来,逐渐成为居民解决身边"关键小事"的重要平台。一是根据事项大小、影响人群、辐射范围的不同,建立社区总议事会、小区分议事会和楼栋议事会三级联动组织架构。二是按照"上下联动、协商一致"的原则,建立"发现问题、共商共议、民主决策、跟踪管理"四步议事流程,确保事事有回应、件件有效果。三是采用"五前五早"工作法:坚持组织在前,党建引领早强化;坚持预警在前,苗头问题早消化;坚持教育在前,重点对象早转化;坚持控制在前,敏感时期早防范;坚持调解在前,矛盾纠纷早处理。

针对百瑞景小区五期东步梯修建事宜,小区党组织、业委会牵头,下沉党员、居民志愿者纷纷站出来,共同协商解决难题。业委会委员褚成涛提议:"既然开发商的设计原本就是这样,只怪我们买房缺乏专业,我们选的只有认,但是我们还是要解决这个问题。我提议大家集资,我带头,我出一千。"他拿着尺测量画图,联络建设规划部门,建设方案根据居民意见改了五稿,步梯终于修建完成,同时还补栽桃树,修建羽毛球场、儿童乐园,生活环境更加宜人。

四、主要经验

"百事帮"志愿服务站不仅是一项志愿服务项目,更是新型小区社区建设与社会治理创新的有效结合,它重塑了城市新小区居民社会关系,实现了多元主体良性互动,让群众成为"共同缔造"的觉醒者、参与者、发展者,形成"百瑞景共同缔造"的经验、共建共治共享的基层治理格局。

"家长里短"议事会制度已推动 600 余件大小事项得以解决。"家长里短"议事会议不仅是议家常,更是秉承"基层的事在基层协商,老百姓的事自己商量着办"这一理念,带领居民从共同决策到共同建设再到共管共治,汇聚多方力量资源,"共同缔造"人文宜居环境,以居民议事"小杠杆"撬动社区治理"大格局",切实提升居民的幸福感、归属感、认同感。

多方力量汇安厦，"五共"方法好停车

随着社会经济的快速发展，老百姓的物质生活水平逐步提高，私家车成为方便居民日常出行的重要交通工具，但随之而来的就是小区停车难问题。武汉市硚口区宗关街道申新社区安厦花园小区是一个没有物业管理的老旧小区，实际居住约170户。该小区停车位较少且停车位划定不合理，导致乱停车、抢车位等现象频发，引发不少群众矛盾纠纷，使得停车成为该小区的一个老大难问题。"下基层、察民情、解民忧、暖民心"实践活动开展以来，申新社区党委将规范老旧小区停车列为重点民生事项，通过"五共"工作法，在停车场改造前邀请小区业主代表、车主代表、片区网格员、下沉单位等，围绕停车难题共商共议对策、凝聚多方共识，项目改造中发动居民群众参与停车场的清理、车位规划等工作。同时，依托下沉单位的专业优势，对小区车位进行科学规划、合理改造，改造后又推动居民群众共同制定小区规范停车制度和志愿服务机制，不断优化、规范停车位的管理，最终啃下了小区"停车难"这块硬骨头。

一、案例背景

申新社区安厦花园小区坐落于汉水之滨，该小区有4栋楼，共13个单元202户，空房30余户，是一个始建于1998年的老旧型小区。安厦花园小区原先由市场化的物业公司管理，但是因物业管理费收取困难、物业服务质量较差等一系列原因，物业管理公司于2003年退出了该小区的管理工作。由于是老旧型小区，又缺乏专业化的物业管理服务，安厦花园小区经常出现群众矛盾纠纷，邻里关系受到很大负面影响。随着居民物质生活水平的不断提升，停车问题变得尤为突出，车辆乱停乱放、阻塞道路、相互剐蹭、抢车位等纠纷频发，居民群众投诉反馈不断，严重影响小区的管理秩序。为了规范小区管理，小区老党员张群英牵头组织成立了小区自治管理组,让"群众事群众议",搭建起小区居民沟通交流的平台,坚持矛盾不上交,就地化解矛盾,充分借助"下基层、察民情、解民忧、暖民心"实践活动的开展,发动多方力量,共同参与小区停车场的改造工作。

二、实施目标

停车问题所引发的矛盾纠纷和安全事故是保证小区良好邻里关系和交通出行安全的绊脚石,要迅速妥当解决停车难问题。通过小区居民全面真实了解停车场困境现状和连锁引发的周边一系列问题,换位思考、多角度看待停车难现象,用活下沉单位专业化的技术资源,用专业思维发现停车难问题的核心,实现科学规划设计,发挥居民群众智慧力量,巧妙解决沟通协调难题,日常监督管理让居民群众全程参与,塑造小区整体责任感、荣誉感,用志愿管理服务作为提升小区居民参与停车场日常管理积极性、主动性的重要手段,并通过停车场改造这一惠民实践项目,拉近干部群众关系,营造和谐邻里氛围,锻炼党员干部为民服务的真功夫、硬本领。

三、实践路径

(一)社区搭台问需,厘清停车难题

停车问题与全体业主息息相关,需要大家共同谋划。自"下基层、察民情、解民忧、暖民心"实践活动开展以来,申新社区将安厦花园小区停车难问题列入了"三张清单"。社区积极组织召开民情恳谈会,主动邀请小区业主代表、车主代表、自管组代表、片区网格员、社区"两委"成员、下沉单位面对面、零距离沟通。会上,车主反映车位少、停车难;业主反映停车位影响晾晒场地;自管组反映收取的管理费用太低,资金难以维持小区管理;网格员反映停车问题调解困难,抢车位影响小区的邻里关系。这一个个的问题反映了小区停车难的症结。下沉单位也在恳谈会中分享了对老旧小区停车难问题的看法意见,同时罗列出了资源清单,表示将全程参与安厦花园小区停车场改造工程。通过前期摸底,下沉单位诚通物流公司发现该小区停车难问题主要由车位角度不合适以及车位划分不明确引起。诚通物流公司具有管理物流的实践经验,擅长科学规划车位,根据前期反馈整理的车位问题情况,制定了详细专业的改造方案。小区自管组、居民群众以及下沉单位共同参与停车场改造工作的策划环节,不断拓宽三方交流的通道,搭建相互沟

通的平台,回应居民群众需求,汇集多方智慧力量,共同研究并提出解决问题的方案,真正实现了群众的事让群众议、大家谋。

(二)引导群众共建,凝聚工作合力

发展中的问题要在发展中解决,美好社区要靠大家共同建设。停车场改造既要规划新的车位,也要合理设置停车禁区,还要兼顾小区绿化面积,不能矫枉过正。拆除私自安装的地锁、腾退侵占的花坛,规范晾晒场地等工作在停车场改造前必不可少,为了减少改造前清场工作的阻力,同时也为了增强宣传效果,社区决定发动群众的力量,让群众去做群众的工作,通过片区网格员、业主代表、车主代表、自管组成员一次次上门、一遍遍劝说,用耐心和真心去换取群众的理解和信任。面包车体积较大,容易发生剐蹭,为解决面包车车主李师傅的停车问题,小区自管组老党员张群英和其他几位居民代表一起上门做工作,请他将车"挪窝",并承诺规划专属车位。经多番查看地形后,在小区1栋和2栋中间空地上规划了一个大型车位,又在李师傅的家门口规划了两个标准车位。办法总比困难多,沟通就是硬道理。停车场改造方案确定之后,下沉单位诚通物流公司党支部的6名党员带着卷尺、油漆、滚筒等工具,一天之内在安厦花园小区划了58个车位。为了车位划线的精准,诚通物流公司下沉党员邀请小区车主模拟车辆的进出方向,用卷尺测算车辆的转弯半径,并反复测量车位旁的道路宽度是否能够保证行人、车辆正常通行。整个施工过程中,业主的协调、施工的围挡、车辆的调配样样都不能少,都是让群众打头阵,下沉党员来施工。为了更好地发展社区、治理社区,各方力量纷纷加入建设,做出自己力所能及的贡献。在安厦花园小区停车场改造过程中,始终坚持以居民群众为主体,汇聚各方面力量共同参与社区建设,让群众、社会力量出资出力,投工投劳,不断提高社区的治理效能。

(三)强化制度建设,巩固工作成效

俗话说,打江山容易,守江山难。社区建设得再好,严格管理和定期维护也是必不可少的。安厦花园小区停车场改造项目完成后,社区在居民议事厅公开征集小区停车位居民公约,并以业主大会的形式进行公示,严格制定了小区的规范停车制度,每月收取低额的停车费用,又在小区业主中选择沟通能力强、善于组织管理的党员成立了停车场管理维护志愿服务队,并对志愿服务队员进行集中培训、合理排班。停车场管理维护志愿服务队协同社区网格员,负责停车场的日常清扫、劝导不文明停车行为以及安保等工作,并定期评定季度、年度优秀志愿者。同时,小区自管组鼓励居民群众通过微信群曝光小区及周边的不文明停车行为,制作小区居民红黑榜,对于不遵守居民公约的业主进行公示,不断增强集体荣誉感、责任感。下沉单位诚通物流公司不定期派专人考察安厦花园小区停车场运营状况,实时跟踪走访,当出现停车线受损时及时修复、加粗,使停车标志更加清晰醒目。安厦花园小区虽然没有专业的物业公司,但是通过完善管理制度、发动志愿服务,加强了居民群众对小区共建成果的管理,这既是有效监督也是高效管理。

(四)注重服务成效,改进工作措施

社区建设得好不好,要看群众买不买账。安厦花园小区停车位管理工作评价好坏不只凭数据,而是以居民群众的满意度为标准,不断在群众满意度上找差距。停车场改造投入运行之后,小区居民纷纷在微信群中评论留言,感谢各方的共同努力与付出,分享自己在停车场改造前后不同的亲身感受,对小区自管组、下沉单位、志愿服务队和网格员的工作做法和成效点赞。小区自管组不定期组织居民座谈会、发放意见调查问卷,听取大家对停车场运行现状的看法意见,给出自己心目中对停车场的评分。同时,安厦花园小区提供问题反馈通道,对后续群众反馈暴露出来的问题及时上会讨论解决。小区还形成了长效机制,每年年初会收集意见清单,由小区全体业主评选出群众最关心的问题事项,在居民议事厅制作公示牌,将解决的每件事项前后对比照片公示于小区内,让居民群众实实在在看到问题解决的全过程,也让参与其中的居民看到自己努力的硕果。另外,小区自管组积极向下沉单位武汉诚通物流公司反馈停车场运行现状,然后由诚通物流公司根据反馈情况,对小区停车场车位进行不断调整和优化。通过多方共同评价,让评价更真实可靠,让评价助推服务质效提高。安厦花园小区通过效果共评,引导群众和社会各方面力量对项目建设、活动开展的实效进行评估和反馈,持续推动各项工作改进,做到老百姓满不满意,让老百姓自己说了算。

四、实施成效

发展的目的是让成果共享,建设带来的便利要由大家一起享受。停车场改造完工之后最先受益的就是安夏花园小区的居民群众,大家普遍反映停车更加方便了,从以前的"抢车位"到如今的"找车位",车辆剐蹭的现象明显减少了,小区居民之间的矛盾纠纷日益减少,邻里关系变得更加和睦。通过停车场改造之后,小区自管组的形象在居民群众眼里更加亲切,在收取小区管理费用时,小区居民更加自觉和主动,社区管理更加顺畅和高效。下沉单位武汉诚通物流有限公司通过此次停车场改造,真正做到了急民之

所急、解民之所忧,既锻炼了项目规划和实践能力,又增进了下沉单位与居民群众的联结关系。小区自管组、下沉单位、居民群众三方通过共谋、共建、共管、共评,最终实现了共同缔造成果的共享。

五、主要经验

安厦花园小区停车场在改造前"问需于民",改造中"问计于民",改造后"问效于民",发动社区居民深度参与方案设计、工程实施、验收评价、后续管理等各环节流程,广泛与民协商、为民请愿,争取居民群众理解和支持,激发了社区居民的积极性、主动性、创造性。停车场改造既是小事情,也是大事情。对于申新社区安厦花园小区来说,停车场改造只是一次普通的惠民改造项目,但也集中体现了社区党委、下沉单位与居民群众共同攻克小区治理难题的团结、智慧与坚持。不单单是改造停车场,要想共同缔造美好环境与幸福生活,我们都应该做到以下三点。

(一)团结多方,各司其职

每个主体在基层治理之中都不是旁观者,而是参与者和创造者,要团结一致,共同为社区发展做出应有贡献。要团结党员干部统筹协调工作、带头示范、做好表率;要团结居民群众了解最真实的情况、倾听最真实的声音,摸清最迫切的诉求,做到对症下药;要团结下沉单位和下沉党员,发挥专业技术能力,做到人尽其才、物尽其用。

(二)凝聚智慧,事半功倍

要想事半功倍就得讲究做事的方式与方法,凡事都得讲究巧干而不蛮干。先要通过居民群众找准问题的核心症结,不搞主观臆断,再让专业人来做专业事,做到科学规划设计、合理建设改造,最后还应该让居民群众来监督和评判,不让监管缺位、评判失真,做到事事有回应,事事有着落。

(三)坚持不懈,久久为功

基层治理不会一蹴而就,治理工作不能浅尝辄止、走马观花,需要持之以恒、锲而不舍。碰到难啃的硬骨头,万不能先想着放弃,要多想好办法、多下苦功夫,怀着功成不必在我的理念,一件事接着一件事做,一代人接着一代人干,久久为功、不断接续奋斗,方能水滴石穿、铁杵成针,人民群众的幸福生活不断向前。

以案说法唤醒维修资金，
下沉党员充当小区管家

罗家墩社区位于武汉市硚口区古田街道东南方汉江江湾处，是武汉市第一批城中村改造社区，实现了城中村改造"蝶变"。村改居之后，小区管理新问题、新情况等层出不穷，社区治理面临更多挑战。辖区广电江湾新城小区于2008年分三期陆续交付使用后，业委会和物业公司对电梯维保服务缺乏有效监管，电梯故障时有发生。小区维修资金启动难、电梯维修难成为小区管理的难点痛点，加上业主对物业服务满意度不高，强烈要求更换物业公司，小区治理陷入困境。社区党委坚持"引领""下沉""赋能""增效"，充分发挥社区治理"领头羊"作用，及时收集信息，了解民意，充分调动社区居委会、业委会、物业公司、业主代表、下沉工作队、下沉党员等多方力量，多元主体参与民主协商，共同推动问题有效解决。让社区组织体系优化，党员时时在身边；让机制正常运转，居民天天在参与；让百姓得到实惠，生活处处有温度，着力打造群众决策共谋、发展共建、建设共管、效果共评、成果共享的基层治理新格局。

一、案例背景

广电江湾新城小区于2008年10月陆续交付使用，分Ⅰ期、Ⅱ期、Ⅲ期，共3445户、30栋小高层和高层住宅房屋，有52个单元、83部电梯。因电梯使用年限渐长，业委会和物业公司对电梯维保服务缺乏有效监管，电梯故障时有发生。业主认为电梯维修是物业的分内事，第一届业委会也拒绝动用维修专项资金，而是期望由物业公司承担全部维修费用，维修资金长期无法启动。维修资金问题上的意见不一导致电梯故障得不到有效解决，小区业主不满情绪日趋增长，业主与物业公司双方矛盾激化，居民出行不便，切身利益受损。

2020年9月底,罗家墩社区接到广电江湾新城小区物业和居民反映,6栋和28栋2单元的电梯发生故障,多日不能正常运行。经第二届业委会牵头找专业公司进行诊断,检测出故障原因为主钢丝绳断股,轿顶反绳轮严重磨损,导致电梯不能运行,大约需要3万元维修费。

二、实施目标

社区治理直接面对小区的各类管理问题,是基层治理的重难点。《中共中央关于坚持和完善中国特色社会主义制度　推进国家治理体系和治理能力现代化若干重大问题的决定》提出,"坚持和完善共建共治共享的社会治理制度","建设人人有责、人人尽责、人人共享的社会治理共同体"。2022年6月,湖北省第十二次党代会提出,要走好新时代党的群众路线,广泛开展美好环境与幸福生活共同缔造活动,发动群众决策共谋、发展共建、建设共管、效果共评、成果共享。

三、实践路径

(一)强内力,选好"领头雁",党建引领小区治理

面对电梯亟待维修而资金尚未落实的难题,社区党组织迅速行动,积极应对,力求高效回应居民诉求。首先,社区党组织凝聚担当有作为的业主代表,优化领导机构。以打造红色业委会为契机,成立了工作筹备组并召开业主大会,启动广电江湾新城小区业主委员会的换届选举工作,下沉党员和退休党员合法参加业委会成员的选举,新组建的业委会班子中,党员占比60%以上。新一届业委会成立后,社区党组织进一步明确业委会的职责定位,使业委会成为业主与社区居委会、物业公司等各方有效沟通的桥梁,营造出各方协商共治的良好氛围。新一届业委会成立后不久,随即召开业主大会,就"是否更换物业公司"一事进行业主表决,表决结果为"大多数业主赞成不变更物业公司"。其次,社区党组织多方沟通,积极宣传。积极召开党员会议,向党员同志宣传建筑物及其附属设施维修资金使用规定等相关政策文件,一定程度上取得了党员同志的理解和支持;积极召开居民会议,由党员同志与居民进行协商沟通,争取与居民形成一致的可行方

案;多轮次组织四方会议,向业主宣传维修资金使用的相关法律法规和政策。此外,在社区党委的支持下,业委会和下沉党员入户上门走访,与业主面对面沟通征集听取意见和建议,并积极向业主进行相关宣传和引导,争取业主的理解与支持。通过持续不断的努力后,一部分业主从不理解到理解,社区党组织一系列措施的出台与落实初见成效。6栋居民在宣传与动员的过程中,逐渐形成了对电梯维修事件及相关法律政策的客观全面的认知,并最终形成了2/3以上居民的赞同意见,同意以建筑物及其附属设施维修资金作为电梯维修经费。6栋居民推选了业主代表参加四方会议,电梯维修施工立即展开并顺利完工,居民生活出行恢复正常。

然而,28栋2单元的业主仍未形成一致意见,个别居民坚决反对并联络相关业主共同抵制以维修资金作为电梯维修经费的方案,电梯维修工作停滞不前。为此,社区组织召开了四方会议以求突破僵局,争取共识。会中,各方积极商讨并形成几项提议,但均因种种原因最终未被采纳。会议议事商讨具体情况如下:一是提议由电梯维保公司进行维修,但公司只接受每部电梯维修费用在200元以下的维修项目,维修费用在200元至1000元区间的项目需由物业公司安排解决,而物业公司经理称不能承担维修电梯所需的3万元费用;二是提议从业主的公共收益部分支出,至2019年11月第二届广电江湾新城小区业主委员会换届成功,业委会账上显示的公共收益已亏损30万元,不能解决燃眉之急,且2020年8月业委会开会形成的决议中规定,业委会每笔费用支出不能超过2000元,电梯维修费用远超出这一标准,此项提议仍旧行不通;三是提议从业主缴纳的物业费里划拨,然而物业公司经理称不能垫资。以上解决办法均行不通,电梯维修仍旧未能拿出可行办法。会后,一部分业主要求必须尽快维修电梯,且不准动用住宅专用维修资金。"小区的维修资金长年处于沉睡状态,使用率不到维修资金利息的百分之一。"广电江湾新城业委会主任史江感叹道。

28栋2单元电梯维修卡在了出资上,钱从哪里出?针对小区治理的一系列复杂问题,罗家墩社区党委坚持把推动力量下沉、着力破解联系服务群众"最后一公里"难题,作为深化党建引领"社区吹哨,党员报到"改革的重要抓手。

(二)借外力,邀请"智多星",引导居民转变认知

社区业主反对使用维修资金导致电梯维修蜗步难移,其中的关键症结在于居民对使用建筑物及其附属设施的维修资金的相关法律条款不了解,导致产生排斥心理。针对这一问题,社区党组织联系专业机构,邀请专业人士,通过开展讲座和面对面谈心的方式提升居民认知,化解居民内心的不安和犹疑。

一方面,邀请恩派社工机构的杨老师与业委会和业主展开沟通交流。杨老师运用

自身专业知识及多年小区业委会工作经验,以通俗易懂的方式向居民普及相关专业知识,解答居民疑问,28栋2单元业主在此过程中的态度逐渐出现转变。另一方面,下沉单位"中共湖北省委党校工作队"出谋划策当参谋,下沉党员议事会先行议事,决定邀请中共湖北省委党校徐伟教授来指点迷津。在2020年10月27日的党课上,徐伟教授给党支部书记、小区物业、业委会成员、居民代表等讲授了一堂《民法典》主题党课。"紧急情况下需要维修建筑物及其附属设施的,业主大会或者业主委员会可以依法申请使用建筑物及其附属设施的维修资金。"徐伟讲解道。对此,物业、业委会和居民代表反响十分强烈。最终,在社区党组织、下沉党员、专业人士共同努力下,居民和物业就电梯维修问题达成一致意见,小区公共维修资金将被紧急启动。"明天,我们就依法唤醒维修资金,早些把电梯修好,让居民出行更方便!"史江说。

(三)聚合力,身边"红管家"参与议事、化解矛盾

2020年8月,省市区有关单位居住在辖区的党员干部陆续到社区报到,如何整合和发挥下沉企事业单位党员干部力量是社区党建应探讨的课题。社区党委找准切入点,发动下沉党员干部充当小区管家,将下沉力量作为党和政府与群众紧密联系的双向通道,将"红管家"融入"百姓圈"。社区党委要求居住在28栋2单元的下沉党员干部先行了解电梯使用情况、维修步骤以及相关政策,在社区党委组织召开的居住在28栋2单元的下沉干部协商会和"五方"会议上,下沉党员干部就小区电梯维修问题提出了意见和建议。二次会议召开过程中,部分业主代表情绪激动打断会议,面对此情况,东西湖区经信局的下沉党员明福挺身而出,积极与业主沟通。他俯下身子"听",详细了解业主不愿动用维修资金的原因;弯下腰杆"讲",他说维修资金不是没有启动需求,而是因为启动太难,每年维修资金平均使用率不足百分之一,这笔数额不小的资金长年处于"沉睡"状态。"电梯是居民生活息息相关的民生问题,不要让钱束缚了手脚"。此外,在场的省下沉干部朱涛、市下沉干部史江、区下沉干部刘绚有着业委会成员和下沉党员的双重身份,他们利用自身身份优势,出面积极说服业主。来访的业主代表仔细耐心地听完了党员们的讲解,思想逐渐转变,并最终达成了统一共识,同意动用维修资金作为电梯维修费用。罗家墩社区协调各方力量,在积极探索社区治理上不断尝试,运用了"三方联动"、"五方会议"、"七步议事"、专家参与法等,在此过程中,下沉党员都充当了"小区管家",苦口婆心、不厌其烦、耐心地说服相关居民,主动做业主思想工作,紧握成一只有力的拳头,让党建工作更加接地气,让小区治理更加得民心。

四、实施成效

社区党组织统筹各方力量,让社区治理有了"领头雁";中共湖北省委党校工作队作为"下沉"组织,让社区治理有了"智多星";服务"下沉",让社区治理有了"红管家";邻里守望,让社区治理有了"红街坊"。社区整合了各方力量,激发了治理合力,有效地办好民生实事。社区顺民心解民意,业委会全面摸排了解民意并对业主进行思想沟通、政策法律宣传引导等工作,对电梯维修工程提前把脉问诊,进行检测和大数据摸底,多次反复召开沟通会协商会,针对电梯问题进行分类施策、分级管理、分步推进。目前,83部电梯有30部电梯已维修完成,进入验收阶段,第二批50部电梯进入维修公示阶段,小区电梯维修资金启动难的问题得以破解并已走向规范化运作的状态。

五、主要经验

(一)社区党组织发挥统筹作用

在电梯维修事件的处理全过程中,社区党组织始终发挥着不可或缺的"领头雁"作用。一是信息收集,了解民意。二是团结党员,共同参与与居民的沟通协商。三是凝聚业主代表,优化业委会职能。通过业委会换届,成功搭建起业主与各方有效沟通的桥梁。四是联动各方,形成协商共治局面。通过联系社区居委会、业委会、物业公司、业主代表、下沉工作队、下沉党员多方力量,为多元主体参与民主协商,共同推动事件的有效解决提供了平台。

(二)寻求专业力量支持

面对社区工作人员难以处理的专业问题,罗家墩社区积极挖掘社区外资源,通过邀请专业机构和专业人员进社区,着力解决该事件中涉及的专业问题,为事件的解决提供了关键支持与帮助。

(三)业委会积极履职,持续沟通

新组建的业委会面对居民不理解、不配合的情况,仍然尽心尽责,积极履职,与居民、物业公司和社区居委会各方耐心沟通,起到了各方沟通的润滑剂作用,为事件的解决提供了重要支撑。

社区运行机制要长效化,党建引领要示范化,小区治理要精细化。下一步,社区将继续以居民身边的急事、难事为突破口,带领党员群众共同缔造幸福生活,将社区建成共建共治共享的幸福家园。

"1+5"微治理模式，
共同缔造老旧小区美好生活家园

以新明小区为代表的武汉市汉阳区四新社区老旧小区，建成年代久，无物业管理，陷入治理困境。小区一度环境脏乱差、停车混乱，车辆拥堵现象时有发生，安全隐患多；居民之间也因停车等问题而时有矛盾，邻里纠纷多，居民怨气大，生活幸福感不强。为彻底解决这些问题，破除老旧小区治理困境，提升居民幸福感，四新社区党委坚持党建引领，创新探索出一条老旧小区治理新路径——"1+5"治理模式。由社区党委牵头，整合辖区单位、党员干部群众力量，通过建立微组织、设立微基金、制定微公约、接受微监督、提供微服务的"五微"治理模式，将党的组织优势转化为小区治理效能。做到了小区有组织、治理有队伍、服务有载体、运转有机制、工作有保障，实现了发展共谋、小区共建共管共评、成果共享，破解了老旧小区无人治理的困境和难题，实现了老旧小区的自我服务、自我管理和良性运转，使小区由环境脏乱差、居民埋怨多的老旧小区，蝶变为环境整洁、停车有序、邻里和睦、文明和谐、居民称赞的美好生活家园，提升了小区居民的获得感和幸福感。

一、案例背景

习近平总书记2020年7月视察吉林时指出："一个国家治理体系和治理能力的现代化水平很大程度上体现在基层。基础不牢，地动山摇。要不断夯实基层社会治理这个根基。提高社区治理效能，关键是加强党的领导。要推动党组织向基层延伸，把基层的工作做好，这样才能'任凭风浪起，稳坐钓鱼台'。"四新社区成立于2000年，是一个老旧小区、新小区混合的社区，现有居民7055人，建有8个小区片区党支部，共有党员311人。以新明小区为代表的四新社区老旧小区，建成年限久，无物业管理，陷入治理困境。小区一度环境脏乱差、停车混乱,车辆拥堵现象时有发生,安全隐患多;居民之间也因停车等问题时有矛盾,邻里纠纷多,居民怨气大,生活幸福感不强。

二、实施目标

为彻底解决这些问题,破除小区治理困境,提升居民幸福感,四新社区党委从小处着手,探索出1+5治理模式,由社区党委牵头,通过建立微组织、设立微基金、制定微公约、接受微监督、提供微服务的"五微"治理模式,推动"红色物业"提效升级,推进小区发展共谋、小区共建共管共评、成果共享,小区得以良性运转,使小区由环境脏乱差、居民埋怨多的老旧小区,蝶变为环境整洁、停车有序、邻里和睦、文明和谐、居民称赞的幸福宜居老旧小区。近几年来,新明小区无一起盗窃案发生。

三、实践路径

(一)建立微组织,实现发展共谋

曾经的老旧小区,困扰居民的有"四烦":环境脏乱差、停车困难、安全隐患多、邻里纠纷多。社区党委为彻底解决小区治理困境,决定在小区建立微组织,实现发展共谋、小区自治。在社区党委书记的带领下,由党员带头,发动群众力量,组织热心党员、志愿者成立"一家亲"志愿服务队,在小区挨家挨户进行宣传,多次召开居民大会征求意见,大家有钱出钱,有力出力,通过多方努力,成立了"微组织"——红色物业自管组。自管组主要由社区工作者、小区热心党员和群众构成,在社区党委领导下开展工作,成为联系社区和居民的桥梁。

为确保有序管理,自管组同居民商议,制定了小区红色物业自管组管理办法,明确自治管理事项、业主权利和义务、自管组服务质量标准、服务费用等。在自管组的组织下,小区居民自发出资规划了停车位,安装了拦车器,设置了防盗门,安装了监控设施;自管组安排业主轮流值班,对车辆、环境、消防安全等进行管理;结合红色物业改造提质拓面,自管组成员带领居民对小区进行楼栋门禁及休闲设施安装、宣传栏改造、下水网管维修、外墙立面整治等提档升级;自管组还动员居民共同打造特色楼道文化,每栋楼都命名了"仁义楼""敬老楼"等名字,在细微处渗透社会主义核心价值观宣传;三楼或四楼还配置了爱心敬老椅,方便腿脚不便的老人爬楼累了的时候坐下休息。此外,自管组始终坚持"三方联动"机制,协调多方资源力量共同梳理小区问题,研究小区事项,推进小区治理。

在自管组的有序管理下,居民对自管组的信任逐步建立,小区治理有序开展。2021年2月,为解决居民反映多年的新明小区顶楼渗漏问题,自管组主动站出来,同社区、相关部门、热心党员居民一起上门做居民的思想工作,经过多次沟通协调,一波三折,历时一个多月,最终成功拆除7户违章建筑,改造得以顺利进行。为解决新明小区飞线充电问题,四新社区和自管组共同努力,于2022年4月安装了充电桩。水泥制管厂宿舍小区居民水费一直由厂里专人代收,后因武汉水泥制管厂清盘,水费无人收取,导致欠费。为彻底解决这一问题,2022年1月,社区及街道向水务集团和自来水公司申请安装一户一表。施工开始后,社区和自管组召集居民代表开会,沟通施工前后注意事项,施工得以顺利推进,目前主管道铺设已完成。

在"微组织"的组织和协调下,小区居民自治的活力被激发,居民共谋小区治理,逐渐成为小区治理的主角,实现了自我管理、自我服务。经过两年多的不懈努力,小区发生了翻天覆地的变化,困扰居民的"四烦"变成了"四顺":环境秩序改善了、停车问题解决了、安全隐患解除了、人际关系和谐了。实实在在的改变让居民的生活顺心了、埋怨少了、称赞多了,居民对自管组和社区党委的信任度和满意度也大大提升。

(二)设立微基金,实现小区共建

没有基金,小区管理便如无源之水、无本之木,处处掣肘,无法得到良性运转。为此,四新社区老旧小区自管组设立微基金,保障小区良性运转。自管组坚持微基金"取之于民,用之于民",微基金的来源是自管组收取的停车费,主要用于小区小修小补、安全值班、开展邻里活动、帮扶慰问等诸方面。

粮食车队宿舍小区自管组为方便车辆管理,2022年3月自筹资金3800元,将拦车器进行更换升级。每年春节,新明小区自管组都会将剩余的微基金用于小区困难家庭慰问。双残家庭王明亮夫妇俩都是70多岁的空巢老人,王爷爷心脏还做过搭桥手术。每次自管组成员来到王爷爷家里,向两位老人嘘寒问暖、询问身体状况、日常生活起居,并送上节日的问候。老人都喜笑颜开,真真切切感受到社区大家庭的温暖。此外,2018年以来,新明小区自管组还在春节期间用剩余的微基金为每户小区居民发放米、油等生活物资,小区成为令人羡慕的"别人家的小区"。

(三)制定微公约,实现小区共管

外环境改善了,居民以前的一些不良习惯如果不改,小区整洁有序的环境秩序也无法长久维持。为此,小区自管组组织制定了系列微公约——文明居民微公约、文明停车微公约、禁止高空抛物微公约、防火安全微公约、环境管理微公约等,并在宣传栏进行公示,推进小区共管。

一开始,微公约并未在居民心中扎根,矛盾时有发生。针对这一现象,社区党委和小区自管组始终坚持解决实际问题和解决思想问题相结合,及时发现影响邻里关系、社区和谐的苗头,第一时间采取相应的措施予以消除,在解决实际问题的同时通过"大道理掰碎揉细说、有问题上门反复说、抓苗头线上线下及时说"等方式反复宣传微公约,推进微公约的渗透。如小区以前没有车位规划和管理,居民车辆乱停放,周边外来的车辆也插空停放,造成小区拥堵,停车难问题突出。为此,自管组制定了文明停车微公约,同时为小区规划停车位、安装拦车器和监控设备。硬件设施完善了,居民心态好了,对文明停车微公约也认可了,人人自觉遵守微公约了,小区停车问题也解决了。现在的新明小区,人人自觉遵守微公约,主动维护居住环境,小区呈现文明之风。

(四)接受微监督,实现小区共评

再小的权力也要监督。不然,由于疑虑而在居民心中产生的小心结积久日深,会影响小区管理的正常运行。以小区收取的停车管理费为主要来源的微基金,涉及群众切身利益,微基金怎么用、用于什么方面,是居民最关心的问题。起初,居民对微基金的使用有意见,担心去向不明,对小区自管组有一些小心结。

为此,社区党委第一时间同居民谈心,表示一定"取之于民,用之于民",给了居民一剂安心丸。同时,自管组每季度将微基金使用情况予以公示,打开了大家的心结,消除了居民的疑虑。为更好地监督自管组的运行,社区成立了由网格员和业主代表组成的自管组监督小组,制定了监督小组工作办法和星级物业自管组评选办法,坚持"民事民提、民事民议、民事民决、民事民办、民事民评",在社区党委领导下依法监督小区自管组事务,将微监督渗入到小区工作的点滴之中。此外,在社区党委的指导下,自管组还建立了多方参与的议事协商制度,定期召开三方联席会,促使自管组成员按规矩办事,赢得居民信任,保障居民切身利益。

(五)提供微服务,实现成果共享

在小区实现有序运转、满足居民基本需求之后,社区党委和小区自管组并未就此止步,而是决定提供微服务,实现发展成果共享,提升小区居民幸福感。社区和小区自管组在摸排、征求意见后,组建了服务团队,向居民提供保安、疏捞、维修、家政、代办、关爱等多种服务,通过各种细致周到的服务让居民有实实在在的获得感和幸福感。

一是共建服务聚民心。在社区党委的协调下,社区大党委成员单位熙园物业公司,每月10日在新明小区开展公益物业服务,为小区居民提供低偿专业服务,并为低保户等免费服务。区域化党建的成果转化为实实在在的居民福利,赢得了小区居民的称赞。二是细节服务暖民心。小区自管组为小区购置爱心雨伞、儿童车等共享物品放置在小区特定区域,居民需要的时候自己取用,用后自觉归还,实现资源共享。三是志愿服务润民心。"一家亲"志愿服务队的志愿者们,主动认领环境卫生员、治安调解员等10多个义务服务岗位,在自管组的组织下开展微服务,维护了小区干净整洁、舒适安全的生活环境,营造了"崇德向善"的浓厚氛围。

常态化的细微小服务、邻里小关爱活动、志愿活动不仅有利于保障小区环境秩序整洁安全有序,还让居民的生活更加便利,让温情在小区内传递,逐渐滋养着小区风气,文明、互助之风逐渐形成,小区氛围越来越温暖、融洽,居民的幸福感直线上升。

四、实施成效

四新社区积极实施老旧小区"1+5"治理模式,破解了老旧小区治理困境,实现了新明小区等老旧小区的自我服务、自我管理和良性运转,得到群众的一致点赞。此外,新明小区因"1+5"治理模式被作为武汉社区干部学院教学基地现场教学点之一,曾接待20余次参观活动,全市1000余名党员干部曾到新明小区参观学习"五微"治理经验。

五、主要经验

新明小区等老旧小区在四新社区党委的带领下,充分发挥社区大党委的作用,整合辖区大党委成员单位、热心党员群众的力量,从居民最急最盼的事入手,通过"1+5"治理模式,把党的组织优势转化为小区治理效能,做到了小区有组织、治理有队伍、服务有载体、运转有机制、工作有保障,实现了发展共谋、小区共建共管共评、成果共享,小区实现了自我服务、自我管理,破解了老旧小区无人治理的困境和难题,实现了老旧小区的良性运转,使小区发生翻天覆地的变化,由环境脏乱差、居民埋怨多的老旧小区,华丽蝶变为环境整洁、停车有序、邻里和睦、文明和谐、居民称赞的幸福宜居老旧小区,提升了小区居民的获得感和幸福感。

四新社区老旧小区"1+5"治理模式呈现出整体推进有序、成效作用明显、深受群众欢迎的良好态势,为党建引领下的老旧小区治理工作探索出了可复制可推广的经验,可在老旧小区广泛推广实践,解决老旧治理困境。

"三方联动"破解老旧小区改造和管理难题

老旧小区改造"三分建,七分管",云鹤社区老旧小区改造提高了居民的生活质量,消除了危险隐患,创造了美丽的环境,完善了社区功能。但是,如何守护住老旧小区改造的丰硕成果日益成为社区现阶段的难题。社区党委通过强化党建引领、用好"三方联动"机制、建立"六支队伍"、推行"五步议事法",不断提升老旧小区环境治理和设施维护的服务水平,进一步改善居民居住环境,共同缔造老旧小区美好生活。一是"党建引领"搭建"联动"平台,实现资源共享。立足"街道大工委—社区大党委—小区党支部—楼栋党小组—党员中心户"五级组织架构,成立小区综合党支部,通过交叉任职、签约共建、党建融合等方式,强化党的全面领导。二是"五步议事法"优化"联动"机制,推动决策共谋。社区党委将党建引领贯穿老旧小区改造的全过程,充分发挥社区党组织在社区治理中的领导核心作用和桥梁纽带作用,持续深化党组织领导下的居委会、业委会和物业企业"三方联动"机制,推行民事民提、民事民商、民事民决、民事民办、民事民评的"五步议事法",保障社区居民知情权、建议权、评议权、决策权和监督权,营造和谐的社会环境。三是"三项载体"健全"联动"保障,促进协商共治。社区党委搭建小区议事厅、月月恳谈会、"三务"公开栏等三项载体,有效促进辖区内居民参与社区公共事务,共同助力社区和谐可持续发展。

一、案例背景

武汉市硚口区韩家墩街道云鹤社区成立于 2000 年 8 月,是一个典型的老旧型社区。社区居民 5562 户、16073 人。社区党委下设 12 个小区(片区)党支部,共有党员 508 名。武汉市艺术学校、硚口区法院、东方红二小等 3 个单位和 108 名居住地报到党员常态化下沉社区。老旧小区改造"三分建,七分管",云鹤社区老旧小区改造提高了居民的生活质量、消除危险的隐患、创造美丽的环境、完善了社区功能。但是,如何守护住老旧小区改造在带来的丰硕成果日益成为社区现阶段的难题。

二、实施目标

云鹤社区党委通过强化党建引领、用好"三方联动"机制、建立"六支队伍"、推行"五步议事法",不断提升老旧小区环境治理和设施维护的服务水平,进一步改善居民居住环境,共同缔造老旧小区美好生活。

三、实施路径及成效

(一)"党建引领"搭建"联动"平台,实现资源共享

立足"街道大工委—社区大党委—小区党支部—楼栋党小组—党员中心户"五级组织架构,成立小区综合党支部,通过交叉任职、签约共建、党建融合等方式,强化党的全面领导。

(1)实行交叉任职。小区综合党支部第一书记由下沉单位党组织书记担任,成员由业委会、物业企业、社会组织负责人和居住地报到党员等组成。建立重大事项"支部先议"制度,吸纳小区下沉干部、党员参与,把乐意并能够为小区业主服务的人选出来,支持他们动起来,作用发挥出来。如,云鹤小区第六党支部书记叶红担任小区业委会主任,社区网格员彭新菊担任云鹤小区业委会成员。

(2)开展签约共建。落实"三个一"要求,推动武汉市艺术学校、硚口区法院、东方红二小等3个单位支部常态化包保三个小区,理清需求清单、资源清单、共建清单等"三张清单",签订10项共建协议;组织居住地报到党员开展认岗组团、认事接单、认亲结对和创单自主服务的"三认一创"服务,开展疫情防控、疫苗接种、清洁家园、文明创建等志愿服务活动145场次,109人次认领社区服务事项。报到党员结对帮扶孤寡老人、留守儿童、特困人员等困难家庭40户,将下沉力量延伸到服务居民群众的最前沿。

(3)推动党建融合。凝聚下沉党组织、下沉党员、志愿者、社区干事、社会组织、居民骨干、物业公司、各职能部门等力量,以居民需求为导向,建立"正能量"宣传队、"红袖标"巡逻队、"夕阳红"调处队、"靓家园"环境队、"党员先锋"突击队、"万家欢"便民队等6支

志愿服务队伍,使各个层面的资源和力量实现同频共振、协同联动,形成上下贯通、左右联动的小区治理体系。

(二)"五步议事法"优化"联动"机制,推动决策共谋

社区党委将党建引领贯穿老旧小区改造的全过程,充分发挥社区党组织在社区治理中的领导核心作用和桥梁纽带作用,持续深化党组织领导下的居委会、业委会和物业企业"三方联动"机制,推行民事民提、民事民商、民事民决、民事民办、民事民评的"五步议事法",保障社区居民知情权、建议权、评议权、决策权和监督权,营造和谐的社会环境。

2022年4月,云鹤小区网格群内有居民反映,有人违规停车到绿化带,毁坏绿植的问题。社区党委随即召集"党员先锋"突击队对云鹤小区绿化带进行巡查,巡查中发现云鹤小区2、4、5、6组团多处绿化带有车辆碾压痕迹。第二天,社区党委书记陶正太召集业委会全体成员及天顺惠物业负责人在社区召开"三方联动"会议,会上就如何解决现阶段居民违规停车毁坏绿化带的问题展开讨论,并制定相应方案。通过"三方协商",最后达成一致意见,由业委会通过公共收益购买铁桩,天顺惠物业公司承担安装铁桩及日后维护的工作。在社区党组织的督促下,由业委会出资物业采购,先后对小区部分绿地周围安置地桩400多个。社区、业委会、物业协同参与,共同完成对小区绿化环境维护工作。项目完成后,社区组织召开党员和居民代表会议,让党员和居民代表详细了解事项办理全过程,并对办结情况进行民主评议,得到了居民的一致好评。

(三)"三项载体"健全"联动"保障,促进协商共治

社区党委依托小区议事厅、月月恳谈会、"三务"公开栏等三项载体,有效促进辖区内居民参与社区公共事务,共同助力社区和谐可持续发展。

(1)小区议事厅,议事协商有阵地。建立联席会议制度,以小区议事厅为平台,定期或根据工作需要召开"三方"联席会议,听取居民所反映的热点、难点问题;积极分享好的工作方法,做到资源共享;形成破解物业管理难题、提升社区党建工作、共同参与社区建设管理的合力。如云鹤小区电动车棚整改、墙面漏水问题解决情况、移动变电站位置以及精品园小区水压的问题等,一些群众家门口的问题在群策群力中破题见效。

(2)月月恳谈会,议事协商有机制。每月召开由社区、业委会、物业等参与的"月月恳谈会",促进常态化联络沟通、对话恳谈、协商议事。在2022年6月召开的云鹤小区"月月恳谈会"上,大家对"云鹤小区3组团部分居民利用该处电动车棚旁公共空地长期堆放杂物,对周边环境卫生有较大影响"的问题进行了协商。协商后决定,为维护小区环境,

由天顺惠物业有限公司、云鹤社区网格员、云鹤小区 3 组团网格党员志愿者在小区、网格群内通知居民积极配合，先行清除自家杂物，为活动正式开展扫清障碍。随后，由居家党员、在职党员、物业保洁人员、小区居民组成的社区"靓家园"环境队对遗留下的杂物进行清理，云鹤小区业委会利用小区公共收益联系托运车辆转运杂物，形成了全民共同维护小区环境的良好局面。

（3）"三务"公开栏，议事协商有监督。严格按照公开原则和规范，对"党务、居务、财务"等"三务"进行公开。党务方面，公开社区发展党员、"两委"换届选举、下沉共建"三张清单"、申报各类先进等党务情况；居务方面，公开低保受理、特困家庭、享受特殊人群补贴等居务情况；财务方面，公开社区全年预算决算、惠民资金使用、社会救助等财务情况。根据内容及有关要求，分为常年公开、适时公开、定期公开。

四、主要经验

（一）坚持"党的领导"，才能更好履行服务职责

党组织领导下的"三方联动"机制有效破解三方在社区治理中互相观望、推诿扯皮、出工不出力等顽疾，推动社区居委会、业主委员会和物业服务企业按各自职责开展工作，形成工作合力，为居民提供便捷、高效的服务。推荐符合条件的社区工作人员，通过法定程序兼任业主委员会主任或委员，积极推选党支部书记、党小组长和楼栋长担任业主代表等，确保"交叉任职"落到实处。此案例中云鹤小区业委会和社区党组织的交叉任职，较好地促进了问题的解决。

（二）整合"各方资源"，才能更好形成服务合力

整合阵地资源，利用文化广场、党群服务驿站、业委会办公室、红色物业服务中心等资源，集综合服务、矛盾调解、学习宣传等功能于一体；整合下沉党组织、下沉党员、志愿者、社区干事、社会组织、居民骨干、物业公司、各职能部门等人力资源，壮大服务群众和做好群众工作的力量；整合社区党员活动经费、社区惠民资金、小区公共收益资金等资金资源，为群众开展惠民项目和服务活动提供经费保障。

(三)完善"公示评议",才能更好实现共同缔造

主动搭建群众参与的公示和评议平台,实时公示社区在建设管理方面的重大事项,组织群众和社会各方力量对项目建设、活动开展的实效进行评议和反馈,帮助和支持社区、业委会、物业进一步改进、完善、提升工作,从而使大家能共享"共同缔造"的成果。

"三联六议"集民意,畅通治理微循环

武汉市硚口区易家街道竹叶海嘉园小区是城中村还建型住宅小区,居民以原住村民为主,因乡土情结较重,生活方式比较传统,一定程度上导致居民对社区的认同感和归属感不强,基层自治动力不足,协商共建合力不强。竹叶海社区以美好环境和幸福生活共同缔造专项行动为契机,紧紧围绕强化党建引领、健全协商机制、做实小区精细化治理,盯牢盯实楼道环境综合整治难题,开创"七点邻里议事庭",打造"三联六议"邻里议事法,完善"绿色积分"管理办法,盘活用好辖区资源力量,助力居民转变生活和思想观念,为生活杂物做"减法",为幸福生活做"加法"。在社区"大党委"的统筹下,不断建立健全党建引领社区治理机制,实现微建言激发大活力、微平台共建大家庭、微机制凝聚大能量,用心营造"小事随时议、大事开庭议、要事共同议"的共建共治共享良好氛围。

一、案例背景

竹叶海嘉园小区是城中村还建小区,原住村民居多,很多人种了一辈子地,与农田有着不可割舍的情缘,也爱"屯货"。因此,部分居民习惯于在楼道乱堆乱放,停放电瓶车,把楼道变成私家"杂物间",不仅给居民出行带来不便,还经常造成居民间的矛盾和纠纷。此外居民们也常常担忧:楼道这么狭窄,还有很多易燃的物品,万一碰上火灾,那还得了?

早在2016年,竹叶海社区便开始着手进行楼道整治,社区工作人员坚持每天进网格,逐楼逐层入户劝诫居民不要在楼道堆物。"一开始,有些居民有点排斥,比如说堆积的大件家具,我们几次上门让居民处理,一直没有沟通成功。""没地方放""没影响别人""没办法搬"——居民用各种理由将社区工作人员和志愿者一次次拒之门外。"以前也不是没有整治过楼道,但是收效甚微。"每每回想起楼道整治工作,竹叶海社区书记石文兵眉头紧锁,一脸无奈地说着。

楼道是每个社区的最小单位,楼道环境事关邻里和睦、居民健康、群众安全等多个方面。如何探索楼道治理的最优解?竹叶海社区积极发挥党组织战斗堡垒作用,搭建居民共治平台,围绕楼道清理工作,实现了楼道"整容式"的改变,家住竹叶海嘉园小区的居民韩爹爹高兴地说:"楼道堆放物,终于清理干净了,进出楼道门心也敞亮了,生活环境确实改善不少,住得也更舒心了!"

二、实施目标

2022年9月,省委办公厅、省政府办公厅下发《关于开展美好环境与幸福生活共同缔造活动试点工作的通知》,要求每个县(市、区)确定5~10个城乡社区作为试点,探索决策共谋、发展共建、建设共管、效果共评、成果共享的方法和机制。简单来说,"共同缔造"是邀请群众参与,以群众为主体推动美好环境建设。竹叶海社区建立健全"三联六议"邻里议事机制正是希望通过进一步调动和发挥好社区居民的积极性,让更多人知晓、参与、关心社区工作。围绕这一总体目标,竹叶海社区致力做到以下三点。

(一)进一步健全"三方联动"机制,提高居民自治水平

通过召开联席会议的方式,健全党组织领导的社区居委会、小区业委会和物业企业联动服务机制;以实现"收集问题、归纳整理、议题确定、议题协商、联动办事、群众评议"的"六步走"议事方法,真正做到问题共解、资源共享、文化共建,成功形成"1+1>2"的治理模式。

(二)进一步增强"七点邻里议事庭"影响力,提高社区议事效率

通过整合居民代表、物业代表、共建单位代表等力量,社区打造一支强有力的民意代表队伍,于每周五晚上7点准时"开庭"议事,广收意见、集体研判、协商审理,解决小区重点难点问题,落实基层服务工作,实现共建共治共享美好家园。

(三)进一步完善"绿色积分"管理办法,激发社区治理活力

组织社区"两委"成员、楼栋小组长、党员代表、居民代表、网格民情信息员等成立绿色积分兑换工作小组,细化楼道环境管理绿色积分兑换机制,增设公开评议环节,让居民群众主动参与到社区治理中去。

三、实践路径

(一)在"全"字上下功夫,织密决策共谋的"民意网"

竹叶海社区整合下沉党员、网格员、志愿者、楼栋长等"社区达人",从中精挑细选25名管理能力强、服务意识好、群众口碑好、政治素质高的网格民情信息员,构建起"信息一张网,知我百家情,解我百家难"的民意资源网。

竹叶海社区居民张阿姨通过网格民情信息员反映隔壁邻居把公共空间占为己有,尤其是炎热夏季堆放的杂物容易滋生蚊虫病菌,两家屡次发生口角。网格民情员向"七点邻里议事庭"反映此问题,社区立即查看现场,决定召开协商会议并制定协商方案。在社区党支部的组织下,社区工作人员、物业公司代表、居民代表、楼栋长一起"出庭议事",带领居民化解了小区楼道乱堆放引发的邻里矛盾,并通过开展楼道清理"回头看"整治活动,解决了一个个看似简单的"小问题"。

"保持楼道墙壁无小广告乱张贴,楼梯扶手无积尘。""楼道内严禁堆放易燃易爆等各类杂物。""楼道内不得存放自行车、电动车等交通工具,严禁飞线充电。""对楼道进行随机检查,开展星级评定。"议事庭上,围绕旧物堆放、设施维护、楼道清洁等问题,大家畅所欲言、各抒己见。最后,汇总各方意见和建议,"七点邻里议事庭"围绕环境卫生、安全出入、公共设施、文明公德等方面制定了朗朗上口的楼道公约。

截至2022年9月,竹叶海社区通过健全网格民情信息员队伍,整合民意民情信息网,已调解矛盾纠纷、满足居民需求事项30余件,着重解决了小区居民活动室改造、广场舞噪声扰民、小区增设垃圾分类屋选址、非机动车停放点整治等难点问题,确保楼道、小区和社区大事小事"一网打尽"。

(二)在"智"字上下功夫,布好发展共建的"作战图"

聚焦楼道整治常态化、长效化,竹叶海社区一手抓"堵",一手抓"疏",双管齐下、多措并举,取得了较为显著的成效。社区党组织积极发挥退伍老兵、退休老党员等"五老"的作用,组建"蓝精灵"安全志愿服务队。

每天,他们穿着红马甲、佩戴红袖章在小区楼栋开展志愿巡逻,一旦发现乱堆乱放就立即找寻源头,对于无人认领的物品逐一询问,开展"地毯式"摸排的同时,主动与居民协商解决,并及时向网格信息员或社区报告,有效遏制了楼道乱堆乱放苗头性问题的发生;同时协助物业公司在各楼道内张贴通知或入门劝导,宣传引导居民定期自行处理楼道杂物,强调杂物堆放的环境不利影响与安全隐患,让居民从"让我清理"变成"我要清理",使美好环境共同缔造理念入脑入心。在耳濡目染中,越来越多的居民加入到"蓝精灵"安全志愿服务队中来(图1),越来越少的居民把闲置物品堆放在楼道。楼道治理的"大头"问题终于解决了,接下来就是"持久战",清理的堆放物怎么解决?

结合"我为群众办实事"实践活动,竹叶海社区建立"物业安装、合作管理、智慧运营"模式,以便捷、利民为原则,对小区非机动车停放点进行了升级改造,不仅安装了防盗监控设施,还安装了智能充电桩。同时为小区20部电梯加装了电动车报警系统,采取智能化手段一举破解电动车"上楼入户"、小区内飞线充电、楼道内充电等难题。

图1 组织"蓝精灵"开展清洁家园活动

(三)在"实"字上下功夫,打造居民共管的"治理链"

竹叶海社区探索建立廉情监督制度和"事前提议、一事一议"的协商议事规则。一是专人监督,将社区纪检监察员聘为"七点邻里议事庭"的廉情监督员,负责监督议事内容的落实情况。二是议题公开,通过网格员民情日志、网格微信群、联席会等多渠道征集和筛选拟"开庭"议题,最后经社区集体研究确定,以书面形式公开公示。三是"庭议"公正,"开庭"议事过程中严格按照民主集中制原则,充分讨论,形成庭议决议。四是决议透明,利用居务公开栏、社区网格微信群等公示公告决议结果,自觉接受监督。

在楼道整治过程中,不少居民全程参与,充分表达了意见想法,经"七点邻里议事庭"研究,最终决定以每周五"绿色积分"兑换活动为抓手,引导居民主动清理楼道,有效化解了投诉和矛盾,实现了用积分管理改变老旧生活习惯的目标。同时开展"我家楼道无堆放"主题评选活动,对符合"楼道不堆物、非机动车不上楼、不飞线充电"的"三无"邻里给予精美纪念品作为奖励。

(四)在"真"字上下功夫,答好效果共评的"考试卷"

"从解决邻里纠纷到社区基础设施改造,再到平安社区建设等方面,每次选择协商议题时,我们都会以居民的需求为议事重点,然后通过线上平台公示和召集协商人。"社区党支部书记、"七点邻里议事庭"协商会召集人石文兵说道。竹叶海社区通过邻里议事会这种方式,收集居民反馈和需求的集中问题,涉及辖区广大居民群众切身利益的热点、难点问题优先纳入议事协商内容,有利于辖区居民反映社区问题,增强为民服务的责任意识,提高居民对社区的归属感与认同感。

"其实我们也不是不支持社区的工作,只是家里孩子不在身边,没人帮我们清理这些杂物,现在有了'绿色积分兑换'这个活动,统一帮忙联系回收,垃圾变零花钱,真是解决了大问题,太贴心了。"楼道治理绿色积分兑换机制获得了居民的一致好评。

四、实施成效

(一)微建言激发大活力

以家门口的"七点邻里议事庭"为抓手,以"三联六议"议事法为重点,通过"熟人服务熟人""熟人带动熟人",竹叶海社区进一步畅通民情民意渠道,引导群众、发动群众、组织群众,居民自治水平上去了,小区环境整洁了,社区幸福度增长了。如今的竹叶海嘉园小区各楼道,清清爽爽,再也看不到布满灰尘的木梯子、纸板箱了。为了巩固和扩大楼道整治的成果,居民们再次坐在一起,"开庭"畅谈起自家楼道的管理公约。

(二)微平台共建大家庭

"七点邻里议事庭"从议题收集到协商议事,从决议落实到回访督效,每一个环节都让居民群众的"呼声"更容易、更快速被听到,也让"急难愁盼"问题更直观、更及时被关注。同时,在"七点邻里议事庭"上,能全面整合辖区共建单位、职能部门、物业、业委会等各类资源,推动各级专业力量直接介入,推动组织联建、活动联办、问题联解,从"各唱各调"到"同频共振",构建起大事小事大家一起办的社区和谐"大家庭"。

(三)微机制凝聚大能量

竹叶海社区充分发挥积分制管理的优势,进一步细化楼道环境管理绿色积分兑换机制,增设公开评议环节,确保积分兑换的阳光透明性。由社区"两委"成员、楼栋小组长、党员代表、居民代表、网格民情信息员等组成绿色积分兑换工作小组,制定科学合理的积分指标,让居民群众自觉去对标身边的先进人和事,主动参与到社区治理中去。同时,将绿色积分和"我家楼道无堆放"主题评选活动结合起来,围绕楼道环境整治具体事项,设置3类奖励性积分项目和2类惩罚性积分项目,奖惩结合,进一步激发了居民群众参与楼道治理的积极性,有效规范了居民日常行为,引导了新时代生活风尚,营造了向上向好向善的文明氛围。

五、主要经验

(一)做实社区"大党委",引领工作"大统筹"

充分发挥社区"大党委"作用,与"大党委"成员单位签订党建共建协议书,建立资源清单、需求清单和年度共建项目清单等"三张清单",确保力量全进入、资源全整合、成效全公开。积极协调共建单位、职能部门、物业、业委会等力量,持续推动组织联建、活动联办、问题联解。

(二)建立健全治理平台,完善创新治理载体

通过探索"三联六议"邻里协商议事机制、打造"七点邻里议事庭"解决问题模式,充分引导群众、发动群众、组织群众来共同把社区、小区建设好,共建共享共治美好生活。

(三)发挥居民主体作用,增加小区自治活力

以家门口的"议事庭"为抓手,畅通群众诉求表达渠道,让群众唱主角,激发自治活力;以志愿扬正气,转"民风"树"新风";以"熟人服务熟人""熟人带动熟人"组建各类志愿服务队,广泛征求群众需求,实现"近邻互助""近邻守护"的幸福感;以联动强保障,植"土壤"打"根基"。

微治理推动"水土相服",
看老旧村庄如何变身最美社区

一、案例背景

襄阳市襄州区张湾街道朱庄社区位于汉十高速北出入口,辖区面积12平方公里,辖内6个小区、4个自然村组及光彩国际物流园,属于典型的城乡接合部,居民结构复杂、城乡商混合,各类矛盾纠纷时有发生、不稳定因素较多。为切实做好村改居"后半篇文章",确保群众"水土相服",该社区开展"微服务—微自治—微创享"的社区"微治理"实践,取得了较好成效。近几年来该社区实现了三个"未发生"(即进京赴省越级访未发生、电信诈骗案件未发生、刑事案件未发生),人民群众获得感、幸福感、安全感不断提升,被襄阳市评为最美社区,被襄州区评为"先进基层党组织"。

二、实践路径

(一)微服务,打造便利朱庄

朱庄社区为提升基层治理水平,致力于便利朱庄打造,开展规范化、精细化、民主化建设,将党建工作优势转化为社会治理效能的新路径。①队伍建设规范化。社区在配备"两委"人选时,提前将学历高、能力强、思想过硬者纳入视野。借着换届东风,加强基层队伍建设。目前社区有9名班子成员,平均年龄不到40岁,较换届前下降了近5岁,全员大专以上学历,大大地提升了社区服务居民的能力。②网格管理精细化。构建"社区党组织—小区(楼院)党支部—楼栋党小组—单元门党员中心户"四级网格党建组织架构。疫情期间,将辖区内机关干部、居民党员、志愿者等纳入网格,确保"八小时外"和应急响应下第一时间发挥作用;常态化防控后,建立以"两委"干部、联防队员为核心的处突专班,24小时处理流入辖区的高中风险区人员的隔离及核酸检测等事项,有力有效地打赢了疫情防控守卫战。③党员议事民主化。每年均召开党员大会,要求社区党委下辖11个党支部、130名党员根据自己走访社区情况,将自己认为近期急需解决同时又具有可操作性的问题写在便签上,投票确定下一年度的"社区五件实事"项目。近年来,已累计完成小区道路刷黑、停车棚建设、充电桩安装、全社区监控安装等,特别是社区党委利用惠民资金,投资200余万元,将四、八、十组道路硬化约15000平方米,彻底解决了居民晴天一身灰、下雨一脚泥的出行问题,同时也美化了居民小组的居住环境,切实有效地便利了全体居民。

(二)微自治,打造和谐朱庄

针对朱庄社区城、乡、商混合状态,社区借助红色物业、"五老"队伍、两新组织力量,发挥群众自治能力,进一步推动了和谐朱庄建设。①红色物业进小区。引导党员进入业主委员会,目前党员人数占业委会成员的80%,突出红在党建引领、红在支部核心、红在党员带头、红在群众参与、红在以人为本,同时健全议事机制和议事规则,规范"集、议、决、督、评"工作流程,从楼内小事、微事入手,发挥小巷管家、楼门长的作用,推动"楼内事楼内解决""小事不出楼门,大事不出社区"。并且,聚焦社区治理的痛点难点,把"回应群众诉求、解决实际问题"作为评判微自治成效的重要标准,将民主议事协商贯穿治理全过程,目前已解决社区居民问题100多个。②"五老"队伍解纠纷。打造"五老"志愿者特色品牌,集矛盾纠纷、平安创建、社情民意调查等职能融为一体,对辖区内矛盾纠纷隐患实行主动排查、及时预警,努力做到早发现、早预防、早处置,抓落实为调处工作赢得先机。2022年以来共参与摸排调处矛盾纠纷100余起,调解成功90余起,解决群众需求100余起,及时疏导了群众怨气,化解内心疙瘩,为群众分忧解难,赢得群众信任。③两新组织全覆盖。朱庄社区以孵化培育社区社会组织为抓手,启动"两新"党建"基层基础规范行动",依托光彩国际物流园、本昌建材城、明康药业两新组织建设,开展非公党建示范企业创建,形成布局合理、管理规范、服务完善、充满活力的党建体系。同时,对企业开展帮扶活动,在疫情期间大力支持汉十高速北出入疫情防控卡点的疫情防控工作,帮助购买5万余元的各种防疫物资,协调补充轮换卡点执勤人员30余人,带领辖区富源塘生态庄园、湖北广捷混凝土等企业到疫情卡点慰问。特别是针对襄阳振襄达物流有限公司企业变压器容量不够负荷状态的问题,朱庄社区让该公司用社区自建仓储的变压器以满足该公司用电,切实为企业排忧解难。

(三)微创享,打造幸福朱庄

朱庄社区最根本的出发点就是为群众服务,不断化解社区居民的矛盾纠纷,解决群众的"急难愁盼"问题,推动幸福朱庄的建设。①近距离化解矛盾。朱庄社区充分发挥社区调解"第一道防线"的作用,围绕社区退休老干部、驻扎社区专职辅警、社区楼道长来组建矛盾纠纷化解专班,建立联调联治体系,近距离快速有效地解决了70余宗矛盾。针对广捷有限公司债务纠纷问题和员工发生堵大门的情况,朱庄社区迅速行动,消弭了风险隐患,从而让矛盾纠纷化解在基层、解决在社区。②多领域温暖群众。为进一步满足群众的精神文化需求,朱庄社区采取"以人为本、服务居民"的原则,着力完善公共配套设施,打造约800平方米的居民活动中心和1500米的文化广场,并积极搭建朱庄社区大舞台,让更多居民走出家门、走进社区,展示才艺,共建幸福和谐的温暖家园。同时依托居民活动中心为阵地,组建了公益互助、环保、"夕阳红"等11支志愿服务队,开展助老扶幼、议事协商、环境整治等多项活动,进一步激发社区活力,让社区变得更加温暖。③全方位法治建设。结合本社区实际,依托朱庄社区大舞台阵地,将法治元素、精神文明建设、道德法治教育有机融合,稳步推进法治文化建设。利用国家宪法日和法治宣传日等具有教育意义的时间节点,大力开展普法宣传和反诈App宣传,社区居民的法治意识和防电诈意识显著提高。同时社区以"四心"警务室建设为契机,大力推动法治建设,严格落实一居一警建设,专职社区民警和驻社区辅警相结合,实现社区警务工作信息、业务、管理、服务"四融合",打造便民服务、管控风险、治安防范和矛盾纠纷排查化解的"最前沿"。

"五融四零"工作法构建和谐社区

习近平总书记指出,"社区是城市治理体系的基本单元。我国国家治理体系的一个优势就是把城乡社区基础筑牢"。黄石市下陆区杭州西路社区坚持以党建为引领主线,运用党建"融心""融智""融惠""融物""融文"的力量,将整个社区紧紧扭在一起,形成了以群众为主体、多方共同参与的"一核多元"参与机制,构建了"纵向到底、横向到边、协商共治"的治理体系,围绕"社区党组织建设零盲区、志愿服务零空白、社区共建零死角、人文关怀零距离"的目标,把"融"文化的触角延伸到基层治理的神经末梢,打造各类服务品牌,让居民共享基层治理福利,探索出了一条社区治理的新路子。

一、案例背景

2021年4月,随着黄石市下陆区杭州西路社区的成立,"小融"诞生了。

小融,取"融心""融智""融惠""融物""融文"之意,结合"社区党组织建设零盲区、志愿服务零空白、社区共建零死角、人文关怀零距离","五融四零"的党建品牌就这样诞生了。小融的精髓就在一个"融"字,为何要"融"呢?

习近平总书记曾指出:"推进国家治理体系和治理能力现代化,社区治理只能加强、不能削弱。""社区工作是一门学问,要积极探索创新,通过多种形式延伸管理链条,提高服务水平,让千家万户切身感受到党和政府的温暖。"

作为一个新成立的社区,杭州西路社区具有一定的特殊性,它既非村改居社区也不是城乡接合部,而是由几个城区社区重新组合而来,社区居民6755户,共8367人。辖区内8个小区、企业一字排开,呈长条形,彼此之间跨度大、联系小,其中3个小区为刚交房的新小区、1个企业为刚开业的新企业,其他5个小区和企业较为独立,封闭性高,因此在强化社区基层治理、拓展社区服务上存在一定的难度。

新成立的社区"硬件"设施条件过"硬","软件"社会治理极"软"。而下陆区成立杭州西路社区的目的就是提高居民的生活质量,进一步密切党同人民群众的联系,调动居民共建美好家园的积极性。

二、实施目标

2022年,湖北省党代会报告指出,要广泛开展美好环境与幸福生活共同缔造活动,发动群众决策共谋、发展共建、建设共管、效果共评、成果共享。

共同缔造重点在于"共同"二字,杭州西路社区以开展共同缔造活动为契机,以党建为引领主线,用"融"的力量将整个社区紧紧扭在一起,形成了以群众为主体、多方共同参与的"一核多元"参与机制,构建了"纵向到底、横向到边、协商共治"的治理体系,进一步擦亮了"五融四零"党建品牌。

小融的目标就是要增加社区对辖区居民的凝聚力,增强居民的幸福感、获得感和安全感,提高居民共建美好家园的积极性,引导居民依法管理自己的事情。让"融"文化的触角延伸到基层治理的神经末梢,打造各类服务品牌,让居民共享基层治理福利,让居民聚融融、暖融融、乐融融。

三、实践路径

小融的成长轨迹有迹可循,"五融"本身就是小融的养成之路,也是社区党建引领的实施路径。

通过"融心"增加居民的幸福感和获得感、拉近居民与社区的距离;通过"融智"可以集思广益、合理整合资源为社区拓展服务贡献力量;通过"融惠"能够将上级优惠政策以及社区惠民政策送到居民手中;通过"融物"将物业行业老大哥"宏维物业"好的管理方法分享给辖区其他物业,同时在疫情防控工作和创建文明城市工作上给予积极配合;通过"融文"将社会组织相关活动和丰富多彩的文体活动送到居民的日常生活中,大大提高居民的幸福感。

四、实施成效

尽管社区才诞生一年半,但小融的成绩单已足够好看。居民对于社区的认可与信任在一次次为民解忧中打下基础,调动的积极性与活跃度最终反映在了社区社会组织建设,即志愿者队的发展中。

在小融的带领下,原有的"乐融融志愿者队"从 20 余人壮大至如今的 120 余人,乐奉献、愿自治成为杭州西路社区的独特一景。

围绕为群众办实事为中心,小融开展了各类喜闻乐见的活动,共计 40 余次。其中最具规模并常态化开展形成效能的,就是杭州西路社区"饭后一小时"志愿巡逻队。巡逻队由志愿者自愿报名,然后将志愿者分为 5 个小组,每组不少于 5 人,轮流开展常态化一日一巡,通过将遛弯与巡逻结合在一起,加强常态化巡逻,持续把最新政策、创文精神和关心关爱送到辖区广大居民家,不仅传播了健康理念,更将文明传递给了居民。截至 2022 年 10 月,"饭后一小时"志愿巡逻队累计巡逻已达 150 多次,长达 200 多小时,影响并带动 30 余人加入志愿者队伍。

一花引得百花开,百花盛开幸福来。新的志愿服务队"悦融融志愿服务队"也很快成立了起来,两个志愿服务队通过各类活动发展了 21 名年轻家长志愿者、70 多名小小志愿者,发掘党员骨干若干名。社区围绕为群众办实事为中心,开展了各类喜闻乐见的活动,共计 40 余次。

发生在社区里的、围绕着小融展开的故事,也持续被各级媒体关注着。截至 2022 年 9 月底,社区相关活动报道在各大媒体转载报道共 120 篇,其中《"小融"的故事》系列主题报道,在"黄石党建"连刊 3 天,并在"长安湖北"等各级媒体进行转发报道。

五、主要经验

(一)主动"融心",发挥"主心骨"作用

作为一个新成立的社区,最初在工作人员紧缺、人员配备不齐的情况下,杭州西路社区党委迅速反应,将市、区两级包保单位及辖区企业联合起来成立了大党委,让小融早早发挥作用。

小融以党建这根"红线"引领,穿针引线,由大党委第一书记牵头,在各小区成立网格

支部,小区培基工程中成立自管党员党支部、红色物业及红色业委会,社区党组织应建尽建。以"大党建"引领"大治理",同时依托市、区两级包保单位,由黄石日报社第一书记牵头,迅速形成了大党委＋网格支部＋辖区企业＋物业公司＋业主委员会"五位一体"的工作格局。

大党委成立后的第一件事就是收集居民的愿望清单,通过为居民办实事集赞"融"力量。小融将居民的需求心声化为一张张清单,做精细化管理,这里有心愿清单、问题清单、解题清单、销号清单,而清单之外则是一件件落在居民心坎上的实事。居然之家和汇金花园小区噪声污染被"管"了下来,小区门口破败的墙壁被粉刷一新,临街商户最为头痛的漏水问题得以缓解……这些大大小小的难题,都在小融的清单管理中得到了化解。清单管理正是小融瞄准群众需求不断创新的工作方法和载体。小融以形式多样的志愿服务,精准打通社区和居民之间的距离感堵点,把一张张承载着居民心愿的清单作为工作的重要目标。

(二)强化"融智",聚集"好帮手"动能

怎样让一个成立不久的"拼盘"新社区迅速发挥效能?社区大党委充分发挥党组织作用,以各个小区网格为单元,鼓励各网格下沉党员自治,同时将黄石日报社、下陆区卫健局等包保单位下沉党员分成5个小组,补充下放至各个网格。全员"融智"群策助群力,构建了共治共建共享的社会治理格局。

依托包保单位黄石日报社整合的文化教育资源,社区顺势挂牌了"杭州西路社区小记者站",招募了一批小记者,也是小小志愿者,并以此为契机,让小手牵起大家庭,使他们的父母也加入到社区志愿者队伍行列中来,发挥"1+1＞2"的共建效应,将"融"思想更好地传播出去。

(三)突出"融惠",激活"网格员"活力

有问题,找网格员。这是网格员们和居民朋友们早就达成的默契和共识。社区通过建立"早晚报到,重在下沉,即时领单"工作机制,深化"网格入户,服务代办,即时结单"走访制度,让制度不落空,服务不超时。最直观的变化就是,为民办的实事更实、更快、更贴心。

如何实现"小事不出网格,大事不出社区"? 在一番摸索尝试后,社区果断确立了以党建这根"红线"引领,深入推进"小区培基工程"。积极挖掘骨干,将志愿服务团队、退休干部等吸收到网格中来。健全"党建＋"建设,压实"社区大党委＋小区网格支部＋楼栋

长＋党员中心户"网格自治架构,通过"居民点单、组织下单、网格接单",筑牢网格共治底盘,全方位打造全科全能网格。

(四)促进"融文",彰显"书香味"风采

为了让小融增内涵、强素能,从内而外地武装起来,社区大党委点亮文明书香特色,奏响共学共勉主旋律,让小融"红"起来。

小融以"三会一课"为抓手,用形式多样的活动为载体,深入开展"一月一交流""一月一建议""一月一反思"活动,用活"学习强国"平台,引导党员学习习近平总书记最新重要讲话和指示批示精神,学好党史、经典著作,在交流中学,在"议"字中谋划新思路,在"行"字上抓真落实。

与此同时,通过持续唱响党史学习教育最强音,坚持把"我为群众办实事"作为党史宣传教育的落脚点,积极开展文艺晚会、定向赛等群众喜闻乐见的活动,鼓励群众以写诗、唱歌、拍摄视频等方式,展现学习成果,丰富居民群众业余生活。截至目前,共开展党课宣讲 30 余次、大型文艺活动 10 余次,组织各类慰问 30 余次、各类党史学习教育活动 20 次。

(五)推进"融物",体现"老大哥"优势

为最大化发挥 8 个小区的联动效能,"小融"进行了深入探索。通过持续提炼宏维山水明城小区物业治理模式、优势,不断整合服务资源,让宏维物业的红色基因走出小区、辐射整个社区,带动辖区其他物业企业参与到社区的各项活动中来。

以初心驿站建设为契机,在宏维山水明城小区和百世威小区打造红色驿站,构建 8 个小区物业互相学习、互相借鉴、互相帮助的物业大联盟机制及户外工作者初心驿站,为户外工作者提供休息、中转的场所,切实提高辖区物业的整体管理水平和服务水平,推进党建引领物业全覆盖工作落实落地,提高辖区居民的幸福感。

接下来,杭州西路社区将继续做好"12345",即以营造城市社区亲密共同体这样一个目标,建立共建思维、共融思维等两种思维,理出需求、资源、服务等三项清单,推进融入式党建、立体式网格、参与式党建、联动式物管等四类探索,做好便民服务、党群服务、健康服务、文化服务、法律服务等五大服务。全面推进党建"五融四零"品牌建设,让居民共享基层治理福利。将"融"N 次方化,让"融"文化的触角延伸到基层治理的神经末梢,打造各类服务体系品牌。

"左邻右里"协商议事，让居民有事能商量、有事好商量

黄石市西塞山区陈家湾社区依山环湖而建，既有城区也有湾组，老旧私房遍布，基础设施老化，邻里矛盾频发，是典型的杂居型社区。2018年10月，由网格支部书记陈雨耳牵头，带领居民自筹、共治解决了路灯安装问题后，社区敏锐地发现，居民当面说、当面议的协商模式，既便捷又高效。通过广泛征求党员群众意见，多次专题研究谋划，最终集聚起社区大党委单位、"两代表一委员"、居民代表等7类邻里自治队伍，创建了陈家湾社区"左邻右里"协商议事中心，以"六民工作法"（民事民提、民事民议、民事民决、民事民办、民事民评、民事民约）为原则，发挥居民主体作用，真正让群众当家作主。社区先后荣获湖北省百佳社区、黄石市治理能力建设突出贡献先进集体等称号，"左邻右里"居民议事协商经验在全市推广。

一、案例背景

陈家湾社区位于月亮山以东、花园路以西，常住居民4174户12556人，辖区总面积2平方公里，居民主要由原自然湾的村民和单位弃管楼栋居民组成，85%是依山而建的私房，楼栋多为20世纪70—80年代建造的楼栋，老旧房屋多、危房危矶多、基础设施薄弱、无物业管理等，是一个杂居型社区。基层矛盾如果全部依靠社区干部，能力、时间和精力都是大问题，只有俯下身子，聆听呼声，找到群众的痛点、需求点，才能精准定位矛盾症结。

二、实施目标

通过探索邻里议事模式有效运行方式,从原来的组织邻里议事,逐步演变到居民主动参与社区事务,参与家园的管理和服务,社区自治进入新发展阶段。让居民参与社区治理,为居民参与社区事务的舞台,展现群众智慧,不断探索延伸社区党组织对小区治理的领导,调动居民参与社区事务的积极性,让基层社会治理提质增能。

三、实践路径

基层治理关键在捕捉民意,由此才能最大限度发挥基层党组织引领作用,实现居民自我管理、自我服务、自我治理。

(一)群众唱主角,"共谋共商"汇民意

坚持把群众满意作为最高标准,把群众诉求作为第一信号,从群众最期盼和反映最强烈的地方着手,引导群众积极主动参与共同缔造。一是捕捉民意建平台。早在2018年初,社区通过挨家挨户听民声、汇民意,协商解决了"行路难"问题和100盏路灯建设问题。社区党委敏锐捕捉到群众参与协商议事的优势,广泛征求党员群众意见,多次专题研究,2018年6月集聚起社区大党委单位、"两代表一委员"、居民代表等7类邻里自治队伍,创建了陈家湾社区"左邻右里"协商议事中心。二是让群众可以做主。尊重保障居民参与社区自治的民主权利和合法利益,以基层党组织为核心,以居民代表会议为平台,以服务群众和协调整合各方利益为职责,通过团结群众、赋权群众,做到自治与专业、管理与服务、教育与志愿、监督与责任"四个结合",充分发挥居民主体作用,真正让群众当家作主。三是大家的事大家办。"左邻右里"协商议事中心建成后,从群商群策完成太子湾排洪港清掏,到汇集民意建成"缘溪广场",再到群众自商解决"鸡毛蒜皮"小纠纷,社区的发展大事、居民的家庭琐事都能通过协商议事得到解决,实现从"干部干、群众看"到"大家议、共同办"的转变。先后召开大小议事会270余次,居民参与超过400人次,居民议事代表提出项目提案22个,社区议事会决策14个,解决大小民生事800余项。

（二）协商为主题，"共建共评"聚合力

按照"不建机构建机制"的思路，社区党委将党领导下的协商制度优势延伸到居民小区楼栋，辐射到驻建单位、"两代表一委员"、社会组织，真正让社区干部"沉"下去、居民群众"融"进来、各级部门"动"起来，形成多方参与、共建共评的强大合力。一是以调研定议事规则。坚持无调研不协商，"先调研、后报批"。协商前，开展前期调研，以党委交题、群众出题、多方征题等方式确定协商议题。协商中，形成一月一次议事会的"分级协商"模式，楼栋能解决的事情楼栋解决，网格能解决的事情网格解决，复杂事项提交社区居民议事会协商。坚持"三议三不议"，即议社区发展之事、议公共利益之事、议群众关心之事，不议违法违纪之事、不议伤风败俗之事、不议个人私利之事。二是以制度保长效协商。以服务群众为核心，建立协商、公开、融合、征求意见、民主五项制度，构建居民群众就近说、贴心楼长单元记、小区卫士集体理、网格先锋小组评、社区协商大家议的五级同向联动工作模式，先后建立"三簿一册"台账、"与会规则、发言规则、表决规则"和"议题收集、事务协商、项目落实、成效评议"机制，保障居民自治的决议、决策和监督，推进居民协商议事制度化、规范化和程序化。三是以考核促单位履职。建立督办、挂牌、述职机制和年度协商议事工作评议档案，将协商议事落实情况和群众评议结果作为社区大党委成员单位考核评比的刚性指标，推动辖区单位主动参与社区共建。社区大党委成立以来，11家辖区单位累计投入资金60余万元，解决社区建设、民生改善等问题30余个。

（三）社区牵主线，"共治共享"暖人心

充分发挥社区党委的引领作用，依托居民协商议事中心，整合辖区共建单位资源，变"干部端菜"为"群众点单"，推动社区共治、成果共享。一是"吹哨报到"解难题。深化"社区吹哨、部门报到"制度，发挥网格"哨所"作用，建立问题收集、"吹哨"启动、分层响应处置等机制，推动部门单位资源下沉、力量下沉、服务下沉。如，2022年社区实施"三中片"老旧小区改造，面向城建、城管、规划、国土等部门先后召开共同协商会21次，修改设计方案10余次，针对封闭垃圾通道、安装楼宇门感应灯、改造供水管线等细节反复论证，在此基础上，以"乡愁陈家湾"为主题，在山坡上建特色步道，新增主题艺术墙绘，老旧小区变成了网红打卡地。二是"四单机制"办实事。建立群众点、社区派、党员接、群众评"四单"机制，难事派给领导、大事派给部门单位、小事派给下沉党员和志愿者，发挥资源优势，共同解决问题，办事结果由群众评议。实践活动开展以来，群众点单39条，社区派单15条，部门、党员主动接单24条。目前，区委书记主动接单的口袋公园、包保单位区

城建局认领的路灯安装等32个问题已经完成,都获得群众好评。三是"扩面提质"促升级。以陈家湾"左邻右里"居民协商议事模式为样板,全面推进居民协商议事模式"四面开花",在全区31个城市社区全覆盖组建邻里议事中心基础上,逐步完善小事楼栋议、难事网格议、大事社区议的三级议事机制,形成了一批议事协商好做法和裂变品牌。2020年在全市推广后,全市已建立小区、网格、楼栋"邻里议事中心"3709个,推选固定议事代表3354人,解决办理了一大批矛盾纠纷和民生实事。

四、实施成效

(一)社区环境更宜居

"左邻右里"议事中心建成后,在社区党委指导下,充分发动居民自治协商,很多工作在较短的时间内就达到协商一致的效果。两年多来,先后完成围墙修复、排洪港清掏、老旧小区改造、美丽乡村打造、污水管网改造、健身广场建设、天然气安装等工程协商议事,顺利推进各项民生工程建设。在"左邻右里"议事中心的带动下,居民参与社区建设的积极性普遍提高,邻里代表自发组织居民参与整理小区乱堆乱放、整治"牛皮癣"创文创卫、疫情防控等工作。如今社区的路更洁、山更绿、水更清、人更和,现代城市宜居社区的面貌初步显现。

(二)邻里关系更融洽

依托社区居民自治联席会议,经常性组织对有关邻里和睦、宠物饲养、治安巡逻、环境保护、噪声扰民、文化娱乐等方面问题进行协商议事,议事中心发挥出了"调解器"和"减压阀"的作用。将社区治理涉及事务划分为环境卫生、设施管护、生活安全、纠纷调解、治安防控等5类,自治小组和热心居民义务担任监督员,义务出功出力,积极参与社区治理。邻里关系变得更加融洽友好,社区更加和谐稳定。

(三)服务效能更突出

以党建为"桥梁"、以志愿服务为"着力点",通过邻里议事平台让社区干部"沉"下去、各级部门"动"起来、居民群众"融"进来,居民群众通过邻里协商来决定、参与和解决问题,居民自己做主角。将"左邻右里"与新时代文明实践站、人大代表联络站、政协委员之家、红十字会、妇女之家、警民联络站、青少年活动室、亲子阅读体验基地、志愿者工作室、党员活动室等15个功能站室融为一体,将邻里协商融入各类不同群体,提供精准的志愿服务,倾听各方的心声。

五、主要经验

基层治理要坚持把群众满意作为最高标准,把群众诉求作为第一信号,从群众最期盼和反映最强烈的地方着手,引导群众积极主动,实现"要我干"到"我要干"的转变。

(一)搭建平台聚人气

社区治理,最重要的参与主体就是社区群众。只有尊重群众、尊重民意,让群众直接参与,社区治理工作才能水到渠成。近年来,社区党委凝聚居民群众广泛参与,形成了多元参与、优势互补、资源共享、共同发展的治理体系。一是民生事项及时办理,让居民感到事事有回应。通过协商议事平台让社区干部"沉"下去、各级部门"动"起来、居民群众"融"进来,议题建议从群众中来,结果运用到群众中去的"发现问题—分析问题—处理问题—反馈问题"的良性工作闭环。二是文娱活动放权于民,让居民感到事事都顺心。每年春节、端午节、中秋节等时间节点,采取居民做主、社区指导模式,引导居民自发组织包粽子、做月饼、文艺汇演等活动,让居民做"主人",社区提供场地、资源。三是阵地建设居民自管,让居民感到事事都"相关"。按照居民的意见规范化建设"左邻右里"议事协商中心,设置"议事堂""直播间""微展厅"等功能室,对议事环境提档升级,"湾言湾语"公示栏常更常新,提供阵地保障,让议事中心成为社区与居民之间的"连心桥"。

(二)民主协商接地气

制度是完善基层治理体系和提高治理能力的基础规章。在发展过程中,社区党委不断用简单明了、通俗易懂的方式总结精炼"议事内容""议事模式""议事规则",让居民群众一看即懂,降低议事协商准入门槛。一是议事内容"三议三不议"。即议社区发展之事、议公共利益之事、议群众关心之事,不议违法违纪之事、不议伤风败俗之事、不议个人私利之事。关系发展的大事专题议,群众关心的民生实事重点议,社会治理的难事开门议。对法律法规和政策有明文规定,有悖公序良俗、涉及个人私利的事,不得作为议题。二是议事模式"五级联动制"。居民群众就近说、贴心楼长单元记、小区卫士集体理、网格先锋小组评、社区协商大家议。在"左邻右里"议事平台及7个小区议事点,进行公示公开,让每名居民都对大事、小事、难事如何议、找谁议了然于心。三是议事规则"五不限发言"。有事就议,不限场所;有话就说,不限身份;轮流发言,不限次数;举手表决,不限人数;过半通过,不限时长。通过对居民议事流程进行约束,明确主持人、监督人、利益相关方议事规则,做到一事一议、一议一决。

(三)凝聚资源赋生气

有了人气之后,如何让机制运转"活起来",成为社区思考的难题。经过摸索,形成"三张网"的议题收集机制,让居民大事小情都能够及时反映、及时解决。一是服务网收集大事小情。健全"社区大党委+11个网格支部+483名八支队伍成员+236名全体党员+12256居民"服务网,及时收集群众身边大事小情,按照"五级"机制分级办理,做到小事不出网格、大事不出社区。二是资源网横向到边,保障项目可行。建立"社区党委+第一书记+包保部门+党政机关+乡贤能人+'两代表一委员'+社会组织"的资源网,形成以"3+N"议事代表(社区、居民代表、单位企业+利益相关方)的基层治理格局。充分发动乡贤、能人,发挥家电维修、理发、开出租车、电厂退休职工等作用,组建"邻里帮帮团",帮助居民群众解决各类问题。三是互联网全域覆盖,畅通线上渠道。采取大家喜闻乐见的沟通交流方式,吸引大家参与到共同缔造中来,组建"邻里议事"QQ群、"我爱我家"微信群,为湾里外流居民、在家居民搭建"乡愁联系点""亲情加油站",让居民足不出户就能参与社区建设。

探索"1+2+3"工作模式，让群众难事在家门口解决

武汉市硚口区公安社区因辖区内有湖北警官学院、武汉警官职业学院和警察培训学院三所公安院校而得名，社区位于汉江湾畔，主要由商品房、单位自管房、老旧小区居民"三个三分之一"组成。公安社区以党建为引领，以需求为导向，创新"1+2+3"工作模式。一条主线，即"阳光问廉"；两个平台，即"廉政议事厅"和"廉政大联盟"；三全工作法，即全员参与、全域覆盖、全程监督，聚焦居民房前屋后的小事，广泛发动群众"共谋""共建""共管""共评""共享"，努力实现美好环境与幸福生活的共同缔造。用好"阳光问廉"连心桥，强化小区自治自管，注重加强对社区小微权力运行的监督，阳光公开社区的党务、居务和财务，主动接受居民监督。用活"廉政议事厅"和"廉政大联盟"平台，强化各方联动自治，共议群众关切的"急难愁盼"，形成"大家的事大家办、难办的事协商办"治理常态。用活"三全工作法"，强化典型带动聚合力，发动党员带头，动员有热情、有能力的居民群众积极活跃在联系服务居民群众的一线，协助共建美好社区幸福家园。

一、案例背景

公安社区因辖区内有湖北警官学院、武汉警官职业学院和警察培训学院三所公安院校而得名。社区位于汉江湾畔，在汉江湾桥以西、解放大道以南，面积约0.3平方公里，常住居民2735户、7359人，主要由商品房、单位自管房、老旧小区居民"三个三分之一"组成，其中党员223人。公安社区的党群服务中心，建成于2017年，共5层，面积约1600平方米。

二、实施目标

公安社区以党建为引领,以需求为导向,开创1+2+3工作模式。一条主线,即"阳光问廉"平台;两个平台,即"廉政议事厅"和"廉政大联盟";三全工作法,即全员参与、全域覆盖、全程监督,聚焦居民房前屋后的小事,广泛发动群众"共谋""共建""共管""共评""共享",努力实现美好环境与幸福生活的共同缔造。

三、实施路径及实施成效

(一)用好"阳光问廉"连心桥,强化小区自治自管

公安社区注重加强对社区小微权力运行的监督,阳光公开社区的党务、居务和财务,主动接受居民监督。社区党委下设5个小区党支部,每个党支部都配备有纪检委员和监察信息员,同时每个小区建立由小区党员、门栋长和志愿者组成的监察小分队,充分发挥"探头"作用,在区域内开展"最一线"的监督检查工作,并及时向社区同事反映巡查中发现的物业管理、环境卫生、消防安全、疫情防控等问题。公安社区紫薇小区监察小分队队员李跃进在紫薇小区业主群中关注到一名下沉党员多次在群中因绿化问题发表不当言论,并与其他业主激烈争执,造成不好影响。他了解情况后及时报告给社区党委。为防止事态扩大,一方面,公安社区党委的纪检委员约谈该下沉党员,耐心提醒他严守党的纪律,通过正当途径维权;另一方面,社区党委与小区物业、居民代表及时沟通,协商共议业主们争执的绿化问题。最终,这名党员虚心地接受了组织的批评,停止了在群内的不当言辞,社区及时公告了绿化问题的解决情况,赢得业主们的纷纷点赞。

"阳光问廉"既问民情民意,更问干部责任。在处理群众反映的问题后,公安社区会通过十门回访、抽查暗访、督查问责等形式,进一步压紧压实工作责任,并将处理经过及结果以纸质版的形式张贴在"公安社区阳光三务公开栏"上,打通服务群众的"最后一公里",有效防止"雨过地皮湿",让"阳光问廉"连心桥问出成效、搭建起幸福阶梯。

(二)用活"廉政议事厅"和"廉政大联盟"平台,强化各方联动自治

(1)打造"廉政议事厅"平台。共同商议群众关切的"急难愁盼"问题,形成"大家的事大家说、大家的事大家议、大家的事大家办、难办的事协商办"的治理常态。干部搬着"长条凳",群众拿起"麦克风",紧盯矛盾纠纷化解、民生保障等方面,落实"议题结合时事变动"要求,针对阶段性重点工作和群众关注度高的民生问题确定会议议题,确保联系实际、主题突出。汉江湾桥施工后,附近小区房屋出现墙体裂缝、管道漏水等问题,小区居民多次通过市长热线、"双评议"等方式进行反映。小区监察信息员熊小兵发现问题后,及时上报给社区党委。问题提出后,公安社区立即组织相关职能部门进行实地勘察,制定解决方案,组织召开业主代表座谈会30余场,熊小兵主动参加座谈会,配合社区开展入户走访,掌握群众诉求,安抚居民情绪。为打消业主关于问题进展的疑虑,熊小兵及时通过监察小分队的队员们深入业主当中告知最新工作进展,让居民安心放心。最后有关单位对房屋进行了整体维修,妥善解决了这一问题,得到群众认可。

(2)打造"廉政大联盟"板块。在街道党工委的指导下,公安社区建立了党风廉政建设区域化协作机制,由社区"大党委"牵头,成立由辖区单位、下沉单位等参与的社区区域"廉政大联盟",充分发挥湖北警官学院、市第四医院、市公安局轨道交通管理分局、市公安局水上分局、区委直属机关工委、区水务局等辖区单位和下沉单位的作用,围绕党风廉政建设主题,共谋发展、共商民事。社区"廉政大联盟"实行联席会轮值制度,每季度召开一次"廉政大联盟"联席会,由"廉政大联盟"各成员单位轮流负责主持,主要开展协商议事、为民解忧、经验交流等活动。监督信息员在日常走访中发现湖北警官学院宿舍9栋居民楼居住的退休老人盼望装电梯的诉求。他及时反馈社区,社区勘查现场后,仔细记录安装电梯存在的困难,如居民协调难、审批流程长、安装要求高等。为尽快装上电梯,"廉政大联盟"发挥了强大的"共谋""共建""共管"凝聚作用。社区及时组织联席会,会议协商由湖北警官学院、公安社区和市四医院工作人员督促下沉党员深入居民家中,倾听居民诉求、征求居民意见,耐心做好不同意安装电梯的居民的思想工作,以达成共识;由区行政审批局开辟绿色通道,尽快办理相关手续;由区直机关工委和区水务局督促相关部门,加快安装,完成质检验收。经过联盟单位的明确分工和共同努力,目前两部电梯已正常投入使用,比原先设想建成的时间大大缩短,居民非常满意。

群众满意度和问题解决率是"廉政议事厅"和"廉政大联盟"的生命线。在实践过程中,"廉政议事厅"和"廉政大联盟"形成了快速处置、综合施治、长期服务三种机制,切实为广大群众解决了一大批操心事、烦心事、揪心事。

(三)用活"三全工作法",强化典型带动聚合力

发动党员带头,动员有热情、有能力的居民群众积极活跃在联系服务居民群众的一线,通过群众的眼睛发现身边的问题、分析问题、解决问题,让群众全员参与、全域覆盖、全程监督,协助共建美好社区幸福家园。

"退休之后我一直希望能发挥余热,为社区居民做点什么,看到社区在招募监察小分队队员,我立马就报名了。"公安社区老书记郭鸿钧说道。退休后的郭鸿钧带头加入监察小分队,经常向社区反映小区的情况,及时把小区水费无人收取,自来水公司多次催告停水,影响居民正常生活的困难反映到社区,通过积极争取,该改造情况被纳入街道二次供水改造项目。在此过程中,郭鸿钧一方面协助社区做好居民的思想工作,另一方面积极监督供水改造项目的实施进度,直至居民用水问题彻底解决。社区老党员梅燕琴积极响应社区的号召,主动加入成为小区的监察信息员。有一次,在发现几位居民有矛盾并且产生了激烈冲突时,她立即走上前去并和周边的居民一起努力做调解工作,及时将情况上报给社区,与社区一同去做上门工作,此后,这家人成为重点"包保对象",被大家时时给予关心和关注,邻里更加和谐了。他们的行为极大地鼓励了身边的党员和群众,越来越多的人愿意加入监察小分队,旨在共建共创和谐美好幸福社区。

设立廉政宣讲厅,平时除了组织社区活动外,公安社区还经常邀请"廉政大联盟"成员单位的同志,讲授党史、党纪法规和廉政党课,一方面警醒党员干部拒腐防变一刻不能停、作风建设永远在路上,另一方面也对参与的群众代表进行相关知识的普及,欢迎群众加大监督力度。公安社区通过线下宣讲和线上宣传相结合的方式分享先进典型和反面教材案例,传递廉洁好声音,传播为民正能量,努力达到"一心为公、居民心安"的目标,努力构筑起网上网下、党群干群同心圆,共同促进社区基层治理建设更进一步。

四、主要经验

(一)开展共同缔造活动需要"转变思想,搭建群众议事平台"

"共同缔造"是从群众实际生活需要出发,改善群众身边的难事、急事、实事、小事。党员干部需要打头阵,群众参与也必不可少。要将群众中"要我做"的思想,转变为"我要做"的行动。可以通过走访、入户调研、召开党员群众代表大会、树立典型等形式,围绕"建什么""怎么建""谁来建""谁来管"等,引导群众建设共管、凝聚民智,群策群力、献计

献谋,充分吸纳群众意见,推动基层治理工作有序开展。

(二)开展共同缔造活动要"转变主体,调动群众参与热情"

开展共同缔造活动实际上是贯彻落实"从群众中来,到群众中去"的工作总基调,要充分发挥人民群众的主体作用,提高群众共同缔造的参与意识和积极性,这也是深入推进下基层、察民情、解民忧、暖民心实践活动的需要。解民忧不是党员干部的"独角戏",只有用共同缔造的理念方法,发动群众决策共谋、发展共建、建设共管、效果共评、成果共享,变"干部干、群众看"为"群众愿意跟着干""干部群众齐心干",变"你和我"为"我们",才能切实把好事办好、实事办实,确保实践活动取得实效。例如在加装电梯时认真听取居民代表意见,各方共同协商达成共识后再开展安装工程,聚焦居民房前屋后小事,精准满足群众诉求。

开展共同缔造活动就好比做一个"共同缔造"的大蛋糕,各方主体一起规划协商、开展创建、成果共享。它是联合多方主体共同行动、缔造美好环境与幸福生活的一种工作形式。想要做好"共同缔造"的大蛋糕需要坚持以问题为导向、以群众为主体、以社区的空间为载体,最终形成社区行动。在"共同缔造"工作中,要将协商议事平台作为一个核心的操作平台,让公众参与社区的人居环境提升、社区治理各方面的改善,形成共同工作的场景,最终把群众组织起来实现共同缔造美好环境与幸福生活。实践充分证明,只有发挥人民群众的主体作用,才能增强共同缔造的凝聚力和向心力,推动"共同缔造"活动走深走实、落地见效,让基层治理更有温度、幸福生活更有质感。

(三)开展共同缔造活动要"转变模式,依托群众自治力量"

共同缔造活动中,人人都不是旁观者,人人都是参与者。所有居民都应纳入到党组织所领导的各类组织中来,共同协商、统筹管理。要充分发动群众、依靠群众、相信群众、尊重群众,不断完善群众参与机制,激活群众的积极性、主动性、创造性。只有充分依托群众自治力量,通过群众的眼睛发现身边的问题、分析问题、解决问题,让群众全员参与、全域覆盖、全程监督,焕发出强大的行动力量,才能推动实现美好环境与幸福生活,共同打造共建共治共享的美好家园。

小板凳上议出幸福生活

一、案例背景

宜昌市伍家岗区宝塔河街道张家坡社区现有常住居民 3011 户,6003 人。辖区由 12 个老旧小区以及单独居民楼 29 栋 65 个单元组成,其中 80% 以上是建造于 20 世纪 80 年代的老公房,是个典型的老旧社区。辖区以居住功能为主,基础设施薄弱,历史遗留问题纠纷多,老龄化严重。同时,小区长期无人管理,居民的主人翁意识欠缺,对小区公共区域不珍惜不爱护,乱堆放、乱种植、乱搭建等现象屡禁不止。环境卫生差、公共设施缺乏、停车秩序混乱、安全问题突出等,导致居民生活不方便,获得感、幸福感、安全感不够充实,甚至少部分人心里产生了怨气,矛盾纠纷较多,基层治理难度较大。

二、实施目标

为破解治理难题,社区坚持党建引领,将辖区划分为运河公园片区、航道片区、万寿桥片区、宜煤片区、碧翠苑片区 5 大片区,通过完善"党建+协商议事"工作机制,积极搭建睦邻协商议事平台,以"提、议、定、做、评"五步工作法,在各个小区广泛开展"小板凳大民生"协商议事会,让群众的事群众说了算,大家的事大家商量着办,充分发挥居民在社区治理中的主体作用,让小区内的大小事务由居民自己说话、自主决策、自己参与,激活社区治理要素,改善居民生活环境,提升居民参与效能和基层治理效能,实现社区治理和居民自治良性互动。

三、实施路径

(一)发挥一个核心作用,社区协商"有方向"

社区是城市治理的基础,也是基层政权建设的根基,必须把加强党的建设、巩固党的执政基础作为贯穿社会治理的主线。在小区治理中充分发挥党建引领作用,建立"社区大党委+小区党支部+业主委员会+志愿服务队+党员中心户"的五方联动治理模式,以社区党组织领导为核心,统筹小区其他组织力量,最大限度保障多方参与小区治理,横向健全以社区党组织核心引领,业委会、社会组织、志愿组织等聚合环绕的组织矩阵,使"组织在小区建立、资源在小区集聚、作用在小区发挥、服务在小区提供、难题在小区化解",让党旗飘扬在基层治理第一线。通过依托社区大党委、片区大支部深入开展小区共治联席会、"小板凳大民生"协商议事会、支部主题党日等系列活动,广泛征求居民意见,支持鼓励党员积极参与协商议事,大力培育群众协商意识,广泛参与协商议事,让群众遇事"想协商、会协商",实现党组织领导下的居民自治。

(二)搭建一个议事平台,居民遇事"有处议"

居民是社区的主体,社区的问题需要在居民的行动中找寻答案。社区党委积极搭建由社区"两委"班子、共建单位、业委会、下沉党员干部、社会组织、社区居民等多元主体参加的"1+5+X"基本组织构架,并建立完善民主协商议事制度,制定《小板凳大民生协商议事工作规则》,明确了协商主体、协商流程、协商内容。围绕解决辖区在公共设施、环境卫生、小区安全、生活服务、文化建设等方面存在的共性问题,在辖区常态化召开"小板凳大民生"协商议事会,共同讨论解决了老旧小区改造、院落自管、环境美化等一系列重点难点治理问题。

(三)运用五步工作方法,规范运行"有法循"

社区以"小板凳大民生"协商议事会为依托,针对"协商什么、如何协商、协商结果、如何落实、协商效果",大胆创新,积极探索"提、议、定、做、评"五步工作法,作出了明确规定,推动协商议事的程序化开展,切实解决好居民群众的操心事、烦心事、揪心事。

第一步,问题群众"提"。线上,充分发挥信息化优势,通过宜格微治理、社区微信公众号、小区楼栋微信群等方式,广泛收集各类社情民意。线下,采取党群连心站、人大代表联络站和"小板凳大民生"意见箱定点收集,定期梳理形成问题清单,目前累计收集意见建议360条。社区党委根据问题的轻重缓急和解决条件,经认真研判后提交协商议事会商议。

第二步,办法协商"议"。坚持民主协商,针对确定的议题,采取"大家议"的形式,定期召开"小板凳大民生"协商议事会,邀请小区党支部、业委会、在职党员、小区居民及人大代表等"多方代表"共同参与"一事一议",遵循依法依规、公平公正公开的原则,提高协商议事效率,推动居民诉求事项协商自办。

第三步,决策民主"定"。坚持民主集中制原则,实行民主讨论、公开表决,对于难以形成共识的问题,采取少数服从多数的决策方式,当场公布结果。比如,对于电梯加装等争议较大的问题,社区采取分步解决的方式,协商通过一个、安装一个,不搞"一刀切"。

第四步,事情共同"做"。践行共同缔造理念,对协商一致的事项,由社区"两委"、协商议事会成员进行分类实施,实行"清单化管理、项目化推动"。超出社区职责范围的,由小区党员、下沉干部、居民代表、志愿者成立联动小组共同解决,共建美好家园。

第五步,效果大家"评"。坚持效果共评听民"声",把居民满意度作为社区工作评判的最重要标准,按照"项目服务谁,就由谁来评价项目"原则,变"自我评价"为"群众评议",聘请第三方组织开展群众满意度调查,把主动评价权交给群众,让群众"一起评",做到一事一评一公示,群众参评率、满意率、知晓率达95%以上。

四、实施成效

三年来社区共开展"小板凳大民生"协商议事178场次,解决老旧小区改造、小区路灯、防盗门安装、电梯加装等问题310个。参与居民近千人,受益群众3865人,完善"党建+协商议事"机制,以"提、议、定、做、评"五步工作法,引导居民主动参与到小区事务中来,让群众的事群众说了算,大家的事大家商量着办,充分发挥居民在社区治理中的主体作用,实现居民的思想、身份、行动上的有益转变,形成了全民参与、自觉参与、精准参与的良好局面。

一是在身份上促进由"陌生人"向"邻里人"转变。为了提高服务居民的能力,有效解决社区问题,在居民参与协商议事过程中成立睦邻智囊团、爱心志愿服务队等行动小组,不断增强小组凝聚力和小组成员的能力,逐步将行动小组培养成"家坡书院宣讲团"

"益家爱心协会""运河园丁"等8个社区社会组织,开展互助共建、志愿联谊、文化交流等活动,引导更多的居民"走出小家、融入大家",由"生人"转变为"熟人",成为温暖的"邻里人",大家的心靠得更近了,邻里互帮互助的事变得更多了,进一步增强了居民对社区的认同感和归属感。

二是在思想上推动由"不理解"向"愿参与"转变。为确保居民参与社区治理长效持久,社区大力开展"积分超市"以及最美睦邻、最美家庭、最美花卉等评选活动。每个季度兑换一次志愿服务积分,每半年评选一次最美睦邻,每年评选一次最美家庭,引导和激励居民带头做示范,激发居民参与共同缔造的内生动力和自治活力。开展的"睦邻说协商共治社区群体融合"项目获得宜昌市公益创投服务项目一等奖。2022年7月1日,社区举办"共庆建党日,共享睦邻情"活动,活动中评选表彰上半年"最美睦邻志愿者"10名,根据积分规则兑换礼品,宣传引导让更多居民参与社区共治。社区居民的思想不断转变,从"不理解"到"理解",从"不愿参与"到"主动参与"社区治理。

三是在行动上实现由"你和我"向"我们"转变。社区党委实行"一事一议",借文明典范城市创建之机,在硬件和软件建设上同步发力,通过资金配套、以奖代补、投工投劳等方式,吸收社会资本,引导居民参与。在老旧小区改造中,居民自发出资5万余元参与小区改造,推动解决小区绿化美化、管网改造、道路硬化、清违拆违、公共服务设施等民生实事项目210个,最大限度实现了"花小钱办大事,自己的事自己办",变居民身边的"小事"为共建共治共享的"大事"。

为确保居民参与社区治理长效持久,社区采取志愿积分兑换、评选最美志愿者的方式,激励志愿者们持续参与和不断创新服务的热情,让积分成为爱心循环的手段,带动更多居民参与到公益活动中来,构建温馨和谐的熟人社区,营造共建共治共享的社会治理格局。

五、实施经验

"小板凳大民生"协商议事会以其零距离、接地气、有效果的特点,被大家普遍接受,社区居民已养成通过协商议事解决身边难事的习惯。一个个老旧宿舍的"安全门"从无到有,一个个矛盾从多到少。居民协商议事,看似"议"的都是身边小事,其实却是关乎着居民幸福感和获得感的民生大事。通过协商议事平台,我们更多地了解了社区居民的需求,让社区居民不再是社区治理的旁观者,而是真正成为自己家园的建设者和享受者。

"红色合伙人":变"吃瓜群众"为"治理先锋"

一、案例背景

宜昌市点军区点军街道至喜社区比邻葛洲坝1号船闸,占地面积1.56平方公里。2021年7月,点军区政府批准成立点军街道至喜社区。至喜社区由紫阳一区、紫阳二区、紫阳小区三个小区及原张家坝社区、三峡青年公寓等九个散居生活区组成,辖区总人口4110人,60岁以上915人,占比22.3%。

至喜社区是葛电精神的传承地,辖区居民主要以长江电力、葛洲坝、中建七局退休职工及家属为主,社区突出的特点是"三多"——老年人多、商户多、流动人员多。群众多样化、品质化的日益增长的新需求与基层服务的供给存在一定程度上的不匹配。社区党委立足实际情况,建立以党建引领"红色合伙人"的机制,积极链接筹措辖区各项资源,吸纳辖区内的企业、爱心商户、公益力量、热心居民等共建主体参与进来,激发"红色合伙人"参与社区治理的热情,实现区域内共建共治共享。

二、实施目标

针对辖区内老年居民较多、老年人购买养老服务的能力较弱等问题,至喜社区党委以党建为引领,以"红色合伙人"为载体,搭建党员志愿服务平台、居家养老服务平台、社工服务平台、文化娱乐服务平台等,让社区老人老有所依、老有所助、老有所乐,形成爱老、敬老、助老的社区氛围,推动服务型、功能型、康养型社区建设,探索党建引领社区治理新路径。

三、实践路径

至喜社区充分利用辖区内居民老龄化显著、退休职工占比高以及居民自治意愿强烈的实际特点,创新建立"红色合伙人"机制,建强一支红色队伍、培养一群红色管家、吸引一批红色商户,将各类组织和资源统筹起来,动员全社会力量参与到基层服务和治理中,为基层治理注入了新的活力。

(一)建强一支红色队伍,夯实党建主心骨

(1)强化社区党组织领导核心地位。纵向到底构建"社区党委—小区党支部—楼栋党小组—党员中心户"四级架构,实现党组织建设全覆盖。横向到边建立以社区党组织为核心,居委会、业主委员会、物业管理公司、社会组织、共建单位、"两代表一委员"、社区居民八位一体多方参与、共建共治共享的社区治理机制。

(2)发展壮大党员志愿服务队。以党员亮身份形式常态化开展志愿服务活动,根据无职党员设岗定责活动,为党员搭建平台,让党员自主认领岗位,形成服务意识,通过无职党员的先锋模范作用,引领辖区居民积极参与社区建设。

(3)大力培育社区社会组织。引导居民走出家门,融入社区,促进居民互相交往、彼此熟悉,构建以"新趣缘""新地缘""新志缘"为纽带的"新熟人社会"。鼓励党员积极参与社会组织活动、担任社会组织骨干成员,根植红色基因,点燃红色引擎。

(二)培养一群红色管家,办好群众心坎事

(1)党建引领"在线上"。常态化开展基层宣传工作,充分发挥"管家"的"传声筒"作用,社区干部利用小区微信群、线上线下为居民群众送政策、送信息,让小区居民始终看得见党员身影、听得见党的声音。

(2)为民服务"不打烊"。充分发挥小区党支部在小区治理过程中的引领作用,引导辖区物业主动认领社区党建服务事项。依托社区卫生室资源,针对自理困难的空巢高龄老人制定上门探访制度,与他们交流谈心,做好康复护理、解决生活困难、提供家政服

务；针对残疾老人提供生活照料、康复护理、文化教育、精神慰藉、家政服务等。

（3）群众参与"在关键"。定期举行居民议事会、调解会和联席会，收集、汇总、讨论、共商小区事宜，让居民参与到小区协商议事、物业监督等重要事项中，全面激发居民"主人翁"意识，从"站着看"到"主动干"。

(三)吸引一批红色商户，唱响基层大合唱

社区党委以共同缔造理念、让利共建的形式，发动引导辖区商家参与基层治理，实现多方共赢。吸纳周边部分餐饮、五金、理发等商铺为志愿者积分兑换服务合作商户，通过将"红色专项折扣"纳入志愿活动积分兑换机制，为社区志愿服务的常态化开展提供各类保障和激励资源。全面激发群众参与基层治理的热情，引导群众投工投劳、让利惠民，实现美好生活大家共同缔造。社区积极探索居家养老新模式，根据社区实际以及居民需求，引入专业的居家养老服务机构，为辖区居民开办幸福食堂，着力为辖区老人解决用餐难的问题。

四、实施成效

(一)社区党组织的引领作用得到充分彰显

把加强组织建设作为切入点，建立多层次、全覆盖组织体系，构建"社区党委＋小区党支部＋楼栋党小组＋党员中心户"四级组织体系，推进党的"神经末梢"向楼栋、网格延伸。在退休党员、社区骨干党员、居民小组长、志愿者和热心群众代表等五类人选中，择优选择威信高、群众基础好和奉献精神强的党员群众搭建红色纽带，高标准选配3名小区党支部书记、34名楼栋党小组组长、34名党员中心户。

通过招募"红色合伙人"，统筹协调辖区内企业商户、社会组织、物业服务企业党建资源，通过契约化合作、制度化激励、常态化平台逐步形成治理结构顺畅、群众有效参与的共建共治共享格局，优势互补、良性互动，扩大了基层党建工作覆盖面，增强了基层党组织活力。2022年以来，社区党委同"红色合伙人"一同收集居民反馈意见建议42条，解决"急难愁盼"问题28件，开展志愿活动35场，服务辖区居民4100余人。

(二)各方主体的主人翁意识得到充分激发

以前,商户流动性大、住户多元化,互动交流、发声展示的平台、渠道不足,居民主人翁意识不强,对至喜社区的归属感不够。现在,通过"红色合伙人"的正能量引领,基层党组织的领导力和凝聚力进一步增强,社区党组织与居民、物业、商户企业、社会组织和志愿服务团队从"礼貌性接触""感情化维系"到"契约化共建""双向型服务"。依托搭建的"党群连心角""党群连心站""居民议事亭"等平台,让各方主体在社区共治舞台中有声可发、有话可讲、有情可诉。让各方主体从原本不关心社区建设的"局外人",变身为事事参与的"主人翁"。

(三)社区居民的幸福感得到充分提升

(1)打造便民红色阵地。2022年4月,至喜社区新党群服务中心正式投入使用,改变了以往无阵地、居民办事难、居民活动无场地的现状。至喜社区便民驿站结合实际,以便民事项为基础,通过梳理整合,形成政策宣传、社会救助、便民服务、积分兑换、图书借阅等便民服务事项,实现便民服务全覆盖。

(2)开展精品红色活动。针对不同群体需求,整合多方资源,联合宜昌市环宇社工组织开展形式多样的活动,壮大社区社会组织,推动志愿服务常态化、实用化。社区功能室常用常开,悦之美瑜伽队、红歌嘹亮合唱队、激情飞扬曳舞团、妈妈帮帮团等社会组织日常活动、训练都能在党群服务中心实现。同时社区联合民政、工会、妇联等部门,强化工作合力,为辖区老年人、儿童、妇女、残疾人、流动人口等群体提供健康体检、关怀救助、法律援助、就业创业、教育培训、文化娱乐等多元化的便民服务和特色服务。

(3)提供精准红色服务。为了助力解决老年人"一餐热饭"问题,保障舌尖上的幸福,2022年7月,社区幸福食堂正式运行,一方面为辖区老人提供充足的营养保障,另一方面也为独居老人提供了分享生活、疏解情绪的平台,让老年人安享幸福的晚年生活。自开业以来,幸福食堂已服务辖区居民2800余人次。至喜社区居家养老服务中心除了"幸福食堂"提供用餐服务外,还设有图书室、棋牌室、书画室,以及健康理疗等多功能室。下一步,社区将陆续开展家庭适老化改造、探索社区智慧养老服务,让辖区老年人"老有所依、老有所助、老有所乐"。

五、主要经验

(1)链接组织资源。在党建引领"红色合伙人"模式中,社区党委要充分发挥基层党组织的领导核心作用,牵头搭建各类用于沟通与交流的机制和平台,将区域内各条线、各区块党建资源凝聚起来,让包联单位、社会组织、居民群众等力量都能参与进来,让群众感受到党组织的强大号召力,更好展示身边党员的先锋模范形象,激励更多主体参与到"红色合伙人"队伍中来。

(2)畅通合作平台。社区事关千万个家庭的切实利益,基层党组织是社区不同主体互动的黏合剂和缓冲带,维持社区的稳定和秩序。"红色合伙人"机制就是让各方主体参与到社区建设发展的决策和治理中来,将"吃瓜群众"变为"治理先锋"。

(3)实施精准服务。要立足居民群众需求,动员各方力量分类梳理居民需求,建立红色项目库,实行"项目化"运作。动员"合伙人"按照职能和持有资源主动认领,并逐步形成"自愿进入、供需对接、签订协议、项目退出"的工作机制,快速回应居民服务需求,不断提升居民幸福指数。

强化党建引领，夯实红色物业
——东湖新城社区红色物业"5341"工作法

近年来，随着城中村改造和老旧小区改造，居住模式逐步由自然散居转为集中居住，小区管理问题凸显。还建小区受物业费、基础设施等制约，红色物业渐成趋势，如何建强红色物业成了摆在面前的一道难题。通过运用共同缔造理念和方法，把党组织建得更"红"，把物业团队改得更"强"，把物业服务提得更"优"，形成了"对涉及物业管理方面的问题，物业企业5分钟到达现场，一般问题30分钟内解决，重大问题4小时内解决，特殊复杂问题1天内形成解决方案"的红色物业"5341"工作法。在这一工作法的作用下，优化了组织架构，凝聚了人心力量，提升了服务水平，强化和创新了党建引领社区治理质量。总结提炼出"坚持党建引领是社区治理的核心，坚持居民参与是社区治理的根本，坚持党员带头是社区治理的关键"的经验和规律。

一、案例背景

武汉市洪山区东湖风景区街道东湖新城社区所在的东湖庭园小区是一个还建小区，由城中村改造而来，物业收费低、居民投诉多、矛盾较突出、管理难度大，物业服务很不完善。一方面，居民反映物业迟迟不解决问题，无助又气愤；另一方面，物业抱怨物业费收取难，无力又无奈。居民和物业互相指责埋怨，时常出现居民隔着窗户骂、物业站在门口喊的不和谐现象。

二、实施目标

面对小区物业管理难题,东湖新城社区党委认真调研、深入思考、积极沟通,争取上级部门支持,发动居民群众共谋共建共管共评共享,充分发挥党组织的核心领导作用和党员先锋模范作用,建强红色物业功能,推动党建引领社区治理创新。

三、实践路径

通过组织架构优化、人员队伍强化、服务水平升华,促进小区红色物业形成特色鲜明的工作法。

第一步,把党组织建得更"红"。在深入分析矛盾现状和充分调研的基础上,将原有的物业服务公司升级打造为"红色物业"。规范党组织设置,将公司党支部纳入社区党委的管理之下,将原先的"综合党委"这样一种议事组织实体化为领导与被领导的关系,充分发挥社区党委的核心领导作用,促进物业服务更加自觉、更加有效。

第二步,把物业团队改得更"强"。通过和社区、单位领导请示沟通,联系协调组织部、房管局、工商局等部门,召开协商座谈会,对原有物业公司的党员加强教育管理,将物业公司中的城改前的部分村党员选入支部委员会,组建新的物业公司党支部;根据居民评价和社区意见,对物业公司中新招聘的外来党员重新考核,满意度不高的,坚决顶住各方压力,果断予以辞退,从社区党员中择优予以招录,让物业公司"红"的底色更鲜、服务的成色更足。

第三步,把物业服务提得更"优"。社区开辟"邻里夜话""居民议事厅",对物业服务的意见和要求充分展开讨论,形成了"对涉及物业管理方面的问题,物业企业5分钟到达现场,一般问题30分钟内解决,重大问题4小时内解决,特殊复杂问题1天内形成解决方案"的红色物业"5341"工作法。

四、实施成效

正是有了"5341"工作法,小区更加整洁、居民更加满意、物业也干劲更足,物业公司党支部还被评为全区"先进基层党组织",助推社区新冠疫情防控工作取得了决定性成果,为社区治理提供了有益探索和借鉴。

五、主要经验

东湖新城社区红色物业"5341"工作法的形成,可总结出以下几点经验。

(1)坚持党建引领是社区治理的核心。党组织坚强有力,社区治理就会有力有效,核心领导作用发挥得怎么样直接决定社区治理成效是否明显,锻造坚强有力的社区党组织始终是不懈的追求与努力方向。

(2)坚持居民参与是社区治理的根本。群众的智慧是无穷的。社区是大家庭,只有把居民发动起来共谋共建共管共评共享,走好新时代的群众路线,社区治理才会涌现源源不断的"金点子""硬招数""强动力""实效果"。

(3)坚持党员带头是社区治理的关键。一个队伍向前走,带头人至关重要。社区治理也是如此。谋点子、出力量,需要党员"打响第一枪",社区的事大家做,党员带头就好做。社区治理过程中必须牢牢抓住党员,充分发挥和体现党员先锋模范作用,以小见大、以点带面影响和带动广大居民共同缔造美好环境与幸福生活。

小切口里做优社区治理大文章

武汉经开区军山街道龙湖社区全面践行新时代党的建设总要求和党的组织路线，聚焦居民服务需求，以"微治理"为切入口探索形成党建"五微"工作法，突出社区服务的"小而细、小而精、小而实"，不断夯实党建引领基层治理的根基。

一、案例背景

龙湖社区由军山街道7个自然村改造而成，2015年12月成立，占地面积34.4万平方米，现有常住居民2355户、6874人，其中回族、土家族等少数民族居民334人，直管党员381人。2015年11月，龙湖社区党委、社区居委会挂牌成立。在"村改居"的转型过程中，社区面对居民生活中的一个个难点、痛点和堵点问题，以社区公共空间的打造为平台，从小切口入手、在细微处用力，搭建微阵地、微活动、微协商、微服务、微组织等五类为民服务载体，解决了一批居民最关心、最直接、最现实的利益问题，办成了一批居民"急难愁盼"的实事、好事，让所有搬迁群众搬得进、稳得住，真正融入城市新生活。

二、主要做法

（一）搭建微阵地，让党建平台凝聚群众

通过公共空间建设，社区党委将13处楼栋架空层打造成为楼栋党员组织活动、骨干

党员服务岗等微阵地。微阵地成为党组织活动的根据地,成为社区党员干部与居民之间的连心桥,成为党员沉在楼栋、融入居民、干在一线的服务岗。

(二)开展微活动,让道德润化唤醒群众

阵地建成后,社区党委开展"五亮"行动,即在空间醒目位置通过"亮党员身份、亮岗位职责、亮文明家风、亮党的声音、亮凡人善举"引导所属片区党员等加入到楼栋治理之中。同时,依托道德讲堂、社区老年大学等文化活动载体,"多味书屋"、民俗体验馆等文化活动设施,开展各类微活动,让书香文化、"德孝"文化、民俗文化渗入到每个居民楼栋,引导居民听党话、跟党走,还带动他们积极做好身边事、管好家庭事,让道德力量在社区里流淌。

(三)推动微协商,让协商共治激发群众

社区党委突出需求导向、问题导向、效果导向,搭建党建为引领的协商议事机制,让"大家的事"商量着办。社区两委班子成员还定期听取楼栋居民对社区工作的意见和建议,回应"槽点"、纾解"痛点"、打通"堵点"。社区健全协商组织体系,提升居民参与能力;搭建协商参与平台,凝聚多元参与力量;完善协商工作机制,确保协商成果落实。

(四)提供微服务,让特色服务满足群众

社区坚持以服务活动的类别化、个性化、项目化来满足居民需求,带动服务的全面升级。错时制让居民们随时入一扇门、找到一个人、办成一件事。流动制将服务活动直接"搬"到居民楼下的公共空间里,居民下楼就能享受到各类优质服务,社区服务的"最后一米"被打通。项目制通过购买服务和公益创投方式,让居民享受更专业、更精准的服务。

(五)融入微组织,让多元力量扎根群众

社区引导各类基层力量融入到架空层里困难帮扶、环境保护、文体活动等12个公益微组织之中,通过志愿服务"串百家门,知百家情",做到参与方式的"团队化""网格化""岗位化",激活社区"毛细血管",构筑起基层治理的"同心圆"。

近年来,龙湖社区党委探索实践"党建五微工作法",通过"小而细、小而精、小而实"的服务,完成了社区"环境美、社风淳"的改变。但仍然发现:这个大家庭里,社区大了,社区工作者服务群众的距离远了;街坊多了,引导群众的本领小了;社会多元了,凝聚群众的能力弱了。所以,社区在继续微治理探索的同时开展龙湖"先锋银行"党建项目,希望通过"小积分"撬动"大力量",让其成为党员"练兵"和"提能"的重要载体,实现党员"先锋"激活社区基层治理的新局面。通过积分储蓄发展党员"储户",形成"奉献—回报—奉献"的党员教育与管理良性循环机制。社区开展了一系列形式新颖、贴近民生、效果良好的实践活动,进一步深化党建工作实效,夯实社区基层治理基础。

三、取得成效

龙湖社区"党建引领,五微治理"工作法的实施效果体现在以下几个方面:

(一)党建+共建,强化了一核引领的作用

面对居民生活的各种问题,社区党组织起到关键作用。通过社区大党委,不仅各驻社区单位有效参与,而且普通党员也发挥积极的引领作用。居民生活的成功转型升级让党组织和党员在普通居民中的威信进一步树立。

(二)"自转"+"公转",健全了多元参与的机制

面对和居民利益攸关的事情,社区党委通过不同层级的协商,推动了居民的有效参与和议事规则的形成。协商议事机制还引导更多力量和资源下沉到社区治理中,社区党委统筹和协调资源的能力得到提升。

(三)力度+温度,优化了社区服务的模式

通过有力度的管理制度让社区转型中的重难点问题得到迅速解决。在这一过程中,社区服务还通过针对性、细致化的举措,顾及每一个社区居民,特别是特殊困难群体,让他们感受到党组织的温暖,享受幸福新生活。

"1543"模式强化老旧小区社区物业党建联建工作

一、案例背景

襄城区地处襄阳市中心城区,共有627个居民小区,其中老旧小区336个,占比超过50%。随着城市化进程加速,老旧小区物业服务需求与日俱增,物业服务问题层出不穷,许多小区居民对环境卫生、治安防护、管道疏通等身边小事意见较大,个别小区甚至出现群体上访,一度对社会和谐稳定造成影响。

二、实施目标

在党建引领基层治理工作实践中,襄城区坚持党建统领,创建旧小区社区物业党建联建"1543"工作模式,聚焦解决老旧小区多、物业管理弱、服务水平低等群众"急难愁盼"问题。

三、实践路径及主要成效

(一)一个核心强统领

小区要想管得好,支部核心不可少。区委出台《襄城区加强党建引领深化"红色物业"全覆盖工作实施意见》,全面加强老旧小区党组织建设,按照"利于管理、便于活动、发挥作用"原则,因地制宜采取单独组建、区域联建、派驻促建等方式,实现应建尽建。在336个老旧小区全部建立了小区党支部,完善了"社区党委—小区党支部—楼栋党小组—党员中心户"四级组织构架,确保所有小区、楼栋、居民都能找到组织、见到党员。开展物业公司党建百日攻坚,成立区级物业行业党委,统筹指导全区物业服务企业党建工作,全面摸排物业服务项目党员情况,对辖区35家物业公司实现了组织全覆盖。有了支部核心,"各吹各号"变为"吹响集结号",居民能够时刻感受到党组织就在身边,党员服务就在身边。

(二)五种模式分类治

精细分类方能精准施策。襄城区结合实际,在尊重小区群众意愿基础上,按照"物业统管、改造后物业接管、单位直管、业主自管、社区助管"等物业服务类型,全面提升老旧小区物业服务能力。①物业统管。对小区已确定物业服务企业的,全面推行"双向进入、交叉任职"管理模式,聘请小区党支部书记兼任物业服务企业服务质量总监,监督小区物业服务开展情况,将物业服务企业党员负责人推选到小区党支部任兼职委员,促进物业服务企业深度融入小区治理,形成小区党支部与物业服务企业"你中有我、我中有你"的治理共同体。②改造后物业接管。对经过老旧小区改造的,由社区党委牵头,及时组建业委会,并按程序召开业主大会选聘物业服务企业接管,实现长效管理后按照"物业统管小区"模式开展党建联建工作。慧苑社区慧苑新区是个典型的"三无"小区,基础设施破旧,物业管理混乱,改造后慧苑社区牵头组建业委会并引入市场化物业管理,依托社区居委会、物业公司、网格志愿者3支队伍,全面推行"红色物业",提升小区管理水平,美化小区居住环境。如今的慧苑新区"旧貌换新颜",老百姓人人点赞。③单位直管。将单位党组织作为街道"大工委"或社区"大党委"成员单位,通过区域化党建等方式明确单位管理主体职责,由单位开展物业服务。民主路社区变电站小区是国家电网系统的家属院小区,社区"大党委"将国家电网系统作为成员单位,定期召集联席会议反馈居民需求,国家电网先后投入18万余元对小区活动场地进行了维修、改造,设立变电站小区红色驿站、健身场地等多项便民设施,得到小区居民的高度认可。④业主自管。对一些业主自治呼声高、能力强的小区,社区党委搭建"板凳会""庭院会""邻里夜话"等群众协商议事平台,小区党支部、业委会、业主代表共同参与,社区派员列席指导,实现对小区物业服务事项的落实、管理和监督。如虎头山社区汉丹小区住户多为原汉丹厂退休职工,企业改制后家属院管理缺位,小区矛盾多,多次出现集体上访。为破解该小区治理难题,社区在小区推选了7位德高望重的老党员组建管理委员会,老党员们多次举办"板凳会",收集到居民关于基础条件差、活动场所少等问题,多方争取对小区实行了改造升级,改扩建了小区"红色驿站",在老党员的带领下,越来越多的党员群众主动参与小区治理。小区党组织趁热打铁,依托热心党员逐楼栋选聘红管家,实行长效管理,现在的汉丹小区干净整洁,居民生活安宁幸福。⑤社区助管。对零散楼栋、院落、无产权的小区,由社区党委选聘素质高、能力强的党员作为红管家,在社区党委的帮助下进行设施维护、门卫保洁、疫情防控等管理工作。比如长虹社区泰鑫公寓,开发规模小、无物业管理,社区聘请小区困难户党员保洁、守门,小区居民群众纷纷支持,小区管理也越来越顺。

(三)四支队伍聚合力

小区治理的各方主体动起来了,小区的管理服务工作就好干了。①用好党员队伍。动员党员参选业主委员会委员,将积极参与业委会服务工作的党员优先作为"评优表模"对象。是在职党员的,向工作单位寄发感谢信,号召党员在楼栋里、微信群中亮明身份,切实激活"红色细胞"在物业管理服务中的作用。如闸口社区在水一方小区党支部,优先推荐在职党员参选业委会委员,这些党员均高票当选。他们当选后,先后解决小区房产证办理、物业公司更换等30余项难题。②选好业委会队伍。加强社区党委对业委会组建和换届工作的领导,建立社区党委联审机制,强化对业委会人选把关,明确不按时缴纳物业费、有违纪违法行为、失信被执行人等作为业委会候选人的一票否决情形,确保选出组织认可、群众满意、公道正派的业委会委员。③管好物业服务队伍。每年由社区党委牵头,组织小区党支部、业委会、业主代表等对物业服务质量进行打分评价,考评结果提交住建部门,作为物业服务企业信用评级、行业评比、项目招投标的重要依据。对于物业服务队伍中的优秀人员,优先推荐作为党员发展对象培养考察,提升物业从业人员的职业自豪感,激励物业从业人员更好履职尽责。如琵琶山社区灯具厂二、三、四区物业公司疏于管理,居民的服务需求得不到满足,小区党支部向物业公司发出约谈函,要求每季度反馈问题清单,并按照评分细则予以扣分,倒逼小区物业服务质量大幅提升。④发动好群众队伍。建立居民志愿服务"时间银行",动员居民参与疫情防控、环境维护、老年关怀等志愿服务,每季度评选"十佳居民",在小区公示栏大张旗鼓地宣传推介,设立社会组织孵化项目,大力组建群众性社会组织,让群众共享社会发展成果,参与小区治理。如闸口社区先后成立了二胡班、合唱队、乐器队、义务巡逻队、剪纸协会、社区民兵连、舞龙艺术团、歌咏队、志愿服务队、爱心服务队、舞蹈队等11个社团组织,吸引辖区居民4000余人积极参与,居民精神生活得到丰富,社区氛围更是和谐幸福。

(四)三种路径闭环管

通过"议、解、评"搭建小区物业服务问题收集、办理、评价工作闭环,切实做到自己的事自己办,让全体居民都能享受到治理成果。①搭建"议"的平台。实行社区党委领导下的社区居委会、业委会、物业服务企业三方联动"轮值制",每月轮流担任主召集,组织小区各类组织、业主代表等召开恳谈会、议事会等,协商路面整修、设施改造、维修资金使用等大事难事,合力解决问题,化解各种矛盾,形成小区事务共商共建共治格局。真武山街道矿山小区改造时,居民提出修筑的绿化带要与一楼阳台留出1.5米的距离,业委会了解到情况后,及时召集社区、物业公司、施工方会商,采纳后,按照群众意见施工,得到广泛认可。②拓宽"解"的渠道。结合"一网统管"建设,以"高效办成一件事"为切口,梳理整合部门职责,对于社区无法解决的物业服务问题,可直接"随手拍"上传,后台自动分办,由职能部门认领解决,并限定解决时限,确保每个问题有人管、管得好。③深化"评"的成效。一方面,小区党支部每月至少召集一次问题办理反馈会,对居民反映问题推进办结情况进行梳理反馈,听取居民评价,切实将居民的需求落到实处,形成工作闭环。另一方面,社区党委定期在小区党员、居民中评选"善行榜",激发党员、居民的荣誉感,切实将先进分子的先进性体现在小区治理的方方面面。

创新机制整合资源,下好老年服务先手棋

一、案例背景

襄阳市襄城区位于主城区,古城内老旧小区聚集,老年群体比重较大,老年人服务需求意愿强烈。民主路社区及周边社区60岁以上老年群体在为老服务方面需求非常强烈,经初步摸排,明确民主路社区、西街社区、红花园社区三个社区,60岁以上老年群体共有1728人。襄城区结合党员干部下基层察民情解民忧暖民心实践活动,在市委、市政府大力支持下,始终与辖区群众想在一起、干在一起,通过积极盘活原市委党校学生公寓闲置资源,建设了面积达3000多平方米的古城综合为老服务中心,谱写了共建共治共享的基层治理实践的生动篇章。

二、实施目标

为落实市委主要领导关于加快居家养老服务、创新探索"为老服务试点",高标准协同推进建设襄城区古城为老服务中心的要求,建设兼具公益性和机构养老的古城综合为老服务中心。

三、实践路径

(一)摸清需求,先行探索试点

襄城区委、区政府高度重视,第一时间组建工作专班,全力加快工作进度。一是摸清需求,变"端菜"为"点菜"。社区居民普遍希望"为老服务中心"应具备老年食堂、日间照料、医疗康养、学习活动、文体娱乐等综合服务功能,以满足老年群体的实际需求。二是探索试点,构建共建共治共享新格局。坚持试点先行,在古城街道民主路社区党群服务中心设置居家养老服务站,为部分老年群体家中安装智能化监测设备,建立群众家门口的为老服务站点;积极组织推进"双报到"党员、志愿者向老年群体开展为老志愿服务,为古城综合为老服务中心运营积累了实践经验。三是对标先进,系统思维谋划。专班人员通过电话沟通、查阅相关资料等方式,系统学习《上海市老龄办市民政局关于加强社区综合为老服务中心建设的指导意见》(沪老龄办发〔2016〕5号)和《上海市民政局关于印发〈上海市社区嵌入式养老服务工作指引〉的通知》等政策文件。组织相关人员赴上海等地实地考察学习综合为老服务中心建设运营经验,并对照上海等地先进经验,进一步完善设计方案,明确古城综合为老服务中心主要聚焦失能、失智、高龄、独居老年群体,提供助餐、助浴、助洁、助医、助急、助行等服务,为快速推进各项工作打牢基础。

(二)细化任务,串并联一体推进

为确保古城综合为老服务中心项目快速有序推进,专班人员协调襄城区城投公司先行联系房屋结构鉴定单位,对市委党校(老校区)学员宿舍楼北楼进行安全鉴定,为后续施工打牢基础。一是全力协调推进,促进资产移交。紧密联系市委组织部、市民政局、市委党校、汉江国投、汉江设计院等相关单位(部门),多次沟通对接资产移交、设计改造等事宜。二是规划设计先行,明确建设方向。襄城区坚持规划设计同步推进,先后10次组织汉江设计院到现场勘察,沟通设计意见,召开古城综合为老服务中心项目评审会和专题会,进一步明确古城综合为老服务中心的定位和职能。主要围绕居家养老开展服务,将市委党校(老校区)学员宿舍楼北楼的1楼、2楼和门前院子作为改造重点,同时明确接待大厅、服务大厅、康养场所、食堂餐厅等场所的具体点位设计。三是沟通确定路径,统筹协调推进。经多方沟通,为老服务中心项目快速有序推进,从设计公司编制设计方案、概算,到项目立项、报审、房屋鉴定等仅用时1个月,从正式启动施工到目前完成改扩建装修、设备设施进场和内部文化氛围上墙等工作仅用时3个月,保证了古城综合为老服务中心按时正式运营。

(三)明确定位,丰富拓展服务功能

襄城区学习借鉴上海等先进地区经验,创新采取"政府主导、国企参与、公建民营、社区共管"运营模式,由襄城区建投公司负责前期建设和设备采购,再通过政府购买服务的方式,引入在上海、苏州、无锡、武汉等多地有过社区养老服务实际运营、经验丰富的上海天与养老服务有限公司作为市场主体,承担后期运营服务。古城综合为老服务中心定位为兼具公益性居家养老和机构养老相结合的为老服务综合体,其1、2楼作为公共养老服务区域,突出日间照料功能,设置日间休息室、康复护理室、多功能活动室、舞蹈室、阅览室、幸福食堂等,特色功能设置积分银行和旧物循环室、老年大学、"草根"博物馆、剪纸手工室、老艾堂(为老年人提供艾灸熏蒸保健)、未成年人活动室(方便照顾小孩)等,重点服务民主路社区、红花园社区、西街社区1700余位老年居民;3、4楼用于机构养老服务,天与养老服务有限公司负责运营,古城街道负责监管,社区负责日常管理,区民政局负责业务监管,探索具有襄城特色的运营模式。

四、实践成效及经验

古城综合为老服务中心的建设整合了社会资源和多方力量,形成社会参与、市场运作、志愿互助、政府监管的良性互动发展格局。一是推行社会化运营模式。目前,襄城为老服务中心拟实行由政府主导,聘请第三方专业养老服务机构运营的模式。通过社会化运营模式,形成以医疗康养、日间照料、老年食堂为主要服务内容,家政维修、代购代办等个性化服务为辅的多层次、专业化服务模式,既将最新的服务理念和服务方式带进社区,同时也能较好弥补社区在养老服务专业性上的不足,提升为老服务的质量。二是建立智能化运营模式。依托专业信息公司,建立居家养老信息服务平台,并配置相应的设施和终端,覆盖到试点社区老年群体的家中,进行一键呼叫、实时对讲等功能整合,形成上下联动、实时联系的智慧养老服务云平台。三是探索互助式运营模式。依托低龄老年志愿者向高龄老人提供家庭互助服务,配套建立志愿服务积分机制,推行志愿服务积分兑换,鼓励低龄老人力所能及地开展志愿服务,同时,发挥社区"双报到"党员力量,鼓励引导"双报到"党员针对老年群体服务需求,开展家政服务、家电维修、陪聊解闷等志愿服务活动,通过发动"一老一少"的力量,推动形成专业机构为主,志愿服务补充的互助式为老服务体系。

"五方联动",共助"三供一业"融合

一、案例背景

为利于国有企业减轻负担、集中精力发展主营业务,同时整合资源改造提升基础设施,进一步改善职工居住环境,自2016年起,我国启动"三供一业"分离移交工作,将国有企业家属区水、电、暖和物业管理职能剥离,转由社会专业单位实施管理。

2018年9月28日,作为承建了世界规模最大的水利枢纽工程三峡工程而闻名世界的中国葛洲坝集团有限公司宜昌基地也结束了50余年政企不分的状况,与宜昌市政府正式签订了"三供一业"分离移交协议,葛洲坝区域开始融入宜昌主城区协调发展。

在融合过程中,不可避免地出现了一些问题和矛盾。一是由于历史原因,职工家属区普遍存在着基础设施严重老化、上漏下堵、停车位不足等突出问题,虽然进行了"三供一业"基础设施改造,但改造效果不佳,矛盾由企业转嫁到地方政府。二是长期以来企业承担着"家属区"的社会职能,职工及家属长期以来享受企业福利并已经形成习惯,对小区物业管理市场化运作模式有抵触情绪。三是大部分职工对企业怀旧情绪浓烈,企业社区通常对地方没有认同感和归属感,被动接受移交现实,心理上有较强的失落感。湖北省宜昌市西陵区夜明珠街道夜明珠社区作为原葛洲坝集团企业社区中的一员,在转型过程中也同样遇到了这些问题。如何让居民更快融入地方?

二、实践路径

夜明珠社区辖区内居民3035户4332人,绝大多数是葛洲坝集团公司的职工及家属,社区负责人和班子成员也由单位职工担任。转变为社会型社区后,社区"两委"班子成员全部由辖区党员和居民召开选举大会产生,在"单位人"转为"社会人"的同时,将社区管理权力归还居民,让原来由单位说了算变为居民自己说了算,提高居民参与意识,尽快融入社区治理。

(一)基础保障敲心扉

针对"三供一业"改造后遗留的问题,社区做了以下工作:①坚持需求导向,汇聚居民智慧探索小区场景建设。以居民自主选择的环境改善、基础设施配套等事项为载体,充分激发居民主人翁意识,调动各方力量共同参与小区建设。针对小区绿化美化、环境整治、停车位建设、充电桩安装等公共配套设施项目,社区以鼓励居民投工投劳、让地得利等形式参与共建。②发挥筑堡工作队力量,一个一个小区查、一栋一栋楼房看,结合筑堡工程建设、文明典范城市创建、"一下三民"实践活动等,深入走访,直面难点、痛点,精准了解居民群众所思所忧所盼,积极争取资源政策,解决小区重难点问题。③完善管理制度,加强共建成果维护和管理。通过居民会议修改居民公约等行为规范,引导居民共同协商小区安全、环境卫生、物业监督等管理规约。健全志愿者服务积分管理机制,激励居民、社区组织参与共建成果维护管理。

沙河路23号制氧厂小区一直未铺设天然气主管道,致使该小区未接通天然气,居民生活依然使用罐装液化气,生活极为不便,同时也存在安全隐患。社区针对小区无天然气问题,通过向包保的市公安局争取支持,协调市、区两级住建局、交通局、葛洲坝燃气公司等相关单位,提供人力、物力、财力、智力支持,形成项目方案,彻底解决居民用气难的问题。通过为民办实事解难事,让居民吃了定心丸,体会到小区移交地方后给自己带来的实惠,越来越多的居民开始向社区靠拢。

(二)建强队伍聚人心

一是通过定期召开小区党员大会,召集党员共同协商小区治理各项事宜。形成"社区大党委—小区党支部—楼栋党小组—党员中心户"的纵向结构,以党建工作为抓手强化党建引领小区治理模式。二是选拔能人建强业委会。对小区全面进行摸底,着力挖掘责任心强、公正廉洁、具有社会公信力的居民作为业委会委员推荐人选。落实小区党组织班子、业主委员会成员"双向进入、交叉任职",打造一支"规范、高效、务实、自律"的业委会队伍。三是组建多样志愿服务队。依托社区新时代文明实践站,吸纳小区在职党员、退休骨干打造小区志愿服务队,开展公益慈善、环境整治、文体活动、疫情防控等志愿服务,以志愿活动的方式带领小区业主参与到小区管理中来,逐步形成小区业主自管意识,通过抓好各类志愿活动,打造小区特色志愿服务品牌,加强制度化建设,建立志愿服务长效机制。

(三)五方联动促融合

一是统筹下沉力量,建好服务团队。将下沉党员力量分解到楼栋、单位,以每人责任包保 10 户居民标准,组建楼栋长＋N 个下沉党员服务团队。二是夯实阵地,搭建共治平台。完善小区党群连心站阵地建设,打造集党群活动、便民服务、协商议事、志愿服务等功能于一体的小区管理综合体。为小区党支部、"四长两队"、业委会、志愿服务队提供共治平台。三是持续发挥"大支部"作用,引领"五方"共治。定期召开"大支部"议事会,倾听居民心声,梳理反映问题,发挥职能部门资源职能优势,解决重难点问题。指导业委会、物业公司规范运行,通过"五民"协商机制,推动居民共建、共管。

三、经验与启示

一是坚持党建引领、多方共治。充分发挥基层党组织的领导核心作用,把加强基层党建作为推进基层社会治理的主线,以改革创新精神探索引领社会治理的路径。

二是坚持以需求为导向,把群众冷暖放心上。社会管理,说到底是做群众的工作。面对"三供一业"后的新形势新要求,夜明珠社区坚持以居民需求为导向,为群众办实事解难事,更加有效地组织群众、宣传群众、凝聚群众、服务群众。

三是坚持把联动互通贯穿始终。充分发挥小区大支部、筑堡工作队、五方联动的功能和优势,形成互联互通,达成共识形成合力,共同发力,实现通民意、通社务、通融合。

"爱心"敲门暖夕阳

城乡社区是社会的基本单元,是人民群众安居乐业的幸福家园,是创新社会治理的基础平台,是巩固党的执政基础的重要基石。近年来,全国上下高度重视城市基层党建工作,坚持民有所呼、我必有应,不断创新党建引领社区治理载体机制,提升社区治理效能,为更好服务好广大社区居民,推进市域社会治理现代化的目标,宜昌市西陵区夜明珠街道英雄山社区紧握"筑堡工程"主线,营造美好环境与幸福生活共同缔造氛围,积极创新开展新时代基层党建工作方式方法,不断推陈出新,以思想破冰引领发展突围,创造了包括"'爱心'敲门暖夕阳"在内的大量党建引领基层社会治理创新案例。

一、案例背景

宜昌市西陵区夜明珠英雄山社区由夜明珠路、镇镜山路和夹湾路三条路合围而成,北起望洲岗路与镇镜山路交会处,南以夜明珠路为界,西至镇镜山路,东止夹湾路,望洲岗路纵贯南北。社区划分为6个居民小区,其中物业型小区3个,老旧杂居小区3个。社区实有人口6663人,低保户121户,失独26人。其中60岁以上1753人,80岁以上363人。

2022年以来,社区通过招募党员、退役军人和热心居民,组建社区志愿服务团队"英雄护卫队",在社区培育下为社区的居民服务。但辖区内老年人较多,困境独居老人在生活、就医、情感抚慰等方面都需要关心和照顾,由于资金不足,活动不成项目,难以系统化进行,没有持续性。社区党委通过组织开展"爱心"敲门暖夕阳活动的实施,在社区社会组织和社区的推动下,搭建互助平台,充分利用五社联动,调动英雄护卫队的热情,发挥最大的作用。通过多种活动的开展,让困境老人的生活空间更大,精神生活更精彩,共同缔造美丽、和谐、和谐、温暖、幸福英雄山社区。

二、实施目标

一是通过"爱心"敲门,对社区独居特困老人给他们带去"助洁、助浴、爱心义诊、心理慰藉"等服务,给他们带去心灵及精神上的慰藉,让他们空巢不空心。

二是通过举办"寿星齐聚,欢乐共享"生日会等多种形式的活动,让居民之间,特别是独居困难老人,加强感情联系,提高他们的幸福感和存在感,同时促进邻里关系。

三、实践路径

(一)第一阶段:2022年3月,准备和筹备阶段

(1)摸排社区困境人群,特别是独居困难老人。

(2)运用多种形式进行宣传,让社区中的居民了解该项目的宗旨、服务内容以及相关的其他内容,招募更多的志愿者参与。

(二)第二阶段:2022年4月中旬—6月中旬,具体实施阶段

(1)招募并成立"爱心"敲门暖夕阳项目活动小组。

(2)深入了解需求,链接多方资源,开展多种形式的活动。给独居困境老人开展"寿星齐聚,欢乐共享"集体生日会1次,情暖老人心;开展"悠悠爱老心,浓浓敬老情"老年人文艺汇演1次,快乐老人心;开展"齐献爱心"便民志愿者活动1次,爱煦老人心。

(3)通过"爱心"敲门,对社区10个独居特困老人进行个案走访,给他们带去"助洁、助浴、爱心义诊、心理慰藉"等服务,给他们带去心灵及精神上的慰藉,让他们空巢不空心,对每个特困老人进行物资帮扶及上门关怀。

(三)第三阶段:2022年7月,结项阶段

社区党委及"英雄护卫队"成员总结经验,相互交流,提升服务能力。

(1)搭建起"老年人互助"平台,让更多的人参与社区治理,形成"组织共建、资源共享、活动共办、便民共创、事务共商"的新局面,构建共驻共建新格局。

(2)社区社会组织通过"爱心敲门暖夕阳"项目的实施,更好地运用"五社联动",共同缔造美好家园。

(3)通过项目的开展让老年人晚年生活质量得到提升,让更多的人树立敬老、爱老的意识,促进了社区家风文化的氛围。

四、主要成效

(1)刚开始居民参与度不高,"英雄护卫队"发挥本地社区社会组织优势,做群众工作,以点带面,带动了更多居民参与。

(2)"英雄护卫队"在英雄山社区成立以来,从最开始的5人,发展到现在的20多人。他们态度积极,本身就有一定的影响力,也将一直在社区的睦邻友好、乐融共创的氛围营造中持续发挥作用。

(3)志愿服务队,团队分工明确,即使负责人有变动,也有副队长及时替补。

(4)充分利用"五社联动",发挥了社区、社会组织、社工、社会资源、社区社会组织的作用,引导居民参与,形成"组织共建、资源共享、活动共办、便民共创、事务共商"的新局面,构建共驻共建新格局,共同缔造幸福家园。

(5)活动接地气,与老年人的生活紧密相连,参与感强,实操性强。

五、主要经验

(1)社区单位资源的有机整合:结合英雄山社区区域化党建工作,拓展与社区企事业单位的共建,深挖志愿服务资源,"五社联动"开展多种新时代文明实践志愿服务活动。

(2)社区老年人资源整合:通过项目的实施,挖掘了部分有特长的老年人参与其中,促使他们善于利用自身的资源参与社区活动,与社区共同缔造晚年幸福。

(3)连接对口单位进行广泛宣传,让更多人参与社区共治共建共享。

第三篇

特色党建类

把"C位"让给群众

习近平总书记视察武汉时指出,社区是城市治理体系的基本单元。我国国家治理体系的一个优势就是把城乡社区基础筑牢。要加强社区党组织建设,强化党组织的政治功能和组织功能,更好发挥党组织在社区治理中的领导作用,更好发挥党员先锋模范作用。要把更多资源下沉到社区来,充实工作力量,加强信息化建设,提高应急反应能力和管理服务水平,夯实城市治理基层基础。宜昌市夷陵区深刻领会、牢固践行,以共同缔造理念纵深推进筑堡工程,将党建引领基层治理作为主线,推动组织聚合化、队伍专业化、响应高效化、服务场景化、应用数字化。发动群众决策共谋、发展共建、建设共管、效果共评、成果共享,把"C位"让给群众,将最好的位置、最优的资源配置给社区,实现组织触角扎根在一线、资源力量整合在一线、困难问题解决在一线、为民服务开展在一线,把夷陵基层党组织打造成"敲得开门、认得到人、说得上话、托得了事"的坚强堡垒,共谋大局、共担大任、共同缔造、共筑美好。在湖北建设全国构建新发展格局先行区的砥砺征程中,奋力打造"一线五化"基层治理的"夷陵范式",全面提升人民群众的获得感、幸福感和满意度。

一、案例背景

宜昌市夷陵区下辖1个街道、1个试验区,20个城市社区和118个小区(片区),城区常住人口25万人。近年来,随着城镇化的加速、人口数量的剧增,基层治理面临着物业"管不好"、居民"不服管"、包保单位"难以管"、杂居小区"无人管"的现实困境,形成了党建有基础但引领不够、协同有机制但黏合不够、联系有渠道但参与不够、服务有热情但供给不够的"四个不够"基层治理痼疾。

二、实施目标

以共同缔造理念纵深推进筑堡工程,迭代治理思维。组织发动群众,注重多元参与。把基层党组织打造成宣传党的主张、贯彻党的决定、领导基层治理、团结动员群众、推动改革发展的坚强堡垒,全面推动资源、平台、服务下沉,把"C位"让给群众。把基层党建政治优势转化为基层社会治理优势,推动夷陵基层治理体系和治理能力现代化建设水平"突破性"提升。

三、实践路径

夷陵区把筑堡工程作为统领基层治理各项工作的总体抓手,充分运用共同缔造认识论、方法论、实践论"三位一体"的理论架构,全面发挥基层党组织"凝浆固土"的核心作用。党建引领筑堡强基,攻坚赋能基层治理,锤炼队伍专业效能,服务民生春风化雨,凝聚红色澎湃动力。坚持专业化与群众化相结合,变政府主导为居民主导,推进夷陵党建引领基层治理"革命性"重塑,各项任务高位谋划、扎实推进、成效明显。

(一)迭代思维、重塑架构,突出基层组织体系"聚合化"

从党建引领基层治理的原点出发,夷陵筑堡工程是为了满足群众美好生活需求。老百姓需要什么我们就干什么,奋力推动思想、方法、机制三个转变。坚持把党的组织触角根植于夷陵基层,把群众的需求清单变成筑堡工程的建设清单,构建纵向到底、横向到边、上下联动、全网赋能的基层组织网络。

一是健全推进机制。夷陵筑堡工程坚持舞活党委龙头,按照"1个实施意见+9个配套方案+16个立行事项"的总体框架,建立了党委指挥领衔、责任单位多元共建、街道主导推进、社区落地见效、小区精准实施的五级筑堡体系,横向筑基、纵向立柱、积木成林,为夷陵筑堡工程推深做实、行稳致远奠定了坚实基础。

二是完善组织架构。纵向做实"街道党工委—社区党组织—小区党支部—楼栋星火党小组—党员中心户"五级构架,成立街道"大工委"、社区"大党委"、小区"大支部",组建楼栋星火党小组,推选党员中心户,将党组织建到楼栋上,建到群众心坎上;横向健全基层党组织居中引领,物业企业、社会力量、志愿组织聚合环绕的组织矩阵,全面引导治安联防、人民调解等配套组织广泛参与基层治理。在组织架构上,贴近群众、发动群众、组织群众、宣传群众、引导群众。

三是构建联动格局。整合资源要素配置,按照"一小区一支部、一楼栋一小组"的原则,摸排三类在册党员8500余名。将他们下沉定岗到小区党支部、楼栋党小组,鼓励退休、流动党员将组织关系转移至居住小区。制定联合办公、委员值班等14项下沉管理制度,推进小区基层党组织全覆盖,构建"1个大支部+1个党支部+1个业委会+1个红色物业+1个网格+N个志愿队"小区治理联动格局。

四是发挥协同优势。建立以街道党组织为核心,社区居委会、小区业委会、包联单位、物业公司、社会组织为主体,群众共同参与的"三治融合、协商自办"多元共商机制。从群众最关心的急难愁盼问题入手,推广民事民提、民事民议、民事民决、民事民办、民事民评"五民工作法"。拓宽党员群众参与社区事务渠道,全面建立协商委员会,培育社区居民议事等10类社会组织达1576家。

(二)战略突破、激活先锋,推进基层治理队伍"专业化"

从党建引领基层治理的导向出发,着重解决长期以来基层涣散、资源匮乏、力量不足的现实问题。全面推动重心下移、资源下沉、力量下沉,发挥群众主体作用,引领群众共同参与,激发群众的自主性、能动性和积极性。充分听取群众意见,尊重群众首创精神,满足群众实际需求,以"人民群众"为核心再造一个激情燃烧、干事创业的火红年代。

一是优选红色头雁。出台《关于夯实党建引领城乡社区治理工作体系的实施方案》《党建引领小区治理十条措施》等"2+N"政策文件,鼓励和选拔387名下沉在职党员干部在小区任职。将社区党组织书记纳入事业岗位管理,建立面向社工人才定向招录事业单位工作人员长效机制。推进小区党支部与业委会"双向培养、交叉任职",实行小区党支部书记与业委会主任"一肩挑",全区"一肩挑"比例达62.7%,党员过半数的业委会占比达76.8%。

二是锻造红色主轴。依托街道"大工委"和社区"大党委"统筹资源、平战结合,常态化推进"双报到,双报告""三吹哨,三报到"等包联下沉机制,发动广大下沉党员全员参与基层治理各项中心工作。新冠疫情期间,2022年4月初启动区域核酸筛查后,全区6000多名在职党员干部火速上阵,159个核酸检测点仅在24小时内完成核酸采样37万人次,全面展现筑堡工程在基层治理中的动员能力与制度优势。

三是建强红色阵地。全面优化社区党群服务中心布局,设置共享书吧、矛盾调解、24小时自助服务等民生功能,把社区建成了群众爱来、常来、愿来、还来的红色家园。激活小区闲置公房、社区综合用房等存量资源,建成79个小区党群连心服务站,党支部、网格员、业委会、红色物业、志愿组织进驻办公,189名社区网格员下沉服务。推选566名楼栋党小组长、党员中心户,布局建设"星火微家",以此作为楼栋党小组议事、活动、服务的"微阵地",将接收、解决、反馈问题的"红色堡垒"构筑到群众家门口。

四是激活红色先锋。下沉党员主动认领楼栋长、志愿服务队长等岗位1030个,兑现群众微心愿655个,开展大中型服务活动181场次。组建69支、1261人筑堡工作队,针对残疾人、孤寡老人等9类重点弱势群体,积极开展"筑堡暖心·结对帮亲"等活动。深度融合网格、警务、执法、志愿、应急等组织力量,分别组建301支、2832人的"四长三队"。实施社工人才引进素质提升计划,2022年1565人报考社工考试,通过544人,创历史新高。

(三)"宜接就办、办就办好",推进基层吹哨响应高效化

从党建引领基层治理的渠道出发,推进"吹哨报到、宜接就办"与"主动治理、未诉先办"双向耦合、深度融合,建立了"一个平台接投诉、一个中心强调度、一套标准严考核、一套机制解民忧"的"宜接就办"运行机制,实现基层公共服务的"一网通办""一网统管",人民群众的满意度和幸福感大幅攀升。

一是便捷高效响应。组建区城市运行管理中心,将除110等紧急报警电话之外的所有热线,归并整合至12345市民热线"宜接就办"调度平台。以响应率、化解率、满意率为要素核心,建立哨源发现—哨响集结—部门报到—评价回访的全生命周期管理模式,构建考评、通报、约谈、督办等全链条闭环管理机制。截至目前,累计办理民生诉求事项9283件,响应率100%、办结率100%、满意率99.51%。

二是及时精准研判。坚持"宜接就办"与"未诉先办"双线并行,运用大数据加强对群众诉求的动态监测和分析研判;关口前移,发挥"前哨后院"中心作用。建立"每季一题"的突出问题专项治理长效机制,在成诉前就及时发现问题、解决问题,主动化解夷陵群众身边针头线脑、房前屋后的民生难题68个大类。

三是多元数据整合。统筹"一网通办"和"一网统管",运用好"城市大脑"等大数据平台,建立平台与公安、政法、网信等六大重点部门的双向通报和联动运行机制,编印《社情民意及舆情信息专报》73期,定期上报舆情信息风险排查研判情况,精确掌握不同区域、不同群体的多元治理需求及其动态变化,集中优势力量提升基层治理整体效能。

(四)开门筑堡、问需于民,推进基础设施服务"场景化"

从党建引领基层治理的需求出发,充分运用"共同缔造"理念,发动群众决策共谋、发

展共建、建设共管、效果共评、成果共享,以"邻里生活、公共服务、健康医疗、文化休闲、全民学习、创新创业、平安法治、城市安全"八大场景建设为核心,构建综合完善、便捷高效的15分钟城市生活圈,以大地为基、为人民筑城,把夷陵群众朝栖夜寐的人居环境,营造得更加满意、惬意、诗意。

一是探索先行先试。坚持把"C位"让给群众,深入社区蹲点调研,走访居民2万余人、分析研判群众热线2.4万条;把兴安社区从小巷深处搬迁到繁华大街,阵地面积四倍于前;零工驿站自运转以来,发布用工信息5237条,达成用工意向263人。绿洲社区依托社区"大党委"联系单位、下沉党员,走访居民2500余人,对接辖区内教育资源,建学堂、优环境、办活动。社区学堂开课3个月,累计吸引3000余人参与,直播浏览量超过3万余次。

二是服务落细落小。结合先行社区的场景建设经验,提炼"问需求、摸底数、配资源、建场景、评质效"场景建设"五步法",在城市社区梯次铺开、全面推进。东湖社区针对辖区居民老龄化需求,建设"幸福食堂",午餐只需10元钱,让老年人"食无忧"。长江市场社区延时打造"社区客厅",把一楼大厅完全让渡给社区居民,24小时开放,提供空调、无线宽带等便民服务,让群众夏有乘凉处、冬有取暖地。

三是领域联推联动。拓展延伸筑堡工程覆盖领域,创新提出美好社区、美丽乡村、美誉机关、美质企业"四美"之堡建设体系。探索农村筑堡建设美丽乡村,围绕"两坝一峡"深化G348国道党建示范带建设,以"红满峡江"为主题,以太平溪镇许家冲村为核心,辐射带动4镇9村协同发展,走出一条乡村振兴共同富裕的未来之路。美质企业建设有声势,广泛发动"两新"组织参与基层治理,组建百里荒党委、筹备成立乡村振兴学院,打造楼宇商圈党建综合体,"红色万达·服务万家"深入人心。美誉机关创建有温度,党建引领聚合力、深度融合促发展,当好"红色店小二"优化营商环境,税务、文旅、市场监管等部门先试先行,全力打造人民满意的模范机关。

(五)减负增能、智慧赋能,推进基层治理应用"数字化"

从党建引领基层治理的路径出发,准确把握新常态下传统治理与数字治理的辩证关系,探索构建"大脑全、小脑强、神经末梢灵"的大数据管理运营平台,变革过去主观、定性、经验为主的传统治理模式,探索未来数据驱动的智能决策、精准管理、全面服务的"互联网+"智慧化治理模式。

一是建设智慧社区。归集共享全区21个部门342个数据表(库)9887个字段1500万条数据,为政法、公安、民政等基层治理和政务服务提供大数据支撑。采购高拍仪132台,安装24小时社区自助服务终端,提供不打烊服务,方便办事群众就近办和掌上办。建成并联网"雪亮工程"监控探头9000多个,在社会治安、城市管理、应急指挥等智慧社区治理方面发挥关键作用。

二是建设智慧小区。在基层治理智能平台增设"智慧小区"功能模块,为小区居民解决日常生活诉求,化解邻里矛盾纠纷,提供便捷生活服务。在无石山庄、锦绣星城、鸿坤花语墅等小区,采购安装物联感知监测预警设备设施,对小区人、车、房、设备等进行24小时监测,为"看住人、守住门"提供数字化智能化支撑。

三是建设智慧系统。坚持减负增能与智慧赋能深度融合,以金融领域为重点突破口,率先探索建立"无证明城市",全面实行告知承诺制,核减证明事项818个。全覆盖召开社区减负工作培训会,印发辅导手册2500本,拟定社区减负措施20条,推行减负监督"红黄码"制度。加快推广使用数字台账和智能报表系统,大力实施基层党员干部数字化应用提能行动。

四、实施成效

夷陵区坚持以共同缔造理念纵深推进筑堡工程,广泛凝聚推动基层治理体系与治理能力现代化建设的核心动能。从群众房前屋后、针头线脑的小事出发,组织群众、发动群众、依靠群众、服务群众,坚持聚合架构、锻造治理主轴,坚持组织引领、激活治理先锋,坚持高效响应、凝聚治理要素,坚持服务为民、创新治理场景,把"C位"让给群众,凝聚人心、成风化人,将党建引领基层治理工作做到了群众心坎儿上。

(一)夯基垒台、固本培元,党建引领力显著增强

按照"有小区就有党支部"的要求,夷陵区纵深推进小区党支部全覆盖,截至目前累计成立小区党支部118个。同时,小区党组织书记与业委会主任"一肩挑"比例达62.7%,小区党组织成员与业委会成员交叉任职比例达64.9%,同比分别上升了26%、24%。红色力量的增强放大了党建引领效能,小区"大支部"充分利用联席会议等议事机制,拍板解决小区治理"疑难杂症",逐步形成责任闭环,小区党组织实现了从无到有、由弱到强的破茧蝶变。

(二)一核多元、共同治理,组织战斗力显著增强

持续探索实行"单位联小区、党员进小区"包联机制,鼓励和支持党员干部下沉小区

参与志愿服务。新冠疫情防控大战打响后,随着"社区吹哨、党员报到"等机制的纵深推进,三类党员名册 8500 余名党员报到率,从以前的不到 50% 提升至现在的 100%,极大提升了社区基层党组织的战斗力。全面推进社区客厅建设,成立议事协商委员会,培育党员"和事佬"、望江同心圆等居民议事社会组织 167 家,开展社区治理"怎么建""怎么用""怎么管"等活动达 300 多场次。

(三)三治融合、齐抓共管,治理效能显著增强

夷陵区创新推动"大工委""大党委""大支部"制度建设,构建包保单位、业委会、志愿团队等多元主体共同参与的"三治融合、协商自办"工作格局,推动基层治理从被动管理向主动治理革命性转变。社区志愿服务力量从原来的平均每个片区 20 人迅速提升至 100 人,同时,在各类群众中聘请筑堡观察员 380 名,开展大中型服务活动 181 场次,参与群众 5700 多人次,成功把"吃瓜群众"变为"治理先锋"。

(四)智慧赋能、普惠民生,群众满意度显著增强

在社情民意调度平台上,夷陵区推动下访、信访全面发力,全域开展蹲点调研和民意调查,通过整理近 4 万份调查问卷和近 1.7 万件热线来电,确定了停车难、充电难等矛盾纠纷整治重点共 20 大项,落实了物业管理、法律维权、文体设施、居家养老等"效果清单"共 68 大类,通过智慧赋能把党的温暖送到万家门口,极大增强了群众的获得感、幸福感、安全感。

五、主要经验

党的全面领导是基层治理的"根"与"魂",要将党的触角根植到基层每个角落,将党的声音传播到社区千家万户,将党的领导贯穿于基层治理的全方位和全过程,通过把民生实事抓到"底",把有限资源用到"位",把群众工作做到"家",从而全面增强党的领导力、组织力、引领力、号召力。

(一)强根铸魂、破冰提能,大抓党建抓大党建

党的执政根基在基层,基层治理的神经末梢在社区,社区治理是党群连心的"最后一米"。随着城市化进程的全面提速,邻里纠纷、房产销售、物业服务等矛盾频发,居民品质化、精细化、多元化服务诉求与日俱增,纵向构建"街道党工委—社区党组织—小区党支部—楼栋星火党小组—党员中心户"的党建主轴,横向健全基层党组织居中引领,物业企业、社会组织、志愿服务聚合环绕的组织矩阵,才能有效解决小区党组织"小马拉大车"的基层难题,才能全面强化党建引领在基层治理体系中的核心统领作用。

(二)红旗擎天、星火满天,引领党员发动党员

组织引领党员干部深入一线、下沉社区,践行"五民工作法",做强"星火党小组",深化"筑堡暖心·结对帮亲""吹哨报到"等落地落细,推动党员干部常态化参与基层社会治理等中心工作,一个支部一堡垒、一名党员一面旗,真正把基层社区打造成为"人气旺、服务全、党员群众都常来"的红色阵地,推进基层治理更接地气、更聚人气、更有烟火气。

(三)一核多元、共同缔造,党员连心党群同心

围绕"队伍全域组建、服务全域覆盖"综合目标,推动社区、社会工作者、社会组织、社会志愿者和社区公益慈善资源融合发展,推进社区、下沉党员、业委会、物业公司等多元主体共同参与基层治理。充分把群众组织发动起来,发挥党建"掌舵"、群众"划桨"作用,找到最大"公约数"、画出最大"同心圆",实现群众决策共谋、发展共建、建设共管、效果共评、成果共享,共同缔造和谐社区、幸福家园。

(四)脚踩泥土、贴地行走,立足实际注重实效

针头线脑出细活,房前屋后见真情。按照"问需求、摸底数、配资源、优服务、评质效"五步法,畅通快速响应、及时反馈的群众诉求化解渠道,加快便民、利民、惠民的社区综合服务八大场景建设,推进幸福食堂、居家养老、文化健身、教育医疗等基础设施落地见效,切实把"C位"让给群众。推动资源在基层汇聚、功能在基层发挥、难题在基层破解、服务在基层升级,以筑堡工程缔造现代美好社区幸福生活。

全心全"驿",打造服务友好型社区

武汉市东湖新技术开发区杏园社区以党建引领提升基层社会治理能力,创新"全心全驿"入党建、微治理工作法,以"驿站式"服务模式实现"超大社区的精细化治理"。杏园社区始终坚持以人民为中心的发展思想,同步推进"四大驿站"建设,为居民提供"触手可及"的服务体验,以获得感、幸福感、安全感满足人民向往美好生活的新时代需要,全面建设"幸福推门可见"的服务友好型社区。

一、案例背景

打造共建共治共享的社会治理格局,必须加强和创新社会治理,建设人人有责、人人尽责、人人享有的社会治理共同体。2021年,东湖新技术开发区发布"社治十条",聚焦"社区"治理单元,全面提升城市治理体系和治理能力的现代化水平。这些,都为杏园社区探索"超大社区的精细化治理"指明了方向。

杏园社区是花山最大的还建社区,下辖3个小区,小区布局分散、面积大,常住居民4862户7291人。杏园社区是一个有活力、有朝气但老龄化趋势逐步呈现,中低学历占比高、各类人员交杂混居的典型拆迁还建社区,社区治理诉求多元化。针对这个问题,2020年起,杏园社区开始探索"全心全驿"党建引领社区治理的创新模式,从"小"和"微"着手,盘活"大党建"平台,以驿站式服务为切口,不断探索践行更有力量的基层党建,引领创新完善更有实效的社会治理。

二、实施目标

杏园社区党委紧扣居民关切,以"建驿站、优服务"为主线,打造"四大驿站",通过不断完善党建工作机制,织密服务网络、优化服务场景、精细服务功能,着力打破超大社区的服务壁垒,打通服务居民的"最后一米",切实做居民身边"想得起、找得到、靠得住"的组织依靠,打造服务友好型社区。

三、实践路径

(一)强组织、搭平台,建红色驿站

聚焦基层党组织的政治优势、组织优势,杏园社区积极搭建驻区单位党组织间的"红色驿站"连心桥,通过做实社区"大党委",推动共建资源、平台、服务在社区充分涌动,让党建引领社区治理创新出实效。

一是开展社区"大党委"拓面提质工程。社区党委主动出击,发放"社区合伙人"邀请函,带着优质项目开展"诚意大走访"20次,吸引了12家共建单位入驻社区大党委的"红色驿站",持续扩大党建朋友圈。每月召开"大党委"联席会,实施问题、任务、成效"三张清单"动态闭环管理,共同研究确定"花漾研学""周六伴""税连心"等12个特色服务项目,引领"大党委"参与社区治理的新风尚。

二是深化"红色圆桌会议"机制。成立了由社区、下沉单位、业委会、物业组成的小区综合党组织,每季度召开红色圆桌会议,及时有效地解决好居民生活中关切的大小事:推动小区电房改造,增设休闲椅126个、晒衣绳58处,修建电动车充电停车棚(图1)19个,为58个单元配备防电动车进入装置和灭火器。

(二)优阵地、创载体,建便民驿站

党群服务中心是基层党建和社区服务的重要载体,也是宣传服务发动党员群众的第一现场。紧扣"遍地建网",打造一批兼顾美观与实用的便民党群驿站,不断优化党群服务阵地的空间格局和生态场景,破解超大社区服务效能低下的问题,让社区发展的点

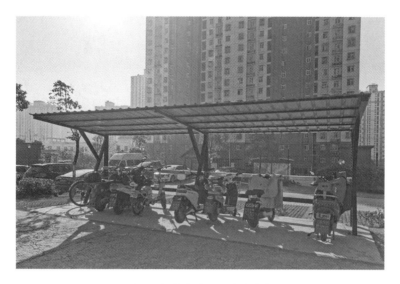

图 1　新修建的电动车停车棚

点滴滴“看得见、摸得到”，不断增强党员群众的幸福感和获得感。

一是织密“1＋3＋N”服务网络。建成 1 个杏园智慧党群中心，社区工作者实现“全岗通”，依托智慧平安小区系统大数据、智能化技术，为居民提供便捷化服务；建成 3 个小区文化公园，为在地文艺团队反哺社区文化提供空间，打造各有特色的、集体认同的桃杏李文化；优化 N 个邻里服务站节点，首批次完成 3 个小区岗亭“靓化”工程以及 1 个红色文化长廊改造，由红星党员志愿服务队入驻，为居民提供便民物资、跑腿代办等便民微服务 310 余次。图 2 为“社区一岗通工作手册”。

社区一岗通工作手册

类别	服务事项	服务对象	所需材料	注意事项	收费标准	办理时限
社会保障类	社区灵活就业人员社会保险咨询、参保、登记、异动等业务	辖区居民	本人身份证或户口本；代办人身份证及需办理人身份证	社会保险类业务需在当月20日前办理，缴费需在当月22日前完成	免费	即时办理
	居民医保业务咨询、办理	辖区居民	本人身份证或户口本；婴儿办理需出生证明、户口本及家长户口本或者身份证	1、需在当年12月31日前完成下一年度费用缴存；2、如新生婴儿父母正在享受武汉市医疗保险待遇，可免费享受当年居民医保；3、办理居民医保费用以医保缴费标准为准，由邮政储蓄银行或楚税通APP代缴	免费	即时办理
	医疗保险现金报销	辖区居民	1.武汉市社会保险医疗费用申报表（参保社区/学校盖章）；2.发票原件；3.费用汇总清单原件；4.出院记录；5.住院病案首页，长期医嘱，临时医嘱；6.本人的任意银行卡及身份证的复印件；7.异地医院等级证明（外地医保就医）	1、医保有效期内费用报销；2、费用汇总清单原件存在住院时间跨年，清单需要按年度分开提供；3、住院病案首页和医嘱在医院的病案室复印，手术患者另附报手术记录及麻醉记录；4、未成年人报销需提供未成年人的户口本的复印件，监护人交通银行卡和身份证的复印件。新生儿报销另提供出生证明复印件；	免费	区社发局审核通过为准
	退休年审	60岁以上本市户籍居民	1、本人身份证或户口本；2、本人退休证	需本人携带相关证件和退休证于当年4月后开始审核	免费	即时办理
劳动保障类	社区劳动力就业信息管理	辖区居民	本人身份证或户口本	告知本人工作能力、相关技能及个人就业需求	免费	及时推荐
	《就业失业登记证》的审核代办	辖区居民	1、个人两寸两张红底登记照；2、身份证复印件；3、户口本首页及本人页复印件；4、就业或失业的相关认定证明；5、武汉市劳动者就业登记表或武汉市失业登记表	本人需如实告知个人就业情况	免费	区社发局审核通过为准
	组织带领社区失业人员参加就业创业培训	辖区居民	本人身份证或户口本	告知本人工作能力、相关技能及个人就业需求	免费	各类创、就培训通知为准
	灵活就业人员社保补贴办理	年满50周岁男性 年满40周岁女性	1、个人社保补贴申请；2、困难认定证明；3、困难审核表；4、就业失业证；5、灵活就业证明；6、身份证复印件；7、申请人户口本首页和本人页复印件；8、邮局社保缴费单凭证（按季度）	1、本人需如实告知个人就业情况；2、男性年满50周岁办理，可享受3年社保补贴；年满55周岁办理，可享受5年社保补贴；3、女性年满40周岁办理，可享受3年社保补贴；年满45周岁办理，可享受5年社保补贴	免费	区社发局审核通过为准
	发布企业招聘信息	供职单位	1、企业相关证照；2、招聘宣传资料	需提供有效企业证照，并通过街道审核	免费	街道党政综合办公室审核通过为准

图 2　“社区一岗通工作手册”

二是优化生态场景。通过"大党委"单位认领的方式,完成了3个小区约1300平方米的园林修复工程,为小区居民植绿补绿、打造樱花林、建口袋公园(图3)共计55处,努力为居民提供"推门即见美好"的体验。

图3 桃园小区口袋公园

(三)强队伍、聚合力,建同盟驿站

通过搭建社区党委领导下的同盟驿站,党员志愿者做先锋,下沉小区发动楼栋长,深入商圈搭建同盟商户,撬动专业领域孵化社会组织,各方力量握指成拳,拧成"一股绳",共建"杏"福家园。

一是打造爱心志愿循环,营造自治文化。挖掘和吸纳110名党员、居民骨干、楼栋长、优秀志愿者加入红星志愿服务队,邀请10家爱心商户进驻"同盟驿站"。依托爱心超市,建立"双积分双优待"机制,让志愿者在参与社区治理和服务后,获得精神激励、商户折扣和社区活动优待,推动形成居民自治良性循环。

二是培育社区社会组织,丰富邻里文化。聚焦"一园一品",以3个小区文化公园为阵地,挖掘能人、培育队伍,用好花城雅韵楚剧团、"生花营造"等6个社会组织和文艺团队,开展民俗游园会、杏福嘉年华、共创农园等5个特色邻里活动,惠及2000余名居民,丰富居民的文化生活体验(图4)。

三是壮大议事队伍,健全议事文化。紧扣还建社区村民到居民过渡转化的情感纽带,创新"居民之家"民事民提、民事民议、民忧民解机制。首批选聘20名原行政村的老村长、老队长担任职业楼栋长,壮大35人规模的草根议事小组"婆婆唠天团"和"板凳议

图 4 杏园社区文艺团队、社会组织端午节文艺汇演

事会"(图5)。目前已成功调处邻里纠纷矛盾35起,让居民随时随地反映意见、参与决策成为常态。

图 5 板凳议事会

(四)精内容,落民事,建爱心驿站

人民城市人民建,建好城市为人民。杏园社区抓好"一老一小"两个关键群体,解决好青年群体"就业和家庭"两个核心关切。通过搭建爱心驿站,提供系统化精细化的社区关爱服务,切实做到办实事、解民忧、暖民心。

一是打造"杏福食堂"。依托共建单位光谷第二十五小学食堂及同盟商户打造社区里的移动爱心食堂,由轮值志愿者"跑楼送餐"(图6),为社区困难老年群体提供安全可靠、价低质优的就餐体验,已送餐576人次。依托花山街社区基金会,引进专业社会机构,推进"杏福食堂"实体化运营,试点打造有证有照的老年网红餐馆,不断扩大普惠爱心餐服务覆盖面。

图6 "杏福食堂"志愿者"跑楼送餐"

二是打造"就业微站"。依托"就业超市",深度链接企业端和居民端,打造小区里的"就业微站",由专人为社区居民提供就业、创业等一体化公益服务。"就业微站"共发布招聘周报59期、举办线上线下招聘会7场,系统开展职业规划12场、技能培训10场、成功推荐就业663人,并依托"微创业"平台,助力居民创业增收,积极营造大众创业、万众创新的氛围。

三是打造"周六伴"课堂。实施公共空间社会化运营,与社会力量、专业机构合办社区学校,开设青少年"周六伴"课堂,制定"轮值家长""一日馆长"制度。目前共开展25期青少年课程,招募轮值家长24人,服务1136人次,为青少年成长保驾护航,并推荐合作单位"聪明屋"进入街道社会组织孵化园,为本土社区社会组织茁壮成长提供肥沃土壤。

四、实施成效

通过"全心全驿"大党建、微治理工作法,杏园社区党委切实为居民提供"服务触手可及、幸福推门可见"的杏园体验,系统提升了社区治理的能力和水平,进一步实现了党建引领深化社区治理的社会功能和政治功能,全面建设人人向往的服务友好型社区。

（一）社会功能方面

通过打造"全心全驿"系列工程，杏园社区坚持提供更加全面和更加精细化的服务，聚力破解超大社区微治理的难题，同时注重引导居民参与家园共建，持续凝聚社区归属感和认同感。在这个过程中，社区的空间功能更有品质、社区文化更有态度、服务项目更有温度，社区发展的点点滴滴可观可达，居民的获得感和幸福感不断增强。

（二）政治功能方面

"全心全驿"项目激发了社区"大党委"的优势与活力，推动共建资源、平台、服务在社区充分涌动。通过"遍地建网"的驿站式服务模式，党员带着项目进小区、进楼栋，真情实意、真金白银地解民忧暖民心，不断密切党员群众的血肉联系，充分彰显了基层党组织力量和社区服务温度。

五、主要经验

（一）坚持以党建引领作为社区治理创新的根本保证

杏园社区党委始终以基层党建引领社会治理创新，坚持党统揽全局、协调各方的领导核心地位，充分发挥社区党组织的领导力、组织力、执行力，让共建单位、业委会、物业、社会组织、居民群众等多元主体步调一致、同频共振、同向发力，确保社区和谐稳定、人民安居乐业。

（二）坚持以人民为中心、问题为导向，探索深化驿站式服务模式

杏园社区居民交杂混居、诉求多元。为对症解决小区分散、服务效能低的问题，杏园社区党委坚持以人民为中心，从一个个现实具体的问题入手，探索党建引领下的"驿站式"服务模式。对杏园社区而言，"驿站"既是空间美学的集合，也是服务功能的载体，更

是一种"大社区微治理"的党建工作方法。通过社区软硬件的改造提升,最大限度彰显党建共建合力,撬动居民自治活力,打通社区治理的"最后一百米",营造"推门即见美好"的杏园体验。

(三)坚持多元主体协商共治,实现上下联动、共建共治

杏园社区党建治理创新充分发挥"五社联动"作用,引导多元主体协商共治,构建社区治理共同体,提升社区治理水平,推进社区治理现代化。在构建社区治理多元协商共治模式中,杏园社区不断加强社区工作者队伍建设,培育居民多元治理思维,有效整合专业社工机构、链接"大党委"成员单位、街道社会组织孵化中心、社区基金会等平台资源,形成了各方上下联动、共建共治的良好格局。

党建引领基层治理,"红殷骑手"发挥效能

江苏省南京市雨花台区板桥街道殷富社区,于2016年7月10日经上级部门批准成立;目前,社区党委共有党员105人,下设三个党支部。社区自成立以来,积极响应党组织体系建设要求,乐于开展、勇于拓展基层党建服务,创建了以"红殷骑手服务驿站"为代表的基层服务项目,并在全街道进行推广,助力街道成立"红桥骑手党建联盟"。以江苏顺丰速运有限公司员工为代表的"快递小哥"每天穿梭于大街小巷、楼宇院落,是社区基层治理的"流动网格员""平安巡查员""文明宣传员";他们不但为当地的居民带去了基础的便民服务,还积极投身到社区治理、防疫工作和服务上门等活动,生动体现了新业态新就业群体在社区治理中的作用与效能。

一、案例背景

社区是社会的基本单元,社区治理是社会治理的重要基础,加强基层社会治理关键在于做好社区治理。殷富社区区域面积0.35平方公里,区域面积小、人口密度大,常住人口近万人,大多为附近村组拆迁安置居民及外来人口,社区治理面临的问题多,单靠社区现有的人员力量是远远不够的。社区所在的顺丰速运片区目前有快递员近30名,日均送快递2000余件,需抵达2000多个家庭。"快递小哥"了解小区情况、熟悉居民家庭,和很多社区居民都是"老熟人",是最贴近社区居民的一类群体。但"快递小哥"普遍存在岗位流动性大、工作态度参差不齐、缺少保障等问题,如何将"快递小哥"这类群体更好地引入社区治理中,是值得深入研究的一个课题。

二、实施目标

快递骑手是城市建设的重要组成部分,不仅是社区里的"熟人"、朋友,方便了居民的日常生活,更是创造高品质生活中的新生力量,在食品安全监督、交通文明遵守和劝导、社会治理参与等许多方面都有着不可比拟的优势。通过以"党建+治理+服务"三轮驱动机制为抓手,建阵地、赋动能,探索党建引领快递物流从业人员参与基层治理新路径,推动快递物流行业"快递小哥"参与城市基层治理,不断促进社区服务和治理的发展。

三、实践路径

近年来,殷富社区党委坚持改革思维、强化改革推进,以板桥街道"雨花红桥"网格党建品牌为引领,创新新业态新就业群体党建工作,实施"红殷骑手"党建品牌,探索"党建+骑手"基层治理模式,将辖区范围的快递、外卖骑手引入社区治理中,实现资源共建共享、人员互动互助、服务互帮互替,形成精准化、快响应的社区治理经验。

(一)将"新群体"融入社区治理

贯彻落实南京市党建引领基层治理"十项举措"和"强力工程",创新探索"党建+骑手"基层治理模式。一是强化政治引领。开放党群服务中心、新时代文明实践站等阵地,各类工作制度、服务标准、职责清单上墙;社区党委加大新业态新就业群体党建投入,设立"骑手"党建专项经费,组建QQ群、微信群,搭建线上互通平台。二是推动党建共建。以"提升行业服务质量,真情为民排忧解难"为宗旨,按照"条块结合、上下联动、行业主管、属地兜底"的思路,成立"红殷骑手服务驿站",与顺丰速运党支部共建,并将辖区范围的顺丰骑手纳入基层治理队伍。三是创新治理模式。靶向聚焦民生诉求的痛点、难点、焦点,整合企业及社区的资源和力量,赋予"快递小哥"、外卖送餐员流动"网格员""巡查员"身份,打造社区的"千里眼""顺风耳",居民的"贴心人""传话筒"。探索"文明包裹嫁接"模式,菜鸟驿站、顺丰"快递小哥"每日可随包裹向居民发放宣传资料万余份。

(二)用"大党建"深化"多元治理"

借助快递物流新兴领域枢纽性、便利性的特质及骑手流动快、联系广、路线熟、情况明等优势,积极服务社区治理。一是人员融入网格。推动"快递小哥"、外卖送餐员等沉入网格,作为网格的兼职一员。二是机制建在网格。探索"骑手流动网格员""骑手报到"等机制,将骑手纳入网格管理中,形成一套便捷、高效的响应机制。三是服务嵌入网格。骑手将发现的问题第一时间发至网格微信群,简单问题当场为居民解决,有效提升小区文明程度,助推平安建设。

(三)建"新机制"推动"暖心服务"

通过保障基本需求、解决实际困难、提供暖心服务,激发骑手投身疫情防控和保通保畅工作的积极性、主动性。一是开展"红蜂"行动。搭建全市首家社区"网格党校",开展"骑手"党员学习培训。鼓励更多骑手向党组织靠拢,积极培育新生力量,不断深化党组织建设和联盟功能质效。二是开展"筑巢"行动。在社区中心位置建成约60平方米的A类"宁小蜂驿站",提供休息、储物、饮水、药品、充电、雨伞等便民服务。三是开展"暖蜂"行动。以互惠互利互赢为宗旨,畅通骑手诉求通道,借助街道"网格民情坊""网格法庭"等平台,主动热情为骑手提供信息、法律、咨询、营销等服务,切实把社区党委建成"骑手之家"。同时,为"小哥"提供心理疏导、矛盾调解、健康体检等暖心服务,开展红十字急救知识讲座、救护培训等。

三、实施成效

(一)加强快递骑手管理,扩大范围影响力

社区党委有序组织辖区快递骑手开展例会、评比、参观、学习50余场;针对骑手中的党员,结合主题党日活动、"初心课堂"等来开展工作。同时,加强在主流媒体上的宣传报道工作,在"板桥e时代""板桥工作动态"上开辟专栏,实现基层党建有阵地、有制度、有经费、有联络、有活动、有痕迹、有声音,真正把骑手紧密团结在党组织周围,不断扩大党组织在骑手中的号召力、凝聚力、影响力。

（二）利用快递工作属性，提升社区治理效能

快递骑手每天走街串巷开展业务工作，掌握辖区问题"第一手资料"，由此把好各类风险"第一道关口"。社区党委通过搭建常态化集体协商议事平台，引导骑手积极参与"社情民意直通车""安全隐患直接报""三亮三比"等活动，推动其立足岗位、一线服务，进社区、进楼栋、进家门，不断激发新就业群体参与基层治理积极性、责任感。疫情期间，"骑手"担任防疫宣传员、巡查员和配送员，向居民发放防疫宣传单2万余份、配送防疫物资千余份；为体弱多病行动不便的高龄党员送"暖箱"上门；开展"便利贴"暖心行动，为178名独居空巢老人解决生活难题；在街道及周边巡查重点地区来宁车辆，有效助力防疫排查，以零距离、嵌入式的志愿服务方式，全方位、精准化、高质量地化解社区治理难题。

（三）发挥党建引领作用，提升骑手幸福感

社区党委利用骑手休息时间提供业务培训、心理辅导等，提升骑手队伍规范化、标准化服务水平。将骑手中的"流动党员""口袋党员""隐形党员"等纳入党组织管理和服务，通过骑手党员亮身份，提升队伍素质。延伸驿站服务功能，持续完善"积分兑换"制度，积分可兑换书籍、电影票等实物。实施"星级制"，以累计服务时长计分评定骑手星级，从一星到五星共五个等级；完善"最美骑手评比"等机制，吸引更多骑手小哥向"先锋"看齐、向"联盟"靠拢。

四、主要经验

殷富社区党委大胆解放思想、创新工作理念，将实践中行之有效的党建理念、体制机制、方式方法、工作流程及载体资源用规范化、制度化的形式固定下来，有效破解了长期困扰社区治理工作的深层次问题，为社区工作注入了新的生机和活力。总结殷富社区"红殷骑手"的做法和经验，可供其他社区治理工作参考。

一是加强社区党的建设，必须充分发挥党组织领导核心作用。社区是城镇的基层和基础，具有不可替代的重要作用。抓好社区治理工作，首先要建坚强的党组织，充分发挥党组织的核心领导和服务功能，坚持把加强党的建设、巩固党的执政基础作为贯穿社

区治理和基层建设的一条红线,组织起各类资源力量,协调好各方利益关系,共同投入到社区治理的事业中。

二是增强新就业群体融入感和归属感,必须充分利用激励奖惩等有效措施。及时收集快递骑手等新就业群体的需求,提供心理咨询、法律咨询、家庭教育、医疗义诊等服务。精准对接需求,用心提供服务,让他们真切感受到党组织的关怀和温暖,切实增强新就业群体融入感、归属感和幸福感,使之成为美好生活的创造者、守护者。

三是加强社区治理工作,必须有效凝聚社会各界强大合力。殷富社区在快递物流的基础上创新探索"党建+骑手"基层治理模式,进一步加强与快递物流行业的党建共建,通过利用快递骑手的工作便利加强对社区居民的服务。社区服务的提升离不开政府职能部门的齐抓共管,更离不开社会各界的支持参与。只有加强对社区建设的组织领导和统筹协调,凝聚各方面推进社区建设的整体合力,才能真正将社区建设成为居民群众期望的理想家园,才能为构建和谐社区、建设和谐社会奠定基础,从根本上巩固党的执政根基。

共同缔造促成小区蝶变，
嘉明花园变为幸福花园

一、案例背景

宜昌市西陵区嘉明花园小区建于1998年，有居民345户800余人，属于典型的城市中心区老旧杂居小区。居民中既有单位职工，也有外来人口，小区长期无人管理、脏乱差现象突出、居民关系陌生。

二、实施目标

为破解小区治理难题，嘉明花园小区以共同缔造为指引，切实转变思维方式、工作模式，坚持党建引领，发动群众自治，使居民成为小区美好环境与幸福生活共同缔造的主人翁，实现了从杂居小区到幸福花园的美丽蝶变。

三、实施路径

(一)实施党建引领，自治组织实现从无到有

(1)选出小区治理能人。十多年来，居民一直盼望小区建设好、管理好，但苦于无组

织引领、无人牵头,组建业委会均以失败告终。社区经过反复挑选,最终推荐由热心公益、群众基础好的退休干部王小萍牵头组建业委会,召开居民协商议事会。实施小区改造仅108天,议事会就开了38次,王小萍组织群众通过线上线下等方式提出改造建议、"微"心愿,各种矛盾也在她的协调下全部得到化解。2021年业委会换届,王小萍再次高票当选业委会负责人。

(2)构建党建引领体系。成立小区党支部,将50名自管党员纳入其中,和业委会一起,组织居民共同选定收费合理、愿意捐资助力小区改造的德嘉物业公司,搭建起"小区党支部+业委会+物业公司"的党建引领小区自治组织体系,实现了从无人管到规范管的蝶变。

(3)梳理清单摸准需求。"四图三清单"切实问需于民,在全区统一部署下,小区认真做实民情地图、治理组织体系图、需求资源项目清单图、共建共治共享活力图"四张图"。通过问卷调查,对300余户居民走访,精准梳理需求、资源、项目"三张清单"。收集了群众最希望解决的停车位、雨棚更换、活动场所、安保等诉求,统筹了150余名党员、下沉干部、志愿者的力量,40余家市场主体、市区机关的单位力量,20余家社会组织、培训机构的力量,列出了下水管道修复等6类项目,全部明确工作措施和责任人。

(二)积极发动群众,小区改造实现从"要我做"到"我要做"

(1)共谋定规则。在小区改造中,业委会组织热心居民共同制定规则,组织居民共同参与小区改造,约定了引进物业公司、每户居民捐资1000元、预缴两年停车费和物业管理费、按交钱顺序选择车位等机制。由于充分尊重了居民意愿,激发了居民参与的积极性,改造工程得到了广泛支持,筹资启动两个小时,居民就捐资27万元。近五年来,小区共筹集改造资金302万元。

(2)共商解难题。针对少数群众不太配合小区改造,业委会通过微信议事群,探索了"金字塔议事模式",由第一层发起人提出问题,第二层业委会核心组织协商,第三层居民骨干提出解决办法,第四层面向全体居民公开。小区先后就环境"谁来管"、改造资金"谁来出"、改造过程"谁监督"等10多个议题进行了40余次民主议事协商。最终,拆除菜园9处、拆除违建房3处、拆除圈地建园6处,共计1800多平方米。针对停车位、加装电梯等诉求,业委会牵头成立工作组,设计制作车位平面图,现场叫号分配车位,按居民缴款顺序挑选车位,居民感到公平合理。加装电梯过程中,低层居民不同意安装、资金分摊意见难统一、水电气管道改道难等诸多难题都在居民民主协商中得到解决,最终居民共同筹资252万元,安装电梯6部,彻底解决了老人爬楼难等现实问题,是全区老旧小区中安装最早、数量最多的小区。

(3)共管聚合力。小区组建由楼栋长、警长、网格长、单元长、志愿服务队、应急突击队组成的"四长两队",充分利用下沉党员、热心居民、业委会、物业公司力量,形成居民共同管理小区的良好局面。100余位居民发挥特长,主动报名参加"蓝马甲"反诈志愿队、"百溪荟"党员学雷锋志愿队、"一呼百应"应急服务队,实现了自我服务、自我管理。

(三)推动资源下沉,美好生活从"你和我"到"我们一起"

(1)市级单位全员下沉支持。市委办作为嘉明花园小区的包联单位,第一时间组织人员、力量下沉小区,市委副秘书长担任小区"大支部"第一书记,20余名党员干部组成筑堡工程工作队,主动认领"物业无固定办公用房""破损雨棚更换"等难题,通过小区共治联席会,为小区解决破损主水管更换维修、小区党群连心站的阵地建设、屋顶漏水、棚户区征收等痛点难点问题11个。

(2)区直部门整合力量帮扶。为帮助业委会提升管理服务能力,区政府提出了"1+4+N"幸福工程,在小区内安排了联系小区的政法干警、律师、街办社区、机关干部4支力量,以及住建、城管、卫健等多个政府职能部门协助业委会开展工作。居民点单、街道吹哨、部门报到,形成解难题的闭环,居民获得感大大提升。

(3)结对认亲密切党群关系。开展党员干部与特殊家庭"结对认亲"活动,5名市区干部一对一帮扶小区5名独居老人、残疾人家庭,一周一问候、一月一走访,节假日上门看望,居民十分感动,党群关系在认亲中更加密切。

(四)凝聚文化合力,居民之间实现从"陌邻"到"睦邻"

(1)发挥文化名人作用。充分利用小区居住有不少的作家、书法家、教师、律师的优势,邀请他们参与小区文化建设。住在4号楼的宜昌著名书法家陈永贵为小区题写门头,远涉重洋的作家甘茂华感叹小区惊人变化,撰写的小区变化文章被《湖北日报》刊载。

(2)举办各类文化活动。小区相继举办了"迎新春·写春联""元宵运动会""百家宴"等文化活动,吸引居民走出家门、打开心门、积极参与,密切了邻里关系。还探索培育了"黄丝带""红石榴""好说法"等团队,激发居民参与小区治理的内生动力。

(3)群众组织提供舞台。小区先后成立爱绿者环保联盟、幸福家心理服务中心、政策宣讲服务队、生态市民服务队、心灵关爱服务队、文化文艺服务队,热心环保公益的居民可以自主报名参与环保公益活动,有心理服务特长的居民可以帮助渴望纾解心理难题的"邻居"找到慰藉,热爱广场舞的居民可以参加各类演出活动,每个人都能在小区治理中找到自己的位置和舞台。

四、实施成效

嘉明花园实现了从杂居小区到物业小区的华丽蜕变,居住品质得到提升,业主享受到了真正的现代宜居生活。道路硬化黑化,停车井然有序(小区停车位从48个增加到162个,每名车主均划分了固定车位);监控全面覆盖,平安指数提升;小区规范管理,物业服务提质;外墙重新粉刷,面貌焕然一新;种植千余株三角梅,生态环境优化,小区1号楼、2号楼、6号楼自筹资金252万元成功安装6部外挂电梯,还有4部正在办理之中。住在4号楼的业主,书法家陈永贵亲笔题写了"嘉明花园"的门头。嘉明花园不断加强对小区居民筑堡工程工作宣传引导,探索培育"太极剑队""爱绿者环保联盟""甘雨同心圆书法工作室"等团队,激发居民参与小区治理的内生动力。

五、主要经验

嘉明花园的小区治理工作经验被中央、省、市各级媒体报道,并进入中央党校课堂,被湖北省社会创新基地和三峡大学列为重点研究课题,由业委会主任王小萍撰写的《城市社区微自治的嘉明模式》一书在全国推介。嘉明花园立足居民需求,汇聚小区党支部、业委会、物业公司三方力量,完善"五方共建"机制,坚持"人本化"路径,广泛发动群众决策共谋、发展共建、建设共管、效果共评、成果共享,逐步实现互助、融合、守护的小区共治新格局。如今的嘉明花园已经成为多元共治成果下的一道城市靓丽风景线。

基层治理云都模式

云都壹号小区位于云梦县城关镇云台社区。由于该小区存在"违规超建办证难、水电直抄未到户、配套设施建设不健全"等问题，导致小区信访问题突出、社会治理混乱，2018年重复信访1854件。为推动云都壹号信访问题系统化解，城关镇坚持从最小单元、最小细胞抓起，从解决群众反映的热点、堵点、难点入手，积极探索党建引领基层社会治理新路径。一是强化党建引领。健全城关镇党委领导下的社区大党委、网格党支部、小区党小组、楼栋中心户"五级"治理体系，坚持关口前移，把支部建立在小区上，以"阵地下移、党员下沉、保障下倾"为基础，打通联系服务群众的"最后一米"。二是强化整体联动。整合资规、法院力量，组建工作专班进驻云都壹号小区，实行楼栋包保，逐一分析、分类施策、创新集成、各个击破，以"证缴分离""容缺办理"的方法，以"上下促动、部门联动、多方互动"为抓手，回应业主期盼，把"为民办实事"落实在具体的行动上。三是强化服务引导。坚持自治、法治、德治"三治"融合，将机制链接在业主中，以"自治、法治、德治"为推力，强化政策引导，画好共治、共建、共享"同心圆"。通过"三个强化"治理路径，较好地实现了云都壹号小区"由乱向稳、由稳到治、由治向好"的转变，使一个多年矛盾集中地变成安定祥和的示范区，在治理中形成的"云都经验"被国家自然资源部、学习强国、《湖北日报》等宣传报道。

一、案例背景

近年来，云梦县城关镇云台社区在推进基层社会治理上，学习借鉴"枫桥经验"，积极探索党建引领基层社会治理路径，坚持从最小单元、最小细胞抓起，将城关镇云台社区所辖的云都壹号小区作为基层治理的单元试点，以保护群众利益，发展群众利益为出发点,从解决群众反映的热点、堵点、难点入手,坚持"三个强化"治顽疾,创造云都新经验,使一个多年矛盾集中地变成安定祥和的示范小区。

云都壹号小区于2016年3月竣工,建有18栋商住楼及商业楼,其中房屋1578套。该小区存在四大"堵点":一是违规超建办证难,1400余户业主无法正常办证;二是水电直抄未到户,水电由物业代收,业主反映价格不合理;三是配套设施建设不健全和物业管理不到位,无停车棚和充电桩,无健身器材,绿化少,物业服务差;四是网络治理短板突出,业主上访、重复信访多。自2017年小区业主入住后,不断在阳光信访平台、人民网留言板、领导信箱等网上平台重复信访,2018年重复信访共1854件。2019年湖北省信访局三次督办云都壹号小区消防、楼道水井门等配套不完善的问题,县政府将云都壹号纳入城建领域遗留问题办理,但依然发生重复信访763件。2020年重复信访共490件,被湖北省自然资源厅挂牌督办。2021年9月前重复信访共344件。业主拒缴物业费,是全县服务最差、管理最乱、最不稳定的小区之一,一度成为群众心口的痛、干部抹不去的愁。

二、实施目标

以城关镇党委和云台社区党委为统领,坚持从最小单元、最小细胞抓起,全力推进"阵地前移、党员下沉、保障下倾",建立起社区党委统一领导,各类组织积极协调,小区群众广泛参与的共商、共建、共管、共享、共评基层治理体系,全面实现云都壹号小区"由乱向稳、由稳到治、由治向好"的目标。

三、实践路径

(一)强化党建引领,坚持关口前移,把支部建立在小区上

一是阵地下移到小区。积极探索建立"党建+"阵地服务机制,畅通服务"毛细血管",擦亮管理底色。①将堡垒建立在矛盾中心。坚持关口前移,投入40万元,在云都壹号小区、在群众家门口、在矛盾问题最突出的地方建立"红色驿站",将网格党支部设在驿站内,强化党组织引领,组织小区党员开展组织生活,定期开展议、访、解活动,统一党员思想,凝聚共识。②把网络织密在焦点前沿。健全城关镇党委领导下的社区大党委—网格党支部—小区党小组—楼栋中心户"五级"治理体系,从最小单位、最小细胞抓起,党员

个个包住户,居民个个有人包,实现了基层治理组织体系纵向到底、横向到边。③让大员指挥在阵地一线。县委、县政府高度重视云都壹号小区问题,2021年10月以来成立领导小组和工作专班,县委书记高文峰、县长方超亲自安排部署,两次专题调研云都壹号小区,县委副书记尹亮挂帅督办,每周召开一次资规局、住建局、信访局、法院、城关镇、云台社区等单位联席会,听取工作进展情况汇报,实行"周碰头、月通报"的运行机制,研究部署小区治理工作。

二是党员下沉到小区。在云都壹号小区开展"业主点单、支部派单、党员领单""三单"式服务。通过微信群征集、服务信箱受理、座谈会收集等方式了解业主诉求,网格党支部汇总诉求清单,结合下沉党员单位职能、共建目标、个人爱好、兴趣特长等给党员派单,党员精准接单后,对接开展服务居民活动,形成覆盖面广、立体式、多元化的服务网络。在巩固常态化服务中,拉近党群距离,围绕重点纠纷和重点任务,充分调动多方力量,实现矛盾纠纷排查多元化、防控常态化、施策精准化。

三是保障下倾到小区。完善红色驿站服务功能,融入多功能服务室,包含便民服务室、信访接待室、矛盾调解室、居民阅读室、儿童活动室、老人休闲室、"快递小哥"憩室等。融入业委会、志愿服务、城市书房、社区警务等元素,整合多方力量在驿站办公,与居民零距离接触,打通了服务群众的"最后一米"。让社区工作者回归网格,让志愿者进入网格,在一线听取群众呼声、在一线化解矛盾纠纷、在一线解决具体问题,做到民呼我应、民呼我为。截至目前,红色驿站接待小区群众超3000人次,化解居民矛盾纠纷125个,帮助小区群众解决实际问题37个。

(二)强化整体联动,坚持合力攻坚,把问题解决在楼栋里

一是上下促动,破解办证难题到楼栋。县委、县政府出台了《建设领域不动产登记历史遗留问题处置意见》和《补充意见》。同时,省自然资源厅将解决云都壹号项目办证问题作为"我为群众办实事"实践活动之一。在省自然资源厅的重视和指导下,县政府抽调精兵强将,整合资规、住建局、法院力量,组建工作专班,以有关政策规定为依据,回归历史本源,抓住核心要件,摸索出"证缴分离"新路径,攻破了"群众要办证、单门翻条款、企业讲价钱(谈条件)"的"三角鼎力关系",全力打通办证中"梗阻",多年办证难的问题终于得到了解决。2022年1月30日,省自然资源厅"我为群众办实事、新春送证进社区"活动来到城关镇云台社区,来自云都壹号小区各楼栋的14名居民代表现场领到不动产证。扭转了长期被动混乱局面,社区干部、小区居民过上了久违的"最为祥和安宁的春节"。

二是部门联动,完善配套设施到楼栋。发挥共驻共建单位作用,筹措资金6.5万元,建设了智能门禁3个、电瓶车摩托车停放点3处、充电桩110个。在6个楼栋建设了健身广场并协调文旅局配套户外健身器材。借势发力,督促开发企业增装5、6、7、8、16、

17、18栋电梯共12部,建设地上停车位700平方米,完善地下停车位3.5万平方米,协调燃气公司解决153户业主燃气开通问题,协调社区、教育局为3名业主子女办理转(入)学手续,督促物业下调水电价,执行直抄价。同时,借助"雪亮工程"建设,安装监控86个。

三是多方互动,处置信访积案到楼栋。相关职能部门、社区党委、下沉党员深入楼栋,对云都壹号小区重点信访户进行全面摸底,建立一对一联系包保,逐个见面、逐个疏导、逐个化解。定期宣讲政策和发布遗留问题解决进展、介绍下步工作计划,疏导信访户情绪,从而有效化解了群众积怨,涉云都壹号的46件重复信访积案全部化解完毕,无一件回流。目前,涉云都壹号已无一件网上信访件,网上信访平台实现了由乱到治、由治到稳、由稳到好的转变。

(三)强化服务引导,坚持三治融合,把机制链接到业主中

一是抓自治促和谐。依法成立业主委员会,云台社区党委成立业主委员会筹备组,利用错时入户征集每个楼栋业主意见,推荐楼栋代表,分南北区域成立业主委员会。2022年1月,组织召开业主代表大会,依法依规选举产生业主委员会,切实维护业主合法权益。云台社区党委和业主委员会强化舆论引导,加强云都壹号小区业主微信群的管理,及时回应业主关切,为业主答疑解惑,引导业主正确认识历史遗留问题,定期发布遗留问题解决进展的信息。最大限度地凝聚思想共识、弘扬正能量,营造积极健康、昂扬向上的主流舆论环境。

二是抓法治促和谐。邀请镇工作专班、社区民警在小区开设法律进万家培训宣讲会6期,发放宣传品1500余份。对网上发表不当言论的陈某某、黄某某进行了依法训诫;依法督促小区物业严格遵守《物业法》,提升服务管理水平。针对物业服务管理不到位的问题,进行了逐项梳理,建立问题清单,点对点向物业公司交办,督促物业公司遵守《物业法》并对照问题进行及时整改,依法查处违法收费行为。2021年11月,县信访局会同县住建局妥善处置"门禁扣"事件,责令物业退还了多收取的费用,并公布信访局局长电话和微信,实现在线及时沟通联络,有效降低了矛盾上行风险。

三是抓德治促和谐。①开展活动惠民生。依托红色驿站打造尚行书院,为小区业主及周边居民提供免费读书学习场地。自尚行书院建立以来,"全天候"(8:00—22:00)为小区居民开放,居民好读书、读好书,读书热潮已在这里成为常态。②积分管理树新风。在红色驿站建立德育银行,制定德育银行实施办法和积分兑换办法,吸引了60多名小区居民参与,道德积分累计1800分,通过小积分汇聚大文明,进一步提升了小区居民的自身素养,也养成了良好的社会风气。③落实政策暖民心。以"一下三民"活动为契机,以服务保障小区老年人就餐需要为重点,在云都壹号小区附近建立了3个可容纳60人就

餐的幸福食堂,以优质、普惠的形式为老年人提供家门口的就餐服务。

四、实施成效

(1)党员服务常态化。云都壹号网格党支部通过支部主题党日、小区党小组会议,每月收集群众诉求并积极办理。党员积极参加组织生活,参与各类活动,切实亮身份、亮职责、亮承诺,下沉29名党员接单151份,下沉党员按单开展服务居民活动1750余人次。

(2)信访案件零发生。按照访调零距离、沟通零障碍、服务零盲区的要求,坚持落实集中会商、分类处置、闭环落实、结果评价、责任倒逼的工作机制,先后召开16次专题推进会、协调会,有力推动信访事项案结事了。目前,46件重复信访积案全部化解完毕,无一件网上信访件,逐步实现了由网访到息访的良好态势。

(3)办证渠道全贯通。通过"二分离""三沟通""四容缺"持续用力,长期困扰小区居民的办证难问题得到有效化解,目前办证渠道已打通,已办证634本,月办理量以逐月递增的速度持续增加。

(4)环境卫生大改善。积极回应居民诉求,为小区新增绿化面积1300平方米,栽种景观树110棵,其中桂花树98棵、红叶石楠10棵、枇杷树2棵,绿化带木本植株46800株,党员群众主动对小区环境进行管护,居民爱护环境的良好风气逐渐形成。

(5)居民关系更和谐。在网格党支部引领下,小区成立了舞蹈队、志愿服务队、义务巡逻队,居民自愿加入适合自己的队伍,为共同爱好互帮互助,为邻里纠纷出面调解,为老弱病残提供支援,越来越多的居民参与到自我教育、自我管理、自我服务、自我监督之中,小区呈现一派安宁祥和的局面。

五、主要经验

启示一:以社区党建为引领,基层社会治理方能由"难"变"易"。

把党旗插到城市最小单元细胞,"阵地下移、党员下沉、保障下倾",打通联系服务群众的"最后一米"。倾听群众呼声、回应群众诉求,真心实意疏通"梗阻",一些基层社会治理难题就可以迎刃而解。

启示二:以协同治理为要义,问题处置方能由"止"到"进"。

房地产遗留问题涉及面广、时间跨度长、政策性强,处理难度大、风险系数高。干部职工对此一直是"谈虎色变",问题处理陷入"群众闹—干部绕—企业躲"的怪圈。面对这样的问题,只有充分形成"已成僵局必破局,已是乱局必变局;唯有破冰前行,方能开创新局"的共识,上下促动、部门联动、多方助动,才能实现由"止"到"进"的转变。

启示三:以群众利益为己任,信访秩序方能由"动"到"静"。

必须提高站位主动作为,拧紧责任链条,凝聚工作合力,实现排查多元化、防控常态化、施策精准化,做到访调零距离、沟通零障碍、服务零盲区,推动信访事项案结事了,较好实现了由网访到息访的良好态势。

启示四:以教育引导为载体,小区单元方能由"近"至"远"。

必须强化"开放、共享、便捷、亲民"理念,以"自治、法治、德治"为引领,搭建小区居民服务平台,强化政策、法律、法规的教育引导,形成"抓苗头、抓共建、管长远"的长效机制,这样才能更好地保障单元肌体健康发展。

"流动政治生活体验馆"进社区活动

一、案例背景

党的十八大以来,习总书记对革命文物工作作出重要指示批示20多次,考察革命纪念馆、革命旧址50多处。革命文物的保护利用、展览展示,在党和国家大局中的战略地位显著提升、独特作用不断彰显。同时,越来越多的人踏上了追寻红色历史革命精神的道路,他们通过红色展馆来了解学习,铭记那艰苦卓绝的岁月。于是乎,越来越多的城市、地区通过建立自己的红色纪念馆、党史馆、文化陈列馆等方式,来记录那段峥嵘岁月,供广大的参观者缅怀学习。

政治生活是党组织教育管理党员和党员进行党性锻炼的主要平台,政治生活体验馆是党员接受党史教育和精神洗礼的有效载体。武汉市东西湖区创梦社会工作服务中心创新提出"流动政治生活体验馆"进社区活动,通过打造"流动政治生活体验馆",流动式党史学习教育和为民办实事结合,把多样化便民服务送到群众身边,为党员群众带来一场独具特色的红色文化盛典。活动以沉浸、互动和体验等多种方式加强党员党性锤炼,有效解决基层党组织的组织生活质量不高和形式内容单一、缺乏吸引力等问题。该项目荣获武汉市东西湖区2022年公益创投大赛第一名,先后走进金银湖街道、常青街道等联合落地社区党组织开展了8个场次的系列活动。

二、实施目标

(一)开展主题党课,加强理论学习

邀请党建研究领域专家开展主题讲座,帮助基层干部和党员树立正确的价值准则,增强理论自信。

(二)党史巡展参观,提升党员素养

收集整理制作巡展内容,以讲故事方式引导党员加深对党的历史的理解和把握,加深对党的理论的理解和认识。

(三)创新党建活动,增强党性锤炼

开展群众喜闻乐见的创新党建活动,以分众化引领和多元化体验,引导广大党员群众自觉学党史、感党恩。

三、实践路径

(一)"传承红色精神,回顾一段党史"——党史巡展

设置"中国共产党百年辉煌""武汉红色故事展""党建引领基层治理"三大板块,供广大党员参观学习。具体包含以下几个方面内容。

1. 中国共产党百年辉煌

以百年党史为纲,分为"开天辟地""改天换地""翻天覆地""惊天动地"四大篇章,充分体现中国共产党的百年、是矢志践行初心使命的百年、是筚路蓝缕奠基立业的百年、

是创造辉煌开辟未来的百年。

2. 武汉红色故事展

围绕"党团结带领广大人民群众一起奋斗"的主线,精选新民主主义革命、社会主义革命和建设时期的部分重要而珍贵的档案资料,通过一件件珍贵的档案文物、一张张泛黄的历史照片,生动展示中国共产党团结带领广大武汉人民进行波澜壮阔的革命斗争、建设社会主义新社会的风雨历程和丰功伟绩。

3. 党建引领基层治理

立足新发展阶段、贯彻新发展理念、构建新发展格局,推动高质量发展,是当前和今后一个时期全党全国必须抓紧抓好的工作。遴选出在坚持党建引领,践行创新、协调、绿色、开放、共享的新发展理念,在经济、社会、文化、生态等各领域全面推动高质量发展的社区优秀代表进行展示。

(二)"体验党建活动,开展一次竞赛"——创新党建活动

开展"形式+创新""引领+体验"的丰富多彩学习教育"课堂",在活动现场设置"我与党旗合个影"主题背景、党史知识展牌、VR党建体验区、党史知识问答区等,通过现场志愿者的引导,吸引广大党员群众参与体验,并引入社会组织和公益伙伴,在现场开展便民服务和为民办事实活动。

(三)"重温入党誓词,共上一堂党课"——主题党课

邀请各级党校教授、《党员生活》杂志专家、高校理论专家等,围绕"二十大"开展主题党课活动。音乐党课环节以史串歌、以歌叙史,通过曲目导赏、史实解说、影片播放、现场表演、听歌问答等方式,让大家在感受红色经典作品艺术魅力的同时,强化了初心和使命。

四、实施成效

(一)加强党性锤炼,提高党内政治生活质量

新时代新征程新使命,以红色文化为主轴,创新建设流动党内政治生活体验阵地,打造党员的信仰阵营,全面提高了党内政治生活的质量。同时以此为契机,充分利用好这一党性锤炼的"加油站",进一步夯实了基础、挖掘了内涵,通过"红色基地",持续牢记"红色初心"、接受"红色教育"、传承"红色基因"、激发"红色引擎"、释放"红色动力"。"这种流动的、图文并茂的展览方式,特别是创新音乐党课等,形式新颖、接地气,内容丰富,让人沉浸式体验,记忆深刻,推动党的理论知识走进党员心里。"参加活动的党员说。

(二)加强基层党建氛围,推动党建引领高质量发展

"流动政治生活体验馆"进社区活动的成功实施,极大地提高了基层党建氛围,对于党员群众铭记伟大历史、传承红色基因、加强党性修养、砥砺奋进新征程发挥了重要作用,帮助他们树立正确的价值准则,增强理论自信。同时,对于实现红色资源价值转换,为高质量党建推动高质量发展奠定了坚实的基础。

五、主要经验

(一)活动形式+内容创新

在形式上,将固定的政治生活馆"流动起来",提升项目活动覆盖人群;在内容上,与落地社区实际情况结合,在党史学习中加入"关爱户外工作者"、公益市集、为民办实事等环节,丰富活动内容。

(二)主流媒体报道点赞

项目活动开展后,中央电视台、央广网、人民网、新华网、中新网、《湖北日报》、湖北广电、《长江日报》、区融媒体等,中央、省、市、区各级媒体对项目活动纷纷报道点赞。

(三)项目得到复制推广

项目在东西湖区启动后,又先后在江夏区坊街道等多地复制开展。

志愿服务"微光"点亮和谐家园

一、案例背景

2021年1月,在武汉市黄陂区武湖街道党工委领导下,汉北社区党组织大力提倡,汉北玺园小区物业及业委会联合业主志愿者组建了一支17人的"和谐帮帮团"志愿服务队,人员涵盖党员、团员、机关干部、群众志愿者等。

二、实施目标

服务辖区居民,协调解决居民"急难愁盼"事项,构建社区和谐邻里关系。

三、实践路径

汉北社区党总支联合"和谐帮帮团"党员志愿者实行帮办代办服务措施,整理出代办服务9项、上门服务11项,制作成七彩"便民小贴士",推出方便上班族群体的预约服务。确定每月5日为社区便民开放日,以互动式展板为主线,设置"愿景便利贴""意见聚焦板",收集居民对社区治理的意见建议,社区党组织梳理后分类协调处理,在下次开放日时公开解决进展、接受居民评议。动员辖区内各专家能手,在开放日当天为辖区居民提供健康义诊、65岁以上老人推拿按摩、小家电维修等免费服务。

(一)我为群众办实事,在群众问题面前"出实招"

为解决社区居民楼电动车进入电梯、上楼入户、停放楼道等不文明问题,消除消防安全隐患,"和谐帮帮团"成员敢为人先,多次召集居民会议讨论,商定在本小区安装梯控电动车报警装置的工作。党员志愿者胡亚捷积极参与其中,动员筹措试验性控制系统款项、报警装置点位设定、现场商议安装细节及管护办法等都有她的身影。通过志愿者们的持续跟进,最终历时一年,小区内全线安装上了38部梯控"阻车"报警器。硬件设施完善并不算真正完善,"软硬兼备"提升居民的安全意识才是关键。在下班高峰时段,志愿者们同步开展"阻车"扫楼行动,宣传普及消防安全知识,一定程度上保障了居民的安全出行。

在"和谐帮帮团"党员志愿者参与协调下,小区二次供水价格问题由原先2.5元/吨下调至1.7元/吨,140个破旧充电位得到及时更新,约300平方米外立面墙体破损维修完工。顶楼渗水修复、电梯风幕机加装、便民走道、儿童沙坑及球场防护网修建等多项惠民工程正在加紧完工之中。

(二)践行初心担使命,让党旗在抗疫一线高高飘扬

"和谐帮帮团"党员志愿者闻令而动,面对居民在疫情封控期间的生活诉求,主动请缨承担封控值守及物资保供任务,当起了封控区的"生活管家",代购买菜、"无接触"送菜上门、购买药品,为有紧急就医需求的居民协调就诊车辆等。为满足居民的紧急用药需求,志愿者们经常四处奔走,遇到一些难买的药,还得一家家药店询问,为了买到药品有时候饭都顾不上吃。"有些药对居民来说是'救命药',我们必须争分夺秒去买。"党员志愿者张建说道。

"和谐帮帮团"党员志愿者成为汉北社区的重要防疫力量。在社区核酸检测点内,他们身着红马甲,维护现场秩序,指导和帮助居民操作手机录入信息,提醒居民戴好口罩,保持安全距离,提前出示健康码,为老人和小孩提供爱心通道,指引居民到指定点采样。他们始终用善意和爱心挑起疫情防控中的重担,确保核酸检测工作平稳有序、高效推进。

(三)一枝一叶总关情,结对帮扶困难家庭

辖区内有一户困难家庭,儿子突发疾病落下身体残疾,母亲独自一人照顾,现今年事已高、体弱多病,经济收入来源微薄。社区党员志愿者与该户困难家庭结对帮扶,定期上门走访慰问。探访过程中,志愿者详细了解家庭生活状况和现实需求,叮嘱老者保重身体,积极乐观,并宣传普及相关帮扶政策,解决眼前生活困难。民有所呼,我有所应。通过志愿者关怀暖心行动,尽力做好居民的服务工作,创造安居乐业的良好氛围,服务居民的实效性进一步得到保障。

四、实施成效

"和谐帮帮团"成立至今,在保障民生、提升社会治理能力方面发挥了重要而特殊的作用,已然成为社区一道亮丽的风景线。党员志愿服务事迹深受辖区居民赞许,让居民体会到了温暖与便利,有效促进了党员深入群众、倾听民意、了解民情,切实为民办实事、解难题,为构建幸福和谐社区添砖加瓦。

党建引领共同缔造,"五心服务"打造幸福生活

武汉市洪山区狮子山街道玫瑰湾社区为深入贯彻习近平总书记考察湖北重要讲话精神,全面落实湖北省第十二次党代会精神,扎实做好美好环境与幸福生活共同缔造活动试点工作,不断满足人民群众对美好生活的向往。根据《省委办公厅省政府办公厅关于开展美好环境与幸福生活共同缔造活动试点工作的通知》文件要求,广泛开展共同缔造活动。作为创新社会治理的有效途径,通过社区党建引领、社区党员带头,开展政策宣传、邻里守望、公益服务、关爱帮扶等志愿服务,带动社区居民积极参与,形成"党组织领导团队、党员融合团队、团队凝聚群众"美好环境与幸福生活共同缔造的新格局。通过影响和带动更多居民奉献爱心,汇聚力量,以此联系居民、发动居民、服务居民、赢得居民,更好满足居民群众对美好生活向往,解决群众"急难愁盼"问题。

一、案例背景

武汉市洪山区狮子山街玫瑰湾社区成立于2010年4月,位于洪山区南北主干道二环线南湖畔,社区占地面积近0.3平方公里,紧靠南湖,环境优美、人文氛围浓厚,玫瑰湾社区下辖一个小区,现分为三个居民区共计82栋单元楼,由泰然玫瑰湾物业公司负责物业管理,一个业主委员会;社区现有居民3059户7562人,是一个纯居民商住型社区;社区党委下设三个小区党支部,现有党员120余人,下沉党员220余人。

玫瑰湾社区党委在区委、街道党工委的领导下,突出社区党组织的引领作用,以"美好环境与幸福生活共同缔造"的工作理念,通过"党建+共同缔造"服务的模式打造"党组织领导团队、党员融合团队、团队凝聚群众"共同缔造美好生活的新格局,形成以"共同"为行动纲领、以"缔造"为行动导向、以"五共"为行动路径、以"社区"为行动平台、以"力量

全参与"为行动关键、以"居民群众满意"为行动效果的工作思路,向辖区居民、职工提供全方位的服务,激发社区治理活力,增强社区凝聚力,提升社区居民幸福感,共同缔造美好环境与幸福生活。

二、实施目标

以习近平新时代中国特色社会主义思想为指导,坚持以人民为中心的发展思想,走好新时代党的群众路线,以社区(小区)为基本单元,以改善居民身边、房前屋后人居环境的实事小事及群众强烈反映的堵点难点问题为切入点,以建立和完善全覆盖的基层党组织为核心,以构建"纵向到底、横向到边、共建共治共享"的基层治理体系为目标,以广泛发动群众决策共谋、发展共建、建设共管、效果共评、成果共享为路径,不断深化党建引领基层治理,扎实开展美好环境与幸福生活共同缔造活动,使人民群众的获得感、幸福感、安全感更加具体,更加充实,更可持续。

三、实施路径

(一)坚持决策共谋,形成共同缔造清单

建立议事谋事机制。建强"社区大党委—小区党支部—楼栋党小组—党员中心户"四级组织体系。强化基层党组织"议事"功能,小区党支部、楼栋党小组、党员中心户发挥就近就便就时服务居民群众的独特优势,通过"1+1+1+N"即"社区大党委联席会+居民代表会+三方联动会+(民情恳谈会+班长议事会+巾帼议事会+社区规划师讨论会等)"议事谋事的机制。分类形成共同缔造清单。打造社区"议事角",全面收集社情民意,初步梳理决策事项。通过入户走访、问卷调查等多种形式,问计于民、问需于民,梳理形成需求清单,开列问题清单。

(二)坚持发展共建,推动项目实施

1. 引导群众全过程参与"微环境"项目

针对社区"环境提升类"需求发挥社区规划师引导作用,在改造实施前,小区党组织

要通过支部主题党日、党员大会、居民代表会等平台进行宣讲,凝聚"美好社区环境共同缔造"的共识,引导居民群众有序参与具体实施过程,通过"投工投力投资,让地让利让权"的精神,共同提升小区整体环境微打造。

2. 鼓励各方力量全面参与"微改造"项目

针对社区"基础设施类"需求,结合社区建设实际,依托社区党群服务中心和小区党群活动驿站,打造社区"共同缔造工坊"。积极挖掘、释放、改造小区公共空间,引导、鼓励小区居民参与,捐献闲置物品。围绕解决居民群众"急难愁盼"问题项目,社区积极搭建共建平台,引入各方力量,并向社区居民予以公示,服务开展情况由社区组织居民代表进行满意度测评,评价结果进行通报。

3. 发动党员干部积极参与"微服务"项目

建立"心愿墙"社区滚动征集,将收集的小问题、小心愿在"i武汉i家园"定期发布,让党员主动认领。通过上门走访、设立征集信箱等方式,广泛征集重症残疾人家庭、户外职工等弱势群体和服务对象的微心愿,社区党组织梳理汇总后,分类制作成"心愿卡",整合社工工作室、工会、群团部门资源,并组织党员、志愿者、结对单位积极认领实施"圆梦"行动。

4. 社区党组织引领开展"微治理"项目

面对社区"基层治理类"相关问题实际,坚持社区和居民小区内自己的事自己治、自己管,制订并完善社区居民公约。小区党支部带领楼栋党小组长,团结居委会、业委会、红色物业、志愿者和居民代表通过"内容大家提、方式大家议、效果大家评"的民主协商形式,解决民生小微问题,解决群众困难诉求,维护社区稳定和谐。

5. 选树典型宣传引导"微塑造"项目

针对"共同精神类"在共同缔造活动中、在社区建设上出工出力的居民群众,在规划实施中出谋划策的社区规划师,以及参与具体服务活动的志愿者或党员干部等,评选"社区最美缔造者""最美庭院""最美园丁"等典型,引导社区力量凝聚共同缔造共同参与的思想共识,引导居民参与小区文化墙、小花园、议事角等建设改造和氛围布置,积极营造社区共同缔造精神文化。

(三)坚持建设共管,保障项目运转

其一,完善社区居民自治制度。引导居民共同商议拟订小区公约、管理规约及议事规则,厘清社区、居民自治组织之间的职责、权利。其二,完善认领认管认养制度。坚持立足实际、就近就便的原则,发动社区、物业、志愿者、热心居民认领共管区域和事项,利用区域党建优势邀请华中农业大学"张瑜志愿服务队"及武汉纺织大学绿芽环保协会人员,担任"小区环保师""小区园丁",引导居民群众自发制定树木认养、绿地认养、楼道认管、公共环境认领等制度,管理结果受社区居民群众监督。其三,完善"五色玫瑰"志愿团队自我管理制度。通过党组织引领团队,团队凝聚群众,实现居民群众在志愿服务中自我教育、自我管理、自我服务,共享共同维护缔造成果。

(四)坚持效果共评,推动项目评价

健全全过程评价机制。坚持"谁主张,谁受益;谁受益,谁评价"原则和"建设意愿共同征集、建设内容共同商议、建设方案共同研究、建设过程共同参与、建设效果共同评价"的全过程民主评价机制。事前组织群众进行预评,将群众评价作为事前决策重要依据;事中社区规划师转变为工程监理师,带领群众监督项目实施并合理调整完善;事后组织群众对项目成果进行共同评价,激发群众参与"共同缔造"活动的自主性、自觉性。

(五)坚持成果共享,践行惠民便民

其一,人居环境更加宜居。以"微环境""微改造"项目为抓手,办好群众身边、房前屋后人居环境的实事小事,着力完善社区配套基础设施,让群众出行更便利、居住更舒心,充分利用闲置地、边角地、零星空地、小型绿化地等。其二,便民服务更加贴心。依托小区党群服务驿站和"江城蜂巢"户外职工之家,在做实做优党群服务、政务服务、志愿服务、物业服务基础上,因地制宜拓展文体服务、健康咨询、心理疏导等特色服务、帮办代办服务;共同营造社区"我们一起"的精神文化氛围,将社区居民生活理念从"这是你该考虑的事情"变成"我们一起谋划事情"、从"我需要你做"变成"我们一起做"、从"你要为此负责"变成"我们一起负责"的社区精神文化格局。

四、实施成效

社区坚持党建引领,以服务群众为重点,以共同缔造为依托,以提高社区服务质量为目的,为辖区居民提供"五心"服务。

(一)议事共谋聚民心

坚持社区党组织领导下的共商共治,全面推行党建联席会、民情恳谈会、三方联动会等制度。搭建议事平台实现协同高效联动,发动群众积极参与参与实地勘察、会议座谈、现场监工等工作,推动在共谋中形成共识,共同确定社区规划。

(二)为民共建付真心

提升便民服务能力,着力打造"15分钟"便民生活圈,推动便民业态创新。结合不同业态需求,打造全时空特色服务街区、文化及便民空间。玫瑰湾小区篮球场年久失修,通过社区搭平台召集业委会、居民代表、物业共同协商球场修建计划。虽然受限于资金,但在共同缔造的理念引导下居民"出资出力",由社区通过惠民资金、居民自筹资金、物业拿出公共收益共同修建小区篮球场,从而得以让居民共享建设成果。

(三)自治共管筑同心

居民委员会下设物业与环境监督委员会,共同对社区(小区)的环境卫生、公共设施、物业服务质量等开展监督,确保基础设施损坏有人修、公共环境平时有人管、物业质量反馈有人回。始终把群众权益放在第一位,利用居民群众自治组织调解居民矛盾纠纷。社区党组织充分凝聚辖区志愿力量,围绕关爱"一老一小"奉献爱心服务力量,常态化开展志愿服务,形成共享亲子阅读、巧娘集市等巾帼志愿服务品牌项目,使志愿服务活动成为实事化、常态化的服务工作载体,形成多元化自治力量。

(四)效果共评映初心

深化居民群众监督,健全"小微权力"监督机制,规范社区党务、居务、财务公开的内容、形式、程序和时间,拓展公开载体和方式。发挥"两代表一委员"监督评价作用,通过社区设立人大代表工作室、阵地设置"民情民意联系点",畅通评价反馈渠道,创新线上线下评价方式。健全公开、公正、公平的议事协商机制,积极运用"武汉微邻里""网格群""业主群"线上平台,完善群众诉求快速响应和高效处置,对各类问题办理落实情况限时回复、主动公开、及时评价。

(五)服务共享暖人心

坚持发展依靠群众,发展为了群众,通过开展共同缔造,项目得到落实、环境得到美化、治理服务进一步深化。社区秉承"资源集约、服务集成、开放共享"原则,集成功能齐全、服务全面的"洪心蜂巢"服务阵地,分类建立需求、资源、项目"三张清单",综合为新业态从业人员提供"助行、助休、助医、助学"等暖心服务,为新业态从业人员"保驾护航"。

五、主要经验

玫瑰湾社区通过强化党组织引领,充分整合辖区资源优势,构建以小区党组织为核心、志愿服务为纽带、党员居民为骨干、全社区共同参与的"党建＋志愿服务"工作新格局。通过细"治"入微的贴心服务,提升基层治理温度,提高群众满意度。

(一)共同缔造在决策议事上"共谋"蓄力

玫瑰湾社区坚持党建引领作用,在社区党委领导下的共商共治,全面推行党建联席会、民情恳谈会、三方联动会、"班长议事会"、巧娘妇女议事会等制度,开展主体广泛、内容丰富、形式多样的共谋协商。通过搭建议事平台了解民情,发挥其凝聚民意、共商共议的载体作用。经过议事协商分类收集问题清单,形成解决方案,分工督促落实;将结果化为成果,集中各自优势资源,实现协同高效联动;共同谋划社区发展,调解社区矛盾,为社区党委作出正确科学的决策蓄力。玫瑰湾小区二期车岗门口,因市政工程影响,雨污排水长期不畅,居民出行深受影响。为解决此问题,社区党委连续召开社区"大党委"联席会议,召集下沉单位、物业公司、市政工程施工方、居民代表、党员代表共谋共商问题解决途径,最终在下沉单位助力下,通过街道协调区水务局,以修建抽水泵井的方式,有效缓解二期小区居民滞水出行不便的问题。

(二)共同缔造在社区建设上"共建"聚力

玫瑰湾社区强化"微协同"发挥"大党委"作用,以"社区大党委—小区党支部—网格党小组—党员中心户—楼栋长"为框架的五级基层组织体系,吸纳各方力量参与社区发展建设。面对居民群众的"微心愿""微诉求",坚持党组织发动、党员带头、优势资源带动、群众参与的方式,积极开展社区共建。对于玫瑰湾居民楼漏水修补项目、小区晾衣架设置项目、小区娱乐休闲设置更新项目、户外职工之家建设项目、新增小区广场座椅及路面维修项目等,通过组织来群策群力,协调辖区单位资金投入、召开三方联动会协商动用维修基金、同时也召集居民代表,通过"四民"工作法启动惠民资金,共同维修建设,最大限度利用有限的资金,整合最大的资源力量共同建设社区美好生活。

(三)共同缔造在区域治理上"共管"合力

为进一步激发广大党员服务意识,同时也让居民群众有参与共同缔造美好生活的平台,玫瑰湾社区党委开展"党建+志愿"的服务模式,建立"五色玫瑰"志愿团队,完善"党建联治"制度。通过党组织领导团队,党员融入志愿团队,发挥模范带头作用,凝聚群众参与到志愿服务工作中,让党员、居民骨干都参与进来共同建设社区;通过建立队伍服务项目,引导开展文明创建、疫情防控、环境整治、综合治理等工作让志愿服务常态化、项目化,让行动更有目标,让队伍更具活力;通过探索建立党员志愿者积分制度,整合辖区资源筹建社区"时间银行"开展正向激励,让服务更有温度,变"要我干"为"一起干"、变"能够干"为"愿意干"、变"可以干"为"主动干"。真正凝聚,让辖区党群合力作用在社区"共管"上,推动社区整体持续向好。

(四)共同缔造在服务成效上"共评"助力

社区始终坚持以群众"答应不答应、认同不认同、高兴不高兴、满意不满意"为工作标准,拓展评价主体,统筹居民委员会、业主委员会、物业公司、党员群众、志愿者等组织力量,建立健全项目建设开展情况评价标准和评价机制。线下及时在居民事务公示栏进行公示和群众满意度调查;线上通过社区居委会下属物业与环境监督委员会在"微邻里""网格群""业主群"等渠道开展对项目实施的评价收集,深化居民群众的监督作用。利用社区的"街道人大工作室"阵地优势在社区设置"玫瑰民情板",发挥"两代表一委员"

监督评价作用,畅通评价反馈渠道。

(五)共同缔造在发展成果上"共享"发力

玫瑰湾社区是群众需求为根本出发点,在人居环境、暖心蜂巢、便民服务上用情用力,推动惠民利民举措落实落地,让居民群众共享"共同缔造"发展成果。依托小区党群活动驿站和"江城蜂巢",在做实做优党群服务、政务服务、志愿服务的基础上,因地制宜筑暖心蜂巢,以提供手机充电、电动车充电、歇脚休息、上网阅览、热饭饮水、急救修理等暖心举措,服务广大新业态从业者,引导其参与社区"微治理",共享社区发展成果。以"微改造"项目为导向,在便民服务上办好居民房前屋后事,通过完成社区配套基础设施,着力打造"15分钟生活圈",提升居民生活幸福感、舒适度。通过改造小区居民休闲娱乐设施,让小区青少年玩耍活动有"乐园";通过增设高层居民晾衣架,解决居民晾衣实际难题,化解晾衣矛盾;通过改造小区破损路面,方便居民出行。以居民和新业态两大群体撬动自治新生态,不断提升幸福指数,实现美好环境与幸福生活共同缔造,发展成果群众共享的社区治理格局。

党建引领固根基，"四红融合"谱新篇

武汉市硚口区汉中街道马家社区党委坚持党建引领，以建立和完善全覆盖的社区基层党组织为核心，以打造共建共管共治共享的社会治理格局为路径，以改善群众身边、房前屋后人居环境的实事、小事为切入点，以"红色细胞、红色纽带、红色管家、红色物业"为抓手，创建"四红融合"工作法，打造党建引领社区治理新路径。聚焦楼栋单元，发挥党员先锋作用，引领带动居民共同缔造美好环境和幸福生活，发动群众决策共谋、发展共建、建设共管、效果共评、成果共享，激发居民群众的积极性、主动性、创造性。聚焦多方联动，发动辖区单位、下沉党支部、市场主体、热心群众共治共管，建立各个部门齐抓共管、多元力量多元共同参与的工作机制，把人才和资源汇聚到社区治理工作中。聚焦居民的"急难愁盼"问题，因地制宜采取老旧小区改造升级、新建小区规范管理，实现老旧小区"逆龄生长"。近年来，社区先后获得"湖北省防震减灾示范社区""武汉市防震减灾示范社区""武汉市十佳书香社区""武汉市文明社区"等荣誉称号。

一、案例背景

马家社区辖区面积约 0.078 平方公里，现有居民 2964 户 5898 人。辖区人口老龄化程度高，外来人员较多，加之辖区内有物业管理的小区业主参与社区活动积极性不高、无物业管理的小区环境脏乱差等问题，居民生活体验不佳、邻里矛盾尖锐，小区管理的现状与社区治理、居民生活之间的矛盾越来越突出。主要体现在以下几方面：一是作为综合型社区，小区类型复杂，既有亟待改造的老旧小区，也存在管理较完善的新型小区，管理对象"多、杂、乱"；二是部分老旧小区缺乏专业化物业管理，管理规范滞后，社会矛盾较多，社区原有的服务不能满足群众的实际需要，加之人员流动频繁、构成较复杂，基层社会治理存在管理难度;三是存在"干部干,群众看""政府买了单,群众不买账",居民对小区治理、改造工作了解程度不够、参与家园建设程度不高等问题。

二、实施目标

其一,坚持党建引领、群众主体。把党的领导贯穿基层治理全过程、各方面,将党的政治优势和组织优势转化为治理效能,充分发挥群众主体作用,增强群众参与基层治理的积极性、主动性、创造性。其二,坚持因地制宜、分类施策。充分考虑老旧小区、新建小区资源禀赋和实际情况,确定工作重点,明确工作任务,创新工作举措,确保精准施策、有的放矢。其三,坚持问题导向、需求导向。针对群众现实需求,有效整合各方资源,着力推动解决一批群众"急难愁盼"问题。

三、实践路径

(一)激活红色细胞,党群合力共谋美好蓝图

武胜花园小区2022年被纳入老旧社区改造项目,马家社区党委用好"居民议事厅",广泛征求居民意见,充分发挥社区党员的模范带头作用,搭建基层交流、议事、决策的桥梁。

(1)发动社区党员,激发先锋作用。根据党员分布情况,建立小区党建地图,网格员担任网格长,组织、发动党员群众积极参与社区治理,做好小区治安巡逻、楼道清理、小区值守等常态化工作,每天收集社情民意、调解矛盾纠纷,快速有效掌握网格内的居民情况。针对环境卫生问题,马家社区发起了"我爱我家,党员争先"环境卫生大整治行动,3名老党员主动请缨、率先行动,还深入邻里街坊动员党员参与,大家共同清理卫生死角、刷白楼道、更换水箱、安装楼栋灯,充分汇聚起先锋力量。

(2)推进协商议事,凝聚共谋力量。坚持"有事好商量,众人的事情众人商量"理念,通过走访排查和网格信息系统,与群众面对面共谈共建美化家园的"家常话""知心话",全面收集、挖掘居民的需求和困难。针对电动自行车被盗、无集中充电点的问题,社区结合老旧小区改造项目,在广泛征求居民意见后决定将一处废弃花坛改造成24小时专人值守的电动自行车棚,消除安全隐患。

(3)推进实事项目,保障意见落实。依托民情恳谈会、小区微信群、"微邻里"等平台,

积极捕捉"沉默"的声音。将居民强烈反映的道路维修拓宽、电动自行车集中充电处建设、门禁和道闸封闭管理、画线增设停车位规范机动车停放等问题详细记录,列入老旧小区改造项目清单,定期核实改造进度,持续推进老旧小区"旧貌换新颜"。

(二)连通红色纽带,多方合力共建幸福家园

马家社区党委统筹共建单位的专业优势和资源优势,以就近方便、力所能及、持续接力、务求实效的原则,逐步搭建面向老、中、青、少四个梯次的服务体系,在困难帮扶、疫情守控、环境整治、文体教育等方面连通起多方参与的"红色纽带"。

(1)注重红色教育,做到"老"有所为。整合共建单位资源,联合行知小学开展"红色爷爷一堂课"进校园活动,邀请老党员、老前辈讲述革命故事,讲解革命精神,传承红色情怀。

(2)推动下沉结对,谋求"中"有作为。发动下沉单位在职党员进社区、下网格、入家庭,认领"微心愿",结对帮扶困难居民;将"国家稳,天下稳;国家安,天下安——国家安全主题展览"送到小区;组织社区党员群众走进爱国主义教育基地中山舰博物馆,打造"馆社联合"党建新模式,真正为社区群众办实事、办好事、办成事。

(3)促进公益帮扶,彰显"青"有专为。马家社区党委与武汉市第四医院团委携手开展"微孝一家亲"等公益活动,以"一对一"或"多对一"结对的形式,号召青年志愿者为辖区老年人提供医疗、阅读等志愿服务活动。

(4)发动青春力量,实现"少"有乐为。组织辖区青少年参与社区志愿服务,打造"红孩儿在行动"青少年暑期集中行动,培育党的接班人,播撒希望的火种。

(三)打造红色管家,凝心聚力共管幸福社区

洪湖小区是一个老旧小区,缺乏专业管理、基础设施待完善、居民参与度不高。自共同缔造活动开展以来,马家社区党委紧扣居民需求,充分发动群众,打造出以群众为主体推进社区共管的"红色管家"。

(1)抓好门栋单元,完善基层治理网。结合社区地域结构特点,秉持"化整为零、以门栋为工作单元"理念,成立小区自管会,确立自管会成员负责小区、楼栋党小组长负责楼栋、党员中心户负责单元的工作制度,建立"意见点、服务点、反馈点"三点为一体的党员联系服务网络。收集晾衣架过少、线路老化裸露、楼梯扶手松动等居民反映的小事,并按时推进、及时反馈,做到"居民有所呼,党员有所应"。

(2)搭好服务梯队,畅通社区互助线。构建以"党组织为核心、党员为骨干、群众为基

础"的志愿服务体系,倡导有时间做志愿者、有困难找志愿者,鼓励居民成为志愿者,参加志愿服务,使居民成为社区服务的补充力量。为此,先后打造了洪湖小区"带头大姐"段家荣自治小分队、新时代"韩英"志愿服务队、网格邻里互助服务队等一批志愿服务队伍,队员们积极参与到疫情防控、治安巡逻、环境治理、矛盾调解等志愿活动中,有效解决不少老旧社区"痛点"问题,成为推进"美丽门栋"建设的重要力量。

(3)用好群众智慧,点亮社区决策点。"牛皮癣"顽疾困扰居民已久,虽有志愿者定期清理楼道卫生,但对于门上的"牛皮癣"还是束手无策。有居民提出电吹风的暖风可以融化粘胶,彻底清除门上的小广告。社区宣传动员居民用这个方法先自行清理门上的"牛皮癣",并购置了一批电吹风用以奖励自行清理的居民。居民主动清除门前"癣"的劲头一下子高涨起来,楼栋里诞生了一批除"癣"卫士。

(四)提升红色物业,齐抓同管共享美好未来

面对城市发展的新要求和居民们对美好生活的新期待,马家社区党委积极协调物业公司、业委会和党员群众,对社区建设进行评估,改进便民服务,做好新时代社区服务的"红色管家"。

(1)注重评价加改进。充分发挥"三方联动"机制,定期召开联席会议,对居民群众反映强烈的问题进行效果评估与后期改进落实。针对江山如画六期居民希望提升小区绿化率,社区联合物业公司组织开展植树活动,号召小区居民在绿化坡上栽下近百株景观赏植物幼苗。为让居民享有更加宽敞的休闲空间,在业委会的号召下,热心居民纷纷出资共建小区休闲廊亭。

(2)注重管理加服务。打造小区党群服务驿站,以居民需求为导向,建立居民小组、业委会和物业企业联动服务机制,每月25日召开服务品质提升沟通会,三方就临时停车位、文明养宠物、电动车停放等问题进行多轮协商,形成各方满意的方案。社区联合物业公司和业委会开展各类安全演练等日常活动,进一步拉近了党群关系,营造了文明和谐的氛围。

(3)注重融入加参与。完善生活困难党员群众帮扶措施,加强下岗、退休党员的教育培训,组织开展党员固定学习日等活动。以"同在社区里,都是一家人"为主题,定期开展形式多样的邻里活动,为小区居民提供医疗咨询、青少年托管、生活服务、民俗文化等便民服务,"迎新春百家宴·奏和谐邻里情""闻鸡起舞迎元宵·文明言行汉中人""家庭医生进社区""红色奶奶幸福厨房"等一系列富有特色的邻里联欢活动,引导广大居民做文明有礼武汉人,融洽小区人际关系,将"陌生人"变成了"好邻居",营造邻里一家亲的大家庭氛围,在潜移默化中进一步增强广大居民对社区的融入感及参与度。

四、实施成效

(一)党建引领更为显著,党支部战斗堡垒持续加强

充分发挥社区"大党委"的领导核心作用,贯穿、引领、保障基层治理。纵向完善组织架构,夯实小区(片区)党支部的战斗堡垒作用,筑牢楼栋党小组的支撑基础作用,拓展党员中心户的示范引领作用,做到领导力量到位、工作落实到位、责任挂钩到位。横向整合辖区资源,将辖区内各单位、结对共建单位和下沉单位等资源和服务下沉社区,广泛动员各单位党组织参与社区治理,建立结对共建服务项目清单,协调解决小区治理问题,真正实现单位向辖区的转变、人员向小区的转变、资源向共享的转变。

(二)群众主体更加突出,共同缔造内生动力得以激发

广泛开展美好环境与幸福生活共同缔造活动,充分发挥居民群众参与社区治理的主观能动性。通过居民议事会、邻里互助服务队、好人好事光荣榜等形式,发展和培育一批楼栋党小组长、党员中心户、热心居民和志愿者,每天收集门栋内的社情民意、调解矛盾纠纷。以此引导居民群众在小区事务中主动参与、建言献策,将以往松散型的管理转变为居民自治,汇集集体力量投身家园改造、环境维护与社区管理,不断增强居民群众的"小区是我家,管理靠大家"意识,共同营造舒适和谐的小区环境。

(三)解决问题更为精准,小区居民幸福指数不断提升

以"民生小事"为着眼点,以"家人治家"为工作逻辑,积极回应群众关切,精准对接群众需求,倾力解决居民群众的"急难愁盼"问题。积极争取老旧小区提档升级和改造项目,通过实施小区增绿、杂物清理、拆除违建、楼道刷新、雨污分流、道路拓宽、更换管网、安装门禁车闸等多项惠民工程,解决了历史沉积的停车难、屋顶渗漏、沟道堵塞、道路坑洼、治安管理无序等问题,让老旧小区实现"美丽蝶变"。一系列的举措让小区环境提档升级,安全指数逐步增强,让群众在基层治理中有更多更实在的获得感和幸福感。

五、主要经验

在老旧小区综合整治组织实施过程中,同步推进、建立物业管理长效机制,重点把握好以下两方面:①有效发挥业主组织作用,积极发挥党建引领作用,成立业委会或自管会和建立党组织。这样,业主组织既能够帮助街道社区广泛汇聚民意、推动达成共识,又能够有效发挥业主对物业服务企业的监管作用,切实把综合整治后的老旧小区管起来、管理好。②积极引导老旧小区管理自治。加强业主自治组织和成员的履职能力培训,调动广大业主参与小区公共事务的主观能动性,推动老旧小区物业管理向社会化、规范化、市场化方向发展,实现共建、共管、共治、共享。

近几年来,马家社区通过"四红融合",使基层组织基础进一步得到夯实。横向上,动员共驻共建单位党组织参与社区治理,推进区域化党建工作,把各类组织之间的外部关联转变为党组织的内部沟通,整合发挥辖区公共资源效能,协调解决小区治理问题,实现阵地同建、思路同议、平台同创、服务同抓、活动同办。纵向上,充分发挥社区党委的领导核心作用,夯实小区(片区)党支部的战斗堡垒作用,筑牢楼栋党小组的支撑基础作用,拓展党员中心户的示范引领作用,增强基层党组织凝聚力和向心力。

马家社区通过强化服务职能,找准群众切入点,推行居民自治,小区空间、环境、安全、文化、服务和管理等逐步提升,焕然一新的公共区域配套、归纳有序的小区杂物、铺设平整的水泥路面、干净整治的消防通道、整齐美观的休闲凉亭,改造升级后的小区让人看到了"逆龄生长"的趋势。环境质量得到改善,安全指数逐步增强,文化生活日渐丰富,小区居民幸福指数有了新飞跃。

消除医疗空白点,共筑健康防火墙

看病就医一直以来就是居民群众日常生活的基本需求,身体是安居乐业的前提。要想身体健康、就医便利,就近的医疗点必不可少。武汉市硚口区宗关街道井南社区成立于2000年,始建于20世纪80年代末,前身为发展二村小区,地处汉西北路北端,占地面积0.223平方公里。井南社区以老旧小区为主,其中老年人住户较多,因武汉市第一医院汉西分院整体搬迁后,社区附近缺乏医疗点位,社区居民需要前往较远的街道卫生服务中心看病就医,居民群众就近看病就医需求十分迫切。井南社区党委争做群众的贴心人,盯紧居民的烦心事,坚持问需于民、服务为民,把握时代契机,善用各类资源,积极沟通协调,统筹联合居民、人大代表、物业开发商等多方力量,共同兴建社区卫生服务站,解决社区就医难问题,并与鑫城汇商业街实现了利益共赢,满足居民群众多样需求,共同缔造健康美好社区。如今社区居民就近看病就医十分方便,日常生活健康舒心,社区卫生服务站成了社区居民群众健康生活的第一道坚实防火墙。

一、案例背景

井南社区是始建于20世纪80年代的老旧型社区,目前该社区常住人口5730人,其中60岁及以上的老年人口占比达到20%以上,社区居民的看病就医需求量非常大。在2014年之前,井南社区附近建有武汉市第一医院汉西分院,可以保证社区居民的就近看病就医。后因为建设武汉地铁7号线,武汉市第一医院汉西分院就此拆迁搬离,社区居民看病就医受到很大影响,经常要到三四公里外就医。"看个病太难了!"这既是社区居民的无奈吐槽,也饱含了群众对社区家门口就医的殷切期望。在社区居民代表大会、社区座谈会中,社区居民群众多次提出就医难的问题,建议在社区周边建立医疗点。井南社区党委急百姓之所急,积极响应群众呼声,统筹联合多方力量,协商共建社区卫生服务站。

二、实施目标

针对井南社区居民群众强烈反映的就近看病就医的困难问题,主动走到群众中去,倾听居民真实想法,摸清现实问题状况,找准导致社区卫生服务站问题搁置卡壳的关键点,联合居民、人大代表、社区干部等,进行多方讨论协商,迅速形成可行性行动方案,充分利用人大代表等相关优势资源,构建交流快车道,克服存在的一切现实困难,巧于协调协商,力争达成多方共赢,尽快兴建起社区自己的卫生服务站,让附近居民群众的生命健康安全有保障,勤于管理维护,让居民群众、卫生服务中心、物业公司各司其职,分工参与社区卫生服务站的日常管理维护与评价监督工作,全方位保障卫生站的稳定安全运行,提高卫生站管理运营效率,携手共同缔造健康美好社区,让居民百姓共享建设成果。

三、实践路径

(一)聚焦民需,贴近民心

看病就医涉及居民群众的身体健康和生命安全,就近看病就医既是全体社区居民的心愿,也是井南社区党委聚焦人民需求的努力方向。井南社区居民因就医难问题,日常生活受到很大影响,并多次向上级反映就医难的现象。2015—2022年,社区居民多次提议,希望在社区周边建设卫生服务站,但苦于没有较好的位置选址,提议也因此一直处于搁置的状态。自2022年开展党员干部"下基层、察民情、解民忧、暖民心"实践活动以来,硚口区人大常委会主任胡勇对接联系井南社区,井南社区党委主动抢抓机遇,多次组织人大代表、党员代表、下沉党员共同开展倾听民情、民意座谈会。座谈会上,党员代表张艳芳、群众代表韩光年再次提出了建设社区卫生服务站事项,并提议卫生服务站的选址可考虑附近新建的鑫城汇商业街,该商业街邻近井南社区,空余的商铺较多,商铺面积较大,地理位置十分优越,非常适合建立社区级别的医疗站点。硚口区人大常委会主任胡勇认真记录、汇总整理了居民群众的重点意见建议,并主动协调联系街道、卫生服务中心,有力推动了双方双向沟通交流,就社区卫生服务站选址问题达成初步意见。井南社区大力发挥人大代表作用,并通过干群座谈会等交流活动,共同商讨出了社区卫生服务站的选址规划问题,真正做到了汇集多方智慧,实现决策的共议共谋。

(二)凝聚共识,推动发展

众人拾柴火焰高。为推动社区卫生服务站早日落地,让居民群众尽早享受就近看病就医的便利,井南社区始终坚持加强沟通协商,凝聚多方共识,扫除卫生服务站一切落地障碍。在初步选定卫生服务站地址后,井南社区党委张建武书记随即邀请区人大代表、街道领导、宗关街卫生服务中心负责人一起走访了鑫城汇物业公司,详细咨询商铺面积和租金等具体情况。经过3次实地走访调研,发现鑫城汇商业街确有符合条件的商铺,但相关商铺租金较高,难以承受。为尽快达成协议,宗关街道领导多次带领居民代表与鑫城汇物业和常码头村开发商协商沟通,共计开展多方协调会4次。通过协商会的共同商议讨论,井南社区与常码头村开发商、鑫城汇物业最终达成了共识:建设社区卫生服务站既满足附近居民群众就近看病就医需求,也利于商业街聚拢人气,完善服务功能,提升商业街的整体竞争力。

2022年6月,开发商最终降低租金,宗关街卫生服务中心与常鑫社区鑫城汇物业签署租约,井南社区卫生服务站的选址问题就此落定。经过1个多月的医疗专业化、标准化装修和区卫健委的严格审核,井南社区卫生服务站终于建成,并投入运营。该社区卫生服务站占地180平方米,配有注射室、抢救室、全科诊室、中医诊室和口腔科等,共6名医护人员在岗坐诊,基本满足了居民"小病就近看"的心愿。投入运行后,社区卫生服务站与社区党委形成了共建机制,双方签署共建活动协议书,社区卫生服务站根据居民群众点单的需求,积极开展健康知识专题讲座,为行动不便的老人、病人等提供上门服务等小微贴心服务。井南社区党委与社区卫生服务站、鑫城汇物业形成共建联盟,构建了共解困难问题、共享优势资源的新局面。

(三)汇聚民智,强化管理

社区卫生服务站的建成既是各方的福音,也意味着管理维护责任的分担。因社区卫生服务站选址在常鑫社区,经过商议后,该卫生站取名"常鑫社区卫生服务站",并由常鑫社区鑫城汇物业负责周边环境安全及环境卫生监督,每日安排安保巡逻和物业保洁工作,并在卫生站的公共区域配装监控设备,保证24小时无死角观察社区卫生服务站的运行状况。因社区卫生服务站属于专业化的医疗服务机构,故由宗关街卫生服务中心负责站内的日常医疗设施维护和人员管理培训等相关专业工作。为让社区卫生服务顺百姓心，合百姓意，站内大厅配有居民意见簿，让居民群众一起参与卫生站的管理，由井南社区、常鑫社区党委书记每月查看意见簿，择取其中的关键意见进行上会讨论，并积极反馈给卫生服务中心，形成双向沟通机制。另外，每月支部主题党日、居民座谈会上也会收集居民群众的相关意见，及时反馈处理居民群众的需求建议。通过多方献力共管，社区卫生服务站既保证了安全稳定、专业化的高效运行，又实现了卫生站为民而建的美好初衷。

(四) 倾听民声，优化服务

没有评价就发现不了问题，没有评价就推动不了改进。社区卫生服务站定期开展"心目中的好医生"评选活动，通过该评选活动一方面让社区居民更加了解卫生站的医护人员，另一方面通过群众口碑相传，提高好医生好护士的知名度。社区卫生服务站组建了一支医疗帮扶志愿服务团队，志愿者纳入每年的"居民代表大会"考核管理，并将考核结果反馈给卫生服务中心，按照中心的相关规章制度给予奖惩。另外，社区居民可在6个网格群里畅言对社区卫生服务站的看法意见，大家对卫生站带来的便利纷纷点赞、积极发表健康舒心的生活感受。群里不仅有社区干部和居民，还有卫生站的医生护士，他们可以根据居民群众的评论作出针对性回应，并积极改进医疗护理服务。群里还会适时发布一些温馨提示，如疫情防控提醒、高温消暑提醒、低温防冻提醒等。同时，为了全方位了解居民群众的真实想法，社区联合卫生站共同制作满意度调查问卷，进一步编织社区居民和社区医护之间的"亲情网"。

四、实施成效

人民城市人民建，人民城市为人民。街道"常鑫卫生服务中心"落成，引进了丰富的医疗资源，为社区居民健康生活提供了坚实保证，使井南、常鑫两大社区居民共同受益。社区卫生服务站看病就医实惠便民，不仅免除挂号费、诊疗费、注射费，就诊买药还可刷医保卡，并增设免费测血压、测血糖等多个惠民项目。井南社区党委牵手社区卫生服务站，定期在社区开展健康知识讲座，加强急救知识的普及和疾病健康的教育宣传。同时，为了进一步加强社区卫生服务站与社区之间的双向沟通机制，卫生站大力开展各类医疗志愿服务活动，帮扶有困难的社区居民，每位医生与一名困难"老病号"结对，签订上门服务的帮扶协议，每月上门进行义诊、急诊。社区卫生服务站的到来也丰富了鑫城汇商业街的经营范围，带动了周边经济文化的蓬勃发展，现在鑫城汇商业街的商铺都已出租,经营范围十分广泛,集餐饮、娱乐、美容美发、医疗服务等于一体,样样俱全、面面俱到,很好满足了社区及周边居民的各种日常生活需求,整个商业街一派欣欣向荣的景象。

五、主要经验

习近平总书记多次强调,人民至上、生命至上,保护人民生命安全和身体健康,我们可以不惜一切代价。自开展党员干部"下基层、察民情、解民忧、暖民心"实践活动以来,井南社区党委始终坚持以居民群众为中心,居民群众的事无小事,用真心、用真情,利用优势资源,把握时代契机,用实际行动践行着自己的初心使命,不断增强人民群众的获得感、幸福感、安全感,共同缔造幸福健康生活。总结起来,井南社区党委在建立和管理社区卫生服务站的惠民项目中,有以下经验。

(一)坚持问需于民,服务为民

人民需要什么,我们就去做什么。要把工作做到群众心坎上,多倾听了解百姓真实想法,摸清居民群众的急难盼愁问题,做到对症下药,不搞主观臆断,不做无用功。井南社区就是通过与民共谋、共议,才能精准定位医疗空白点这个具体问题,从而能有的放矢,提高为民服务的效率。

(二)坚持把握时机,善用资源

古话说,机不可失,时不再来。目前,美好环境与幸福生活共同缔造活动与"下基层、察民情、解民忧、暖民心"实践活动正在如火如荼地开展,大批下沉单位、下沉党员入驻基层社区、村落,他们有专业技术能力,能帮助社区和村落进行专业化的改造;有丰富的社会资源,能为社区和村落争取到更多的帮扶和机会。井南社区正是借助人大代表下沉社区的契机,以人大代表为沟通交流的桥梁,顺利实现了社区卫生服务站项目的高效落地。

(三)坚持积极沟通,寻求共赢

基层治理之路不会一帆风顺,相反,是布满荆棘、充满挑战的。社区治理改造可能会动一部分人的"奶酪",触碰小部分人的私利,但这并不能成为基层治理改造的拦路虎。要勤于交流、善于沟通,找到主要矛盾核心和多方利益诉求点,学会晓之以理、动之以情,不一味妥协,也不强人所难,善于平衡多方利益诉求,力争达成共赢。井南社区兴建卫生服务站为居民群众提供便利的医疗服务,推动了医疗资源的就近共享,同时也增加了鑫城汇商业街的人气,补齐了社区多年来的服务短板,两者相辅相成,互相成就,实现了居民、开发商、社区等多方的合作共赢。

深化"红色引擎工程",提升小区治理效能

习近平总书记指出:"城市治理是推进国家治理体系和治理能力现代化的重要内容。""推进国家治理体系和治理能力现代化,必须抓好城市治理体系和治理能力现代化。"近年来,按照中央和省、市委关于党建引领基层社会治理工作要求,湖北省黄冈市蕲春县深入实施居民小区"红色引擎工程",扎实推动小区党组织、业主委员会、物业服务企业、群团组织和社会组织、矛盾调处机制建设,实现"五个全覆盖",强化小区综合党支部标准化规范化建设,建立健全了共驻共建、吹哨报到、双联双促等一系列工作机制,不断擦亮小区红色底色,不断提升小区治理效能,构建了党组织领导下的共建共治共享基层治理格局。

一、案例背景

2020年初,突如其来的新冠疫情席卷全球。城市经济社会高速发展的同时,全县城市社区在组织动员力、落实执行力、人力物力保障、基层治理效能等方面的短板和不足越来越明显,传统方式难以适应城市治理新格局新形势新要求,迫切需要深化党建引领,化解基层社会治理新的结构性矛盾和常态化疫情影响。

(一)党建引领小区治理是落实党中央决策部署的根本需要

2017年以来,习近平总书记高度重视城市基层工作,到社区、进小区、访居民、谈民生,在不同场合对基层社会治理作出一系列重要指示批示,为城市基层治理工作提供了

根本遵循、指明了前进方向。2018年以来,习近平总书记先后多次就湖北基层社会治理作出重要指示,给湖北出了"政治必答题"。小区治理是基层社会治理中一项重要内容,是适应新时代要求的政治考题。聚焦这一重大课题,蕲春县委多次专门召开会议安排部署,研究出台深化新时代党建引领推进基层社会治理"1+3+3"指导性文件,助力党建引领小区治理重点工作任务有序推进。

(二)党建引领小区治理是党的建设向基层延伸的有力抓手

党组织是社会治理体系中的核心主体,党员群众在哪里,党的建设就应该推动到哪里,党的服务就应该跟进到哪里。随着城市快速发展、扩容,居民小区数量不断增加,党的组织和工作全覆盖在居民小区出现了盲区,一些小区只有业委会或只有物业服务企业等组织,没有党组织。小区居民在服务上更多依靠物业服务企业,在维权上更多依赖业委会,街道和社区党组织管理弱化、淡化现象尤为突出。突出党建引领的核心地位,加强小区党组织规范化标准化建设,有利于实现党组织的触角向基层延伸,全面统领基层社会治理工作,进一步巩固党的执政基础。

(三)党建引领小区治理是适应城市快速发展的必然要求

据统计,2021年末,全县户籍人口98.97万人,常住人口76.25万人,其中县城城区所在地漕河镇常住人口23.2万人,大量流动人口分散居住在各个城市小区。随着城镇化进程的快速推进,城市人口大量集聚,城区规模逐渐扩大,城市人群呈现出流动性强、聚居量大的特征,治理主体日趋多元,治理内容日益多样,治理难度与日俱增。同时,人们对美好生活的期盼也更加多元、更加迫切,在居住环境、安全稳定、公共服务等方面的需求不断增长,对提升服务效率和质量的呼声越来越强烈。面对这些新形势新要求,推进党建引领小区治理势在必行。

(四)党建引领小区治理是解决治理难题和突出问题的有效途径

社区是城市治理的"最后一公里",小区则是城市治理的"最后一百米",小区治理的成效直接关系城市居民的生活水平和切身利益。之前,一些小区遗留问题较多,房屋建设质量差、基础设施不完善、公共服务不配套、业主房产证难办理等问题突出,群众意见较大。一些小区物业管理水平低、服务质量差、缺乏有效监管、业主大会召开难、业委会成立难、业委会成员履职不到位,小区治理无序。少数小区各类利益主体交织、各类资源力量博弈,出现"群龙无首"的现象,矛盾纠纷频发,严重损害居民群众的切身利益。党建引领小区治理,迫切需要发挥基层党组织的核心引领作用,及时回应群众呼声,精准了解群众诉求,切实解决群众的"急难愁盼"问题。

二、实施目标

深入学习贯彻习近平总书记考察湖北、参加十三届全国人大三次会议湖北代表团审议时的重要讲话精神,按照"社区治理核心是人、重心在城乡社区、关键是体制机制创新"总要求,认真总结新冠疫情防控中行之有效的做法,纵深推进党建引领基层社会治理这个"政治必答题"和"一号工程",持续推动重心下移、力量下沉、资源下聚,构建小区党组织领导下的新型小区治理和服务体系,提升基层治理法治化、科学化、精细化水平和组织化程度,不断满足居民群众日益增长的美好生活需要。力争用1～2年的时间,将各居民小区建设成为和谐有序、温馨安全、绿色文明、创新包容的归心家园,形成较为成熟完善的小区治理体系,进一步完善党建引领"三治"融合的基层治理体系,形成共建共治共享的城乡基层治理格局,进一步提升人民群众获得感、幸福感、安全感,为推动县域治理现代化奠定坚实基础。

三、主要做法

近年来,我县坚持和完善党对基层社会治理的全面领导,大力实施居民小区"红色引擎工程",做实"六红"文章,把党建引领贯穿于"定网格、找党员、建支部、选两长、抓自治、补短板、强保障"全过程,全面提升居民小区治理效能。

(一)突出政治引领,筑牢"红色堡垒"

把选好人、建阵地、抓规范作为重中之重,对漕河城区合理划分189个居民小区(片区),采取单独建和联合建的方式,全覆盖组建综合党支部91个,划分党小组193个,推选居民楼栋长(党员中心户)517人,推选"两长四员"1783名。采取开发商返还一批、社区就地扩建改造一批、县直结对共建支持一批、整合资源解决一批等"四个一批",落实小区阵地保障。其他乡镇镇区84个居民小区（异地搬迁点）共成立综合党支部39个，划分党小组96个，推选党员中心户285人，有序推动党组织全覆盖。制定《居民小区综合党支部运行规范》，强化小区综合党支部标准化规范化建设，督促居民小区综合党支部严格落实"五个基本"工作要求。

（二）突出力量下沉，培育"红色队伍"

出台《蕲春县机关企事业单位党员干部下沉社区服务纪实积分管理办法》，建强下沉党员队伍和志愿服务队伍，推行1名党员每年定点联系1个小区服务不低于12次、每次不少于4个小时的"11124"服务机制，建立健全"微心愿""微公约""微公益"等工作机制。总结疫情期间"小区吹哨、党员报到"实践成果，深化"双报到双报告"制度，用好用活"艾邻里"党员纪实积分平台，将2680名机关党员纳入小区综合党支部管理，推动下沉服务"常态化"。深化"双联双促"，建立县级领导联社区促小区、县直单位联小区促提升工作机制，44名县级领导根据工作安排，主动联系漕河城区18个社区（村）和44个居民小区，切实履行"五个一"责任；整合机关企事业单位和在职党员力量，组建16支189人的驻社区工作队和22支277人的党员应急突击队，做到平时与战时、服务与应急、常态与长效相结合。

（三）突出规范管理，打造"红色物业"

率先成立物业管理协会党委和8个物业企业党支部，印发《关于推进漕河城区居民小区物业服务管理全覆盖的实施方案》，通过社会化引入、公益性保障、兜底式管理、自治型服务等方式，加强物业服务企业规范管理，实现物业服务全覆盖。定期开展"红色物业"评选，建立"红黑榜"，表扬"红榜"物业企业，打造了付畈艾都豪庭小区、晶帝学府小区、十里畈馨嘉苑小区、大河口恒凯学府等一批"党建＋红色物业示范点"。

（四）突出自治自管，建强"红色业委会"

印发《蕲春县社区小区业主委员会选举暂行办法》，健全完善三方联动机制，指导条件成熟的小区成立业主委员会（物业管理委员会）189个，依法依规推选业委会成员824人，党员占比达52%。开展"百日攻坚行动"，在符合条件的业委会建立党组织，健全社区党组织领导下的社区居委会、业委会、物业服务企业三方联动机制，每月召开1次协商议事联席会议,讨论党的建设、小区发展、社会治理、民生服务等重大问题,解决小区治理突出问题1200余件,全面提升小区自治水平。

(五)突出人民至上,优化"红色服务"

推行小区党群议事会、业主接待日等制度,组织各小区开展"遍访业主"和"关爱敲门"活动,及时收集问题,分类解决问题,打造"居民点单、小区派单、党员接单"小区治理和服务体系。赋予社区规划参与权、综合管理权、重大项目建议权,严格社区工作事项清单和准入制度,全面清理社区检查评比、考核达标、台账报表、乱挂牌子等事项,持续为社区减负。统筹公安、城管、住建、应急管理等部门力量,在有条件的社区(小区)统一设置综合执法站(室),推动综合执法下沉楼栋(单元)。加强党建引领基层治理财力保障,把党建工作、服务群众、社区运转等专项经费纳入财政预算,统筹安排小区党支部工作经费、小区党务人员工作补贴经费和小区示范创建"奖补"经费等300万元左右,落实小区党支部运转经费保障。

(六)突出载体创新,开展"红色活动"

发挥机关单位资源优势,推动96个"四星级"及以上机关单位党支部与91个小区党支部结对联建,选派小区党建指导员98名,定期对小区党支部开展的活动进行现场指导。面对疫情防控的紧张形势,各机关单位党支部按照"三个三分之一"要求,定期派遣党员、入党积极分子、干部、职工等,参与小区防控值守、接种疫苗、走访摸排等紧急工作任务,全力守护居民群众的生命财产安全。大力开展小区好党员、好业主、好家庭、好婆婆、好媳妇"五好"评选活动,选树和宣传一批先进典型。

四、成效启示

蕲春县深化党建引领"红色引擎"工程,取得了明显成效,为党建引领基层治理体制机制创新、提升为民服务能力水平探索了新路径,具有较强的创新性和可复制性。在工作和实践中,我们更加深切体会到:

(一)必须坚持党的全面领导

党政军民学,东西南北中,党是领导一切的。发挥党统揽全局、协调各方的领导核心作用,加强小区党支部对小区治理工作的全面领导,确保小区治理的正确方向。坚持统筹谋划、整体部署,把党的政治优势、组织优势转化成社会治理的力量优势和治理效能,突出政治功能、强化服务功能,在小区党支部的引领下,积极支持、鼓励、引导业主委员会、物业服务企业、各类社会组织等多元主体深度融入社会治理和服务,共商小区发展、共同服务居民、共建美好家园。

(二)必须坚持充分发动群众

牢牢把握社会治理核心是人的总要求,把服务群众、造福群众作为基层社会治理的出发点和落脚点,不断增强人民群众的获得感、幸福感、安全感。通过党组织的引领带动,逐步培养小区居民的公民意识与参与热情,引导更多业主参与小区事务,促进小区自治能力积累并形成良性循环,实现由传统的"行政管控"向"自我管理"转变,真正实现"党组织、业委会'搭台',群众'唱戏'"的良好局面。

(三)必须坚持统筹整合力量

统筹机关单位、社会组织、群团组织工作力量,推动更多公共资源、管理权限和民生服务下放到基层,实现治理重心下移、力量下沉、资源下聚。聚力整合各类治理主体,建立建强"社区大党委+小区党支部+楼栋党小组+党员中心户"四级组织架构,充分发挥小区党组织、业主委员会、物业服务企业的协同共治作用,让党的组织和党的工作全面覆盖所有居民小区,覆盖重点领域和群体,让居民小区有能力开展精细化治理、精准化服务。

(四)必须坚持体制机制创新

只有着眼根本、立足长远,将改革实践成果固化下来,才能推动党建引领小区治理取得实实在在的成效。要持续优化党建引领、"三治"融合的城市基层社会治理体系,健全完善"社区大党委""三方联动""共驻共建""吹哨报到""纪实积分管理"等机制,巩固党建引领城市基层治理成果,着力加强区域化党建、网格化管理、精细化服务、信息化支撑,全面提升基层治理社会化、法治化、智能化、专业化水平,加快推进县域治理体系和治理能力现代化,坚决答好党建引领基层社会治理"必答题"。

"心安365"筑堡强基,共同缔造服务惠民

宜昌市夷陵区小溪塔街道兴安社区作为市筑堡工程的试点社区之一,围绕"筑堡为民、筑堡靠民、筑堡惠民",坚持把平台、服务、资源下沉社区,构建了"三中心""六支点""五片区",即党群服务中心、创新创业中心、邻里生活中心。为了让居民群众在社区生活的365天都心安,社区以"办公最小化、服务最大化、活动常态化"为目标,建成了社区居民议事、志愿服务、心理咨询、群众活动、学习健身、就业创业、邻里照料等场所,让居民在家门口享受优质高效服务,让社区成为"人气旺、服务全、党员群众都常来"的红色阵地。以居民所需打造创新创业场景促进居民就近就业和创业。推动邻里生活场景与服务"一老一小"深度融合,"让"楼"让"出了幸福食堂,共同缔造"老有所食"、老有所学、老有所乐的美好幸福社区。以"五微"工作法做实做细服务,因地制宜实施老旧小区改造,结合现有小区阵地改造建设6个党群连心站,探索引进红色公益物业进驻服务。常态化组织居民开展各类志愿服务活动,让"文明健康,有你有我"理念深入人心,不断提升、丰富居民精神文化。

一、案例背景

兴安社区是一个历史悠久的社区,"兴安"寓意兴旺平安,从最初的生产大队、村组到2002年正式成立兴安社区居委会。近年来我们始终以小社区推动大服务,2021年兴安社区作为市筑堡工程的试点社区之一,围绕"筑堡为民、筑堡靠民、筑堡惠民",坚持把平台、服务、资源下沉社区,构建了"三中心""六支点""五片区"。"三中心"即党群服务中心、创新创业中心、邻里生活中心。为了让居民群众在社区生活的365天都心安,社区以"办公最小化、服务最大化、活动常态化"为目标,建成了社区居民议事、志愿服务、心理咨

询、群众活动、学习健身、就业创业、邻里照料等场所,让居民在家门口享受优质高效服务,让社区成为"人气旺、服务全、党员群众都常来"的红色阵地。经过多年奋斗,社区服务功能日臻完善,基层基础持续巩固,呈现出良好的发展态势。社区先后荣获全国敬老模范社区、全国防灾减灾示范社区、湖北省先进基层党组织、湖北省"百佳"社区、湖北省和谐社区、湖北省充分就业社区、湖北省社会管理综合治理先进集体、湖北省民族团结示范社区、宜昌市美丽社区、宜昌市文明社区、宜昌市十佳平安社区等荣誉称号。

二、实施目标

党建引领促服务提升,满足广大社区居民的需求,持续推进筑堡工程。依托暖心服务和志愿服务,建造"暖人心""聚人气"的党群阵地,激发群众参与社区基层治理,构建共治共建共享的格局。以各类丰富多彩的活动,既拉近小区邻里之间的距离,联络邻里感情,又激发居民热爱社区、共建家园的热情。

三、实践路径

(一)"让"楼让居民有了新家

社区作为宜昌市筑堡工程的试点单位之一,持续深化红领服务,用暖心服务暖人心。社区将党群服务中心从以前的小巷搬到大街,将"C位"让给居民群众,按照"办公最小化,服务最大化"的原则,把一楼大厅全部腾让给社区群众。

兴安社区党群服务大厅一楼足足有460余平方米,设置有心理咨询室、母婴室、学雷锋志愿服务岗和警务室等场所。大厅用沙发、茶座、绿植等装饰,配套书架、钢琴演奏、饮水、充电等设施,不仅增加了亲切感,也增强了归属感,让居民来到这里如同回到自己家一样温馨。入夏以后社区大厅实行"延时+错时"服务,周一到周日每天8时至19时,社区工作者和志愿者轮流值班,打造8小时之外"不打烊"的社区党群服务阵地,共服务居民1000余人次,满足居民休闲娱乐需求,成为居民休息纳凉、遮风避雨、充电饮水、读书看报的"爱心驿站"。在二至七楼,还设置有居民议事厅、退役军人活动室、妇女之家、未成年人文体活动室、瑜伽室、书法室和家长学校等。所有场所全部对居民免费开放,满足着不同阶层、不同年龄段居民的各类喜好需求。

然而,仅仅在5个月前,这栋大楼并非如此场景。这栋大楼原本是夷陵区人社局办公大楼,落成于1992年。2022年2月,区人社局全部搬到区就业局大楼内办公,留下的3000多平方米的七层大楼随即"让"给了社区,该楼经过两个月精心改造后,专门为居民打造的"心安365"邻里中心应运而生。"让"楼,让居民心里乐开了花。

(二)以居民所需促进服务

1. 打造创新创业场景促进居民就近就业和创业

兴安社区地处夷陵商业中心,商业门面有1300多家,灵活就业人员需求大。为了满足辖区居民就近就业创业的需求,在距离社区党群服务中心不足百米的街边、"心安365"创新创业场景下打造了零工驿站。走进"心安365零工驿站"大厅,信息公示区的大屏幕上不断滚动播放着用工单位的信息,吸引众多有就业需求的人员驻足观看;交流登记区,雇主、就业人员、驿站工作人员正在认真洽谈;直播室内,工作人员正在直播间与辖区居民互动,介绍工作岗位,了解就业需求。"心安365零工驿站"设在兴安社区,是湖北省宜昌市夷陵区深入实施筑堡工程,通过问需于民,打造居民家门口的宜业集市、零工驿站,并以夷兴大道为中心四散展开辐射,免费为求职者提供信息对接服务,还可以对家政、养老、育婴等专业技能展开培训。自2022年3月投入使用以来,这里已发布用工信息5237条,提供人才"牵线"服务300多次。

(1)搭桥牵线,精准匹配灵活就业人员。"心安365"正式运营后,首先与兴安社区18个网格员对接各网格居民信息并筛选18~65岁居民,进行初步摸底后,围绕创业、就业、技能培训等板块对辖区内5730个灵活就业人员展开建档及回访跟踪服务,根据回访过程中居民的不同需求,通过推荐工作、对接创业孵化优惠政策等方式,切实解决好居民的各种就业难题。

(2)服务青年,激发青年人才就业创业动力。以醉三峡创业孵化园为支撑向广大青年人才提供创业政策支持、创业孵化辅导、技能培训、就业推荐等服务,实现青年群体知识更新、技能提升,帮助离校未就业大学生、返乡青年等群体"就好业、创成业",积极解决青年人才在发展中遇到的创业、就业难题。

(3)汇聚资源,数字化平台增优势。利用数字化信息化平台——醉三峡人才,将岗位信息利用信息化手段集中展示,求职者在醉三峡人才App上就能看到附近3公里范围内所对应的岗位信息和岗位数量,可以第一时间搜寻附近的工作,实现线上线下无缝对接,足不出户便能对周边工作"触屏可及"。

(4)深入走访,做好企业与商户的"服务员"。创服人员每日深入走访辖区三至四家商户,对辖区内商户面临的各项需求展开沟通,全面了解商户性质、主营业务、商户用工等多方面情况。发布实体探店视频号,跟踪服务零工群体,为企业精准对接创业服务。

(5)技能培训,助力居民稳定创业就业。积极响应辖区居民及企业的"点单",依托社区创业技能学院,每月开展技能培训活动暨创服活动。

2. 推动邻里生活场景与服务"一老一小"深度融合

兴安社区老旧小区众多,60岁以上老年人2699人,高龄老年人196人。对于许多高龄留守和孤寡独居的老人来说,他的身边无人照料。社区立足这一实际,为了解决一众老年人、上班族的就餐难题,在距离创新创业中心50余米的地方,兴安社区居委会"让"楼建起了幸福食堂,依托养老服务中心建设幸福食堂。食堂每顿三荤三素一汤,菜品不重样,60岁以上老年人就餐只要12元。同时还为辖区老年人量身定制六大功能服务,即配送餐、日间照料、智慧养老、康复理疗、文化娱乐、上门服务。同时根据老年人的需求喜好,大力开展"五老"民乐队表演、读书会、智慧养老服务课堂、老年人基本一体化防治健康讲座,开展"讲一个红色故事,做一顶红军帽""铭记光辉历史、畅游红色经典""国粹经典话屈原,清风诵读品廉韵"等活动,让老年人之间增加交流、增进感情,减少内心的孤独感,共同缔造老有所食、老有所学、老有所乐的美好幸福社区。

针对辖区1700多名青少年开展的家校共育活动,有助于青少年健康成长。兴安社区依托德育加油站和未成年人活动中心,开办社区学堂,构建家校共育,提供校外培养兴趣爱好的场所、阅览室、科普室等,社区配备各类图书2000余册,内容包括了文学、科技、历史、儿童文学等内容,结合假期实践活动有针对性地开展全民亲子阅读活动、非遗文化活动进社区,以及暑期防溺水宣传、"童心向党"爱国主题教育活动,厚植爱国情怀,引导孩子们从小培养健康向上向善的良好品德,树立社会主义核心价值观。

(三)以"五微"工作法做实做细服务

1. 以党建引领为龙头,做实亲民爱民的"微心愿"

一是强机制。兴安社区在辖区各居民区积极推进党组织覆盖优化管理服务,将原来43个小区的党支部,按照便于管理、就近连片原则优化整合,重新调整成立9个小区片区,成立9个党支部和业委会,辖区党支部、业委会覆盖率100%。二是建阵地。充分探索和发挥"五方联动"机制,因地制宜、结合现有小区阵地改造建设6个党群连心站,推动网格员下沉到小区办公,让小区居民议事活动有阵地,实现为民服务零距离。三是聚合力。创新推动楼栋星火党小组建设,充分发挥楼栋党员先锋作用,激发小区业委会治理效能,切实发挥"心安365"红色业委会志愿服务带动作用。

2. 连接居民铺桥梁,办好便民利民的"微事情"

一是搭台子。积极探索推行"党建+红色业委会"管理模式,选准人、搭好台,实行小区党支部书记、业委会主任"一肩挑",支部委员、业委会成员交叉任职。二是顺班子。小区在党支部引领下,协商解决小区居民占用公共集体用房遗留、环境改造、物业缴费等诸多问题,自治共治成效显著。小区居民心气理顺了,小区环境得到了极大改善,赢得了群众点赞。交运宿舍党支部建立了"我爱我家7天岗"制度,实行一周一个家庭值班和安全巡逻,现如今小区面貌焕然一新,居民文明意识和环境意识大大增强。三是想法子。老旧小区红色公益物业推进工作难度较大,根据群众所想所需,探索引进红色公益物业进驻服务,在人社局小区、四星苑小区、供销社宿舍试点挂牌进驻公益物业管理服务,逐步改善居住环境,下一步将进一步推广管理经验,逐步实现红色公益物业在社区全覆盖。

3. 以服务群众为前沿,营造安民乐民的"微环境"

一是服务优民。探索创新服务一体化,实行综窗服务示范岗,专门设置24小时自助服务区,提供社保、医保、公积金等查询及复印等便民服务。二是服务利民。近年来,多方争取的资金约1800万元,提档改造升级了18个杂居小区、11条小街小巷。居民出行更加便利、生活幸福指数越来越高。

4. 以小区治理为基础,搭建聚民育民的"微舞台"

其一,实行"德育为先"。创新设立"德育加油站",开展家校共育,吸纳社会各界人士组建120余人的德育队伍,践行"学德明礼、三方联育、心理疏导、践行文明、成果展示"的德育工作机制。每年开展爱国主义、道德故事宣讲24场次,组织"生态小公民""我是小河长"等活动85场次,受到社会各界广泛点赞。其二,推进"三约四治"。一抓"党员公约",引导党员担当有为;二抓"居民公约",引导居民崇法向善;三抓"共建合约",引导居民共治共享。通过"目标治理、协同治理、智慧治理、全程治理",量化年度目标,推动多元共治。组织居民共同编《居民公约》,形成了"我制定、我承诺、我遵守"的良好氛围。其三,倡导"文明健康"。深刻践行"晴天带伞""撑伞避雨""打伞干活""修伞补强"要求,建立"我是党员我带头"的常态化应急管理机制,组织居民开展环境整治家庭大扫除等活动,让"文明健康、有你有我"理念深入人心。

5. 以平安稳定为堡垒,维护全民顺民的"微港湾"

一是筑阵地。打造平安法治场景,构建社区综治(网格)服务中心"一厅六室",推行"大党委"单位包小区,社区班子成员包网格,网格包楼栋管理机制,坚持矛盾纠纷抓早抓小抓苗头,发挥社区"能人""和事佬"作用,把矛盾纠纷处置在萌芽状态。二是抓防控。建立以社区党委为核心、综治小组为主力、群防群治力量为骨干的基层"综治网",坚持"打防结合、预防为主"的工作方针。三是强化解。在抓实矛盾纠纷调解"三两制"基础上,积极探索矛盾纠纷调解多方参与机制,协调组织社区民警、法律顾问、小区物业、业委会、小区党组织多方力量共同参与矛盾纠纷排查管控,织密矛盾纠纷排查化解"篱笆",实现多道防线排查化解。

四、实际成效

坚持"筑堡为民、筑堡靠民、筑堡惠民",让居民群众在社区生活的365天都心安,让居民在家门口享受优质高效服务,建造"暖人心""聚人气"的党群阵地,让社区成为愿来、还来、常来的地方。激发了群众参与社区基层治理的愿望和能力,构建共治共建共享的格局。

五、主要经验

坚持抓好党建引领基层社会治理,立足群众需求,服务为民的理念。打造创新创业场景促进居民就近就业和创业,服务"一老一小"深度融合,办好便民利民的"微事情"。以服务群众为前沿持续推动老旧小区改造,构建安民乐民的生活环境;发动居民积极参与小区治理,以平安稳定为堡垒,织密矛盾纠纷排查化解的"篱笆";开展各类丰富多彩的活动,既拉近小区邻里之间的距离,增加居民的亲切感和归属感,同时也激发居民热爱社区、共建家园的热情。

活用桥下空间，变身休闲好去处

一、案例背景

习近平总书记强调，只要是有利于老百姓的事，我们就要努力去办，而且要千方百计办好。老旧小区改造工程关系到人民群众的根本利益，是实实在在的民生工程。以真抓实干的行动持续保障和改善民生，努力让群众看到变化、得到实惠。

常刘新村小区位于宜昌市西陵区西陵街道营盘路社区常刘路37号，始建于1979年，是典型的"三无"小区，长期管理缺位，小区环境脏、乱、差成为常态，居民没有归属感。小区不大，225户，常住居民580余人，公共空间本就窄小，还堆积着不少住户的私人废旧物品。还有不少一楼住户，见缝插针地搭棚子、挖小菜地。无序停放的私家车辆，更是让居民们为争抢车位矛盾重重。老化的堡坎长期渗水漏水，再加上管网老化，路面陈旧小水坑、杂草青苔，让小区环境显得有些老态龙钟。这里一年四季几乎没有太多变化，一直灰突突、冷冰冰的。在2021年老旧小区改造计划启动时，却是一波三折。居民们一方面认为环境变好是好事，另一方面却又不想影响自己的小利益，拆除小花坛、移除违建的反对声音很大，刷黑路面、规划停车位也有不少居民抱怨连声。

面对这种情况，社区从逐户走访摸需求到集中意见拟清单；从桥下议事会、小区院坝会，开到大支部会、共治联席会；逐户走访，场景怎么建，居民来点单；从共治联席会到开启座谈会，邀请小区居民民主议事主动参与小区改造计划；走进居民家中，面对面交流恳请，把老小区改造的重点集中在群众反映的热点问题上。

二、实施目标

广场空间 900 平方米,前身为体育场路桥下老旧空间。从 2021 年启动老旧小区改造到筑堡工程场景营造的过程中,不到四个月时间被重新规划建设成一个全新、多功能、复合型的步行体验式社区文化广场。该广场以人民防空法治文化为主要概念,将屈原文化、法治元素融入社区生活,通过挖掘城市精神、社区文脉、建构空间场景,以场景贯穿社区 15 分钟生活服务圈,形成"长藤结瓜"般的贯穿体育场路与西陵二路的步行纽带,进一步拓展品质营盘路的有机更新。南北将老旧小区改造与社区场景营造合二为一,通过老小区的新变化,让小区变"景区",打造有烟火气的居民邻里生活空间,共建和谐社区、幸福家园。

三、实施路径

2018 年起,营盘路社区坚持党建引领、实施法治惠民,充分运用社区工作者身在基层、工作在一线的优势,全面实施法律服务"三贴近"和法治宣传"四结合"模式。2022 年以来,社区通过激发居民对家园的共同思考、引入多元力量合力打造,通过老旧小区改造和场景精心营造,使陈旧的桥下空间面貌焕然一新,法治文化广场它既是一张网红名片,同时也是一张惠民门票,老百姓在家门口就能感受到筑堡工程带给每个人的政策红利和美好环境。

在空间改造方面,社区加大资源融合力量,立足桥下空间优势,因地制宜、融合资源,充分运用城镇老旧小区改造的契机,将老旧改与筑堡工程实施相结合。改造后设施齐全,有健身锻炼区、棋牌座椅区、休闲娱乐区,实现了拆旧换新的华丽转身,"改"到了群众的心坎上。

在场景营造方面,社区围绕三大主题、四大场景,打造屈原文化地标,涵养宜昌城市精神。这里有"勒滴是宜昌"主题方言文化墙,还有以宜昌江山图为创意背景的共享单车运动区,通过快速踩踏体感互动单车,点亮宜昌八景人文地标,打造居民们的文化休闲场景;在征得民意的基础上,从"天地军亲诗国法礼民"九个方面娓娓道来,博古通今,将全民学习场景运用到文化走廊带健身步道的设计中;还通过"格格说法"走进寻常百姓家的活动空间营造和展示,通过重现历史人物刘一儒锁堂街景的廉洁家风故事,打造广场最核心的平安法治场景;同时,在桥下空间的柱梁区域,以屈原文化彩绘出齐心锦绣之舟,街头小吃、网红街景打卡应有尽有,营造出人间烟火气满满的邻里生活场景。

在队伍打造方面,社区组建小区"大支部",落实小区共治联席会议,推动"五方联动"机制。通过营盘路社区特有的法治"六员"力量,锻造学习型集体。邻里帮帮员(网格员)、法治服务员(律师)、平安守护员(民警)、身边帮办员(在职党员)、实事调解员(和事佬)、政策宣传员(志愿者),多元力量现身说法,在法治文化广场和群众身边形成了一支有模有样、有作为的"格格说法"法治宣传队伍,开展便民、惠民、为民服务,推动基层社会治理卓有成效。

在全民缔造方面,社区"大党委"坚持党建引领,围绕服务群众需求,结合社区实际,明思路、建场景,让群众坚定不移跟党走。通过市区直单位、社会力量资金项目共建,多方筹措资金60余万元,充分运用"五民工作法",在23次居民协商议事会过程中、广泛征集民意的基础上,联合市人防办、市区两级住房和城乡建设和司法部门,在街道办事处的指导下,将桥下空间打造成一个沉浸式的法治广场文化带。

焕然一新的营盘路社区人民防空法治文化广场,在国家宪法日、国家安全教育日、防灾减灾日、国际禁毒日、国防教育日等重要时节,通过开展一系列主题宣传教育和文艺演出活动,以阵地筑堡强基、法治文化惠民,构建出社区10分钟公共服务圈。

四、实施成效

举全力营造集平安法治、公共服务、邻里生活、文化休闲、全民学习五大场景于一体的营盘路社区地建桥下法治文化广场。一件件看似细微的小事,让服务群众的"最后一百米"更加畅通,为构建共建共治共享的基层社会治理新格局发挥重要作用。

(1)以地建桥下的人防法治文化沉浸式体验区走廊带建造为特色,将场景营造、阵地改造、队伍打造、全民缔造联结起来。将"八五"普法实施与市域现代化治理、优化营商环境、便民服务设施相结合,深化民主法治示范品牌效应。

(2)营造交往空间,构建"远亲不如近邻"邻里场景。与市人防办、区住建局共同打造完成常刘路37号地建桥下900平方米的公共活动空间,让居民平时有了休闲娱乐的去处,打造邻里互助生活共同体,形成远亲不如近邻的邻里氛围。

(3)传承屈原文化、清廉文化,打造特色休闲广场。利用地建小区人防法治广场,修建以"屈原诗词"和"清廉文化"为主题的休闲文化广场,把屈原文化、文明理念巧妙融入城市空间。

(4)建设社区健身空间。利用地建小区人防法治广场公共活动空间,配备至少5种以上可健身的室外场地设施。

五、主要经验

　　为进一步激活基层细胞,提升治理能力,把满足人民群众真实需求作为各项工作的出发点,结合社区实际,西陵街道营盘路社区围绕公共空间、现有阵地和基础设施,整合应用场景资源,做好"筑堡工程"和基层社会治理体系的融合文章。从空间改造、场景营造再到成为远近闻名的网红名片,人民防空法治文化广场不仅是一处社区地标,更是凝结改革与发展的思想破冰源泉。接下来,该广场空间的经济发展价值和社会治理文章,还需要付诸更多的智慧和力量,实现可持续发展的街区共同缔造。

　　一是社会发展价值与重塑公共精神。社区公共精神的衰退会导致公共空间归属感的迷失,使得社区内生更新动力不足。在本处的场景营造中遵循"以人为本"原则,不过度依赖权力语境下的短暂成效,鼓励居民回归改造主体,并通过自主、合法表达使用需求,使公共空间供需相匹配、土地利用高效。同时,场景化改造过程中,从社区居民提出议题,到街道社区充分调配力量,实现了人力、物力、财力、能力的集体智慧凝结,多个主体相互合作使老旧小区公共空间成为居民自主表达的邻里生活场景,由此形成了一个凸显城市社区人文特性的广场名片,品质营盘路社区的文化价值影响力也通过丰富的文化活动不断向外扩散,形成改造进程的正向反馈机制,以引导公众行为、创造集体记忆,实现对社区公共精神的重塑。

　　二是实体空间价值与提升空间品质。在主城区各街道社区公共空间稀缺的历史背景下,营盘路社区地建桥下法治文化广场空间的改造将剩余公共空间充分利用作为解决社区空间产品供给问题的基本思路,通过重新定义剩余公共空间,在剩余公共空间中打造集邻里生活、文化休闲、平安法治于一体的筑堡工程场景,更是惠民服务场景,实现功能拓展,满足居民的复合需求。老旧小区公共空间与居民的日常生活有较强关联性,该广场空间营造存在着设计思路同质化、空间构造标准化、场景可复制化的特点。当下高度动态化的社会经济发展要求社区公共空间改造除了要提高用途的多样性之外,还需要考虑全周期的变化及在短期内重组的可能性,场景化改造以微型生活性文化设施和文化活动为媒介,通过弹性控制的方式满足时空变换下的需求更替,强调在地性文化记忆力的传承与活化。具体做法包括挖掘原生物质性要素来设置空间与设施,以及提取历史文化精神性要素来组织文化活动,将两种做法结合能够实现场景空间的共享性与叙事性。

　　三是经济发展价值与促进活力再生。很多老旧小区公共空间的使用逐渐呈现出需求与空间错位现象,缺少吸引力和活力。地建桥下的人防法治文化场景营造,是多个小项目行动的集合,如结合社区不同的活动形式打造文化创意产业,吸引人群到达公共空间进行消费,释放社区的消费潜力。场景化改造采用"化整为零"的改造手法,以有效节约更新改造中日渐增长的沟通成本和启动成本等,在场景构建的统一逻辑下发挥特色优势,分享规模报酬带来的繁荣活力。尤其是场景化改造能够通过新型文娱场所的植入,合理调动住区现有的资源,在满足基本使用需求的情况下完成空间再生产再利用的可持续发展,使得老旧小区的公共空间表现出较强的互动性、多元性和共享性,促进老旧小区的活力再生。

五彩向阳，打造活力红光

一、案例背景

红光社区位于宜昌市点军区夷陵长江大桥的江南桥头，辖区面积3.02平方公里，共有住户2522户、居民7000余人，社区成立于2003年7月1日，因国企长航红光港机厂位于辖区内而得名，原为红光港机厂企业居委会，2013年正式移交至点军街道办事处，2021年7月份社区进行规划调整，调整后的红光社区下辖4个片区：红光小区、磨基山旅游综合体小区、碧桂园阅江山小区、原红光港机厂片区。

管辖范围扩大后，从面临老旧小区长期无物业进驻、管理难度大、治理成效不明显，到新型商品房小区如何调动外来居民更好地融入社区，社区党委立足实际，在一边探索物业小区管理新路径、一边积极破解老旧小区治理难题的过程中，始终坚持党建引领社区治理这条主线，以服务居民为出发点和落脚点，创建"五彩红光"党建服务品牌，致力于打造"党建引领、群众参与"的共建共治共享格局，让社区发展治理规范有序，让社区居民主动参与社区管理，形成了党群齐心、共同治理的良好氛围，真正释放社区发展活力。

二、实施目标

红光社区充分发挥党建引领作用，坚持"五彩红光"发展路径，完善民主协商机制，创新社区治理模式，以居民群众需求为导向，充分发挥包联单位、辖区共建单位、辖区居民等多元主体力量,搭建共建共治共享参与平台,共同参与社区治理,变"独唱"为"合唱",形成基层治理合力,让社区服务更有温度,让居民生活更加多彩,努力构建共建共治共享的社会治理新局面。

三、实践路径

红光社区依托"志愿红""廉洁白""议事金""平安蓝""关爱粉"的"五彩红光"党建品牌并以此为抓手,整合力量、上下联动,引领社区党组织建设提质增效,实现社区服务功能提档升级,凝聚社区向心力,建设和谐多彩社区。

(一)打造"志愿红"品牌

突出党建引领作用,推广志愿服务,让社区党员充分发挥带头作用,调动居民群众积极参与社区志愿服务活动。通过"社区党建+志愿者服务"模式,以社区新时代文明实践站志愿者队伍、下沉党员干部队伍和银发志愿者队伍为依托,整合党员、群众力量,结合包联单位、辖区共建单位、物业公司、下沉党员等各方资源,常态化开展疫情防控、疫苗接种、文明典范城市创建、环境卫生整治、文明劝导、邻里互助、平安建设、睦邻文化等各类志愿活动,不断引领居民团结友爱、互帮互助,积极参与社会治理。

(二)打造"廉洁白"品牌

探索清廉社区建设与基层治理相结合,社区党委严格落实全面从严治党主体责任和党风廉政建设责任制,大力持续深化作风建设。坚持预防为主,始终绷紧廉政弦,定期开展廉洁教育,组织党员参与"廉政警示教育,筑牢廉洁防线"活动,用身边事教育身边人,筑牢思想防线;牢固树立清正服务理念,推动社区干部清廉担当,推进社区治理能力提升、服务高效;开展各种廉政文化活动使廉洁文化自然地融入党员群众的日常生活起居和行为习惯之中,潜移默化、润物无声,在党员和工作人员中营造风清气正的良好氛围。

(三)打造"议事金"品牌

充分调动党员群众的积极主动性,广泛"筹智",通过定期召开党员大会、党员谈心谈话、座谈交流等方式等征集"金点子",集思广益把问题解决得更迅速、更民主,让居民共同参与到家园建设中来。社区设立了"凉亭说事"制度,问计于民、问需于民,倾听居民意见,收集群众建议,使之成为社区与居民的"连心桥"。不仅让基层治理实现了有事好商量、有事商量好的良性局面,也真正实现了为居民办实事、解难题,提升了社区工作"含金量",形成社区基层治理的良性互动。

(四)打造"平安蓝"品牌

共创平安促和谐,秉承"安全无小事"的工作理念,将安全工作融入社区管理之中,进一步推行居民小区平安建设,构筑小区安全"防火墙",创新社会管理,共建"平安蓝"。社区通过发挥辖区党员、志愿者先锋模范作用,组建小区平安志愿者服务队,常态化开展治安夜巡、矛盾调解、反诈宣传等工作;着力完善矛盾纠纷调处机制,充分发挥小区"四长两队"作用,推进多方联动、群防群治的治理队伍建设,加大矛盾隐患排查化解力度;定期邀请社区民警、律师、消防等开展安全知识讲座、消防演练等平安法治场景建设,提升居民的幸福平安指数和社区平安指数,打造平安社区。

(五)打造"关爱粉"品牌

构筑社区妇女儿童老人温馨家园。社区围绕主题节日,定期组织妇女儿童老人开展法律咨询、法律援助、心理疏导、亲子教育、暑期读书、安全教育、技能培训、健康体检等形式多样、内容丰富的活动;为未成年人成长营造良好的社会环境,紧贴未成年人思想实际、生活现实等特点,依托新时代文明实践站,包联单位团市委、市一中及区文化和旅游局定期开展读书益智、爱国教育、健康生活教育、心理健康教育、家庭教育等主题教育活动,丰富儿童精神文化生活。通过关注女性健康、关爱未成年人成长、关心老年群体,以关爱促提升,实现关爱服务全覆盖。

四、实施成效

(一)为民服务有阵地,共建和谐幸福家园

红光社区原办公场所由租用的宜昌长江大桥建设营运集团有限公司闲置办公用房改造而成,面积约360平方米,便民服务大厅无法满足百姓办事需求,各项服务功能设施落后。2022年,1176平方米的社区新党群服务中心正式投入使用。按照"办公面积最小化、服务场景最大化"的要求,打破传统柜台式布局,设立公共服务、全民学习、创新创业、平安法治、健康医疗、文化休闲等6处服务场景,让传统服务大厅变为"城市客厅"。以党群服务中心为主阵地,党群连心站为支点,强化服务共享功能,在小区高标准打造党群连心站,配置棋牌室、活动室、议事室等多个特色鲜明的功能区,推动党群连心站成为中心工作延伸点、社情民意收集站、党员服务新阵地。

红光社区依托区位优势,以"屈原文化"作为社区文化内核,多措并举,将"屈原文化"和"五彩红光"党建品牌有机融合,以党建领航,充分发挥党委的战斗堡垒作用和党员的先锋模范作用。2022年结合"点军街道清廉村(居)示范带"建设工作,以"廉洁白"品牌建设为主线,在党群服务中心便民服务大厅打造屈原文化场景、弘扬屈原文化精神、再现屈原廉洁元素,在党群服务中心多功能厅打造红色家风展示区,营造风清气正的文化氛围。

(二)居民议事有平台,共筑民主协商桥梁

红光社区坚持以党建为引领、以居民群众需求为导向,以建设"健康快乐和谐美好"社区为理念,聚焦"一老一小"服务,围绕社区居民需求与"筑堡工程"场景打造,通过党员会、议事协商会、心愿墙、微信群、入户走访等多种形式,倾听居民心声,收集社情民意,畅通居民诉求渠道,努力构建治理规范、服务便捷、环境优美、生活文明、共建共享的宜居家园。

为方便收集群众需求诉求,让更多的居民参与民主协商议事,共同缔造美好生活,社区在居民活动集中区域建起"红光议事亭""红光议事桌",围绕"党建引领,共同缔造"理念,打造居民休闲娱乐新场地、议事协商新平台、服务活动新阵地。通过一亭一桌将小区党员、居民、物业、业委会、包联单位和有专长的社区能人代表齐聚一地,广泛开展"场景怎么建、大家来点单""小区怎么建,大家商量办""您有诉求,我来解决"等议事协商活

动,通过拉家常聆听居民心声、收集居民意见、共商解决办法、共享建设成果,将一件件平日看在眼里、记在心里的"鸡毛蒜皮"事摆上台面,实现居民踊跃"点单"、支部积极"接单"、群众活跃"评单",形成全民参与、协商共治的良好局面。先后为小区增设90平方米的老年活动室,新建一处可容纳20辆电动车充电的车棚,完成了场地平整、树枝修剪、灯光亮化等事项。居民意见建议得到采纳、生活环境有了改善,小区面貌也逐步实现大变样。

针对社区党群服务中心搬家后红光小区居民办事不便的问题,社区选派"红小二"开展"小区网格办公日"活动,由小区网格长每周固定一天进驻小区,开展便民服务、收集诉求、答疑解惑等工作,切实将小区治理被动"接招"转为主动"出招",真正将为民服务落到实处。

(三)社区共治有温度,共享老年颐养生活

党建带群建,凝聚志愿力量。由社区党委牵头,社区学生代表、妇女代表、自由职业者、退休职工、舞蹈爱好者等100余人自发成立小小志愿服务队、巾帼志愿服务队、"马上到"志愿服务队、云之舞舞蹈队等各类服务团队8个,建立多元参与、多方互动自治服务体系。2022年开展文艺汇演、环境整治、就业创业指导、典范城市创建、健康知识讲座、送春联贴对子等各类志愿服务20余次,参与人次三百有余,将"多元参与+志愿服务"落到实处。

针对辖区老年人多、居民整体年龄偏大的现实情况,社区鼓励并发动党员志愿者、小区居民自发组建"银发志愿者服务队",鼓励低龄老人成为志愿者,通过结对子、帮跑腿、陪聊天、同健身、共娱乐等方式,以低龄老年人帮助高龄老年人的志愿服务模式,开启"以老助老、互助养老"新模式。同时依托社区党群服务中心、社区新时代文明实践、社区医务室,围绕老年人需求,为辖区老年人提供活动场所,组织老年人开展丰富多彩、形式多样的文体娱乐活动,开展为高龄老人过生日活动、"九九情意长,服务暖重阳"敬老爱老活动、"健康医疗场景进小区"健康义诊等志愿活动多次,营造尊老助老爱老的社区氛围。暖心活动让"新老年"群体参与感提升了,获得感更是高涨,实现了"关爱老人"服务全覆盖。

五、主要经验

红光社区党委坚持以党建为引领,在志愿服务、清正廉洁、议事协商、平安法治、关心

关爱等方面综合发力,为群众提供全方位的服务。

一是要强化基层党组织"龙头"作用。充分发挥基层党组织政治引领作用,以服务、联系群众为立足点,加大统筹协调区域内各类资源力度,以"党建+"模式,构建起党员积极带头,辖区共驻共建单位、下沉党员干部、社会组织、群团组织、志愿者、居民等多方力量广泛参与,各类组织积极协同的基层治理架构。

二是要充分发挥社区"大党委"作用。充分整合辖区各类组织资源,搭建"大党委"统揽全局的服务平台,围绕"基层组织联建、党建活动联办、服务民生联动"目标,以社区党组织为核心,发挥"大党委"载体优势,实现社区组织优势、党建资源、服务功能最大化,真正使辖区居民受益。

三是要发挥党员联系群众的纽带作用。充分发挥党员先锋模范作用,聚焦居民"急难愁盼"问题,运用多种形式和手段开展精准化"靶向"服务,切实加强特殊人群的关爱服务,打通服务群众"最后一百米"。总结运用疫情防控工作经验,进一步细化党的神经末梢,13名党员结对联系284户,把组织体系细化到最小颗粒。

共同缔造八一钢厂小区"旧舍蝶变"

一、案例背景

八一钢厂小区是宜昌市伍家岗区伍家岗街道白马山社区唯一老旧小区,建于20世纪70年代至90年代,现有居民252户484人,多为宜昌市八一钢厂体制改革下岗、退休职工,平均年龄在60岁以上。小区内部环境陈旧,消防通道堵塞、水管消防管锈蚀、水泥路面块状破损、空中"蜘蛛网"纵横交错,整体环境较为恶劣。加之小区无规范化物业管理,居民年龄偏大,困难群体偏多,乱堆乱丢、乱牵乱搭的不文明行为较为突出,虽然社区每年投入一定的惠民资金清理小区楼道、疏通下水管道、修缮围墙,但收效甚微。

2022年以来,社区坚持以"共同缔造"理念推进"筑堡工程",以老旧小区改造工程为重要契机,充分发挥好小区党支部核心堡垒作用,广泛发动群众参与,下猛药出重拳治沉疴,描绘出一幅"白马山下,和美人家"的幸福新画卷。

二、实施目标

以"齐心筑堡,共同缔造"的理念为核心,以居民需求为导向,以居民小区为基本单元,以改善群众身边、房前屋后人居环境的实事小事为切入点,以决策共谋、发展共建、建设共管、效果共评、成果共享为路径,共同缔造和谐小区、幸福家园。

三、实践路径

（一）党员"领唱"

社区通过建立"社区党委—小区党支部—楼栋党小组—党员中心户"的四级组织架构，积极推动小区内48名党员"亮身份、当先锋"，充分发挥党员先进模范带头作用，全面动员社区居民积极参与到老旧小区改造、清违行动等工作中来，充分激发出小区自治细胞活力和组织凝聚力。

经过党员骨干和小区网格员一系列的入户走访、调查研究，实施的思路也慢慢明朗起来。要想彻底改变小区现状，必须"五步走"：一拆、二清、三修、四建、五管。"拆"是指拆除小区楼顶地面各类违建，将公共区域腾让出来；"清"是指清理楼道、楼顶、街面和公共区域的杂物，清理空中乱牵乱搭的"蜘蛛网"，清理下水管道；"修"是指维修路面、围墙、楼梯扶手，维修天然气管道，维修消防设施，加固山体落石区域；"建"是指建设小区各类配套设施，包括文化休闲广场、健身器材、充电车棚、停车位等；"管"是指通过居民自管或物业代管对小区公共设施和公共区域进行长期维护，保持长效运营。

小区违建根深蒂固：一楼外扩、顶楼加建、阳台挑梁，公共区域还有两排400余平方米的杂物间，大部分已作为居民厨房卫生间等功能性用房，若贸然强制性拆除，势必激发矛盾纠纷。社区党委经过多方考量，决定：一方面，号召小区党支部在小区内做好《宜昌市禁止违法建设管理办法》宣传和拆违宣传；一方面，调整思路，将"清"和"修"的部分事项提前实施。从2021年7月起，社区使用惠民资金，对小区楼道杂物进行清理，对楼梯扶手进行维修，对楼道墙面进行刷白，并协调住建部门，对437-1号居民楼背后山体进行护坡加固。一系列连续多点的惠民举措，立马得到了居民的认可和称赞。

2022年3月8日，宜昌市"清违行动"正式启动，八一党支部于2022年3月15日在八一钢厂小区广场召开党员大会，动员党员带头拆违。次日，437号居民楼的老党员苏世金、439号居民楼的李日刚在党员杨汉斌、李志明的协助下率先拆除了自家的棚屋；随后，在武汉照顾孙子的党员王心忠、龚健回小区拆除了自家棚屋；接着，远在石家庄的老党员郭正会专程坐飞机赶回来协助拆违。在老党员们的带动下，原本观望的居民也不再拖延，加入了自拆大军。不到一周，小区违建全部拆除完毕。从"不敢拆"到"自主拆"，靠的就是社区党委坚持"党员带头示范，居民心服口服"和"一把尺子量到底"的路子。拆违的顺利完成，为后续的整体改造打下了坚实基础。

(二)居民"主唱"

2021年,在社区党委的指导下,八一钢厂召开了第一次业主大会会议,选举产生了第一届业主委员会成员。业委会成立后,居民终于有了"管家婆"和"代言人"。在违建拆除后小区怎么建的问题上,社区组织"两委"、小区党支部、业委会召开会议商议方案,并采取问卷调查方式让小区居民"看菜点单"、确定方向。

为方便收集群众需求意见,小区党支部将小区内的凉亭变为居民临时"议事亭",让小区协商议事从会议室搬到广场上,共同探讨小区环境卫生怎么管、充电车棚怎么装、停车位怎么划、停车费怎么收等等一系列管理问题。经过半个多月的集思广益,最终确认路面整体水泥硬化,增设停车位28个、休闲凉亭1座、充电棚1个、微型消防站1处的改造方案。

(三)部门"合唱"

在八一钢厂环境整治的过程中,社区党委积极践行美好环境与幸福生活共同缔造理念,发挥"四长两队"积极作用,结合筑堡工程和"一下三民"实践活动,统筹下沉对接单位、筑堡工作队、社会组织、志愿者队伍、辖区成熟小区物业企业等多方力量,共同推进各个项目实施。宜昌市国土资源局执法支队队长担任八一钢厂小区"大支部"第一书记。小区包联单位宜昌新区推进办开展困难老人结对帮扶,定期到老人家中走访慰问,在宜昌市"十不见"活动和楼道专项清理活动期间,全员上阵,到小区进行志愿服务。挂点县级领导协调区经信局、国家电网、中燃公司、公安"雪亮"工程、区市政环卫等对小区各类管网进行整合,监控、下水道井盖进行更新补充。

在各部门的通力协作下,小区环境水平更加优化,各项配套设施及管理更加完善,居住品质得到明显提升。

四、实施成效

(一)居住环境更优美了

经过历时一年多的全面整治,八一钢厂小区面貌焕然一新。灯亮了,路宽了,楼道干净了,停车方便了,老党员们没事就带着扫把,在小区四处打扫。之前,部分业主一直将房屋闲置或出租,坐等拆迁,门窗损坏也不愿维修;如今,看到小区发生了翻天覆地的变化,也借机将自家的房子装修一新,准备搬回居住。条件改善了,人气也旺起来了。

(二)邻里生活更和谐了

之前道路狭窄不平,很多腿脚不便的老人很少下楼。路修好了,老人们每天都下楼到小广场坐一坐,打牌、聊天、锻炼,大家欢声笑语、谈天说地,有矛盾的化解了,有隔阂的说开了。有了停车区,子女们回来的次数也多了,孩子们的欢声笑语飘荡在小区里,又呈现出过去"端着饭碗跑街坊"的烟火气息了。

(三)党群关系更紧密了

党群关系的核心是党要始终代表最广大人民的根本利益,始终坚持为居民群众办好事、办实事,与群众共呼吸、一条心,赢得群众的信任和拥护。八一钢厂业委会在后期运行中,总是主动向党组织汇报工作,重大决定先听取党组织意见建议,而社区党委也总是优先考虑居民的"急难愁盼",事事有反馈,件件有着落。党群共画同心圆,为小区建设不断添砖加瓦。

(四)城市文明更深厚了

硬件设施提升后,居民道德素养也同步提高。在社区的大力宣传下,居民把文明行为变成了相互"攀比":外出遛狗牵绳,宠物大小便随手清理,垃圾定时定点分类投放,等等。居民们相互监督、相互提醒,一步一步跟上宜昌文明典范城市建设的步伐。

五、主要经验

(一)树一面旗

始终坚持把正确政治导向放在首位,把基层党建工作摆在前端,不断夯实基层党建基础,充分发挥其战斗堡垒和党员先锋模范作用,践行以人民为中心的发展理念,走好新时代党的群众路线。以居民小区为基本单元,以改善群众房前屋后人居环境的实事小事为切入点,让群众感受到实实在在的变化,确保基层党组织坚强有力。

(二)拧一股绳

工欲善其事,必先利其器。社区党组织、小区党支部不断完善队伍建设,提高业务水平,挖掘辖区资源,统筹各方力量,形成强大合力。在重点难点痛点问题上,对点连线,"专业班子"为主,"业余班子"为辅,精准施策,逐个击破。同时,发挥老党员、老干部、能人、贤人等个人优势和影响力,共解发展难题,共谋发展大计。

(三)留一份心

常听居民意见,牢记居民需求。善于观察,善于研判,领会居民的真实意愿。行百里者半九十,群众的信任靠点滴汇聚,无数小的进步才能成就大的突破,只有共民情得民心,才能走进群众心里,立在群众心中,工作的推进才更顺畅。

(四)亮一盏灯

基层党组织是群众工作的"最后一公里",每个言行都在群众的眼皮底下。在日常工作中,特别要做到不能装样子、搞花架子。要严守原则、光明磊落、公平公正、不踩红线。对于群众的共性需求,不厚此薄彼;对群众的个性需求,要合理合规;对群众的无理需求,应敢于拒绝。真正做到廉洁自律,两袖清风。

(五)圆一个梦

基层治理的终极目标是打造人人参与、共治共享的基层治理共同体,基层党组织要鼓励居民群众、业委会、志愿者等充分参与物业管理、环境卫生、垃圾分类等各环节全过程,引导居民间互帮互助,提供无偿或低偿服务,推动民事民提、民事民议、民事民决的长效运行机制。美好未来需要我们共同缔造,上下齐心才能共圆中国梦。

"流动办公桌"深入楼栋，"红色管家"情系居民

一、案例背景

武汉市杨园街道欧景苑社区建于2012年5月，位于二七长江大桥武昌南岸，因历史区划原因，社区所辖小区横跨武昌、青山和洪山3个行政区，是典型的"插花地"，基层社会治理实践呈现出"点多、面广、线长"的特点。其中林湘片区地处青山区辖区内的园林路，距离欧景苑社区党群服务中心超过2公里。该片区为柴林头村的还建房，包含3个小区——林湘新苑、新湘小区、林秀家园，总户数为3135户，常住居民5235人。为了更加便捷高效的推进该片区综合治理工作，欧景苑社区以林湘新苑为主要阵地，打造了服务覆盖三个小区的林湘工作站。

在三个小区中，新湘小区建成于2003年，有658户，属开放式老旧小区，无物业管理，加上紧邻农贸市场，生活环境杂乱、人口流动性大，居民矛盾和服务难题显得尤为突出，是林湘工作站服务的重点区域。近年来，杨园街道坚持以党建引领创新社区治理，聚焦问题导向，采取科学方法，创新体制机制，积极破解基层社会治理职责交叉、责任不清和治律真空等问题，瞄准群众的急事、难事、烦心事，以"党员流动办公桌"延伸服务触角，"红色管家"包楼栋，志愿力量全聚集，全覆盖破解小区治理难题，努力探索超特大城市综合型社区现代化治理新路子。

二、实施目标

欧景苑社区通过缜密的调查走访,收集居民诉求和各方信息,汇总出以下三个方面的主要矛盾及问题:

(1)无物业管理、无维修基金,导致新湘小区公共基础设施匮乏,各类改善生活条件的居民诉求不断。

新湘小区是柴林头村20世纪80年代的还建房,无物业管理、无维修基金、无消防设施、无楼道灯、无天然气、共用水表,房屋老化陈旧致使房屋漏水、外墙掉砖等问题层出不穷,各类改善生活条件诉求不断。

(2)两区责权不清,出现问题无人管"真空"地带,导致新湘小区环境无人维护,治安管理差,严重影响居民生活质量和幸福感。

新湘小区地处青山区园林路,按属地管理原则,综合治理、城管、卫生、消防、安全等,原则上属于青山区红卫路街;户籍、人口等民政事务原则上属于武昌区杨园街。众所周知,插花地带的管理历来是个难题,由于两区之间权责划分不清,出现问题时,相关职能部门存在互相推诿扯皮现象,致使小区环境脏、乱、差突出,严重影响居民生活质量,"市长热线""城市留言板"等投诉不断。

(3)无人维护,商用不规范严重侵占居民生活空间,对于门面和市场进行整改的需求极大。

新湘小区已建成30余年,原来由柴林头村进行维护,村改居后,柴林集团撤走,小区就处于无人维护状态,许多遗留问题未解决,加之房龄较长,缺乏维护,房顶漏水、水管破裂、围墙歪斜等现象层出不穷。

此外,小区无门禁系统,一楼门面、集贸市场缺乏有效管理,侵占居民生活空间的事时有发生,居民一直要求对门面和市场进行整改,但因跨区管理的难题而未能实施,导致居民意见很大。

三、实践路径

(一)组织联动,资源平台下沉

由于管理权限不清,插花地带小区周边存在着无证经商、占道经营、消防通道堵塞等问题。针对这一城市管理的"盲点"与"难点",街道采取三区共治的方式,建立一体化治理合作平台,先后与青山区红卫路街、洪山区和平街以及洪山、青山区两区城管、民政、公安等区直部门签订毗邻党建结对共建协议,明确的共建事项有"治安、消防、环境治理、民政事务"共10余项。建立健全联席会议、交流互访、重点项目联推"三项机制";坚持"党建+治理",与毗邻党组织相互学习借鉴党建先进经验,开放党员学习教育资源,聚焦环境整治、公共服务、平安建设、民生服务等领域,进一步拓展三区在重点人群管控、矛盾纠纷排查调处、食品药品安全等领域的合作交流。以共享、共融、共赢为目标,实现优势互补、资源共享、区域联动,打造毗邻党建联盟圈。

林湘片区新湘小区位于青山区园林路,属开放式老旧小区,无物业管理,矛盾和问题尤为突出,街道、社区在该小区设立林湘服务工作驿站,探索机关党员干部兼任林湘片区片长制,增加工作站向上级及跨区横向联系话语权,协调公共服务、公共管理、公共安全等事务,积极推动跨区跨界联合行动,开展整治环境、消防设施、安全生产等活动,跨区主动作为。2020年,林湘工作站"三式联动"模式下插花地带跨区服务项目,被评为全国市域社会治理创新优秀案例。

(二)党群联动,红色力量下沉

欧景苑社区下辖7个小区,管辖1.2万多名居民,服务范围横跨武昌、青山、洪山三区,在基层社会治理实践中呈现出"点多、面广、线长"的特点,管理和服务有极大的挑战,居民群众到社区办事也存在路程远、耗时多的问题。为此,街道链接湖北省知识产权局、武昌区科经局2家下沉单位资源,动员在职党员亮身份、亮特长、亮服务,336名在职党员到社区报到,包楼栋担任"红色管家",签订治理协议、明确具体任务。目前,欧景苑社区党委全覆盖与楼栋联合党小组签订集体承包治理协议书,党小组全覆盖与"红色管家"签订明细协议,共组建4个小区综合党委、8个网格党支部、54个楼栋党小组,设置110户党员中心户,签约"红色管家"206人。

同时,根据社区老年群体占比较大,退休年审、证件办理、生活帮扶、心理关爱、突发处置等服务需求大的情况,欧景苑社区与下沉单位共同开展"党员流动办公桌"项目,设置16个"党员流动办公桌",让"党员流动办公桌"入驻小区楼栋,充当居民和社区之间的桥梁。创新推行"1+3+N"工作模式,即一张"党员流动办公桌"结合"三张清单",提供"N项服务"。鼓励下沉党员聚焦居民诉求摸底建档,主动"接单"、精准帮扶,实现上门"流动"服务,满足群众各类需求。

自2020年8月"党员流动办公桌"设立以来,下沉党员上门"零距离"精准服务居民600余人次,累计开展环境卫生整治42次、社区治安巡查50次、邻里互助32次、诉求传递25次、楼道宣传28次。2020年,该项目入选湖北省委组织部"湖北省十大党建案例"

评选。

(三)志愿联动,自治服务下沉

为及时有效解决居民群众"急难愁盼"的问题,社区党委针对本社区教师多、企业干部多、银行职员多的特点,抓实党群服务驿站和"银发初心站"两个阵地,聚集各方力量,引导离退休党员、社会组织、社区居民等各界人士争当志愿者,积极参与"插花地"治理。一是党员志愿者结合自身特长"亮身份、亮承诺、亮作为",通过"i武汉i家园"小程序,主动认岗、认事、认亲,创建疫情防控、垃圾分类、邻里调解、文明创建、扶贫帮困、应急处突、安全巡逻等服务团队,做优做细做强"插花地"服务。二是依托党群服务驿站,成立"邻里互助""文艺轻骑兵"等9支志愿服务队伍,引入居家养老、青少年服务等专业社会组织,培育10余支文体娱乐、便民服务类社会组织,不定期到"插花地"小区为空巢老人、残疾人、困难家庭等特殊群体提供服务。目前,欧景苑社区正式注册志愿者已超过1300人。三是打造"银发初心站"。社区以"初心共筑,共促和谐"为服务理念,以辖区退休人员中老干部、教师、大型国企干部为骨干,组建"红方正"宣讲团、"金点子"智囊团、"银发族"雷锋团,发挥老党员个人专长参与"插花地"治理志愿服务。

四、实施成效

(一)"红色管家"进楼栋,项目服务显成效

目前林湘新苑的楼栋党小组与社区党委签订了"包保楼栋协议书",党员中心户(下沉党员和自管党员)与楼栋党小组签订了服务项目协议书,认领了包楼栋服务项目。自项目开展至今,共开展环境卫生整治活动42次、社区治安巡查50次、邻里互助32次、诉求传递25次,楼道宣传48次,得到了居民群众的一致好评,老年人办事可以不出门、居民办事不出小区,大大节省了居民群众的办事时间,居民的诉求得以及时解决,居民身边的安全隐患得到及时排除。

(二)党员先锋勤跑腿,贴心服务解民忧

通过"党员流动办公桌"和"红色管家"的零距离服务,退休老人只需填好登记信息,

不用专程赶到社区办理退休年审和高龄津贴,下沉党员和网格员直接把表格带回社区并录入系统。例如湖北省知识产权局脱产党员唐显子和网格员上门看望慰问84岁的高龄老人唐兆麟和他的老伴,他们仔细询问老人近期生活情况和身体健康状况,手把手教老人在登记表上填写身份信息,并现场为其办理退休年审和高龄津贴审核,临走时,老人热泪盈眶地说:"谢谢!谢谢你们!"住在新湘村7栋的刘杰,是一位1993年的精神二级残疾人,父母身体不好。住在该楼栋的"红色管家"段来义了解情况后报社区网格员帮忙申请救助,通过"红色管家"和网格员的配合,提交申请、提交资料、上报审核后,顺利办理好低保救助,得到了刘杰一家的感谢。

(三)"党员流动办公桌"上门服务,多方助力"插花地"协同共治

为解决"插花地"离社区距离远,办事不方便的问题,欧景苑在去年上门服务的基础上,于2021年3月16日至19日,欧景苑社区让老年人服务、综合治理、社保、医保、计生、公安交通、医疗卫生等各服务机构一齐出动,并协同下沉单位省知识产权局、汉口银行、众成颐家居家养老服务公司等多家机构,集中时间在林湘新苑进行了"面对面"零距离服务,服务活动吸引了众多社区居民。此次活动共办理退休年审1200余人,高龄津贴、老年人办证共200余人次,义诊共服务2000余人次,汉口银行共更换了600多张医保卡,解答政策咨询200余人次。活动现场人气爆棚、热闹非凡,使辖区居民体验了送上门的、最贴心的服务。

五、主要经验

"流动办公桌"深入楼栋,"红色管家"情系居民。杨园街道欧景苑社区创新"三一二"工作法,实现党群服务"零距离"。

(一)"三张清单"管统筹,绘就联治"新图景"

为解决居民上社区办事难、社区为居民服务难的困境,欧景苑社区党委坚持以党建引领创新社区治理,探索出"1+3+N"服务新模式:一张"党员志愿者流动办公桌"把服务送到居民家门口,"三张清单"精准解决群众身边的痛难点问题,"N项楼栋服务项目"

全覆盖破解小区治理难题。社区老年群体占比较大,退休年审、证件办理、生活帮扶、心理关爱、突发处置等服务需求大,社区坚持以居民需求为首要考虑,让"流动办公桌"入驻小区楼栋,按照就近原则,在小区内设置服务场所,一两张桌子、几个板凳就成为"党员流动办公桌"的服务端口,安排下沉党员、社区党员志愿者轮值服务,为居民答疑解惑、收集办事资料,将办事窗口搬到居民家门口。

(二)"一支队伍"抓服务,构建共治"同心圆"

社区有湖北省知识产权局、武昌区科经局2家下沉单位,336名在职党员到社区报到。全面推进"三个全覆盖"工程,试点"红色管家"包保楼栋特色项目,构建"五级架构",建立"五项机制"。强化政治引领、自治管理、法治保障、德治化育、智治支撑"五治融合",推动社区工作者队伍、党员队伍、群团组织队伍、物业服务队伍、志愿者队伍"五队齐上",实现党建引领守初心、平安创建保安心、美好家园享舒心、困难帮扶献爱心、共驻共建结同心"五心共建",基层党建与基层社会治理深度融合。按照社区网格划分,组建了13支由专职网格员和义务网格员组成的"1+N"网格员"满天星"团队,将下沉党员、业委会主任等骨干培育为"1+N"网格员团队带头人,切实发挥核心引领作用。明确网格员7项职责、义务网格员5项职责,建立网格管理4项工作制度。根据三张清单,义务网格员结合自身特长"亮身份、亮承诺、亮作为",通过"i武汉i家园"认岗、认事、认亲,创建疫情防控、邻里调解、文明创建、安全巡逻等服务团队,开展楼栋精细治理,解决居民个性化需求,形成"一网统揽"的服务机制。

(三)"两个阵地"强保障,打造自治"生活圈"

欧景苑社区有离退休党员298人,退休人员中老干部、教师、大型国企干部占比较大,这类群体素质较高、工作经验丰富、政治意愿强烈。社区因势利导,把小区党群服务驿站打造成"银发初心站",为离退休老同志提供活动空间、交流平台、学习园地。以"初心共筑,共促和谐"为服务理念,组建"红方正"宣讲团、金点子智囊团、"银发族"雷锋团,发挥老党员个人专长为社区居民群众提供志愿服务。依托新时代文明实践站,成立"邻里互助""文艺轻骑兵"等9支志愿服务队伍,引入居家养老、青少年服务等专业社会组织,培育10余支文体娱乐、便民服务类社会组织,为空巢老人、残疾人、困难家庭等特殊群体提供服务。目前,欧景苑社区正式注册志愿者已超过1300人。

让"浸润式"文化滋养进楼栋,以"人本式"精准服务暖人心,创"开放式"链接资源求实效。如今,凭借"三式联动"工作法,欧景苑社区打造出了有主体管、有物业参与、有组织行动、有居民加入的"插花地"跨区服务模式,为构建共治共享的小区治理新格局,凝聚起了强大的治理合力。欧景苑社区也获得了第三届湖北省"百佳社区居民委员会"、湖北省充分就业社区、武汉市"三星科普示范社区"、武汉市"应急服务示范站"等多项荣誉称号。同时,社区首创插花地带"三式联动"工作法,荣获 2021 年"全国市域社会治理创新优秀案例"。下一步,武昌区杨园街将继续摸索创新,进一步加强插花地带区与区、街道与街道、社区与社区之间,深化互动交流、开展项目合作、构筑长效机制,实施毗邻党建合作项目,努力实现党建融合、感情融合、发展融合,持续提升党建工作整体效应。

共建"爱心冰箱",共享幸福生活

2022年7月,在户部巷特色街区综合党委的引领下,武汉市武昌区中华路街道户部巷社区发挥"江城蜂巢"扩大效应,汇聚户部巷商会、共建单位、社会爱心人士等多方力量,开展"爱心冰箱"公益服务活动,为户外工作者免费送冰饮,表达对奋战在高温下的环卫、城管一线劳动者和快递小哥、外卖小哥等新就业群体的关怀与问候,积极探索共谋、共建、共管、共评、共享的新路径。为扩大项目影响力,吸引更多人参与其中,相继开通网上"慢直播"、"武昌城管"抖音账号,实时播放"爱心冰箱"饮用水的取用情况,向广大网友们输送着源源不断的爱心能量。随着"爱心冰箱"冷饮数量上升,爱心辐射面范围从户外一线人员,向社区困难人群、低收入人群等逐步延伸。目前,户部巷社区以"爱心冰箱"为原点,持续发力,通过社区"老街坊茶馆""户部巷人家""商居联盟"等平台,引导居民主动发声、献计献策,并在助学、助老、助残、成长帮扶、亲情陪伴等方面开展系列活动,做实"1+1+N"幸福社区项目。"爱心冰箱"项目先后被新华每日电讯、人民网湖北频道、《长江日报》等多家媒体报道。

一、案例背景

2022年夏季罕见的连续高温天气对于广大户外工作者而言是一场严峻的考验。为推动"美好环境与幸福生活共同缔造"活动深入开展,让一线工作者共享幸福生活,中华路街道党工委积极发挥户部巷特色街区综合党委统领作用,汇聚户部巷商会、共建单位、爱心人士等多方力量共谋、共建、共管、共评、共享,开展"爱心冰箱"公益服务活动,为环卫、城管一线劳动者和快递小哥、外卖小哥等新就业群体送上清凉。

二、主要做法

（一）多方联动，爱心商户交出接力"第一棒"

中华路街道户部巷社区位于著名的户部巷特色街区内，人气爆棚、美食云集，大量快递、外卖从业者每天穿行在街头巷尾，城管、环卫一线工作人员辛勤工作，保障街区环境整洁优美。2021年初，社区打造夏可避暑冬可取暖的"江城蜂巢"，配备微波炉、冰箱、热水壶和休憩场所，深受"两新"群体、环卫工人、执法队员等户外一线工作者好评。与此同时，社区积极号召更多爱心人士加入到关心一线户外工作者的队伍中，户部巷某中餐厅老板连续2年，夏天熬制10000多杯绿豆汤、冬天送出5000多杯姜糖茶，被《长江日报》等媒体广泛报道，也引发了街区商户"从1家到320家，将爱心传递下去"的公益热潮。

（二）综合党委赋能，共谋打造"爱心冰箱"

清凉怎么送？户外工作者需要什么？大家怎么参与？共同缔造理念怎么运用？2022年7月，刚刚成立的户部巷特色街区综合党委回应大家的关切，以"共同缔造"为主题召开综合党委联席会议，集合商会、下沉单位、共建单位和一线职工代表，共谋公益项目。在讨论过程中，环卫工人提出，放置在室内空间的冰箱不方便让户外工作者取用——"手里拿着扫把，身上穿着工作服，总有点不好意思进门，怕给别人添麻烦。"

针对这个问题，各方积极发动智慧，最终采取了在户部巷大舞台前设置共享"爱心冰箱"的方案。户外冰箱方便随时取用，也方便爱心人士捐赠，由环卫工人、城管队员和商户志愿者轮流接力共管，做好环境卫生维护、捐赠和取用登记。户外建起的"爱心冰箱"不仅方便了一线工人，更对来来往往、川流不息的居民游客宣传了"共同缔造"活动，吸引了更多的力量。经过一系列宣传发动，中华路街道政协联络委首先捐出了5000瓶饮用水以作表率，在中华路街道政协联络委的支持和带动下，很快又得到了武汉可口可乐公司、中国电信武汉分公司、华联超市、佳俊道洁、龙湖物业、武洲建设有限公司等多家企业支持，不到24小时，"爱心冰箱"项目获赠的饮用水数量便从5000瓶增长到了30000瓶。

(三)互联网助推,扩大爱心辐射面

(1)利用互联网直播,传递暖心正能量。为扩大项目影响力,吸引更多人参与其中,社区相继开通网上"慢直播"、"武昌城管"抖音账号,实时播放"爱心冰箱"饮用水的取用情况,向广大网友们输送着源源不断的爱心能量。随着"爱心冰箱"冷饮数量上升,爱心辐射面范围从户外一线人员向社区困难人群、低收入人群等逐步延伸。

(2)指尖传递温度,小爱汇聚大爱。"爱心冰箱"项目启动后,户部巷街区党委集合户部巷社区、户部巷商会、下沉单位、辖区单位等多方力量,号召各界党员及爱心人士通过朋友圈、微信群、QQ群等媒介传播善举,仅一个月时间,网络点击率高达20万。捐赠人士从三岁小朋友到八十岁老党员,从路过顺手捐赠一两瓶到专程而来捐赠几十箱,一场爱心接力赛如火如荼在户部巷就此展开。

(四)持续发力,社会治理再谱新章

(1)以"爱心冰箱"为原点,持续打造"幸福1+1+N"项目。通过社区"老街坊茶馆""户部巷人家""商居联盟"等平台,引导居民主动发声,献计献策,并在助学、助老、助残、成长帮扶、亲情陪伴等方面开展系列活动,共建幸福社区。发挥1+N网格服务队作用,用齐用足4支下沉单位力量,组建"户小青""户部小四郎"等志愿服务队,队员达60人;开展"党员三亮"挂牌活动,86名党员参加,形成多方力量参与的共建格局,全方位解决居民"急难愁盼"问题。

(2)打破季节局限,传递浓浓爱意。利用"爱心冰箱"志愿服务阵地,与下沉单位湖北省粮食局多次联合举办"科技兴粮兴储,创新有你有我"科普宣传活动,设立粮食科普区、文艺汇演区、粮食科技成果交流展示区、产品展销区等展区供市民参观,现场开展粮油产品鉴别活动,普及粮油知识。丰富居民群众文娱生活,链接辖区社会组织、文艺团队资源,举办"户部巷周周演",提升居民群众的获得感、幸福感。主动与区慈善总会、户部巷管委会、户部巷商会、辖区单位对接,共谋冬季赠送热饮事宜,促成"季节在变,爱心不变"的美好景象。

三、主要成效

从打造"江城蜂巢",到号召商户"夏送绿豆汤,冬送姜糖茶",再到集结户部巷商圈百余家企业合力共筑,户部巷特色街区以"爱心冰箱"为原点,通过搭天网、布地网、建人网,做实"1+1+N"幸福社区项目,影响力不断扩大,更多企业及公益人士希望加入爱心行动,陆续有街道社区打来"取经"电话,想在自己所在区域组织发起类似项目。"爱心冰箱"目前已获得46家爱心商企50000余瓶饮用水捐赠,先后被新华每日电讯、人民网湖北频道、《长江日报》等多家媒体报道,关注量超过百万。

深耕"物业城市"改革，领跑"红色物业"新赛道

小区物业事关千家万户，物业服务的好坏直接关系社会和谐稳定。武汉市自2017年实施"红色物业"以来，致力于通过加强和创新党对物业服务企业的领导，把物业服务管理作为城市基层社区基础治理的重要组成单元，在做好物业服务的同时，打通党组织联系服务群众"最后一百米"。一直以来，江汉区把推进"红色物业"作为加强城市基层社会治理的先手棋、作为满足居民群众对美好生活需要的突破口来抓，坚持"党建引领、政府主导、分类施策、市场运作、社会参与、多元共治"的原则，从物业服务全覆盖，到"三级转化"（公益性物业—自管物业—专业化物业），再到"物业城市"改革，围绕"老旧小区做实物业"，探索出"红色物业"3.0版本，推动物业服务与基层治理同频共振，有效推进老旧小区物业服务高质高效可持续发展，得到各级领导的充分肯定和居民群众的广泛认可。

一、案例背景

随着我国城市总常住人口在2011年首次超50%，我国的城镇化进入增量建设与存量更新并重的时期，我们必须正视仍有近60%的城市居民依然居住在2000年之前建成的老旧小区里，江汉区是武汉市中心城区，人口密度曾高达每平方公里2.58万人，比北京市二环内还高20%，是人口过密和功能问题集中的典型区域；江汉区也是全市较早的建成区，全区2000年以前建成的老旧小区达到375个，占总数的62%。近年来，在市委组织部的指导下，江汉区以"红色物业"为抓手，以市场物业红色化、自管物业专业化、公益物业长效化为路径，通过市场接管、公益托管、业主自管等形式，已经实现了老旧小区物业全覆盖，但距离居民群众的期盼还有一定差距，物业服务质量参差不齐、多方协同

共治效能不高、老旧小区物业服务自身发展遇到瓶颈等问题依然存在。

一是老旧小区居民对物业服务需求和现实物业服务水平之间的差距日益加大。物业服务是居民最直接的日常生活需求之一,大多数老旧小区规模较小,且是开放型小区。过去长期没有物业,由所属单位代管的小区,也没有专业型物业提供服务,在市场化浪潮中,单位代管逐渐成为"弃管";实施"红色物业"后,如果只在形式上由社区代管或居民自主管理,物业服务内容主要是日常保洁、垃圾处理等简单事务,那么,设施维护只能依靠社区或者政府统筹,老旧小区物业服务只能做到"低水平、保基本"。

二是老旧小区专业物业的运营成本和政府补贴的可持续性不强。老旧小区大多建成于住房市场化改革之前,大部分老旧住宅小区未归集房屋维修基金。面对基础设施老化,小区公共部分的维护保养缺乏资金来源,加上老旧小区营利性项目较少,专业化物业公司运营成本较高,进驻意愿较低,且居民没有养成付费购买物业服务的习惯,只能依靠政府补贴为物业服务兜底,但补贴只能输血不能造血,难以实现"可持续"。

三是社区参与老旧小区物业服务与引领基层治理之间的矛盾日益凸显。江汉区非专业物业管理的老旧小区有302个,其中社区代管的160个,居民自管的142个,社区工作者的精力被物业服务大量牵扯,大量精力花费在疏通下水道、垃圾清理这样的可由专业化物业公司处理的工作上,联系群众、了解群众"急难愁盼"、调解居民矛盾纠纷的时间受到限制,工作重心偏离本职,工作负担持续加重,而且大多数物业企业往往只追求经济效益,不愿参与也无力参与基层治理,基层治理难以形成合力,长期衰败的环境加之业委会的长期缺位导致居民自治自管意愿低,组织居民参与小区共建共治的难度大,小区难以实现长效治理。

二、实施目标

通过开展"物业城市"改革,将城市管理、市政养护、公共资源管理经营等与老旧小区改造、社区综合治理、小区物业服务等"内外打通",打破小区物业管理边界、传统老旧小区改造模式及其治理边界的壁垒,推动物业服务与基层治理同频共振,实现老旧小区物业管理高质高效可持续发展。

三、实践路径

江汉区主动适应基层社会治理精细化和党建引领老旧小区物业服务高质高效可持

续发展的要求,通过强化基层党组织的区域统筹、资源整合、内外平衡作用,于2020年启动"物业城市"改革,与万科物业合资成立江汉城资公司,通过统筹整合跨领域多部门资源,推进"红色物业"融入老旧小区治理,探索出一条老旧小区"红色物业"新路径。

(一)坚持党建为核,把准工作方向

将党的建设贯穿"物业城市"改革始终,推动党的组织、党的队伍、党的工作有效嵌入。加强组织建设,注重组织建设与企业发展双向推进。作为政企合作平台,在江汉城资公司成立初就组建党支部,同步建立企业党组织前置事项研究讨论机制,把10名党员培养成企业中层骨干,确保党组织的把关定向作用。体现党的引领,将物业公司党支部纳入首批试点街道的"大工委"成员单位,结合综合执法体制改革、环卫市场化等,对99个小区分类研判,街道与城资公司共同探索直管式、托管式、顾问式合作模式,将老旧小区"组团打包"交给城资公司实行专业化物业管理。强化力量融入,推动物业服务人员、楼栋管家与社区干事相融通,在9个项目部设置党小组和党员示范岗,与小区退休党员、居住地报到党员、社区工作者和志愿服务力量等一道组成"红色工作队",把小区物业服务力量打造成党的工作队。

(二)坚持以人为本,集聚改革智慧

紧贴老旧小区特点,坚持因地制宜、精准发力,不断提升服务和治理水平。规范服务标准,打破传统小区物业管理边界,通过社区、街区服务的重新解构,让市政清扫等街区服务延伸到单元门前,结合老旧小区实际,设置统一规范的物业服务章程和服务协议,明确管家服务、安全巡查、环卫保洁、公共维修等项目的服务标准,对改造社区及辖区内的社区和市政道路、公共空间等同步提供物业管理、社区治理、便民服务、政务服务、智慧社区等多种服务,打造服务共同体。注重建管并重,推动物业公司提前介入老旧小区改造,列出红线问题和黄线问题,从专业物业角度协调旧改工程及制订长效管理方案。同时,小区党支部召开支委扩大会议、党员大会、居民代表大会等,组织党员、居民、志愿者共同参与老旧小区改造,共谋改造方向,引导党员先做先改,带头拆除自家违建,带头支持二次供水改造、加装电梯等工作,做到"内外兼修、建管并重"。探索数字治理,实行"全域智能运营"模式,搭建区街两级"智慧运营调度平台"(图1),把人、房、企信息全量入"格",将市政服务的清扫保洁、维修、巡逻、质管等人员及相关设施设备,与老旧小区物业服务打通使用。通过安装智能化AI摄像头、电梯智能控制、消防设施感应接入等,强化"大脑+手脚"的联动配合,统筹整合跨领域多部份资源和平台数据,实现一图尽览、一网通管。

图 1 搭建区街两级"智慧运营调度平台"

(三)坚持发展为要,推动长效治理

以社区小区党组织为圆心,打造"红色物业融心圆",让"党建融入物业心、服务融入业主心"。搭建共治平台,坚持"民事民议、民事民办、民事民管",探索建立"小区治理月月谈""邻里夜话"等平台,引导居民积极参与小区治理,依托小区党群服务驿站,通过联席会议、议事厅等形式主动听取居民诉求,在老旧小区新增停车泊位、晾晒设施、活动广场、口袋公园等一系列微元素,依托时间银行,以积分换服务、冲抵物业费和停车费等激励措施激发群众的参与热情,实现美好生活共同缔造。开展服务评议,以社区"两委"换届为契机,融合区级物业管理部门、街道职能科室、社区工作者、居民骨干等组建社区环境和物业管理委员会,定期召开物业管理联席会议,协商解决小区物业重难点问题(图2)。由小区党支部定期组织居民开展物业服务评议,并作为物业服务收费、物业项目招投标等事项的依据,促进物业企业不断提升服务水平。实施长效运营,建立"三个一点"模型,即企业将市政类业务方面的收益反哺给老旧小区物业服务,相当于企业"出一点",居民感受到了优质物业服务带来的变化,自愿"缴纳一点",加上政府"补一点",推动老旧小区物业服务由"公益性、保障性"向"市场化、专业化"转变,不断促进行业发展、提升群众受益,维护社会稳定。

四、实施成效

截至2022年6月30日,"物业城市"改革已覆盖江汉区8个街道的210个老旧小

图2 召开物业管理联席会议,协商解决小区物业重难点问题

区,小区面貌得到改善,物业服务水平显著提升,居民群众的幸福感、获得感、安全感不断增强,为深化党建引领老旧小区物业服务高质高效可持续发展作出了"江汉探索"。江汉区"物业城市"及老旧小区长效治理模式,被央视新闻、《人民日报》、《湖北日报》、光明网等30多家主流媒体聚焦报道。

一是从"传统化"到"智能化",社区负担和人力成本显著降低。"物业城市"突破了传统物业费用测算逻辑,通过街区小区一体化运营,实现区域公共服务质量均等化和可持续,通过数字化和智能化管理提升劳动生产率实现减支增效,用"机器+人"的协同模式,替代或减少工作人员线下巡查工作频次,经人机配比优化后,减少近1/3人力成本,现场作业效率平均提升20%以上。通过引入正规物业管理,由专业人干专业事,使社区工作人员从小区日常物业管理事务中脱身,把更多精力投入到基层党建、社区治理、服务居民上面,让老旧小区居民从"有事找社区"转变为"有事找物业",进一步提升基层服务效能。

二是从"保基本"到"高质量",居民付费率与满意度同步提高。江汉城资公司通过制定业务大纲、标准流程和实施细则,将"粗放型"的老旧小区物业管理升级为"精细化"服务,首批入驻的西马新村小区逐步焕发新生:智慧停车系统和独立人行系统让车辆停放更规范;邻里广场的改造让居民有了更多的公共活动空间;"云巡检"和"数字消防"落地让小区更智慧更安全。小区从脏乱差到秩序井然、邻里和睦,居民对花钱买服务从不理解、不愿意到主动付费。接管半年之内,西马新村居民满意度提升至85%以上、热线投诉量下降70%,居民付费率超过70%。

三是从"无人管"到"合力管",老旧小区的治理效能不断提升。从老旧小区改造开始,物业公司做好前置介入,做到建管一体化,为改造完成后提供物业服务打下基础。将原来老旧小区外围的城管、环卫、园林、综合治理等职能部门的人力、物力、公共资源打包向小区集中,加强部门联动,合力破解违规占道、"僵尸车"清理等难题。深化社区党组织领导下的居委会、居民小组、物业服务企业"三方联动"机制,居民自治自管的能力和意愿不断增强,有效推进共建共治共享的基层治理格局。试点半年里,在全市城市综合管理考核排名中上升50多位,群众投诉案件降幅超过20%。

五、主要经验

经过一年多的实践和探索,深化"物业城市"改革,推动老旧小区物业服务高质高效可持续发展,我们深深感受到:

一是牢牢把握党建引领的鲜明主线,才能推动老旧小区物业服务高质量发展。"物业城市"改革既涉及老旧小区改造、物业服务,又涉及街区市政一体化,是个系统工程。要把党建引领贯穿全过程,强化党组织的领导作用和领导能力,强化党组织对"物业城市"改革的统筹协调作用,切实增强基层党组织发动群众、统筹力量、化解矛盾的能力和水平,始终彰显"红"的特色,把牢物业服务的正确方向。

二是充分发挥党员群众的主体力量,才能推动老旧小区物业服务高效能发展。人民群众是基层治理的直接参与者、受益者、评价者,党员群众参与的程度越高,小区治理的合理性就越强,成效越明显。深化拓展"红色物业",靠企业单打独斗行不通,靠政府大包大揽也走不远,只有充分发动下沉党员、居民群众、社会组织、志愿团队等广泛参与小区治理,接受物业企业进驻、参与物业服务评价等,形成人人参与、人人有责、人人负责、人人享有的生动局面,实现1+1+1＞3,让美好家园成果惠及千家万户。

三是时刻坚持以人为本的工作理念,才能推动老旧小区物业服务可持续发展。物业服务涉及社区、物业企业、居民等多个主体,不论是老旧小区改造还是物业管理的智能运营模式,都要基于居民群众的实际需求,基于企业发展的现实追求,要在物业服务于经济效益与社会效益、物业消费意识与享受物业服务成果中找到平衡点,让"物业城市"形成一个正向的"财政生态",通过以人为本的良性互动,不断促进行业发展、社会稳定、群众受益,以实现老旧小区的长效治理。

擎动枫桦，四驱更红

一、案例背景

武汉经开区沌口街道枫桦苇岸社区是全省唯一产值过千亿元的单体企业东风本田公司的职工小区，80％的居民是东风本田公司职工及家属。自社区成立以来，社区党委聚焦社区共建、共治、共享，打造"擎动枫桦，四驱更红"党建品牌。探索和建立多方力量参与社区共治及居民自治相结合的"一一四"党建引领社区治理模式：一个引擎，党建引领；一根主轴，凝心聚力；四驱并行，助推创新治理；奋力打造"鄂AFH114"这台红色服务车。有效实现了"民情共商、资源共享、家园共治"的新型职工社区治理格局。2020年9月，社区荣获湖北省先进基层党组织、"湖北省抗击新冠肺炎疫情先进集体"等称号。

二、主要做法

（一）一个引擎：党建引领，点燃"红色引擎"

枫桦苇岸社区坚持以党建工作为抓手，构建了"街道党工委＋社区党委＋2个片区党支部＋35个楼栋长（党小组长）＋若干党员中心户"的组织体系，使党的组织延伸到小区楼栋、居民家门口。以"党建织网，一网打尽，民得实惠，党得民心"为目标，建立"三项清单"。在小区范围内采取走、访、谈等形式，收集群众意见258条，最终确定八类29项

"需求清单";统筹整合职能部门,联合共建单位提出可共享的19项"资源清单";将"需求清单"和"资源清单"有效对接,形成九类41项"项目清单"。党建引领、整合社区资源,全面点燃"红色引擎",实现了以党建创新引领基层治理的思路和模式。

(二)一根主轴:共建共治,筑牢"群众根基"

落实"四民工作法",解决群众最关心、最直接、最现实的问题;充分利用辖区资源优势,促进社区资源共享,解决群众难题;发动居民共同参与社区治理,共建共治,筑牢"群众根基",共建美好家园。

(三)四驱并行,创新"社区治理"

一是"典型示范"驱动:培养党群骨干,凝聚治理力量。为进一步发挥典型模范的示范引领作用,枫桦苇岸社区进一步强化了典型模范的责任意识、创新意识,切实发挥典型模范在社区建设中的引领示范作用,进一步放大了典型模范的"品牌效应"。将社区有热情、有能力、有追求的党员群众培养成社区骨干,围绕解困助民、服务便民、调解安民、文体乐民等方面发掘各类"典型"。通过"五好家庭"评比、党员示范岗评比、志愿者示范岗评比等活动,培育党群示范典型,以全心为民的行动传递关怀,凝聚群众治理力量。

二是"清单管理"驱动:做实三张清单,优化治理路径。社区坚持以居民需求为导向、建立需求清单,统筹社区资源、建立资源清单,结合群众需求和各单位部门提供资源、社区服务能力,完成项目清单。精准服务,打造社区小型社会,全面推进"小事不出网格、大事不出社区"服务目标。根据需求,组建"四组"服务队:"排忧解难组"解决居民之困、"谈心陪伴组"抚慰老人之际、"托管照料组"引导孩童之乐、"邻里守望组"架起居民之桥。弘扬志愿精神围绕"6+1"服务体系积极开展志愿活动,充分调动社区现有的人力、物力资源,极大程度的丰富社区生活,形成平等友爱、和谐融洽的社区氛围。

三是"社企融合"驱动:联动企业资源,强化治理保障。以社区建设、企业资源、社会工作融合模式为基础,推动服务重心和资源向社区集中。东风本田汽车有限公司提供阵地保障,社区立足居民实际需求,充分利用1600平方米党群服务中心阵地。引入社会组织,围绕"6+1"服务体系,设立14个功能室、便民窗口,结合微邻里平台,线上、线下进行日常政务服务,构建"虚实结合"社区共同治理平台体系。共计开展党员学习教育活动80余次,老年服务活动280余次,妇女、幼儿、亲子类活动105余次,志愿帮扶活动230余次。链接外部资源,提供治理服务保障,拓展组织阵地服务功能,有效发挥了党支部组织群众、宣传群众、凝聚群众、服务群众的作用,切实提高了基层党组织的凝聚力、战斗力、向心力。

四是"智治增效"驱动：打造智慧社区，提升治理水平。坚持点线面结合、线上线下结合，全面深化网格化管理，用活用好"微邻里"服务平台，配强专职网格管理队伍，建立信息收集汇总分流、分类分级解决、矛盾排查分析研判机制，对各类居民诉求信息及时进行跟进处置、妥善处理、跟踪反馈，切实提高社区治理的智能化、专业化水平。截至目前，线上线下共收集居民诉求意见854条，居民报事271件，办结率100%，居民满意度100%。

三、取得成效

一是居民自治氛围逐渐浓厚。社区发挥"擎动枫桦 四驱更红"党建品牌效应，建立"蓝精灵"、"四组"、"银龄互助"、"军运护航"、枫桦联盟、下沉党员先锋队等20支特色志愿服务队伍，累计开展"6+1"服务活动1500余次，社区处处彰显活力，服务群众的形式和内容逐渐向多元化发展。

二是社区矛盾化解成效显著。依托"民呼我应"平台，有效完善了"四全"工作机制。收集社情民意信息587条，化解矛盾纠纷400余起。围绕"我为群众办实事"活动的开展，累计解决居民难题100余个，社区纠纷发生率下降16%，矛盾调解成功率达98%，初步实现了"人在格中走，事在网中办，尽知百家情，细解千家难"的成效。

三是下沉力量发挥作用明显。社区党委聚焦用活用好结对下沉单位和共驻共建企业资源，切实发挥企业下沉党员作用，策划了一系列具有针对性、实用性的便民利民惠民服务项目，有效激发了企业职工家属积极投身于社区建设和小区服务的积极性，聚力共建、聚焦共治、聚心共享，形成了一个"企业党员下沉服务、职工家属积极参与、服务成效家家共享"的联动链条。

红色驿站聚合力,暖"新"服务汇民心

一、案例背景

襄阳北街是"国家级旅游休闲街区""湖北旅游名街",含北街步行街和鼓楼商场两个大型商业中心,餐饮、服装等门店聚集,长期在此工作的外卖小哥、快递小哥等新就业群体达80余人,由于工作性质的原因,他们风里来雨里去,在等单间隙也是无处可去,没有固定的休息时间和场所,快节奏的工作让快递小哥很累,他们急需一个能够短暂休憩的空间。

二、实施目标

襄城区真情回应"小哥"所思所盼,以古城街道新街社区为建设主体,在北街核心地段建立北街商圈"红色驿站"暨"小哥加油站",为他们搭建一个"累了能歇脚、渴了能喝水、休息有书读、交流有场所"的落脚点,将党的关怀和温暖传递到每一名"小哥"。

三、实践路径

(一)三级联动建,共聚"新"阵地

按照"区级统筹、街道参与、社区主管"的三级联建方式,充分依托新街社区"大党委"工作机制,深化与辖区单位襄阳福彩中心共建共治共享,协调争取 300 平方米的福彩站点作为"红色驿站"阵地,打造了集党建宣传、关心关爱、便民服务、文明引导为一体的北街商圈"红色驿站"。建设前,新街社区组织人员对新就业群体的服务需求进行了广泛摸底、征求意见,围绕"小哥"们的所思所想所盼,设置个性化"4+X"服务项目,着力打造"小哥"受欢迎、喜欢来的红色驿站。其中,"4"为基本服务事项,即 1 杯水、1 把伞、1 条凳、1 张"网";"X"为特色服务项目,包括充电、无线网络、阅读学习、急救药箱、心理咨询、诉求表达等。红色驿站具备歇脚休息、纳凉取暖、饮水热饭、手机充电、无线上网、图书阅读等六项基本功能,以及心理疏导、诉求收集、学习提升等三项升级功能,有效解决"小哥"饮水难、吃饭难、休息难的实际问题,关怀"小哥"心理健康和权益维护,切实提升"小哥"幸福感和满足感,让他们户外工作有"家"可依。

(二)多方参与治,拓展"新"服务

"红色驿站"由新街社区具体运营管理,安排专人进驻服务,周边 4 个社区和辖区社会组织、企事业单位共同参与,提升服务力量。结合"一网通办",在"红色驿站"内设置政务代办台,提供政策咨询、就业招聘、生活缴费、困难救助等 29 项政务服务事项。积极统筹辖区"双报到"党员和志愿者实行全时段排班值守,开创"周三有约"系列活动,邀请区直相关职能部门开展维权咨询、事项协调、矛盾调解、心理疏导等"小哥"们关心的各项服务活动。设置朗读厅和喜马拉雅电台文化墙,在"小哥"们等单的间隙既是休闲娱乐场所,同时也是传统文化教育的一种新方式。通过凝聚多方力量,推动形成"你中有我、我中有你"的集聚融合,变红色驿站"各自管"为"合力管",让红色驿站活动有声有色,形式丰富多样。

(三)人人共惠享,发挥"新"力量

"红色驿站"坚持触角向下延伸,充分发动辖区党员、商户、"小哥"等共同参与、量身打造各类服务事项。积极引导商圈党员经营户主动亮身份、亮承诺,设置"红榜"和"加油榜",以点带面督促商户严格自律,用实际行动践行党的宗旨,维护党员形象,实现基层党建工作与辖区经济发展互惠共赢。充分依托商圈爱心商户,选取了八家"小哥"群体消费频次高的商户,给予"小哥"一定的消费折扣,"小哥"们凭爱心卡消费能够感受到实实在在的优惠,真正将暖心服务做实。充分发挥"小哥"们走街串巷、情况熟悉的优势,向全体"小哥"发出号召,邀请他们积极参与"不文明行为随手拍"志愿服务,做基层治理观察员、食品安全的监督员、交通安全的宣传员、行业文明的模范员,并以"时间存折"方式兑换积分,积分可兑换相应物品或服务。通过同频共振、同向发力,真正使"小哥"工作有尊严,生活有奔头。

四、实践成效

北街商圈"红色驿站"暨"小哥加油站"自 2022 年 5 月建立以来,先后为"小哥"群体提供组织关系接转、政策咨询、服务代办等各类便民服务 247 人次,服务商户、游客、一线工作者和新就业群体等约 5000 人次,真正成为党群工作宣传站、加油充电补给站、纾困解难服务站、民情民意工作站。

红色管家聚合力，共治共建兴楼宇

一、案例背景

金江银座是一栋28层高的商住两用楼，于2005年开始运营，是宜昌市伍家岗区重点商务楼宇，也是伍家岗区商务楼宇经济的典型代表。楼宇目前有住户7家，入驻企事业单位80多家，从业人员900余人。是一个集中介评估、金融服务、科技研发等为一体的商务楼宇经济综合体。

2011年10月，针对金江银座商务楼宇党建工作薄弱、物业公司和业主之间关系不融洽、入驻楼宇的众多"两新组织"诉求无回应等突出问题，楼宇在社区党委的指导下成立了金江银座楼宇党支部，选举产生3名支部委员，物业公司经理张卫当选为支部书记。

二、实施目标

近年来，社区党组织以"党建引领、服务企业、回馈社会、共享成果"为宗旨，在金江银座楼宇积极打造"红色管家联盟"特色品牌，运用"五联"工作法，使经济最活跃的地方成为党建最有力的地方，不断扩大覆盖力、服务力、影响力，把党的政治优势、组织优势转化为企业发展优势。以楼宇党建助推楼宇提质增效，促进区域经济健康发展，城市基层治理能力提升，实现了楼宇高质量发展。

三、实践路径

(一)联合:强化核心,整合资源,充分形成合力

一是发挥党支部核心作用。加强规范化建设,落实"三会一课"、支部主题党日、组织生活会、谈心谈话、民主评议党员等基本制度。强化党员队伍管理,不断提升党员整体素质,不断激发生机活力,为党建工作的顺利开展提供坚强的组织保障。二是摸清资源建立清单。党支部积极挖掘楼宇资源,探索与楼宇单位、企业实现双向服务,有针对性地列出"资源清单""需求清单""项目清单",建立相应台账,将楼宇中跨行业、跨楼层的各类资源有机统筹起来,更好地实现资源互补、互惠互助,形成良性互动。二是汇聚力量形成合力。党员带头发挥先锋模范作用,带动楼宇内企业职工参与进来,成立社会各阶层人士联谊小组,联合多方力量共同推进楼宇发展,激发活力。

(二)联办:长效常态,培育社团,创新活动载体

一是共同开展学习教育。在社区党委指导下,楼宇党支部结合"三会一课"组织楼宇党员、职工共同开展支部主题党日、道德讲堂、读书会等学习教育活动,不断扩大感染力、吸引力、影响力,进一步增强针对性、时效性,形成长效常态的学习教育机制。

二是做强"红色"社团组织。打破楼层、行业、企事业单位的界限,以需求为导向、以公益为纽带、以活动为载体,培育孵化楼宇智囊团、消防小分队、道德宣讲团、青年志愿服务队、矛盾纠纷调解队、绿色银行、益心加油站等7个"红色"社团组织,有效开展党务服务、政策宣传、经济服务、社团服务等系列活动,参与的党员、职工达230余名。近年来,为楼宇党员职工提供各类服务200余项。

三是健全积分管理体系。结合楼宇实际情况制定具体可行的楼宇积分管理细则,健全服务机制,将楼宇党员参与志愿活动、楼宇治理、矛盾化解、政策咨询等纳入积分管理,进一步强化党员的党性意识、责任意识。

(三)联治:明确责任,搭建平台,协调处理矛盾

一是开展"三亮"工程,主动担当作为。为激发楼宇党员发挥先锋作用,社区党委在

楼宇开展"三亮"工程,1名自管党员负责4层楼,实现7名自管党员全覆盖联系整个楼层。同时,每层楼确定1名企业党员共同负责联系。通过挂牌公示做到"亮身份、亮承诺、亮职责",将每层楼真正串联在一起共同发挥作用,党员紧密联系商户、住户,确保诉求能够及时反馈,问题得到及时解决。例如,金江银座12楼德信评估公司有一员工吸烟后以为烟头已熄灭就扔进了垃圾桶,结果公司下班锁门后,楼宇的红色管家巡查发现该公司不断有烟冒出,判断可能有火灾隐患,随即联系楼宇党支部张书记,由他带领保安敲门确认无人后就破门而入,及时灭火,为企业避免了重大损失,事后该公司负责人对楼宇党支部万分感激,给予楼宇党建高度评价,并主动要求单位党员到党支部亮身份,加入红色管家行列。

二是搭建协商议事平台。实施楼宇筑堡工程以来,在市直包保单位市公积金筑堡队的共同参与下,2022年6月,成立楼宇"大支部",组建"四长两队",共同形成多方协商议事平台,通过对接企业需求,不定期组织开展议事协商会议,针对突出的问题献计献策,协商解决楼宇治理中的困难和问题。通过社区与楼宇"大支部"协商,进一步整合楼宇资源,与13楼餐饮企业达成一致,建立共享食堂,中午为楼宇单位、企业提供工作餐,解决了反映强烈的员工就餐难问题。

三是营造和睦邻里氛围。党支部组织楼宇企业、住户、社团共同开展公益活动,定期组织治安巡楼、维护楼宇公共环境服务。通过活动加强联系,形成和睦融洽的氛围,为协调化解矛盾奠定良好基础。

(四)联创:评优创先,聚焦发展,创造经济效益

一是优化营商环境。2021年起,社区党委进一步整合楼内资源,实现内循环。通过引入"双报到双报告"、政府职能部门、"大党委"成员单位、代表委员等各类资源,在楼宇创建"一米空间"零距离服务,向楼宇单位、企业提供党务、政务、警务、医务、物管以及纪检监察六类服务,探索形成"党建引领+优化营商环境"工作新模式。围绕单位、企业需求,先后开展政策宣传讲座6场、党史学习教育4次、健康教育及义诊2次,收集意见座谈会2次、化解矛盾纠纷5起,防电诈宣传全覆盖。在大家的共同努力下,目前的服务满意率达100%、矛盾纠纷调处率100%,楼宇企业电诈案件保持零发案,"党建引领+优化营商环境"工作模式已初显成效。通过和谐营商环境的营造,越来越多的企业加入服务团队,由被动接受到主动服务。阳光保险公司自觉加入社区"先锋守护"防电诈志愿服务队,主动下载国家反诈中心App,并积极参加社区"你我同心,反诈同行"为主题的各类防电诈宣传活动,守护居民财产安全;诚昌律师事务所律师加入了社区"和美调解"志愿服务队,积极参与社区矛盾纠纷调解,为居民提供法律援助,协助解决矛盾纠纷3起。

二是积极开展诚信经营户、党员示范户等评选活动,建立良好的营商环境和服务体

验。尤其是疫后重振工作，楼宇党支部对整个楼宇商户进行排查走访，帮助企业渡过难关，助力企业疫后重振增信心、强底气。

三是融入企业发展。利用资源整合，楼宇内的单位、企业相互提供资源链接，在生产经营、改革发展、人才队伍、安全生产等方面提供专业咨询、技术支撑、配合协作等。通过党建盘活楼宇资源，真正融入企业发展，为企业发展保驾护航。

(五)联享：共享成果，辐射效应，服务回馈社会

一是阵地巩固提升。围绕"六有""四看"相关要求，党支部与楼宇企业联手建强组织阵地，组织阵地得到了巩固提升。不仅楼宇内的所有会议室、活动室等场地可以供党支部调配使用，而且由于楼宇共建共享氛围浓厚，在社区党委的多方协调下，楼宇内的宜昌市房屋与产权交易中心主动将四楼露天平台"贡献"出来，面积达500平方米，党支部将其打造为红色驿站，和一楼的党建工作宣传阵地互为呼应，将红色堡垒牢牢筑实于楼宇之间。

二是辐射智慧成果。社区党委组织成立首个楼宇专家"智库"，组织24名智库专家围绕楼宇治理难题献计献策。针对楼宇停车难的问题共同商议，提出"白加黑"共享停车模式，和旁边一小区白天晚上错开，错时错峰、共享停车，盘活紧缺的停车资源，解决困扰多年的停车难问题。这一智慧成果也成功辐射至周边小区、医院、商圈，计划扩大共享停车范围，实现周边有限停车资源的最大化利用。

三是提供资源帮扶。社区目前在进行老旧小区改造工程，改造工程涉及法律法规、评估测算、改造设计等内容，社区党组织引导楼宇内相关企业的专业人士主动提供帮助，进行政策讲解、专业咨询、技术支持等，为社区的老旧小区改造贡献力量。

四、实施成效

近年来，金江银座的党建工作得到了湖北省和宜昌市党委组织部门、统战部门、民政部门的充分肯定，多次进行调研指导，并在全省全市总结推广，先后接受省、市、区调研考察百余次。金江银座"党建引领楼宇治理工作法"荣获2018年全国优秀社区工作法。各级新闻媒体也给予高度关注，《湖北日报》《三峡日报》《三峡晚报》等媒体以金江银座楼宇党建为专题进行了全面报道，电视台等媒体也多次进行采访报道。"红色管家公益众筹联盟"项目荣获湖北省第五届社区公益创投大赛二等奖；2019年，"绿植点亮公益"项目在全省第六届公益创投大赛上荣获高级组一等奖。2020年12月，社区党委获评全省

"龙头"示范单位,成为全省行业(区域)党委书记培训班现场观摩点,2021年6月楼宇党支部被市委组织部授予"先进基层党组织"光荣称号,成为市委党校现场教学观摩点。

五、主要经验

(1) 商住关系由"陌生对立"变为"亲仁善邻",破解矛盾难题,打造楼宇治理范本。
(2) 楼宇企业由"单兵作战"变为"互相帮扶",聚焦中心工作,实现企业高效发展。
(3) 社团组织由"初显雏形"变为"特色品牌",深化志愿服务,引领城市文明风尚。
(4) 党建资源由"分散零碎"变为"集中统一",汇集资源智慧,全力服务回馈社会。

"职来职往"志愿服务项目

一、案例背景

宜昌市伍家岗区伍家乡三峡物流园社区位于东站路188号,社区面积1.3平方公里,服务与管辖对象为宜昌三峡物流园、天元物流两大园区和宜城春晓、国悦府两个商住小区,是全市为数不多的拥有两个园区的社区。辖区常住户达1423户,常住人口达4980人;三峡物流园作为全市最大的货品贸易集散地、新冠疫情期间全市最大的保供单位,拥有门面3398个,商户2300家,务工人员3万余人。三峡物流园和天元物流所需的劳动者多为劳动用工,这也是解决"40""50"人员、失地农民就业转岗的重要载体。随着园区的不断成熟壮大,产生的劳动力缺口也越来越大,在"春节""双12""双11"等节日存在季节性用工荒。针对此现象,三峡物流园社区党委打造"职来职往志愿服务平台"项目,旨在为辖区商户解决劳动用工缺口和辖区居民(物流园所需劳动力大部分均无须高学历,尤其是赋闲在家的妇女、失地农民、寒暑假兼职的大学生等)的求职问题,实现"为岗找人、为人找岗"。

二、实践路径

(一)"三个到位",夯实"职来职往"项目基础

(1)整合资源,统筹力量。社区与辖区单位商讨并部署"职来职往"服务平台人员分工,形成"以三峡物流园社区党委为主导,三峡物流园公司、三峡物流园市场商会共同参与,社企协同"的组织体系,明确分工,确保工作有效推进。搭建"1+M+N"运作模式,即以社区党委为核心,三峡物流园市场商会、三峡物流园公司为主要资源,辖区其他商铺及市场监督管理所、伍家岗区税务局及保险公司等多个辖区企事业单位共同推进。

(2)多种途径,宣传到位。一是线下宣传时时有。社区分别在物流园人流密集处和宜城春晓小区内设置了促就业宣传栏,及时公布最新的就业资讯,让有就业需求和意愿的辖区居民能及时获取最新招工企业信息和岗位信息。二是线上宣传同时抓。在社区公微平台开通了"职来职往"专栏,用于辖区居民求职就业,截至目前推出了12期招聘信息。此外,在"魅力新城伍家岗""文明伍家乡"等区、乡两级政府公微平台推送本社区"职来职往"相关资讯,大力营造就业氛围。

(3)入户调查,摸底到位。社区通过网格员日常工作,了解到园区提供的主要是普工、搬运工、装卸工等对技能水平、文化程度、劳动年龄之类、要求不高的岗位。三峡物流园和天元物流两大园区提供的就业岗位10000余个,是解决辖区乃至全乡、全区就业困难群体的重要支撑。为更清楚掌握就业情况,社区开展了对物流园商户和小区居民的入户调查。在物流园开展了413份抽样调查,对商户招工的用工时段、用工年龄段、劳动报酬等做了精准掌握,通过调查数据统计分析,物流园商户对工作年龄段需求最多的是40～50岁、占比达65.87%;劳动报酬3000～4000元的占比最多,达54.94%。对小区居民就业情况主要调查就业单位及其类型、求职需求等,通过入户分析数据,辖区就业率达96.5%。其中在国企、私企、民营企业上班者达68.9%;自主创业者达27.6%。

(二)"四个开展",推进"职来职往"项目落实

(1)开展阵地建设,夯实促就业工作基础。一是新建成社区创业就业便民服务大厅,方便有就业意愿的群众前来办事;二是打造创业就业线上服务平台,辖区有求职意愿的群众在网上就可以线上办理,极大方便了求职群众;三是在物流园一楼大厅设置了"职来职往"就业服务平台,便于有招工需求的商户就近登记,同时还有"就业援助帮帮团"为

该平台开展志愿服务。

（2）开展就业培训，提升求职人员就业技能。为推动有求职意愿、辖区就业困难群众就业，"职来职往"志愿服务平台及时组织其参加各级举办的就业技能培训。对于"40""50"人员，社区组织他们参加烘焙、月嫂之类培训，提升他们的实操技术；对于失业1年以上的40岁以下的人群，组织他们参加挖掘机、电工、焊工等技能培训，让他们获得一技之长；对于近几年毕业的大学生，社区组织其参加电商、新媒体等之类的培训，提升他们创业本领。近年来，已累计组织辖区有求职意愿及就业困难人员参加培训10余场（次），累计培训人员达300余人。

（3）开展招聘活动，推进促就业工作落实。一是"职来职往"志愿服务平台积极组织有求职意愿的居民参加各级招聘会。如"春风送岗"、年底招聘会等。二是组织特定对象参加各级举办的相关招聘会，如大学生就业招聘会、失地农民招聘会、退役军人专场招聘会等，"有的放矢"让有求职意愿的特定群体参加专场招聘会更好解决其就业问题。三是举办特定招聘会，让辖区群众在家门口即能就业。2021年4月13日，社区举办了"春风送岗，'职'等您来"——首届物流园招聘会，现场提供岗位441个，当场达成就业意向百人。2022年3月4日举办了第二届招聘会，提供就业岗位541个，当场达成就业意愿群众221人。近年来，社区组织参与及自办招聘会达10余场（次），提供岗位达4000余个。2022年5月，举办了伍家乡残疾人专场招聘会，提供残疾人就业岗位30个，解决了弱势群体就业问题。此外，社区安排专人对就业工作的情况进行追踪回访，确保就业工作精准落实。

（4）开展各类申报，落实促就业相关政策。为保证创业就业群众的积极性，"职来职往"志愿服务平台及时为符合国家政策的人员办理各类补贴。近年来，为辖区就业困难人员办理了《就业创业证》；为创业人员进行小额担保贷款，截至目前，一共为292人担保贷款5832万元；为辖区创业大学生申请大学生创业国家一次性补贴，累计达10000元；为辖区残疾人创业申请创业补贴，累计29000元。

（三）获得成绩，取得"职来职往"项目实效

一是就业困难人员全部就业，其中残疾人杨某原为居住在本辖区的外地户籍的"90后"肢体三级残疾人员，父母均在辖区从事保安、保洁等工作，为帮助杨某就业，社区指导其进行了就业困难人员认定，并安置在社区开发的公益性岗位工作，后又帮助其将户口转入本辖区，积极支持和推荐其参加伍家岗区组织的残疾专管员招考，现已被录用，月收入2000元，助其实现了高质量稳定就业。目前8名就业困难人员在超市、药店、商铺、社区公岗等岗位工作，已全部就业。二是三峡物流园社区"职来职往"志愿服务平台通过各类招聘会提供就业岗位2400余个，达成就业意愿的群众累计1500余人。三是社区

"职来职往"服务平台已累计推出"线上＋线下"招聘会 28 期,帮助 500 多家商户成功招聘 800 人,帮助辖区 1100 人实现就业,也为全乡其他村(社)就业困难人员进行了帮扶。四是三峡物流园开园至今,共吸纳 2500 余名"40""50"人员就业,其中全区被征地农民约 1500 余人,解决了失地农民就业转岗。由于社区促就业工作的蓬勃发展和成就,2019 年,社区被评为"湖北省充分就业示范社区";2021 年,社区获评"伍家岗区高质量发发贡献奖"。2022 年 3 月,"职来职往"志愿服务项目被宜昌市文明办评为"全市最佳志愿服务项目"。社区还得到了国家、市级、区级 7 家媒体对社区就业工作的宣传报道,产生了良好的社会影响。

近年来,伍家乡三峡物流园社区党委认真贯彻落实党的方针,坚决部署党的决策,大力推动辖区群众就业工作,为全区的经济建设和社会发展提供了不竭动力和较大引擎,为着力打造"都市经济样板区"贡献了不竭动力。下一步,社区将全力以赴、再接再励,推动辖区就业工作再上新台阶!

变小区成景区，共同缔造美好家园

宜昌市西陵区窑湾街道茶庵社区为支持市域重点项目建设，先后腾退2000余亩土地，村民整体搬迁，集中安置于茶庵小区。长期以来，安置小区基础设施较为匮乏，人居环境较为恶劣。如何发动居民改善小区环境，让居民从"事不关己"到"主动参与"小区治理，是小区发动群众共同缔造美好环境与幸福生活的关键所在。茶庵社区充分发挥党建引领作用，瞄准筑堡工程切入点，深化"五共"理念，广泛听取民意，汇民心、聚民智，引导居民从"陌邻"变为"睦邻"。纵向到底建强组织力量，横向到边整合辖区资源。通过居民共同打造村史馆、手绘睦邻墙等方式，重塑茶庵历史文化传统，凝聚居民文化共识、需求共识、价值共识，将昔日"脏、乱、差"的老小区，建成了一个"美、洁、畅"的"景区"。

一、案例背景

2002年茶庵社区为支持市域重点项目建设，先后腾退2000余亩土地，村民整体搬迁，建成了茶庵小区，由于建成年代早，辖区基础配套生活设施严重不足，已有的管网、道路等设施老化破损。周边生态环境杂乱，居民从村民到市民的身份转变较慢，小区内乱停乱放、乱牵乱挂现象较为严重，居民们"晴天尘飞扬，雨天泥满身"，人居环境较为恶劣。同时因外来人口的流入，居民组成更为复杂，居民对公共事务不关心、对小区治理事不关己不留意，参与社区公共事务的积极性不高。

二、实施目标

充分发挥党建引领作用,瞄准筑堡工程切入点,推动美丽家园共同缔造,通过强化组织力量、凝聚文化认同、推动居民共治,党员干部带头协调、居民群众群策群力,完善基础设施,优化生活环境,将昔日"脏、乱、差"的老小区,建成一个"美、洁、畅"的"景区",探索党建引领共同缔造的茶庵实践。

三、实践路径和成效

(一)坚持党建引领,以资源优化推动力量强化

为解决"资源多、手段少""力量散、整合难"的问题,茶庵社区立足纵向到底、横向到边,将党建引领贯穿共同缔造全过程,推动资源、服务、平台下沉到一线,把力量用在刀刃上、紧要处。

一是把支部建在楼栋里,让组织找得到群众。坚持党建引领、协同治理,紧密依托社区"大党委",建强"社区党组织—小区党支部—楼栋党小组—党员中心户"四级组织,组建3个小区党支部,完善"四长两队"工作体系和工作机制,设立19个楼栋长、47个单元长,确保社区工作者"认得到人、敲得开门、说得上话、托得了事"。2022年以来,组织市、区两级下沉党员干部开展结对认亲、入户连心等活动32次,走访辖区群众1376户,化解群众反映的"急难愁盼"问题30余个。

二是把阵地设在家门口,让群众找得到组织。整合辖区注册志愿者880人,组建老中青幼多层次共7支志愿者服务队、3支应急突击队,常态化开展文明创建等志愿活动,营造"全民动员,人人参与"的志愿服务氛围。坚持"服务场所最大化、办公场所最小化",将社区党群服务中心迁到小区,汇集快递驿站、小区药房等便民场景,打造高品质15分钟生活圈,确保服务做到家门口。

三是把平台搭在小区里,让服务对得准对象。茶庵小区抓住紧邻三峡大学的优势,对准居民需求,共联共建服务平台。联合三峡大学推进社校共建,开展文化墙绘制等各类志愿服务活动,为高校青年施展才干搭建平台。依托包联单位筹集资金4万余元,兴建儿童游乐设施。引进三峡青少年科学教育发展指导中心等市场主体入驻,打造"青创嘉年华""家庭幸福驿站"等一批社区品牌项目,为居民提供创业就业、养老托育等服务。

(二)聚焦文化凝聚,以需求导向引领同心共建

重建美好家园作为社区的"第二次创业",首要的在凝心鼓气。茶庵社区坚持汇聚文化共识、需求共识、价值共识,走好同心共建之路,走出一条以居民需求导向为共建方向的凝心聚力之路。

一是深挖文化聚共识。茶庵社区整体推进以"茶庵·家安"为主题的社区文创工作,以社区发展历程凝聚共同奋斗的精气神。深挖地名文化,广泛征集老物件、老照片等有时代印记的物品,打造村史馆,邀请乡贤讲述茶庵的历史变迁,共忆创业之路(图1);打造屈子馆和红色展览馆,共扬爱国爱家情怀;打造睦邻墙,宣传名人家训,打造社区好人馆,宣扬道德楷模,引导居民崇德向善。通过安居乐业、团结和谐等一系列主题文化的软植入和视频公众号的传播,全体茶庵人心齐气顺共建幸福家园。

图1 茶话会邀请乡贤讲述茶庵的历史变迁,共忆创业之路

二是紧贴需求聚民心。以"民谈""民提""民议"找准群众需求,对准需求解决问题,是茶庵社区推进筑堡工程的"起手式"。开展居民"茶话会",围座谈、拉近聊,从家长里短中捕捉居民需求点。邀请辖区居民代表担任筑堡工程观察员,通过列席会议、走访入户等方式,收集社情民意,开展民主监督。

三是聚焦价值认同感。突出好记易懂管用,发动小区能人和居民代表集思广益,重新修订以"三字经"为形式的居民公约,形成共同缔造的共同规范。以"一居一特""一居一品"为抓手,培育"茶庵·家安"文创品牌,以情感纽带增强居民归属感。

(三)着力居民共治,以"五共"理念促进群策群力

通过发动群众决策共谋、发展共建、建设共管、效果共评、成果共享,打通群众共同缔造美好家园的渠道,避免"政府干、群众看",真正发挥居民群众的主体作用。

一是以决策共谋统一思想共识。通过入户走访、小程序调查、问卷调研等多种形式,对1800余名居民、35户商户征求意见,形成需求清单。对于乱牵乱晾、飞线充电等居民强烈反映的问题,党员、居民代表挨家挨户走访,统一居民意见。同时,积极发挥楼栋长、单元长的"关键少数"作用,引导他们成为居民自治"大管家",把居民反映的难事找出来,协商形成解决方案。

二是以发展共建凝聚各方合力。社区牵头引导,茶庵小区老党员带头组织,通过村(股)民代表大会,股民自愿拿出近3年每户每年4000元的分红推进茶庵小区综合改造。为解决部分居民吃水难问题,居民群众一起出主意、想办法,通过居民自筹、社区向上争取,落实了项目改水资金约200万元,增设"3D打印"泵房,解决了200余户居民的饮水难题。

三是以建设共管强化社会治理。动员擅长法律咨询、矛盾纠纷化解、文艺活动的居民骨干,组建公共服务组织、居民自治类组织、社会服务组织,共同参与社区治理。推动完善居民自治机制,小事琐事居民群众商量办,难题杂事党员干部带头办,成立联动小组共同解决。

四是以效果共评激发参与动力。采取民主推荐、民主评议、公开公示的方式,把居民"怎么看"作为社区工作"怎么样"的首要标准,健全居民及时评制度,完善"评价、改进、反馈"的工作闭环,针对性提升工作成效,组织居民开展"实事项目亮晒评"等活动,激发居民参与社区治理的动力。

五是以成果共享缔造幸福生活。茶庵小区自重建以来,一改过去"晴天尘飞扬,雨天泥满身"的形象,变成"人见人爱,人见人夸"的温馨家园。建成文化活动广场1800平方米,铺设800平方米的草坪公园,刷黑道路改造管网1200余米,绿化率增加50%,完成广场监控、草坪音箱、休憩桌椅、垃圾箱等设施安装。

四、主要经验

(一)凝聚一条心,同心同向引领共建方向

引导居民从"看客"变为"主角",让居民从"不愿参与"社区治理到"主动参与"社区治理,茶庵社区坚持凝心鼓气,汇聚文化共识、需求共识、价值共识,凝聚民心,探索同心共建之路。

(二)合成一股力,以资源优化推动力量强化

坚持党建引领,立足基层党组织筑堡,纵向到底建强组织力量。深化共同缔造活动,横向到边整合辖区政企民等多方资源,社区扮演好触媒者、组织者、协调者等多元角色,凝聚共同缔造重建美好家园的发展合力。

(三)协同一起干,以共同缔造促进共建共享

坚持以群众为主体,深化共建共享,推动协商共议、党群共办、民主共评,避免"政府干,群众看""议论多,共评少"的问题,形成齐心协力干的生动局面,切实发挥居民群众主人翁意识作用,茶庵小区旧貌换新颜。

以萤火之光,点亮幸福之门、筑牢治理之基

宜昌市西陵区窑湾街道峡州社区为全市最大的保障性住房片区,随着2018年以来住房不断交付入住,特殊困难群体逐渐增多,片区凸显出社会基层治理不足的短板:保生活底线人员由各城区向保障性住房迁移,形成人员大量聚集,现有在册低保、低收入家庭741户;社会各类特殊人群扎堆,管理服务的难度逐渐增大,辖区2018年在册吸毒人员256人,重症精神病患者45人;各类矛盾突出,治安案件频发。仅2021年,辖区警情420起;保障房使用管理不规范,承租人私自将房屋出租或转借他人使用,造成实际居住人信息经常变动,核实难度增加。峡州社区突出筑堡强基,践行共同缔造,聚焦风险,强化数据赋能,探索基层社会治理路径。在基层党建引领下,社区"大党委"、小区"大支部"、物业服务企业、小区志愿者等多方联动、多方协同、共建共治、共抓共管。以线上、线下相结合的方式,通过"特殊人群关爱帮扶"平台、"禁毒科普教育园地",实施精细化社会特殊人群服务,实现了复杂区域、复杂群体的保底线稳控管理,有效化解了保障性住房社区的服务居民能力不足、基层治理效果不佳等难题。

一、案例背景

峡州社区为宜昌市最大的保障性住房片区,社区人口8369人,辖区保障房居民占全市40%。随着2018年以来住房不断交付入住,片区凸显出社会基层治理不足的短板:一是保生活底线人员由各城区向保障性住房迁移,老弱病残家庭较普遍。现有在册低保、低收入家庭741户,独居老人162人。经济困难家庭依靠各项社会救助政策解决基本生活问题。二是各类特殊人群扎堆,管理服务的难度逐渐增大。2018年,辖区吸毒人员256人(现有吸毒人员198人),刑释及社区矫正人员47人,重症精神病患者45人。

三是各类矛盾纠纷突出,治安案件频发。2021年,辖区警情420起,分别出现盗窃、打架斗殴、纠纷矛盾、噪声扰民,其中矛盾纠纷警情占比较高。四是保障房使用管理不规范。部分承租人违规将房屋出租或转借他人使用,造成实际居住人信息采集、核查难度增加。可见,峡州社区亟须破解辖区特殊人群的服务和管理难题。

二、实施目标

实现复杂区域、复杂群体的保底线稳控管理,化解保障性住房社区的服务居民能力不足、基层治理效果不佳的难题。

三、实施路径

峡州社区坚持党建引领,强化数据赋能,聚焦风险管控,社区"大党委"、小区"大支部"、物业、志愿服务队多方联动,共建共治、共抓共管。以线上、线下相结合的方式,通过"特殊人群关爱帮扶"平台、"禁毒科普教育园地",实施精细化社会特殊人群的服务和管理。

(一)搭建特殊人群关爱帮扶体系

坚持党建引领,构建以市综治网格中心、区政法委、西陵公安分局、街道党工委、社区党委为支撑的纵向＋横向组织体系,实现行政管理和部门指导有机结合。运用全市社会治理一体化平台和社区特殊人群关爱帮扶平台,对辖区特殊人群管理、帮扶、预警上报、日常关照全覆盖。结合辖区实际,探索性制定《特殊人群三色管控工作方案》,根据特殊人群的情况、现实表现,对风险等级予以动态分析,按紧急程度划分为红、黄、绿灯三种类型进行动态管控。红灯为现实表现危险人员,须时时监控,确保安全;黄灯为有现实危险但无直接违法犯罪行为人员,须持续掌握动态,主动防范;绿灯为有过前科但现实表现稳定人员,须持续关注、防止升级,协助社会回归。经过实践和运用,在公安部门的指导下,对"特殊人群关爱帮扶"平台实现智能预警、手机端实时操作,实现信息上报、预警处理、服务轨迹动态管理。

(1)落实重点人定期管控措施,网格员、民警、协警、综治专干、物业客服明确责任,实行定期研判落实包人包案制度。

(2)动态管控措施,通过"特殊人群关爱帮扶"平台,形成多方协管共享信息,保持信息互通,落实共抓共管机制,开展日常动态收集汇总录入平台进行痕迹管理,做到稳控及管控。

(3)通过多方信息共享、整合资源,对平台上的人员开展社会治安、矛盾纠纷、肇事肇祸、信访投诉、拘留关押、违法犯罪等有关信息收集,自动预警功能可按照每月发案频次进行黄灯、红灯转换,升级为中风险、高风险。

(二)建设特殊人群科普教育园地

以加强基层治理能力为目标,以巩固和完善基层治理体系为举措,聚集辖区治理难点;以社区阵地为依托,在党群服务中心建设350平方米的禁毒科普教育园地,成立以市、区禁毒大队、窑湾街道中心戒毒社区、片区民警、社区党组织齐抓共管的戒毒康复工作专班。健全组织机构,建立"5+N"工作小组,明确工作职责,落实工作任务,建立完善的帮扶机制。

在贯彻中央关于加强禁毒工作指示批示精神和深入开展吸毒人员"平安关爱"行动工作中,社区利用300平方米党群服务阵地打造集警示教育、多功能宣教、抽检尿检、毛发检测等关爱帮扶于一体的国家级禁毒科普教育园地。

(1)依托"特殊人群关爱帮扶"平台,做到整合资源,多方信息共享,将现有198名吸毒人员进行分类,开展动态管控。做到时时监督管理,能及时在禁毒康复工作站开展风险评估并进行研判。

(2)开展日常吸毒人员阵地警示教育,面向社会组织、行政机关、学校、青少年开展毒品知识预防教育,进行树立正确的人生观、毒品预防及危害,防止违法犯罪行为的宣教。

(3)关爱帮扶,聚焦特殊群体及困难群体,掌握吸毒人员日常生活状况,运用"萤火虫计划"、党员"结对帮扶"方案、社会救助政策,帮扶吸毒人员回归正常生活,杜绝极端恶性循环事件。

四、经验及成效

峡州社区深入贯彻党建引领基层治理,突出筑堡强基,践行共同缔造,聚焦风险,强化数据赋能,社区"大党委"、小区"大支部"、物业服务企业、小区志愿者多方联动、多方协同、共建共治、共抓共管。以线上、线下相结合的方式,通过"特殊人群关爱帮扶"平台、

"禁毒科普教育园地"的打造,实施精细化社会特殊人群服务,实现了复杂区域、复杂群体的保底线稳控管理,有效化解了保障性住房社区的服务居民能力不足、基层治理效果不佳的难题。

一是高效防范化解了社会风险。运用信息化手段高效地对特殊人群状况实时掌握,在"以帮促管"中,化解了与特殊人群难接触、说不上话的困扰,通过及时开展人员筛查、评估研判、防控化解、就医治疗等预案措施,降低了肇事肇祸、警情、社会治安发案率。

二是特殊群体呈显著下降趋势。吸毒史人员由2018年256名下降至198名,帮扶对象回归社会和减少复吸率效果明显。精神病患者在稳控到位的同时,还为其中无经济能力者保障治疗途径,争取社会救助政策、畅通绿色通道。

三是禁毒帮扶成效明显。成功感化1名吸毒人员自愿与红十字会签订遗体捐赠协议,以助三峡大学的医学研究。帮助13名回归社会的吸毒人员走上工作岗位,使之正常生活。

以"新熟人社会"共同缔造行动创新社区治理

一、案例背景

枝江市鸟家识街道白鸭寺社区突出党建引领,着力推进红色组织全覆盖、红色队伍全凝聚、红色要素全联结、红色服务全方位,组织引导居民共同行动。以居民需求为导向,以红色物业为支点,以共同行动为基础,培养居民参与意识、培育社区社会组织、夯实社区共同体"家"文化。让小区内生人变熟人、熟人变家人、家人变主人,共同缔造白鸭寺社区"新熟人社会",形成了"红管家"社区治理创新品牌。近年来,社区先后荣获湖北省百佳居委会、湖北省党建工作示范单位等荣誉称号,新华网、《湖北日报》、荆楚网、《中国社区报》等媒体多次对社区进行宣传报道。

二、实践路径

(一)高举一面旗,红色组织全覆盖

社区成立之初,即从抓社区党组织建设入手,带动社区其他组织建设,构建了立体化的社区党组织网络。纵向上,构建了"街道党工委+社区党委+3个居民区党支部+12个网格党小组+67个楼栋党员中心户"的五级党组织体系。横向上,构建了"1+6+N"社区协商体系。"1"即红管家议事会会长,由社区党委书记担任;"6"即6支固定队伍

成员,包括社区工作者队伍、社区党员队伍、志愿者队伍、业委会队伍、物业管理队伍、下沉党员干部队伍;"N"即利益相关方,根据协商事项动态调整,人数不限。突破纵横维度,吸纳枝江市委、马家店街道、市文旅局、市交通物流发展中心、市人民医院、广厦物业、中央山水业主委员会等联区驻区党组织负责人,成立了"社区大党委"。同时把红色基因注入每个社区组织之中,实现了红色组织全覆盖。

(1)做实社区居民委员会。在市民政部门和街道的指导下,依法选举产生了社区居民委员会,并与网格化管理有机衔接,划分了12个居民小组。在居委会成员候选人、居民小组长等推选中,社区严把候选人政治条件,动员引导物业服务人员、退伍军人、大学毕业生中的党员积极参加选举。社区党委书记被选举为居民委员会主任,5名社区居委会成员、12个居民小组长全部是党员。

(2)建强红色业主委员会。中央山水小区业主入驻人数达到相关要求后,及时推动小区业委会选举工作,鼓励引导业主中的党员积极参加业委会选举,在小区治理中发挥模范带头作用,弘扬正能量。经过认真筹备,2017年12月,成功选举出中央山水小区首届业主委员会,7名成员都是党员,公职人员3名,确保了业委会的红色属性。

(3)培育发展红色社区社会组织。从2016年3月开始,社区积极参加湖北省社区公益创投活动,运用社区治理新技术新方法,通过创意实施"山水国学社"项目,开启了社区社会组织培育之路,先后有3个项目在全省社区公益创投大赛中获奖。社区鼓励支持党员发挥骨干带头作用,把居民组织起来开展自助互助等公益服务活动,引导他们成立社区社会组织。截至目前,社区共培育生活服务类、居民互助类、公益慈善类等各类社区社会组织35个,培育成熟、在民政部门正式登记注册的有5个,负责人全部是党员。2016年以来,开展各类活动千余次,覆盖居民群众万人次,基层治理效能明显得以发挥。

(二)拧成一股绳,红色队伍全凝聚

加强和创新社会治理,关键在体制创新,核心是人。着眼社区治理结构、居民需求结构和组织设置结构,拓宽来源渠道、创新选任方式、强化教育培训,有效整合社区各类人力资源,社区党委坚持党建引领社区治理队伍建设,全员吸纳各类红色力量,着力打造社区治理和服务的红色队伍,形成了创新社区治理的强大人力支撑。

(1)打造"红色社区工作者队伍"。社区成立后,社区工作人员的选举和招聘十分注重政治素质,广泛发动党员参加社区工作人员的选举和招聘,着力打造一支红色社区工作者队伍。社区现有"两委"成员5名、网格员12名,全部是党员。同时,坚持以政治建设为统领,推进社区工作者政治素质和业务能力"双提升",鼓励支持社区工作者开展多种形式的培训学习,加速社区工作者队伍的专业化建设。全面启动"全科社工"工作模式,让社区工作者把更多精力投入到掌握居民动态信息、收集各类民生需求、解决各类矛盾纠纷、提供各类便民服务中,使他们从行政事务的最基层执行者变成社区治理的发动者、组织者。

(2)打造"红色志愿服务队伍"。采取红黑榜、党员公约等方式,引导社区自管党员发挥先锋模范作用,带动广大居民群众参与社区志愿服务;设置4个大类35个服务岗位,通过积分管理等办法,引导下沉党员根据职业特点、特长爱好在社区领岗位、认亲人、解难题、办实事,参与社区治理和公益服务,为居民群众当表率。通过开展社区公益创投活动,把有意愿的居民群众组织起来,培育发展不同类型的社区社会组织,搭建居民群众参与社区公益活动的载体和平台,使他们由旁观者变成参与者、奉献者、共享者。社区红管家志愿者协会骨干会员已达67人,开展志愿服务项目4个。截至目前,社区登记注册的志愿者达到2600多人。

(3)打造"红色物业服务队伍"。一是社区成立之前,就成立了广厦物业党支部,社区成立之后,物业党支部并入社区党委,呈现出社区党组织与物业企业的政治引领关系、物业企业与其他社区治理主体之间的合作关系。二是落地落实人员双向融合机制、六联联结机制、激励考核机制,通过这三方面来培育物业融入社区治理的协同共治机制。社区实行双向进入、交叉任职,让社区党委书记兼任物业企业董事,参与人财物决策管理;吸纳物业企业总经理兼任社区党委副书记,分管党务及物业服务;实行社区+物业客服部、综管部双员合一进网格,将物业服务融入网格管理之中,齐心协力一盘棋。社区教育联抓、社区设施联建、社区环境联护、社区活动联办、社区安全联防、社区纠纷联调,凝心聚力一条心。采取红色物业、红黑榜等治理手段,以居民满意度为导向的评价机制,激励物业企业服务社区居民的意识,实现对物业的有效领导,大大提升了物业企业的服务能力和服务水平。2019年以来,累计解决小区私搭乱建、车辆乱停乱放、下水道堵塞等物业问题780多个,调解邻里矛盾纠纷90多件,小区居民市民热线投诉同比下降到零,居民幸福感和满意度明显提升。

(三)织密一张网,红色要素全联结

努力把社区建设成为和谐有序、绿色文明、创新包容、共建共享的幸福家园,是新时代社区建设的目标,也是社区居民的共同梦想。要实现这个梦想,需要每一个社区治理主体、每一位社区居民参与。为此,社区党委充分发挥党建引领、社企共建和社群创熟三大优势,有效整合了社区治理资源,提升了社区治理效能,扩大了居民群众参与,全面重构并厘清了社区职责体系,有效调动了各方面参与社区治理和服务的积极性、主动性,织密扎牢服务居民的一张网。

(1)发挥物业型社区优势构建共建机理。白鸭寺社区是一个独立的商品房住宅小区型社区,在社区治理和服务的管理体制、运行机制、工作模式上具有其他社区所不同的独特优势。在管理体制上,在社区党委领导下,集居委会、业委会、物业服务企业于一体,真正实现了社区党组织领导下的"三方联动";在运行机制上,集"两委"成员、业务会成员、物业服务人员于一家,主职实行"一肩挑",其他成员全部双向进入、交叉任职,在社区党委书记的领导下,形成一个坚强的战斗集体,并通过市场化、项目化运行机制,极大地提高了工作效率;在工作模式上,由社区党委牵头,组织居委会、业委会、物业企业、社会组织、下沉党员、楼栋长、业主代表等各方定期召开红管家联席会议,通报社区管理服务情况,协商议定重大事项,研究解决居民关心的重难点问题,根据问题大小难易,运用好"社区吹哨"机制。正是因为具备这种体制机制上的独特优势,在社区党委领导下,社区各方主体的作用充分发挥,社区各项工作有序推进、高效运转,社区治理和服务的整体效能显著提升,真正形成了共建共治共享的社区治理和服务新格局。

(2)突出社区大党委作用,构建共治梯次。在白鸭寺社区党委的基础上,以党员组织关系、单位身份不变为前提,组建社区"大党委",市委书记联系社区,领导、整合多方力量参与社区治理,增强了社区资源统筹整合能力。社区"大党委"推动驻区单位、居委会、业委会、物业企业、业主等力量,实行要事共商、大事共议、急事共办、成效共享,有效解决了居民群众的"急难愁盼"问题。建立一支由社区党委统一领导、统一管理、统一调度、平战结合的下沉党员干部,400多名党员下沉社区亮身份、领岗位、办实事、树形象,开展"微服务"、满足"微心愿",形成共治合力,真正实现了城市基层党建系统化引领社区治理一体化。

(3)运用社群创熟工作法,构建共享格局。作为一个新成立的社区,居民们来自"五湖四海""四面八方",依据传统地缘、业缘和血缘纽带建立起来的人际关系不复存在,急需建立"新熟人社会"。经过几年的探索实践,社区党委总结形成了一套"社群创熟工作法",即通过培育发展社区社会组织,促进居民交往、彼此熟悉,构建邻里守望、邻里互助、邻里自治的社区共同体。实践中,社区党委先后以兴趣、需求、问题等为纽带,培育发展了兴趣类、互助类、治理类社区社会组织35个,引导居民们树立了"社区是居民的,我们共同行动"新理念,使之得以走出家门、融入社区、参与治理服务,化解了邻里交往危机,构建了以"新趣缘""新地缘""新志缘"为纽带的"新熟人社会"。"社群创熟工作法"先后荣获省首届十佳、全国首届百佳社区工作法,并入选人民出版社出版的《新时代党的群众路线的生动实践:优秀社区工作法100例》。

(四)共筑一个家,红色服务全方位

社区党委不忘初心、牢记使命,把服务居民群众、夯实党的群众基础作为加强党建引领社区治理出发点和落脚点,通过打造一流服务阵地、满足多元服务需求、创新服务供给方式入手,实现了服务居民群众零距离,让居民群众有更多、更直接、更实在的获得感、幸福感、安全感,形成了共筑和谐社区、幸福家园的良好氛围。

(1)创新布局一流服务阵地。社区党群服务中心建筑面积5000多平方米,按照"1+4+N"功能布局要求进行阵地场景布置,除1个便民服务大厅、4个基本功能室(党员活动室、社区警务室、文体活动室、社会组织工作室)以外,增设了新时代文明实践站(信息生活综合服务室、阅览室、居民议事恳谈室)、志愿者服务中心、综合文化服务中心、综治网格中心(矛盾纠纷调解室、社会心理服务室、雪亮工程研判调度室、社区警务室、公共法律服务室)、社区卫生服务中心、老年日间照料中心、慈善便民超市等功能板块,功能齐全,布局合理。社区充分利用小区架空层、楼栋入户门厅等,建设了12个服务居民的"微阵地"——红管家生活服务点位,由网格党小组管理使用,统一党徽标识、版面色调、主题标语、门牌导览等外观形象,配备"红管家",基本形成了功能完善、特色鲜明、运行高效的5分钟党建为民服务圈,把服务送到了居民家门口。社区还建有6000多平方米的文化广场,设有一个建筑面积近3000平方米的幼儿园。

(2)创新满足多元服务需求。社区便民服务大厅设置7个窗口,既可提供党群服务,也可协助政府开展公共服务,还可以提供物业服务。社区正着力打造3000多平方米的"邻里中心",将设置超市、药店、银行、书店、邮政、维修店、餐饮店、社区活动中心、洗衣房、净菜场、美容美发店、卫生所等,围绕12项居住配套功能,从"柴米油盐酱醋茶"到"衣食住行闲",为百姓提供"一站式"的服务。致力于实现居民围绕社团转、社团围绕公益转、公益围绕积分转、积分围绕资源转,积极为社区空巢老人、困境儿童、残疾人等特殊群体提供心理疏导、人文关怀、精神慰藉等服务,组织引导居民释放"微能量"、递送"微服务"、满足"微心愿",形成有情怀的邻里、有温度的社区,使居民既服务了他人,也实现了自己的人生价值。

(3)创新优质服务供给方式。为方便居民办事,实行"节假日不打烊"、弹性上下班和社区工作者轮休等制度,保证社区全天候有人值守。为提高服务质效,社区实行首问负责制、全程代办制、流程闭环制;推行"大厅吹哨、人人报到",保证居民只进一个门、只找一个人、能办所有事;针对特殊服务群体,我们还建立了联系帮扶、责任包保、走访慰问等制度;有效整合政府、社会、市场三方面资源,通过购买服务、推荐服务企业和社会组织参与等方式,提高了社区服务的专业化水平。在社区服务中积极推广应用现代信息技术,开通热线电话、微信公众号,及时发布社区信息,宣传社区工作,广泛运用QQ群、微信群、抖音等连接居民,掌握居民需求动态,发布社区服务信息,实现社区服务供需无缝对接。特别是在抗击新冠疫情期间,信息化技术发挥了重要作用。

三、实践启示

"红管家"社区治理创新的工作实践启示我们,坚持党建引领是加强和完善社区治理的根本遵循和首要原则,必须把加强基层党的建设、巩固党的执政基础作为贯穿社区治理创新的主线,以改革创新精神探索加强基层党的建设引领社区治理的路径。在具体实践中,必须加强党对社区所有组织的领导,向每一个社区组织注入红色基因,把每一个社区组织都打造成红色组织,这样方能形成社区治理创新的整体合力;必须坚持党建引领社区治理队伍建设,有效整合社区各类人力资源,引导居民群众听党话、跟党走,这样方能增强社区的凝聚力和向心力;必须坚持以人民为中心,不断满足居民群众多样化、个性化服务需求,努力提高居民群众的获得感、安全感和幸福感,这样方能赢得居民群众的拥护;必须坚持因地制宜,从每一个社区的实际出发,以社区需求为导向,这样方能创特色、树品牌、出成效。

参考文献

[1] 林尚立.社区党建:中国政治发展的新生长点[J].上海党史与党建,2001(3):10-13.

[2] 林尚立.合理的定位:社区党建中的理论问题[J].探索与争鸣,2000(11):16-19.

[3] 何艳玲.社区建设运动中的城市基层政权及其权威重建[J].广东社会科学,2006(1):159-164.

[4] 陈家喜,黄卫平.把组织嵌入社会:对深圳市南山区社区党建的考察[J].马克思主义与现实,2007(6):84-89.

[5] 孔娜娜,张大维.嵌入式党建:社区党建的经验模式与路径选择[J].理论与改革,2008(2):51-53.

[6] 孙肖远.社区党建创新:走向社区融合的现实路径[J].社会主义研究,2010(2):54-57.

[7] 李威利.党建引领的城市社区治理体系:上海经验[J].重庆社会科学,2017(10):34-40.

[8] 张艳国,李非."党建+"在城市社区治理中的独特功能和实现形式[J].江汉论坛,2018(12):125-130.

[9] 王海荣,闫辰.党建引领城市社区治理创新:问题与发展[J].中共福建省委党校学报,2018(2):46-55.

[10] 叶本乾,万芹.新时代党建引领城市社区治理的逻辑契合和路径选择[J].党政研究,2018(6):39-45.

[11] 李浩,原珂.新时代社区党建创新:社区党建与社区治理复合体系[J].科学社会主义,2019(3):76-83.

[12] 杨妍,王江伟.基层党建引领城市社区治理:现实困境 实践创新与可行路径[J].理论视野,2019(4):78-85.

[13] 姜晓萍,田昭.授权赋能:党建引领城市社区治理的新样本[J].中共中央党校(国家行政学院)学报,2019(5):64-71.

[14] 吴晓林.党如何链接社会:城市社区党建的主体补位与社会建构[J].学术月刊,2020(5):72-86.

[15] 曹海军,刘少博.新时代"党建+城市社区治理创新":趋势、形态与动力[J].社会科学,2020(3):12-20.

后 记

党的十八大以来,以习近平同志为核心的党中央高度重视基层党建工作。在中央政治局第二十一次集体学习时的讲话中,习近平总书记指出,基层党组织是贯彻落实党中央决策部署的"最后一公里",不能出现"断头路",要坚持大抓基层的鲜明导向,持续整顿软弱涣散基层党组织,有效实现党的组织和党的工作全覆盖,抓紧补齐基层党组织领导基层治理的各种短板,把各领域基层党组织建设成为实现党的领导的坚强战斗堡垒。党的二十大报告在总结党的建设经验上有新提法、在剖析问题上有新发现、在战略部署上有新要求,为未来一个时期我国基层党建工作特别是社区党建这一块指明了方向,明确了重点。

为讲好新时代中国式现代化基层党建实践故事,丰富各地区的社区党建创新案例,在党的二十大胜利召开之际,我们完成了《美好家园如何缔造——新时代社区党建典型案例》初稿。这是党的二十大之后,中国共产党率领全国各族人民踏上全面建设社会主义现代化国家新征程之际,参与研究和书籍编写的诸位成员给党和人民献上的一份礼物。观察研究社区党建在社区治理过程中发挥的重要引领作用是编著此书的重要出发点。全书共划分为三个篇章,包括综合党建类、党建方法类、特色党建类,每个篇章都提供了十分详细具体的社区党建项目思路、实践案例内容和相关活动图片,为读者展现了湖北、四川、江苏等多个省份不同地区的社区党建发展现状及党建特色,为相关研究者提供了丰富的研究素材。

本书的编写得到了湖北省《党员生活》杂志社、武汉市委组织部、硚口区委组织部等相关部门的大力支持,在此深表感谢!书中案例、事迹等的搜集整理得到各个县(区)基层社区相关工作人员的大力配合,他们也为丛书编写团队的调研与案例确认提供了尽可能多的支持。本书的出版得到华中科技大学出版社的大力支持,出版社的杨玲老师及其编辑团队对本书的筹划和修改完善做了大量工作,确保了本书出版的质量。

在本书的编写过程中,吕宏山、潘博、王锐、江文路、翁俊芳、覃愿愿、杨可心、董芮、刘鸣、陈彤彤、龙启航、杨雨婷、颜瑞华、曹婉婷等以及相关社区的同志做了大量具体工作。最后,作为本书主编,岳奎具体承担了组织、协调和编写、修改、统稿工作。

由于各种原因,本书难免有疏漏之处,敬请广大读者批评指正。

本书编写组
2023 年 6 月